Democracia no Terceiro Milênio

J. VASCONCELOS

Democracia
no
Terceiro Milênio

- Extinção da Representação e dos Partidos Políticos
- Fim da exploração do povo pela neonobreza dos políticos e dos burocratas
- Implantação dos Sistemas Democráticos identificados pela Ciência

© 2001 J. Vasconcelos

Direitos desta edição reservados à
AMPUB Comercial Ltda.
(Nobel é um selo AMPUB Comercial Ltda.)
Rua Pedroso Alvarenga, 1.046 – 9º andar – 04531-004 – São Paulo, SP
Fone: (11) 3706-1466 – Fax: (11) 3706-1462
e-mail: ednobel@editoranobel.com.br
Internet: www.editoranobel.com.br

Coordenação da edição: Clemente Raphael Mahl
Assistente editorial: Adriana Teixeira
Revisão: Luciana Abud e Daniel R. Billerbek Nery
Produção gráfica: Milton Ishino
Capa: Everson Laurindo de Paula
Composição: Polis
Impressão: Paym Gráfica e Editora Ltda.

Dados Internacionais de Catalogação na Publicação (CIP)
(Câmara Brasileira do Livro, SP, Brasil)

Vasconcelos Neto, José Ramos de
 Democracia no terceiro milênio / José Ramos de Vasconcelos Neto. – São Paulo : Nobel, 2002.

 ISBN 85-213-1200-8

 1. Burocracia 2. Democracia 3. Política I. Título.

02-0414   CDD-321.8

Índice para catálogo sistemático:
1. Democracia : Ciência política   321.8

É PROIBIDA A REPRODUÇÃO

Nenhuma parte desta obra poderá ser reproduzida, copiada, transcrita ou mesmo transmitida por meios eletrônicos ou gravações sem a permissão, por escrito, do editor. Os infratores serão punidos pela Lei nº 9.610/98.

Impresso no Brasil / *Printed in Brazil*

Sumário

Introdução 7

1
Bases institucionais da humanidade

Democracia 11
Democracia direta 42

2
O acaso produziu a representação política
(Democracia representativa)

Incongruências 49
Mandato 73
Sufrágio 77
Candidatos 81
Marketing/Propaganda 84
Partidos políticos 90
Grupos de Pressão/Lobby 103
Corrupção 108
Conclusão 122

3
As ciências humanas e sociais
permitem solução racional

A. AS NECESSIDADES HUMANAS 125
Considerações 125
Qualificação do homem 128
Necessidades naturais 130
    Necessidades orgânicas 131
    Necessidade sexual 131
    Necessidade da transmissão cultural 132
    Necessidade da motivação psicológica 132
    Necessidade da vivência grupal 133
    Necessidade da solidariedade grupal 133
    Necessidade de funções naturais 134
    Necessidade da orientação cultural 135

B. OBJETIVOS DA SOCIEDADE 135

C. FATORES DIRECIONADORES A ESTRUTURAS DE ACORDO
COM A NATUREZA HUMANA E AS ALTERAÇÕES CULTURAIS
OCORRIDAS COM A CIVILIZAÇÃO 136

D. ESTRUTURAS RACIONAIS 138
Pressupostos 138
Internacionalização 140
Princípio da convocação do povo 145
Sistema conjugado 153
Poderes 192
  a) *PODER LEGISLATIVO* 192
Votação na Assembléia Nacional 208
Aspectos favoráveis do sistema legiferante na democracia
estruturada com base nos conhecimentos científicos do homem 209
Estados/Províncias 210
Municípios 211
  b) *PODER EXECUTIVO* 211
Liceu da Nação – Conhecimentos, Administração Pública 214
  c) *PODER JUDICIÁRIO* 217
  d) *PODER TUTELAR* 221
Verificações no Poder Executivo 224
Verificações no Poder Legislativo 227
Verificações no Poder Judiciário 228
Estados/Províncias e Municípios 230
Comitê Remuneratório 230
O Voto 231
Candidatura 232
Liberdade e igualdade 232
Liberdade 232
Igualdade 238

Apêndice
Constituição Norte-Americana elaborada na Convenção de Filadélfia
  em 1787 249

Referências bibliográficas 261

Introdução

A representação política, em sua forma de democracia representativa, veio se alastrando por todos os países do planeta. Era uma tendência que já vinha se delineando desde o século XIX. A representação passou a se revestir de um conceito que a confundia com o termo democracia. Fatores como o conhecimento cultural contribuíram para isso. A instituição da democracia representativa concebida como forma de governo democrático já tem mais de 200 anos. Ela já passou por aproximadamente nove gerações. É certo que muitas nações adotaram-na em épocas diversas, mas a concepção de uma estrutura de democracia política exerceu hegemonia nas cabeças pensantes em todos os lugares durante esse período. Outro fator é que a representação política foi instituída como órgão das Revoluções francesa e norte-americana, em paralelo aos princípios de liberdade e igualdade, ambos anunciados na mesma década e, por conseguinte, identificadas como algo inerente às conquistas da democracia pelos idealistas. Esse instrumento da representação política parece ter se adequado muito bem aos interesses de grupos dominantes da sociedade, ou talvez por procedência de uma origem familiar, aos senhores do mando.

O que se evidencia, é que a representação política, no contexto das crenças, praticamente, é tão verdadeira a qualquer um do povo e aos círculos intelectuais, como funciona a veridicidade religiosa perante Deus e os Espíritos através dos sacerdotes, pastores e xamãs.[1] Os povos estão condicionados a acredi-

---

[1]. Os esforços de Martinho Lutero para livrar o homem de intermediários entre sua pessoa e Deus, foram esquecidos propositadamente pelas lideranças posteriores. Segundo os evangelhos, para o próprio Jesus, adora-se a Deus em espírito e em verdade: e sem padres, sem altares, sem liturgia. De outro lado, muito nos tem atraído a atenção, a constante preocupação nas nações, de setores oficiais e associações civis, à parte os partidos políticos e denominações religiosas, de fomentarem, através da propaganda, a sagração dessas representatividades. Quando esses paladinos se referem ao senado romano, citando-se um dos exemplos, procuram transmitir a imagem daqueles senadores, como elementos sensatos, sábios, pacíficos, interessados unicamente no bem comum e se caracterizando como autênticos representantes do povo. No entanto, a História nos ensina que não eram pessoas com esse perfil; na verdade, tratava-se de figuras imponentes, magnatas fundiários, somente interessados em acumular riquezas e privilégios, possessivos quanto à sua legião de clientes, servos e escravos, ambiciosos e mesquinhos nas repartições de domínios e cargos públicos entre si e sua parentada, vivendo como exatos parasitas à custa das conquistas das guerras e da plebe. Com respeito à representação religiosa, notam-se também efeitos propagandísticos, em que sempre surgem oportunidades de encenações com demonstrações de veracidade impressionante de Deus dialogando com profetas.

tar que a representação política é um meio incontestável de se fazer democracia. O país que não a tiver não é democracia. Não resta dúvida de que o fato de nações com apreciáveis desenvolvimentos intelectuais e científicos, despontando como principais fontes do avanço e progresso tecnológico, como os Estados Unidos, Inglaterra, França, Alemanha, Canadá, Suécia, nos deixam perplexos em duvidar diante do seu orgulho na manutenção de seus sistemas de representação como aplicação autêntica da democracia. Não podem estar errados, com o estágio razoável de civilização e acervo cultural que desfrutam, pelo menos é o que aparentemente isto nos faz entender. Várias são, portanto, as razões por que todo regime político tenta se inserir numa organização que se configure com a representação política. Até mesmo os governantes ditatoriais não dispensam as assembléias de representantes, justamente para sinalizar aos seus povos e à comunidade internacional que dirigem seu respectivo país sob plena democracia. Governos totalitários do leste europeu, durante os sistemas comunistas, em que pouco resquício de liberdade existia, com intervenção estatal rigorosa e sufocante na vida política, econômica e social dos indivíduos, devido naturalmente aos inícios dos planejamentos necessários de toda a comunidade, mantinham como forma de governo, a representação política e conseqüentemente se achavam com o direito de se autodenominar repúblicas democráticas populares. Todas as ditaduras militares instaladas na América Latina nas décadas de 1970 e 1980 primaram por estabelecer os respectivos Senados e Câmaras de Deputados, integralmente formalizados nos conceitos da representação política e, como resultado, se contentavam em dizer ao mundo que eram dirigentes respeitadores dos princípios democráticos. Tamanha é a importância que consagraram aos termos *democracia* e *representação política*, que muitas nações fixaram em suas Constituições cláusulas pétreas, impedindo ao próprio povo a possibilidade de revogá-las como forma de governo. Com efeito, as forças em sua defesa se tornam a cada momento inexpugnáveis.

É válido, porém, ao cidadão questionar se realmente ele se encontra numa democracia dentro de uma estrutura em que vigore a representação política. Serão os representantes políticos verdadeiramente os seus exatos representantes? São os cidadãos que efetivamente indicam os seus respectivos representantes, mesmo que votem sobre listas de candidatos que são apresentados? Os representantes deliberam sobre cada assunto de acordo com o desejo de cada eleitor, ou o fazem atendendo a outra canalização de interesses? Sob o aspecto jurídico, é viável falar-se que um representante é um procurador dos seus eleitores? Decidem os representantes conforme os eleitores decidiriam se pudessem fazê-lo diretamente? Pode ser verdade que qualquer cidadão no sistema de representação política tenha genuinamente, em desejando, a possibilidade de somar a sua opinião às decisões sobre os desígnios nacionais? A representação política constitui uma natureza científica ou filosófica, ou originou-se de uma situação egocêntrica, classista e feudal?

O filósofo inglês, John Locke quando se referiu a uma assembléia do povo em que este, reunido, usando todo o poder da comunidade naturalmente em si, pudesse empregá-lo para fazer leis destinadas à comunidade de tempos em tempos, que se executam por meio de funcionários que o próprio povo nomeia, nesse caso a forma de governo é uma perfeita democracia; contudo, ao se reportar àquela situação em que atuam indivíduos que dizem ser delegados do povo, tratando de assuntos não consentidos pelo povo, e de forma permanente, qualificou-a de oligarquia. Por outro lado, o filósofo alemão Max Weber tornou patente que a parlamentarização, no escopo da representatividade, "e a democratização não são interdependentes, mas freqüentemente se opõem uma à outra. Recentemente, deparou-se com freqüência com a crença de que sejam até necessariamente conceitos opostos".

Enfim, as nações modernas se apropriaram de um modelo democrático como forma de governo, ou soçobraram comprometidas com um modelo aristocrático e feudal?

É razoável que a sociedade não se vincule a esse condicionamento político e natural, envolvendo campos intelectuais, com apurados e inchados conceitos e classificações de um sistema merecedor de mais aprofundados estudos, refugiando-se na Ciência Política, esta verdadeiramente como Ciência, abrangendo todos os conhecimentos científicos indispensáveis à organização política e social da Sociedade, que inevitavelmente se socorrerá, entre outras áreas, da Antropologia Cultural e Jurídica, da Psicologia, da Psicologia Comparada, da Sociologia, da Etologia e da História, para que, finalmente, possa até encontrar soluções mais humanas e racionais, com bases científicas, alcançando a meta do bem-estar social, da organização eficiente e da felicidade humana, despojando, em conclusão, a humanidade das estruturas místicas e que contenham engodos, da exploração psicológica e material de grupos sobre a maioria, da esperteza sobre a humildade e a solidariedade.

Contatos com o autor para palestras, debates e entrevistas:
tel.: (11)5044-5270 – e-mail: jvasconcelos@ajato.com.br

1 Bases institucionais da humanidade

Democracia[2]

Quando os primeiros homens surgiram, estavam adaptados a viver isoladamente e consentiram conscientemente em se submeter ao mando de alguns para conviverem socialmente? Ou, na realidade, apenas prosseguiram inconscientemente nos processos e esquemas evolutivos e da seleção natural, numa conjuntura de sociabilidade, iniciados, lentamente, havia muitos milhões de anos, herdando comportamentos de vida comunitária – com apreciável desenvolvimento já entre os antropóides –, revelando apenas aperfeiçoamentos mentais?

Nos regimes comunitários primitivos, a Natureza estruturou meios e conformações propícios para a coletividade auferir, de todos, as informações necessárias e a cooperação, de modo a permitir a sobrevivência e a conservação dos grupos? (Natureza, ao longo desta obra, é compreendida como conjunto de leis e princípios naturais que regem o comportamento social.)

Essas questões tão fundamentais e indispensáveis à concepção da condição do Homem, sua natureza e disposição social, que nos poderão esclarecer sobre o conhecimento de seu método natural de decisões coletivas, requerem estudo mais amplo das ciências sociais e humanas, não se restringido ao desenvolvimento histórico do Direito. A matéria é mais abrangente e profunda, requerendo o concurso de todas as descobertas científicas e revelações filosóficas, relacionadas ao homem, de maneira que, no estudo da organização social e política dos seres humanos, irremediavelmente, desponta o essencial conhecimento da natureza humana, como indivíduo e como ente social; de modo que, há de se justificar o recurso ao Direito Natural. Não se pode entender uma estrutura subjacente ao homem, sem antes estudar-lhe as suas propriedades e anseios naturais. Sobravam razões ao filósofo Hugo Grotius quando no século XVII concitou à humanidade a considerar que acima do direito positivo, contingente, variável, estabelecido pela vontade de pessoas, estava o Direito Natu-

---

2. Termo de origem grega, na expressão *Demokratia*, da união de *demos*, que significa povo, e *kratia*, que quer dizer poder, designando então o sistema político em que o povo exerce o poder.

ral, imutável, absoluto, independente de tempo e de lugar, alheio e superior às aspirações dos senhores do poder.

Embora não se possa confundir o Direito Natural com a justiça, o certo é que aquela ordem constitui um ideal de justiça e um dos caminhos que levam o pensador ao *jus naturale* é a insatisfação com a carência de justiça nos estatutos sociais. O homem, ser eminentemente racional, sonda a razão de ser das coisas, não se submetendo passivamente a qualquer ordenamento. Procura o fundamento ético das leis e das decisões. O espírito crítico apela para a busca de orientação, de referência, na *ordem natural das coisas*. O Direito, como instrumento de promoção da sociedade, há de estar adequado à razão, há de se apresentar em conformidade com a natureza humana. Quando o filósofo chega à conclusão de que nem tudo é contingente e variável no Direito e que alguns direitos pertencem aos homens por sua condição de seres humanos, alcança-se a idéia do Direito Natural, que deve ser a grande fonte a ser consultada pelo legislador. Diferentemente do que alguns pensam, o Direito Natural, assim formado, não é obstáculo ao desenvolvimento social; não é contra a história. O legislador há de lançar mão desses princípios na elaboração dos textos legais, a partir do constitucional. Com ele, deve moldar a estirpe do ordenamento jurídico e tecer os modelos legais. Preservar o Direito Natural não significa perda de espaço para o legislador, apenas iluminação de caminhos. As alternativas não desaparecem quando o construtor da ordem jurídica recorre ao Direito Natural. Mesmo atrelado a essa ordem, o *jus positum* mantém-se móvel, apto a acompanhar a marcha da história. Há limites, mas esses se assentam na razão e não embaraçam a atividade legiferante. A exemplo da lei da gravidade, que impõe restrições não lamentadas pelo ser humano, o Direito Natural condiciona, sem impedir ou constranger. (...) Os princípios do Direito Natural não constituem objeto cultural, mas o seu desdobramento é produto da experiência humana. Oposição entre a doutrina jusnaturalista e a história somente existe na concepção radical do historicismo, para o qual tudo é contingente e mutável no Direito. A prevalecer tal versão, o Direito perderia a sua condição de ciência, pois essa pressupõe elementos necessários e universais. Pelo menos em relação ao Direito material é o *jus naturale* que garante a cientificidade do Direito.[3]

Para absorver os ensinamentos dessa disciplina do Direito Natural, urge, porém, concebê-la corretamente, para conclusão racional e sensata desse trabalho. Na denominação, por exemplo, de Direito Natural divino, devemos nos acautelar com essa acepção. Nesse contexto, podemos compreender como de origem divina, leis e sistemas que regram a matéria, a energia e a biologia, o que estaria no curso do provável, pela lógica humana; desconhece-se, entretanto, nos milhões e milhões de anos especulados e nos milhares vivenciados, a interferência de atos de vontade desfazendo tais regras e sistemas, o que equivale a dizer que o Direito Natural nada tem a ver com teoremas, relatos e interpretações de alguns e com correntes doutrinárias; tais interpretações se traduzem em instrumentos conciliatórios para apoiar *status*, *crenças* e *ideologias*.

---

3. NADER, Paulo, *Filosofia do Direito*, pp. 157, 158, 161.

O Direito Natural está diretamente adstrito à Ciência, jamais a convenções e doutrinas. Essa foi a razão por que "certos enunciados" incrustados no Direito Natural espantaram os marxistas, e esses recusaram-no, acoimando-o de direito burguês, pois mais pareciam pretextos para explicar o acúmulo de riquezas por uma classe. O jusnaturalista deve, portanto, antes de tudo, comportar-se como um cientista na sua mais ampla extensão.

É o caso então de caminharmos juntos com a Ciência para que nos possibilite a conclusão das respostas que devemos encontrar na razão democrática da comunidade humana.

Posicionando o enfoque nesses parâmetros, podemos começar a compreender o seguimento decisório peculiar à sociedade humana, de acordo com a sua natureza e as exigências biológicas, evolutivas e da seleção natural.

Assim sendo, nas averiguações etnológicas das populações mais simples das sociedades humanas – nesse caso, não confundir com as comunidades primitivas, em geral, que ainda puderam ser encontradas em alguns lugares, contudo, apresentavam acentuadas deturpações e complexidades culturais – nas quais se notavam ausência de instituições, religiões, castas sacerdotais, chefias políticas e hereditárias, distinções classistas, tabus, superstições oficializadas; podemos observar, em princípio, igualdade, liberdade e solidariedade, e vislumbramos um relacionamento e atividades espontâneas, e a seguir, um respeito à soberania do conjunto dos indivíduos e às habilidades individuais.[4] E tudo se configurava na maior naturalidade, sem autoridade, e o que se requeria momentaneamente era a obtenção de informações e idéias, o aconselhamento dos anciãos e a atuação de lideranças naturais em determinadas especialidades e artes.[5] Em última análise, o grupo agia soberanamente no interesse da comunidade, beneficiando-se cada um em cada ato natural dos demais. Os homens herdaram a sociedade de seus ancestrais, os quais, pela natureza de seus meios e de sua condição, inegavelmente agiam em bases solidárias em defesa do grupo social, para sua conservação e continuação da espécie. Sociedades de animais nos degraus evolutivos mais adiantados sempre significaram a hegemonia da inteligência social, compreendendo aprendi-

---

4. "A tendência moderna para conhecer o destino histórico a partir da pré-história e dos Primitivos tem uma base verdadeira. Pelo menos no que se refere à descoberta das raízes donde brota a seiva que alimenta a humanidade desde a sua origem. O esquecimento, a incompreensão parcial ou até total dessas conduziu a uma rotina secular e mesmo, por vezes, a uma cegueira que levou aos maiores perigos que a Humanidade atravessou desde os seus primórdios". WEBER, Alfred, *História Sociológica da Cultura*, p. 29.

5. "O grau de formalização do governo no bando parece ser mais questão de padrões culturais do grupo que qualquer outra coisa e parece não ter nenhuma relação direta com as necessidades reais da comunidade.(...) Entre certas tribos indígenas americanas, nas quais o padrão de chefia era muito frouxo ou mesmo inexistente, o contato com mercadores e com governos europeus provocou o desenvolvimento do encargo de chefes detentores de poder considerável" (LINTON, Ralph, *O Homem – uma Introdução à Antropologia*, p. 223).

zagem, comunicação, solidariedade, especialização, determinação de funções, ordenação no convívio e na caça, planejamento, carinho, socorro, repartição dos alimentos, oferecimento alimentar aos filhotes e a executores de funções na comunidade durante a caça, como na creche e na vigilância, tudo, afinal, com um propósito biológico: a preservação da coletividade. Evidentemente, para alcançar esse objetivo, a lógica nos ensina que eram transmitidos, à sua maneira e na melhor possibilidade que pudessem, entre si, todas as instruções de que dispunham, as quais fluíam com naturalidade e com a finalidade de contribuir com alguma coisa de útil; cada um se esmerando em executar as tarefas de acordo com as habilidades aprendidas e exercitadas ou geneticamente recebidas. Naquelas comunidades simples e sem nenhum conhecimento claro da Natureza, diante de um mundo, vezes generoso, vezes terrível e implacável, sob noites assombrosas, somente quebradas por olhos estranhos de predadores ou de "coisas" desconhecidas, os homens logicamente somente sentiam-se confortados e protegidos com a companhia dos outros de sua espécie. E quando um problema surgia ou uma tarefa deveria ser executada, todos se reuniam, todos eram ouvidos, as dúvidas e soluções pulavam de um canto a outro, os mais velhos escutavam e completavam com suas experiências, eclodiam idéias coletivas, táticas e missões nasciam como as mais plausíveis, chegava-se a um consenso geral e concluía-se pela sua execução. Os pré-homens, falando-se dos hominídeos, pelo menos a partir do *Homo erectus*, no processo de caçadores-coletores, bípedes, sem a destreza dos primatas arborícolas e da robustez de alguns, e conseqüentemente bastante vulneráveis, necessitavam da vida comum e do apoio social, do contrário sobreviria a extinção de seu gênero.[6] De acordo com os últimos achados, tem-se como provável que o *Homo erectus* tenha surgido até cerca de um milhão e meio de anos atrás. Com base em *interpretação* arqueológica, os cientistas afirmam que foi talvez no estágio desse hominídeo que se começou a desenvolver habilidades de linguagem. "Há evidências de avanços na fabricação de utensílios e da existência de caça cooperativa. Esses dados apontam para um método de comunicação mais complexo, que pode assinalar o período em que a linguagem começou a ter importância".[7] Com a sociedade humana, desencadeia-se a evolução social, que corre mais rápida do que a evolução biológica; seus aceleradores são em geral, conforme Pierre Lévy, a técnica, a linguagem e o pensamento. Esse fato

---

6. Para se ter uma idéia da inferioridade física dessa espécie perante um macaco da ordem dos catarríneos, este o superava na proteção solitária, até mesmo no ato de dormir; mesmo o *australopithecus* evoluído não estaria a salvo dos predadores se vivesse isoladamente; até o destino de um jovem e poderoso leão isolado é sombrio. Kenneth Page Oakley, em seu estudo intitulado *Tool Makyth Man* nos alerta que a atitude bípede é de início biologicamente desvantajosa, salvo se houver um fator de compensação, o qual seria a inteligência social gerando a utilização e confecção de instrumentos e o trabalho solidário.
7. BRAIDWOOD, Robert J., *Homens Pré-Históricos*, pp. 30-31.

é essencial à compreensão da função social e de seu processamento. "Um grupo mais inteligente é também um grupo mais rápido. Mas ele só atingirá essa velocidade cognitiva mobilizando – e portanto respeitando – as subjetividades autônomas que o compõem, em vez de alinhá-las em um tempo exterior.(...) Em um coletivo inteligente, a comunidade assume como objetivo a negociação permanente da ordem estabelecida, de sua linguagem, do papel de cada um, o discernimento e a definição de seus objetivos, a reinterpretação de sua memória. Nada é fixo, o que não significa que se trate de desordem ou de absoluto relativismo, pois os atos são coordenados e avaliados em tempo real, segundo um grande número de critérios constantemente reavaliados e contextualizados. No lugar das 'mãos invisíveis' dos cupinzeiros surgem as mãos visíveis e as dinâmicas imaginárias de universos virtuais em expansão".[8]

Ao que consta, não é atributo da Natureza cometer erros e descuidos na sua estruturação. Com o propósito de assegurar a sobrevivência das espécies, a Natureza estabeleceu com extraordinária precisão, durante milhões de anos, formatos, órgãos, funções e comportamentos nos seres vivos e justamente quando, numa fase mais recente e numa escala evolutiva superior, começavam a surgir as sociedades das primeiras espécies do gênero *Homo*, essas seguramente foram constituídas com toda precisão necessária para consolidar a união entre os membros, os meios de se comunicarem e de se fazerem entendidos, os ímpetos de cooperação e de ajuda mútua; de outra forma, estariam fadados a perecer. Avanços da Ciência permitem aos biólogos conhecerem hoje em dia impressionantes e precisas funções de mínimos detalhes (pêlos, penas, texturas etc.) no corpo dos organismos vivos, que antes aparentavam beleza ou simples formato, no entanto, sua missão capacita-os à obtenção do alimento, da consumação do acasalamento e da oportuna fuga de outro predador. Não seriam, por conseguinte, esquecidos os seres posteriores aos antropóides, mais evoluídos, porém, absolutamente indefesos considerados isoladamente, mesmo que em família, sem velocidade e força na competição com animais ferozes, hábeis e imprevisíveis; o mecanismo fundamental ao desenvolvimento do relacionamento com seus semelhantes, inicialmente, através de sinalizações primárias e simbólicas, e da assistência recíproca, com a concretização material das constantes reuniões do agrupamento, conseguindo a transmissão de informações, produção de idéias, o ensino, as decisões finais em que todos participavam em igualdade de condições. O planejamento e a linguagem configuram a vida social e o pacífico inter-relacionamento, com objetivos únicos e em prol de todos. Nesse estágio a sociedade logicamente é democrática e igualitária, sendo que todos têm oportunidades iguais e livres, tudo é partilhado, não sub-

---

8. LÉVY, Pierre, *A Inteligência Coletiva*, pp. 31 e 75.

sistindo sistemas de status congelados.⁹ Muito antes, os antepassados do gênero humano já ensaiavam excelentes exemplos de comunicação social. Consideram os cientistas que o gênero humano, no seu estado primitivo e perfeito, não era dotado somente do poder de traduzir percepções em onomatopéias, e de exprimir sensações, à semelhança dos outros animais, por meio de gritos. Possuía também a faculdade de dar expressão articulada às concepções da razão. Essa faculdade não a criou ele. *Era um instinto, um instinto mental tão irresistível como qualquer outro.*

"Ninguém pode deixar de ficar impressionado e fascinado pelo alto nível de intercomunicação que ocorre entre os membros de um grupo primata. Cada indivíduo está constantemente responsivo aos movimentos, gestos e vocalização dos outros.(...) Pelo fato de sermos primatas, achamos muito mais fácil identificar elementos do sistema de comunicação desses animais, especialmente a mobilidade de suas faces, e o modo pelo qual os indivíduos buscam na face dos outros informações sobre o estado de ânimo e as intenções. Não obstante aquela suposição tem uma boa base dentro de critérios mais objetivos. Dois fatores que contribuem para isso são a grande capacidade de aprender dos primatas e um longo período de infância, aos quais se junta uma longevidade considerável. Os grandes primatas vivem 30 a 40 anos, e isso significa que um primata jovem cresce dentro de um grupo no qual – literalmente – todos se conhecem pela longa experiência em comum".¹⁰

Imagine-se quantos aprimoramentos técnicos foram desenvolvidos pela Natureza, em milhares de anos, com as sociedades de seres com os cérebros mais evoluídos fisicamente, e com maiores transmissões culturais e melhores formas de aprendizagem.¹¹

Para a vida em sociedade, a Natureza se preocupou em equipar os indivíduos de comportamento consubstanciado na sobrevivência e preservação do corpo social. Nas comunhões dos insetos sociais, todos os integrantes estão programados conforme a divisão de trabalho estruturada, – limpar células, cuidar da ninhada, construir, montar guarda, coletar e vigiar – a operar, cada um, não em seu benefício, como indivíduo, todavia em favorecimento da coletividade; se

---

9. Comentando sobre a repartição da carne de um animal abatido nas sociedades primitivas, o professor Raymond Firth nos faz uma observação interessante. "Uma vez que a caçada é, geralmente, uma ação coletiva, poder-se-ia pensar que o animal fosse repartido proporcionalmente, de acordo com o esforço realizado individualmente para capturá-lo. Até certo ponto, esse princípio é observado, mas outras pessoas que não participaram da caçada também têm seus direitos. Em muitas regiões da Austrália, cada integrante da tribo recebe sua parte, a qual depende de sua relação de parentesco com os caçadores. Pode até acontecer que os piores pedaços caibam aos próprios caçadores" (*Tipos Humanos*, p. 84).
10. MANNING, Aubrey, *Introdução ao Comportamento Animal*, p. 312.
11. Algumas dimensões de ferramentas tem deixado os cientistas desconfiados de que os pré-homens utilizavam modelos na fabricação de ferramentas, tal o seu progresso educativo e planejamento de produção.

algum elemento tem um tratamento diferenciado, é porque está destinado a uma missão importante, como a salvaguarda da espécie – a reprodução, por exemplo. Em outros termos, a Natureza não dispõe de inutilidades nem beneficiamentos sem uma resposta biológica nas sociedades animais. Entre os elementos do gênero humano, compreendendo, apenas para exemplificar, o da espécie do homem de Heidelberg, embora não geneticamente codificado para reagir por efeitos químicos ou simplesmente instintivos, impulsionados pelo ambiente, pela dieta e pelo número da população, receberam, porém, faculdades e disposições mentais propícias à atração aos seus parceiros grupais de uma forma com que também se atingiam propósitos em favor da comunidade, sem necessariamente terem a obrigação de proceder mediante normas e ordens. Esse procedimento espontâneo dessas criaturas simples não necessitava, assim, que elas estivessem sujeitas ao comando de uma só pessoa, de algumas ou de muitas.

A Natureza não falharia nesse caso, e a prova é que os membros sociais sobreviveram e evoluíram em espécies mais desenvolvidas, até desabrocharem no *Homo sapiens*. As descobertas de Clark Howell no Vale de Ambrona, na Espanha, confirmam essa tendência de desenvolvimento, cujas presas eram monumentais e hábeis, como os elefantes, exigindo bandos de mais de 30 pessoas, planejamento, cooperação e aprendizagem, logicamente atribuições de acordo com as destrezas de cada um e o uso de ferramentas, significando que no mínimo por mais de 300 mil anos as coletividades se alicerçaram nesse esquema de sociabilidade e virtude, esquema no qual as coisas se encaminhavam naturalmente; certamente sem disputas, cada um sendo escolhido por suas habilidades e aquiescências, sem governo nem lideranças fixas, visando táticas e astúcias na caça, recursos de abrigo e socorro ante os elementos naturais, ameaçantes e perigosos. Os paleoantropólogos estimam que a população do *Homo erectus*, na Europa, Ásia e África, alcançou cerca de um milhão de indivíduos; esse número é crucial para o conceito do seu desenvolvimento social, ocorrido naquelas longínquas épocas.

Tem ficado evidente para os cientistas que o sucesso dos que faziam a caça e a coleta dependia de inteligência e destreza manual, bem como da capacidade de trabalhar em conjunto e confiar uns nos outros.

Contrastando com os bandos de beduínos, que parecem ser dominados pelo macho maior e mais vigoroso, os grupos de chimpanzés (contando com até 80 elementos) são liderados pelo membro mais idoso e mais experiente.[12] "Assim como os leões mais rápidos e ferozes prevalecem na espécie leonina, os hominídeos e humanos mais inteligentes prevaleceram entre nossos ancestrais e se desenvolveram até o *Homo sapiens*".[13] Deduz-se, então, que a evolução

---

12. Têm razão alguns pesquisadores do comportamento animal quando assinalam que os primatas oferecem ótimo material sobre o estudo das origens da vida social humana.
13. BRODY, David e Arnold, *As Sete Maiores Descobertas Científicas da História*, p. 272.

caminhou com a sociedade no plano da inteligência social e da solidariedade. Com os hominídeos, seguramente o desenvolvimento do processo decisório havia ganho mais perfeição nesse sentido, sendo que surgia para todos os indivíduos capacidade mental para ter idéias e aptidões. Num progresso lento, porém continuado de 500 mil anos, foram capazes de fabricar uma série de artefatos, utilizando material variado. Nas escavações de Chu Ku-tien, ao norte da China, os cientistas encontraram milhares de instrumentos de pedra lascada atribuídos aos *Sinanthropus* (com a nova denominação de *Homo erectus pekinesis*). Eram muito simples, mas tinham sido feitos segundo determinado modelo. Outras evidências indicam também que o homem de Pequim soubera utilizar o fogo. Os neandertalenses confeccionavam artefatos e instrumentos de pedra bem trabalhados, com os quais proviam de caça variada, dentro de limites bastante amplos, conseguindo abater animais corpulentos como os gigantescos mamutes e os rinocerontes lanosos; e, ao que parece, enterravam seus mortos com atos cerimoniosos; usavam o fogo, inclusive tochas e lamparinas.[14] O relato desses avanços serve para evidenciar que os pré-homens poderiam também ter desenvolvido algumas habilidades na comunicação entre si, de fazer-se entender, de abstrair, de sugerir, de aprovar, de duvidar, de rejeitar nas reuniões da comunidade a formulação das decisões sociais; essas espécies do gênero humano já dispunham de sons articulados e da fala. Naqueles momentos do exercício das funções específicas na execução das tarefas, é que poderia ter sido revivido o sistema biológico de elementos dominantes, quando o grupo ou partes deixavam-se liderar pelos mais dotados, situação também comum entre as equipes de trabalho dos civilizados.

São interessantes as observações sobre as tribos indígenas brasileiras, sem aculturação dos civilizados, sobretudo daquelas em que os irmãos Vilas Boas conviveram há mais de 40 anos; despindo-os de suas poucas crenças e ritos, da sua linguagem mais ampla e mais aperfeiçoada e do maior acervo de conhecimentos, do uso de sua melhor faculdade de abstração e de bom senso, podemos ter uma idéia aproximada do comportamento decisório dos pré-homens sobre

---

14. "Alguns dos machados manuais acheulianos são obras-primas de artesanato, bem além da simples necessidade técnica. Embora tenha sido sugerido que os povos que usavam machados manuais ainda se estivessem comunicando por meio de balbuciamentos e gestos, os homens que fizeram esses instrumentos devem ter formado na mente uma imagem do que se esforçavam por produzir. O machado de mão usual não foi produto de um cérebro, mas de homens de gerações sucessivas, copiando e aprimorando os produtos de seus antecessores. O desenvolvimento da palavra ajudou grandemente esses processos". Savelle, Max e outros autores, *História da Civilização Mundial*, Vol. 1, *As Primeiras Culturas Humanas*, p. 36. Algumas evidências nos sugerem, inclusive, que os nossos ancestrais tenham construído edifícios. "Existem indícios, tais como diversos arranjos circulares de pedras, de que o *Homo habilis* pode ter construído abrigos; que muito antes das eras glaciais pleistocênicas, muito antes de os homens habitarem regularmente as cavernas, o *Homo habilis* já construía casas ao ar livre – provavelmente de madeira, varas, palha e pedra". (SAGAN, Carl, *Os Dragões do Éden*, p. 83).

os problemas emergentes como abrigo, segurança, ameaça de animais predadores, caça, intempéries, transmigração, doenças, mortes, resolvendo sobre a escolha da presa, quando, local, quem, tática, remoção e guarda da caça ou de suas partes, atendimento a enfermos, enterro, rumo do deslocamento, etc. Talvez se dispondo em círculo, sentados, ou simplesmente agachados, riscando o solo com instrumentos na discussão de suas táticas e tarefas. O formato em círculo, muito notado nas tribos indígenas, é próprio de uma reunião de iguais, onde cada um fala de igual para igual, sem outro tipo de acomodação que se incline a transparecer formalidade perante líderes permanentes, distintos e reverenciados.

No entanto, devido a maiores cautelas, poderíamos exigir que o assunto concernente a sociedades primitivas, tenha o seu caráter especulativo numa época com maior desenvolvimento cultural, próximo aos tempos históricos, afastado, inclusive, dos estágios de nomadismo; aliás, convém alertar que não eram freqüentes os deslocamentos, circunscrevendo-se a curtos períodos, e onde o ambiente era favorável, a vida sedentária poderia ter compreendido mais de uma geração ou centenas de anos, haja vista sítios arqueológicos em que foram encontradas quantidades abundantes de fósseis humanos e utensílios, indicando longa estadia com vida estável e comunitária. Devido à espessura dos depósitos na caverna do Homem de Pequim, os cientistas calculam que houve permanência por longo espaço de tempo, começando provavelmente no baixo pleistoceno mais recente e estendendo-se talvez até o médio pleistoceno.

Sob esse ângulo, estaremos somente visualizando as comunidades do homem pré-histórico, superando, assim, qualquer conotação que possa ser feita por alguns sobre a possibilidade de procedimentos motivados por instintos ou reflexos condicionados. Malgrado o encurtamento do período, podemos estar falando de povos cuja população total estaria na ordem de 2 a 3 milhões de indivíduos e de um tempo que haja compreendido alguns milhares de anos em que se processou esse embrião democrático, o que já é um tempo considerável, todavia muito antes das culturas históricas primárias situadas no Nilo e na Mesopotâmia, e distantes também dos povos imediatamente predecessores desses, os quais já apareciam com uma exnaturalização bastante acentuada,[15] possuidores como indivíduos e subgrupos de rebanhos de gado *vacum* e *cavalar*,[16] evidências de adoção do sistema de clãs, com distinções decorrentes de

---

15. Exnaturalização seria o processo no qual os seres humanos se inseriram quando os seus comportamentos e desígnios naturais foram substituídos e prejudicados por atitudes e mudanças sociais originadas pelas interpretações errôneas que faziam dos fenômenos e acontecimentos da Natureza.
16. Neles vingou o sentido de posse individual ou familiar ou subgrupal, representando acúmulo e excedente, diferenciando-se da propriedade comum a todos, a convivência social já estaria deturpada e a regra seria a dos mais poderosos, para quem, para tanto, tudo era válido. Conta-nos Frederick Turner que um descendente de Cheyenne, tribo norte-americana, disse que os cavalos foram para os povos nativos das Grandes Planícies o mesmo que o ouro para os brancos. Na tribo *Crow*, por exemplo, havia monitores que ensinavam aos meninos a arte de roubar cavalos (*Beyond*

segmentos de parentesco e de vínculo de propriedade, provavelmente já se amparando no trabalho dos prisioneiros-escravos, no seu mundo mágico-sincrético-feiticista, com centros de decisão não democráticos nas figuras das lideranças guerreiras e sacerdotais. Nossa atenção deve ser concentrada naquelas sociedades sem nenhuma contaminação nos seus comportamentos naturais.

FATORES NATURAIS DA ATRAÇÃO SOCIAL, DA ENTRE-AJUDA E DOS DECISÓRIOS DEMOCRÁTICOS CONCERNENTES ÀS PRIMEIRAS ESPÉCIES DO GÊNERO HUMANO

– Fisicamente o homem estaria vulnerável se ficasse isolado, mesmo em família; seria imediatamente extinto diante de sua fragilidade corporal e sem ainda contar com ferramentas e armas de caça. A vida em bandos lhe possibilitou enfrentar aquele mundo difícil, obscuro e repleto de animais poderosos, rápidos e precisos nos ataques e defesas;

– aptidão à fala sinaliza comunicação, significando vida social, como condição natural;

– o processo evolutivo indica uma direção de maior espaço à inteligência social (maior sabedoria, experiência e habilidades pessoais) no decisório comunitário, relegando a hegemonia dos elementos dominantes, freqüentes nos bandos de mamíferos, os quais eram definidos geneticamente ou por confrontos corporais. Quanto mais inteligente for a espécie animal, a tendência é o indivíduo se tornar predisposto à sociabilidade e à solidariedade, o que resulta em benefício de cada um, na segurança, na alimentação e no socorro. Um predador velocista não vacila em atacar os gnus, conquanto sejam estes fortes, tenham armas eficazes como os robustos chifres, violentos coices, mordidas doloridas e estejam normalmente em grandes grupos. Esses animais vivem juntos, todavia não em sociedade, porque não são inteligentes o bastante e, portanto, não cooperam nem se solidarizam entre si; apenas com a ameaça do perigo, só sabem correr ao lado uns dos outros, e, assim, o escolhido pela fera se verá isolado e abandonado. De maneira que são presas fáceis dos predadores, quando, se agissem como seres sociais, ajudando-se mutuamente, seriam certamente difíceis de serem capturados e deixariam muitos carnívoros temerosos de os atacar. O mais temível dos predadores, o leão, porém, receia investir contra um babuíno (indivíduo mais frágil do que um gnu), quando estiver em seu grupo, porque sabe que um socorrerá o outro, e poderá sair ferido ou morto. Com certeza, a vida

---

Geography, p. 162). Heranças daqueles tempos com esse sentido de posse sobre esses animais domesticados ainda foram encontrados entre os povos de raça nilótica pelas pradarias do Alto Nilo (*Shilluks, Dinka e Masai*) em que o dote ou *mahr*, quase sempre um rebanho de bois, é o mais apreciado no ato matrimonial. A entrega do gado vacum termina com todas as questões (THOMAS, J.M. e outros autores, *Atlas das Raças Humanas*, Série C, Num. 2).

social gerou a inteligência social. Respeitando as limitações de cada espécie de animais sociais, permitiu a transmissão cultural (informações e aprendizagens), tornou possível a elaboração de uma comunicação entre os membros, saber quem é quem no grupo, conhecer regras e condutas, aprender muito sobre várias coisas, alimentos, comer, caçar, planejar, estabelecer estratégias, distribuir tarefas, brincar aprendendo e se exercitando, utilizar instrumentos, dar e receber carinhos, ajudar e cuidar dos outros. Ora, o hominídeo evoluiu com muito maior inteligência social do que os antropóides, e conseqüentemente, estava equipado a ser mais cooperativo e mais solidário. Suas resoluções comunais fluíam, desse modo, em clima da mais requisitada sociabilidade e da solidariedade, não sendo as condições outras logicamente que não as mais democráticas possíveis; é a própria evidência em si diante de sua conduta bastante inteligente se conduzindo sempre em defesa do seu pequeno grupo; todos participavam das reuniões comunais para ajudar a todos: todos contribuíam para a formação da vontade geral em favor de todos. Com o *homo sapiens*, tornou-se maior a sociabilidade e maior a solidariedade, o que significa ampla vivência democrática de suas primeiras comunidades, muitas das quais tiveram a felicidade de atravessar dezenas de séculos com o poder decisório processando-se por toda a coletividade e com o poder de levar esses procedimentos democráticos e outras regiões;

- bandos relativamente pequenos, entre 30 e 150 indivíduos, estáveis, juntos durante toda a sua existência, com os mesmos propósitos e arrostando-se contra as mesmas forças hostis, são propícios ao carinho e fraternidade;[17]
- caçadas de animais gigantescos e destros, como mamutes, bisontes, ursos e elefantes, exigiam grupo e planejamento (Desenhos rupestres do leste ibérico mostram vários caçadores até nas perseguições de animais menores, como o cabrito montês);[18]
- o planejamento requeria informações e idéias de cada um do bando, com a participação de todos;
- habilidades assentadas e execução permanente de tarefas semelhantes, dentro de um pequeno grupo comunitário, e restrito campo de ação, logicamente com pensamentos irmanados, descabe qualquer mando de uns sobre os outros e qualquer poder;
- comunhão dos mesmos interesses, missões coletivas e atenção ao bando como um todo, num ambiente sem contar ainda com tabus, clãs, crenças, totemis-

---

17. Inícios desse comportamento é observado entre vários mamíferos sociais, como os mangustos, cães selvagens, macacos e suricatos.
18. Planejamento é observado nos mamíferos sociais, onde se integram astúcia, divisão de tarefa, cronometragem e rumo.

mo, distinções, venerações, resultava num comunismo social e econômico, todos iguais, repartições iguais e condições iguais, com cuidados da prole e dos mais frágeis por todos, habitação comum, alimentos distribuídos e ofertados àqueles com tarefas diversas da caça;[19]
- a imensa quantidade de utensílios e ferramentas encontradas pelos arqueólogos nos locais habitados pelos hominídeos, bem como de modelos para confecção dos mesmos, deduz-se a existência da aprendizagem extensiva a todos os componentes do grupo. A aprendizagem era essencial na caça e na alimentação.[20] A aprendizagem supõe comunicação e vida social;[21]
- inúmeras foram as sociedades existentes de acordo com as estimativas das populações do *Homo erectus* e do *Cro magnon*; e essas comunidades devem ter existido por milhares de anos, num clima de espontaneidade, fraternidade e igualdade, antes da deturpação social e do domínio de uns sobre os outros, fato esse que ocorrera quase próximo dos períodos históricos, de maneira que, a prevalência da inteligência social e da cooperação, em condições de absoluta igualdade, nas decisões sociais, pode ter beneficiado o gênero humano durante um vastíssimo tempo e através de grandioso número de sociedades. Essa perspectiva é essencial na valorização do conceito democrático e de sua exeqüibilidade, engendrados no convívio entre seres humanos.

Elucida-nos o antropólogo Gordon Childe que "não há provas definidas da existência de chefias, nos primeiros cemitérios e aldeias neolíticas. Ou seja, não há túmulos que se destaquem pela imponência ou riqueza, pertencentes evidentemente a pessoas de posição, nem moradias que possam ser consideradas como palácios. As grandes lápides da Europa ocidental e setentrional, que têm realmente aparência principesca, pertencem a uma época na qual as idéias próprias da segunda revolução se estavam difundindo, e foram provavelmente inspiradas por ela. Casas de tamanho superior ao normal foram encontradas em certas aldeias neolíticas da Europa, mas podem ser casas comunais ou clubes, como as casas de solteiros das ilhas do Pacífico, e não residências principescas. Não existe prova clara de guerra. As armas são encontradas, é certo,

---

19. Essa distribuição de alimentos é experimentada também em alguns mamíferos sociais.
20. "O próprio fabrico dos utensílios só foi possível em coletividade, pois é esta última que conserva e consolida as aquisições, a experiência primitiva em matéria de produção, e que assegura a dos animais grandes que eram assustados pelo fogo e afastados à pedrada para um precipício ou um pântano em comum (Diakov, V. e Kovalev, S., *A Sociedade Primitiva*, p. 22). "Deve ter existido alguma espécie de organização do trabalho em pedra que foi passando de geração a geração o precioso conhecimento acerca do fabrico e uso de instrumentos" (SAGAN, Carl, *Os Dragões do Éden*, p. 84).
21. As condições de vida na caverna, segundo os antropólogos, também criaram ambiente favorável ao desenvolvimento social, no entanto, não confundir essa situação como o determinante social. O ajuntamento na caverna era do ímpeto social do homem, e as condições encontradas favoreceram essa disposição.

com freqüência nas aldeias e nos túmulos neolíticos. Mas seriam armas de guerra ou simples instrumentos de caça?"[22]

Na antiga Caldéia, falava-se que no princípio não havia leis, regras, nem governadores nas comunidades; o povo guiava-se como animais (sociais).

Quando os ocidentais puderam ter acesso à tradução dos Vedas, muitos cientistas se surpreenderam com as perspectivas de inícios de justiça e felicidade do povo hindu, antes daquela sórdida e desastrosa civilização alimentada pelos privilegiados sacerdotes brâmanes, que se arvoravam como os representantes dos deuses perante os governados. Organização social essa, tão desumana e injusta, que transformava a vida da grande parte das criaturas em permanente martírio e suplício. Posto que já contasse com contaminação de algumas deturpações culturais, o princípio parecia trazer a herança democrática de suas mais antigas comunidades. Não havia na sociedade daqueles primordiais tempos castas nem teocracia.

Alguns assiriologistas acreditam poder reconstruir, através de investigações, exemplos de democracias tribais ocorridas na antiga Mesopotâmia.

As informações científicas nos dão conta de que numerosos povos de caçadores, atingiram o século XIX e início do século XX, tempo suficiente para serem estudados por etnólogos e antropólogos sociais, descontando-se algumas pequenas agregações culturais de ordem não natural. Em todo caso, ainda puderam ser observadas algumas comunidades simples, exercendo as atividades de caça e coleta como os *Koisans, Bosquímanos, Esquimós* e *Aborígenes australianos*.

Em conseqüência, os pesquisadores puderam estudar sociedades humanas, ainda existentes, próximas dos estágios primitivos de natureza democrática. Os pigmeus da África e os aborígenes da Austrália admitiam apenas temporariamente a organização política, para depois retornar ao isolamento familiar. Os tasmanianos não tinham chefes, nem leis, nem governo regular. E mais ou menos, no mesmo sistema, encontramos os kubus de Sumatra, os vedas do Ceilão(hoje Sri Lanka), os fueguinos, os tungus, e ainda nos anos 1960, no Brasil, povos do Parque Nacional do Xingu, como as tribos dos aruás, dos meinacos, dos laulapitis, dos auetis, dos camaiurás, naupuas, matipus e outros. Nessas tribos brasileiras, pôde se verificar como era importante a participação de todos nas decisões da comunidade sobre qualquer assunto: as ações comunitárias decorriam da cooperação de todos na formulação das resoluções e na sua execução; as sociedades espelhavam exemplar democracia política e econômica; cada um se interessava em participar; aquele que melhor conhecesse ou achasse oportuno falar algo, tinha o direito de informar ou opinar; o resultado da pesca e da caça em comum era distribuído de acordo com o

---

22. CHILDE, V. Gordon, *A Evolução Cultural do Homem*, pp. 107-108.

número de pessoas da tribo, independente do volume conseguido; o cacique atuava mais como chefe cerimonial e porta-voz: ninguém se sentia mandado por alguém, ou chefe, contudo, impulsionado a fazer o que era de interesse da comunidade; a paz e a harmonia reinavam absolutas entre os seus membros, denotando uma vida repleta de felicidades. Mesmo sofrendo uma aculturação ostensiva da Civilização, ainda se podia notar nos anos de 1950 entre as tribos indígenas dos Kaapor, na Amazônia, um tênue poder central, com fortes tradições dos seus tempos de plena democracia, mantendo-se as reuniões freqüentes com a participação de todos opinando sobre tudo e se conduzindo pelo que os seus ímpetos naturais ditassem.[23]

Robert Radcliffe, *Como atua a Sociedade Humana*, da coleção *Man, Culture and Society*, da Oxford University Press, 1972, p. 414, reporta que "no arquipélago de Andamã os nativos viviam em pequenos bandos sem chefes, conselhos, leis ou regulamentos administrativos. Quando alguém, perdendo a calma, se irritava e começava a quebrar coisas, o resto do pessoal simplesmente o deixava sozinho até que passasse a raiva. Ninguém exerce qualquer tipo de autoridade para determinar, decidir ou negociar em nome da comunidade. Nessa espécie de sociedade não existia Estado nem Governo Político".

Com respeito aos esquimós que viviam em bandos, de aproximadamente 50 pessoas, na década de 1960, relata Lawrance Krader, da City University of New York, que não possuíam chefes, nem conselhos consultivos, nem assembléias deliberativas – embora praticassem uma forma de liderança econômica individual: na caça da baleia, o dono do barco tinha o domínio sobre a população, o direito primordial sobre a presa. "Entretanto, não possuem Governo formal nem órgãos explícitos pelos quais são governados".[24] Outro exemplo é o dos índios Guayaki, caçadores nômades do Paraguai, observados pelo antropólogo Pierre Clastres, que anotou: "Um chefe não é para eles um homem que domina os outros, um homem que dá ordem e a quem se obedece; nenhum índio aceitaria isso (*Uma Crônica dos Índios Guayaki*, p. 67).

Nas comunidades germânicas antes da assimilação pela civilização cristã-romana, conquanto estivessem já diante de um estágio cultural de contaminações antinaturais nas suas normas, costumes e crenças, como distinções sociais, propósitos guerreiros, magias e algo mais; guardavam, porém, ainda muitos procedimentos que denotavam manifestar influência de suas origens democráticas. Aspectos humanos, igualitários e liberais, motivaram a admiração de Tácito pelas instituições germânicas. Os seus reis eram eleitos entre os mais ilustres e capazes; não exerciam autoridade soberana; antes, eram os primeiros dos seus iguais;

---

23. Confirmava o antropólogo Darcy Ribeiro o débil mando nessas tribos "porque aqui ninguém daria uma ordem a ninguém". Quando pediu a um cacique alguns homens para carregar uma carga, ele apenas disse ao grupo comunitário que se reunia habitualmente ao entardecer, que ele próprio iria cumprir aquela tarefa (*Diários Índios*, p. 431).
24. KRADER, Lawrance, *Formation of State*, p. 54.

viviam dos seus bens pessoais e das quotas equitativas: o povo nada despendia com sua corte. Para que todos contribuíssem para a segurança pública, os membros da comuna eram responsáveis pelos atos de cada qual. A ofensa feita a um, a todos atingia. A propriedade, em vez de ser puramente individual, pertencia, de certo modo, a todos; se algum proprietário falecia sem herdeiros, o seu espólio repartia-se pela comunidade a que pertencia. Nas assembléias a soberania era exercida pelos chefes de família e proprietário, mas a presença da multidão tinha poderosa influência. A própria Inglaterra recebera a forma dessas assembléias germânicas (WITTENGEMOT) através dos saxões. A deturpação a destacar, é que as assembléias anglo-saxônicas se constituíam de abades, abadessas, duques e condes e o povo ficou excluído.

Nas tribos germânicas da Idade Média, os chefes ainda eram escolhidos pelos membros da comunidade e não tinham mais poderes do que aqueles que lhes haviam sido conferidos pelos governados. O quase-estado tribal do Oriente Médio mantinha uma liderança fraca, quase eletiva ou mesmo inteiramente eletiva.[25]

Muitos autores tentam minimizar esses procedimentos das sociedades primitivas, justificando tratar-se de um efeito do "poder anônimo", gerado pelas superstições, crenças e costumes, que proporcionam atitudes coletivas sem necessidades de organização política e chefia permanente. Por costumes, com certeza. Na conformidade das explicações anteriores, ratificam-se aqueles procedimentos com origem a se perderem no tempo, exercidos por inúmeras gerações, e com heranças nas elementares condutas sociais dos pré-homens, iniciados consideravelmente em tempos anteriores aos períodos históricos, e se apresentando aos civilizados como seus costumes na resolução dos assuntos comunitários. Entretanto, esse modo de se conduzir não desmerece nenhuma raça nem cultura, muito menos quando esses comportamentos tradicionais eram salutares e em benefício da coletividade. As crenças e superstições, porém, vieram muito posteriormente. Surgiram de diversas origens e por diversas razões, e bastante tempo depois da comunidade se servir desse método democrático de autodirigir-se. Quando nasciam e se formavam, essas superstições e crenças geralmente passavam a ser utilizadas para fundamentar os costumes já existentes, entre os quais, o próprio embrião democrático de resoluções sociais das sociedades; todavia, em outros casos, serviram para exercer controle psicológico sobre os membros diante de algum início de domínio de uns sobre os outros; ou ainda precedentemente possam, em outras circunstâncias, ter contribuído à fixação de tabus, ritos e venerações, culminando, lentamente, e indiretamente, em alicerces à formação de subgrupos e segregações sociais, dentro da respectiva coletividade.

Contudo, esse fenômeno não é fator restrito das sociedades simples e naturais, visto que os civilizados contemporâneos se comportam e veneram, costu-

---

25. GELLNER, Ernest, *Antropologia e Política*, p. 188.

mes, regras e instituições, condicionados a crenças, superstições e mitos. Foram essas contingências que anestesiaram nos civilizados a sua consciência diante de monstruosidades como a Escravidão, a Servidão, a Inquisição, a Guerra, a Tortura, a Monarquia Absoluta, que dominaram os povos por séculos e séculos, de uma forma legal e complacentemente. Diante da instituição da Escravidão, a Civilização criou conceito de valores em que se baseava no desprezo ao trabalho e a ociosidade aflorava como um mérito, cujas conseqüências seriam, em princípio, a manutenção e estímulo àquela degradação humana, e, como conseqüência fatal o atraso no desenvolvimento das sociedades, robustecendo-se as castas dos parasitas sociais à custa do suor, lágrima e fome da maioria da classe produtiva. Podemos considerar a aceitação pelos civilizados dessa aberração por mais de 50 séculos. Suas leis e bênçãos dos deuses foram abundantes sobre essa terrível instituição; o *Código de Hamurabi*, datando aproximadamente do ano 2000 a.C. já dispunha de leis tratando do assunto e a legislação mosaica deixava transparente o consentimento divino, inclusive ordenando procedimentos. A jurisprudência romana estatuía que o senhor tinha o poder legal de usar e abusar dos escravos; por conseqüência, um indivíduo se achava no seu pleno direito de cegar qualquer deles para não se distrair no manejo da manivela de um moinho. O pior é que a escravidão sobreexiste disfarçadamente ainda no milênio III, com a adoção de recursos psicológicos. Muitos grupos ideológicos (nacionalistas, racistas, étnicos, movimentos em defesa de formas e estruturas políticas ou econômicas ou sociais, conservadoras, tradicionalistas ou reformistas etc.) e religiosos dominam inúmeras pessoas, lançando-as a ações ou omissões sob o pretexto de as fazerem lutar por uma bandeira justa e humana, ou mesmo divina. O livro *Como a Mente Humana produz Idéias*, de minha autoria, explica os meios psicológicos utilizados pelas lideranças para exploração dos homens. Com efeito, tais são os artifícios empregados que os militantes entregam suas ocupações, trabalhos, bens e as próprias vidas, aos líderes de suas facções, tornando-se verdadeiros escravos, dispostos a tudo fazerem sob a orientação e comando desses guias, estes simplesmente ambiciosos, outras vezes, clinicamente paranóicos, a um ponto que de seres sensatos e pacíficos podem chegar a matar outras criaturas e até matar a si próprios. Esse tipo de escravidão é geralmente protegido pelas Constituições de todos os países, sob a alegação de defesa da "liberdade de crença"; somente que uma coisa é alguém ter o direito de crer em qualquer coisa, outra é a permissão e apoio de manipulação das pessoas por quem se apresenta como o "representante" de uma Entidade material ou espiritual. Se a Humanidade não reverter, a tempo, esse quadro, desmedidos e tresloucados líderes, sustentados por seus imensos contingentes de escravos, podem ocupar governos, compor leis desumanas e escravizantes, regras contra o próprio ente humano, o ambiente, os animais e o planeta, por fim gerando acúmulo de tragédias, culminando com guerras infindáveis e ameaçando a existência da Terra. Por seu turno, a servidão com toda sua infâmia e afronta aos direitos humanos persistiu por muitos séculos, transitando nas Idades Média e Moderna. Essa organização antinatural, com suas convicções, proibições e explorações ampliou-se e desenvolveu-se bastante entre os europeus, alcançando até estruturas complexas como a formulada por Frederico I, na Germânia, com a sua hierarquia feudal – a *Heerschildsordnung*. Altos prelados da Igreja, alguns também grandes senhores feudatários, lembravam sempre ao povo, a obediência e as tradições; enquanto bispos na Alemanha impunham penas aos incidentes nos crimes estabelecidos naquelas leis desumanas, governantes episcopais nas regiões italianas inspiravam respeito, normas e sanções. Não foi fácil convencer as sociedades civilizadas para abandonarem essa triste condição; houve países, como a Rússia, que adentraram o século XX com sensíveis heranças desse despropósito. De outra parte, por mais de 300 anos os métodos de perseguição e condenações do Santo Ofício da Inquisição imperaram gloriosos, mas cruelmente, destruindo gente e combatendo a Ciência; a sua instituição oficial pelo papa Gregório IX, conta-se desde o século XIII e penetrou até o século XIX. Na península ibérica, as leis seculares completavam as condenações cruéis do Auto-da-fé. Por outro lado a guerra era prevista e incentivada sob diferentes pretextos em todos os códigos; juristas modernos consideraram-na um status jurídico, outros conceituaram-na como "a luta justa das armas públicas".[26] Chegou-se até mesmo a regulamentá-la, em 1907, pela Convenção de Haia. Os povos adoraram deuses especialistas em apoiá-los nas guerras. O *Deuteronômio*, um dos livros do Velho Testamento, no qual constam normas e sanções, fixa, inclusive, as leis de guerra. Para os hebreus, a guerra era coisa santa; Yahvé por si mesmo era o soberano senhor da guerra, como guerreiro natural; o dia de batalha era um dia de Yahvé, e, este título, era tão magnífico por vezes que, quando essa batalha seguia uma causa justa, o sol e a lua paravam para a prolongar. Além de aprovar e normatizar a guerra, o Deus bíblico e motivo de adoração dos ocidentais exigia o total extermínio dos povos inimigos, como o Heteu, o Gergesen, o Amorreu, o Cananeu e outros. É tétrico e inacreditável acompanhar a História dos povos: reinados inteiros se consumiam em guerras; era comum reis assírios, medas, egípcios, hebreus, persas, lídios, se ocuparem em mais de 80% de seus tempos de soberano, alguns alcançando mais de 50 anos, em devastar e matar outros povos. Não se pensava nada além do que em guerrear outros, com propósitos estúpidos de obter escravos, tributos e posses. Na própria Europa medieval, moderna e contemporânea, as guerras se sucederam com freqüência, crueldade, frivolidade e longa duração; houve uma que durou 100 anos. O povo era jogado ao sacrifício e destruição total às vezes por

---

26. *Apud* MELLO, Celso A., *Direito Constitucional Internacional*, p. 244, citando Alberico Gentil (no século XVI).

uma questão de bisbilhotice entre príncipes ou para forçar a adoção de suas crenças religiosas. Mas isso era considerado plenamente normal e aceito pelos costumes dos civilizados. A Primeira Guerra Mundial foi o cúmulo do absurdo humano. Vinte e cinco milhões de pessoas morreram, cidades inteiras e campos imensos foram arruinados, e outras tantas desgraças mais, por causa do efeito dominó; os governos lançavam seus povos nos morticínios por força de tratados entre si, juridicamente bem elaborados, mas bestialmente criados, havendo casos em que no último momento, os donos do Poder não se decidiam contra quem seus cidadãos seriam colocados para enfrentar a morte. Somente em 1928, após dezenas de séculos, de plena aceitação, é que os civilizados pelo Pacto de Renúncia à Guerra, conhecido como Pacto *Briand-Kellog*, abandonaram o conceito de Guerra "como instrumento de política nacional"; não obstante todas as nações, exceto Costa Rica, Suíça e pequenas cidades-estados manterem em suas constituições, as Forças Armadas. Sobre a tortura, o jurisconsulto romano Ulpiano do século III, d.C., respeitava-a como a obtenção da verdade através do tormento e do sofrimento aplicados ao corpo. Todavia, muito antes, podemos encontrar entre os gregos referência à tortura como meio de prova em processo penal. Importante observar que a adoção da tortura pelos civilizados recebeu no decorrer dos anos maiores desenvolvimentos ao invés de regredir: dos escravos, também para os homens livres; dos processos penais, também para os casos pecuniários e políticos. Por incrível que possa parecer, esse absurdo somente cessou de existir como lei, em 1874. Finalmente, a Monarquia é a perversão estrutural humana mais antiga e vigora até hoje em alguns países, na forma de sua subespécie moderada, constitucional e figurativa, porém recheada de simbologia e crenças de unidade, que reflete uma presença de usurpação e privilégios familiares inadmissíveis. Nessa ordenação anômala de governo, referenciada pela cúpula da Religião, pela Alta Magistratura e pelos guardadores dos costumes e ordem do reino, o povo era uma vítima permanente dos caprichos do soberano e dos seus asseclas, sem apelação a nenhuma salvação. O rei, sagrado e venerado, tudo podia fazer contra um indivíduo, servir-se em todos os sentidos do mesmo, seviciá-lo, cegá-lo, castrá-lo, lançá-lo à guerra e à morte por questiúnculas bizarras e pessoais, destiná-lo a pior das desgraças, utilizá-lo como motivo de troça e humilhação, fazê-lo escravo e arrancar-lhe sangue e lágrimas em trabalhos intermináveis e acima dos limites humanos, despojá-lo de bens e o mais de pernicioso e ruim que passasse em sua mente, geralmente desequilibrada diante do estado antinatural em que se encontrava.[27] Outros absurdos institucionais

---

27. Não precisando relatar os processos aprovados e respeitados dos cruéis soberanos, dos assírios e persas, hebreus e chineses, dos sultões árabes e príncipes da Transilvânia, passemos um olhar sobre a França do século XVII, no reinado de Luís XIV, época em que já pontilhavam os raios do Renascentismo, em que o Ordenamento do Estado (embora não democrático), amplamente aceito

mantidos pela Civilização em suas legislações serão comentados mais adiante. "A magia e a religião constituíram o andaime necessário para sustentar a crescente estrutura da organização social e da ciência. Infelizmente, o andaime dificultou, muitas vezes, a execução dos objetivos e o progresso da construção permanente. Serviu, mesmo, para apoiar uma fachada falsa, atrás da qual a estrutura fundamental ficou ameaçada. A revolução urbana, possibilitada pela ciência, foi explorada pela superstição. Os principais beneficiários das realizações dos agricultores e artesãos foram os sacerdotes e reis. A magia mais do que a ciência, foi assim entronizada e investida da autoridade do poder temporal".[28] Em suma, os melhores exemplos de aceitação de comportamentos políticos sociais e econômicos, por crenças, superstições e costumes, inclusive como relatado atrás sob instituições de natureza horrível e por muitos e muitos anos, e incorporados em seus ordenamentos jurídicos e doutrinários, estão mais entre os civilizados do que nos povos simples. Esse etnocentrismo é produto do próprio condicionamento cultural de seus críticos.

Continuemos, porém, no estudo, que por um instante foi interrompido, sobre as sociedades primitivas, puras, em função de seus direcionamentos democráticos. Em todo caso, essas aglomerações se amoldaram perfeitamente em seus costumes de procedimento democrático, cujas razões científicas se fundamentam naqueles fatores naturais da atração social, da entre-ajuda e dos decisórios democráticos, que, indubitavelmente, contêm seus propósitos biológicos no contexto sistemático da Natureza, sobretudo na estruturação da sociedade humana, que anunciava ao mundo uma nova angulação – a evolução social.

No momento, porém, em que prevalecia a gerontocracia ou o xamanismo, ou o comando pela representação por parentesco ou por posse de prisioneiros capturados de tribos inimigas e de bens ou ainda inflada de associações secretas, de caça, de polícia etc., a democracia, política e econômica, começou a se extinguir nas comunidades simples e naturais. Sobrevieram fatalmente, a aristocracia e a monarquia, com imediatas roupagens como a oligarquia e a tirania. Realmente, a sociedade natural dos humanos sofreu desfigurações profundas

---

juridicamente pela Sociedade, oferecia o seguinte quadro: "Mas como não pensar nas vítimas de costumes bárbaros? Camponeses arrancados à força de seus lares; homens robustos enviados às galés por pequenas faltas, pois a esquadra precisava de remadores; jovens atirados contra a vontade em conventos – prisões para preservar uma herança, ou expedidos para as colônias; pobres tratados como culpados e condenados aos mais duros trabalhos; prisioneiros inocentes ou não, esquecidos, acorrentados nos calabouços; condenados submetidos a torturas – assim é a justiça dessa época. Mas os sofrimentos do povo não comovem muito o rei ... WILHELM, Jacques, *Paris no Tempo do Rei Sol*, pp. 11-12.

Na Inglaterra absolutista, o Rei e o Privy Council detinham o poder de determinar a prisão de qualquer do povo, sobretudo a plebe – *per speciale mandatum regis* – sem indicar a causa. Na França, de forma análoga, o soberano expedia as *lettres de cachet*, e inúmeras vítimas inocentes eram lançadas nos calabouços.

28. CHILDE, V. Gordon, *A Evolução Cultural do Homem*, p. 227.

que culminaram com a destruição da conformação e procedimentos democráticos. Surgiram mandos de alguns sobre os demais: arruinava-se, assim, concomitantemente, a homogeneidade do grupo, este perdendo sua caracterização como um todo, dividindo-se em grupos de privilegiados que tinham poder sobre os outros, e de outro lado, a massa com o dever de obediência àqueles, e na condição de servos ou escravos, muitos dos quais passando a viver miseravelmente. As liberdades e igualdades de grande parte do povo, as quais pertenciam à própria natureza dos indivíduos e do seu convívio na coletividade, foram apagadas, e até mesmo interditadas. Crenças e superstições ajudaram no condicionamento cultural, solidificando, a cada posterior geração, essas distorções, usurpações e infâmias. Com o passar do tempo, todas essas anomalias, seriam aceitas pelos civilizados como condições normais da vida dos homens. À medida que aumentava o poder e as prerrogativas de uns poucos sobre os demais, mais apareciam ensinamentos e leis que impingiam a todos respeito e veneração. Até mesmo foram buscar nos deuses e espíritos o apoio a esta sórdida ruptura do estado natural dos homens. Finalmente, a "coisa" foi se tornando sagrada. Com efeito, expandiu-se no espaço e no tempo o império de bestas estranhas e antinaturais, como despotismo, totalitarismo, submissão, servientismo, distinção de classes, dominação de subgrupos, instituição de idéias sobre impureza das mulheres, sobre a índole má dos humanos, da inferioridade congênita de muitos, da desobediência humana a Deus etc. Não olvidando sistemas injustos e cruéis que prosperaram aos quatro cantos e por centenas de anos pela civilização, no Egito, Oriente Médio e Ocidente, vale, para melhor compreensão de uma idéia da direção tomada em contradição ao ambiente democrático e natural das primeiras sociedades humanas poder observar a que ponto chegaram em estratificação antidemocrática, o *Rig-Veda* do povo indiano ou indo-afegã. A coletividade foi disposta em quatro castas: *brâmanes*, ou sacerdotes, *chátrias*, ou governantes, *vaisias* ou povo e *sudras*, ou servos, e mais de 3.000 subcastas, rigorosamente separadas entre si. Todos se sentiam "manchados" pelo simples atrito (os *purada vaunam* se mancham com um só olhar) com outra casta, seja superior ou inferior, pelo qual as purificações andavam na ordem do dia.

Nas sociedades humanas primitivas não estavam certamente aqueles inícios democráticos perto de um esboço da *Ekklesia* (assembléia) dos gregos, contudo se tratava de atitudes informais, voluntárias, disciplinadas e solidárias, auscultando os mais interessados e experientes sobre um evento ou um objetivo a ser alcançado, discutindo-se abertamente e recolhendo-se os ensinamentos e conclusões dos mais experimentados e idosos. No fundo, sentimos que os procedimentos convergiam a uma plena democracia, que somente visavam benefícios à coletividade, afastando espectros de falsidades, exploração do homem pelo homem, formação de grupos privilegiados, os quais geram, por conseqüência, medos, coações, invejas, ambições e atos cruéis.

Felizmente, podemos ainda observar essa natureza democrática do homem em tempos mais à frente, desde quando o ambiente e a cultura do povo permitiram o seu exercício, evidentemente livre de classes dominantes. E ocorrendo os fatores favoráveis à realização da verdadeira democracia, logo se percebe um procedimento humano compatível à solidariedade, um apreço à opinião de qualquer um, a prevalência do interesse comum, a preocupação sobre todos, incluindo velhos e crianças, e, enfim, a quase inexistência de violência e crimes.

No século XVII, as comunidades inglesas estabelecidas no solo do Novo Mundo, na região da Nova Inglaterra, exercitaram por muitos anos a democracia direta, em que os cidadãos indistintivamente participavam de todas as resoluções. No começo do século XVIII, o povo conseguiu a abolição da oligarquia dos proprietários na Carolina, originária da nobreza dos Lordes, por graça do rei Carlos II, e começou a vigorar a participação de todos os habitantes diretamente nas decisões sobre os assuntos gerais e sobre a votação dos tributos. Conseqüentemente, esse vastíssimo território, dividido em meridional e setentrional, antes mal utilizado, atrasado e com indesejáveis injustiças, prosperou rapidamente, dentro de uma atmosfera sadia de igualdade e de liberdade. Quando George Washington arregimentava as milícias estaduais para formar o exército que iria enfrentar os ingleses, notou que em algumas regiões, os soldados nomeavam os oficiais, enquanto a oficialidade dos exércitos europeus era privilégio dos nobres e aristocratas; nem pensar em nomeação tão democrática. Tamanha era a disposição à liberdade das pessoas nas suas comunas que naquela época em que se exacerbavam nas crenças religiosas, a *liberdade* de culto existiu na América antes de haver *tolerância* na Europa, não obstante a variedade de seitas, puritanos, quakers, anglicanos, católicos etc. A irmandade, o respeito e o bem comum, que esse sistema imprimiu na mente dos colonos é em grande parte responsável pela incorporação no espírito do povo americano da consagração dos princípios da liberdade e da igualdade, valores que tanto contribuíram para os procedimentos e ordenações sociais que foram engendrados nos processos da Independência e da formação da Nação estadunidense, em salutar consonância com as idéias filosóficas que fluíam naqueles momentos da Europa iluminista. Nessas democracias comunais, muitas decisões sábias foram tomadas pelo povo, como a proteção aos pobres e aos indigentes e o estímulo e meios à educação de todos, enquanto no mesmo período, na Europa, os senhores donos dos poderes estavam apreensivos com maiores privilégios, servilismo popular e guerras. Estavam certos os emigrantes em repelirem o conceito de representação que vingava nos Estados feudais do Velho Mundo.

Em época mais atual, assistimos à experiência dos *kibutzim* judaicos em Israel, os quais nos têm apresentado desde o começo do século XX, um *modus operandi* da democracia direta, em seu aspecto mais abrangente, lembrando as democracias a que nos reportamos nos inícios das sociedades humanas. Nessas associações comunais, em meio a um ambiente mais sofisticado e moderno, amplos em tecnologia e consumo de bens, os membros renunciam voluntariamente ao salário e à propriedade privada. Há apenas uma centralização administrativa de todas as atividades, mesmo as culturais e a distribuição de mercadorias. As decisões sobre os assuntos em geral, de natureza educacional, econômica, doméstica, social, de bem-estar, lazer, modernização, gerencial etc., originam-se da participação de toda e qualquer pessoa e fluem pacificamente e se pesando tão-somente a sensatez e a solução ideal sugeridas pelos membros em favor de toda a comunidade. Direciona-se tudo no sentido de uma divisão fraterna entre todos, inclusive sobre os benefícios sociais, a proteção aos velhos e aos enfermos, e o cuidado a todas as crianças. Casos criminais são quase desconhecidos. E se não atingem a absoluta paz e otimização é de se debitar isso ao fato de que estão dentro de um Estado com forma de governo de representação, na sua esfera máxima e às regras dos interesses, da riqueza e do capital.

Pondera-se que a conceituação de Democracia, com as dobras do tempo, vem sendo conduzida, cada vez mais, circunscrita a princípios, processamentos, sistemas e regimes socioeconômicos, motivo pelo qual encontramos denominações de democracia liberal, democracia burguesa, democracia popular, democracia social, democracia cristã, democracia universal procedimental, democracia consociativa e outras.

Muito embora o conjunto de alguns pressupostos, via de regra, pretenda oferecer um direcionamento em função de uma maior condição democrática à população, resguardando o aspecto político (a liberdade e a igualdade perante a lei), o aspecto social (a igualdade econômica) e a proteção dos direitos das minorias, têm, por outro lado, formulado confusão no conceito de democracia. Tais adjetivações, antagônicas e destoantes, prejudicam a verdadeira idéia de democracia. A qualificação é válida apenas para indicar a forma como possa ser processado o seu funcionamento para atingir os seus desígnios e os regimes econômicos consagrados, todavia não deve significar que a democracia deva ficar presa inexoravelmente a quaisquer formas nem requisitos, desde que, na verdade, seja uma democracia, pois a soberania do povo sobrepõe-se em qualquer fase a tudo o mais.[29] A intangibilidade do trono inglês elimina a soberania do povo além de já prejudicada pela "representatividade" do Poder Legislativo e outros privilégios intocáveis, em que pese o regime promover relativamente a liberdade civil e o respeito aos direitos individuais.

---

29. Em 406 a.C. a despeito de terem os atenienses conseguido derrotar a frota espartana na batalha ao largo das ilhas Arginusas, perto de Lesbos, o povo não admitiu que milhares de seus soldados houvessem morrido afogados e por isso, inconformado, queria julgar seis dos *Strategoi* (generais). "Quando se objetou que isso seria inconstitucional surgiu o clamor de que seria intolerável que alguém impedisse o povo de fazer o que queria". (*Joint Association of Classical Teachers Greek Course*, Peter V. Jones, organizador, *The World of Athens*, p. 40).

O que interessa preliminarmente é se o Governo está nas mãos do povo e se este realmente decide livremente e em igualdade política sobre o seu destino. Os demais elementos servem acessoriamente de orientação ou processos para se alcançar finalidades altivas e necessárias aos cidadãos. Nesse caso, a democracia pode estar sendo neoliberal ou socializante, contudo, nunca rigidamente neoliberal ou socializante, pois no momento em que se anunciar que uma democracia terá de funcionar permanentemente de acordo com um regime econômico capitalista ou comunista, ou uma forma de governo representativa, essa, de súbito, deixa de ser uma democracia, pois que o povo perde o direito de opinar e decidir sobre os atos supremos da Nação.

A Democracia requer livre fluir de idéias e adoção de mudanças, de acordo com o desejo do povo. Para que esse desejo flua corretamente, visando sempre a Justiça política e social e atender o interesse público é que podemos pensar em formas de processamento e princípios orientadores. Sem dúvida, é o caso de lembrarmo-nos de uma estrutura de Democracia, a qual significaria apôr à democracia um esquema para efetivamente o povo poder ter a oportunidade de fazer valer a sua soberania e se afastar da farsa, da opressão sobre os governados, e de agregados oligárquicos, de sorte que podemos optar em recorrer à mais exata simplicidade para definir a Democracia; esta está, portanto, acima dos sistemas econômicos e sociais, e de dispositivos políticos no seu mais alto grau. O que mister se faz é verificar se a forma de governo permite que o povo verdadeiramente exerça o seu direito, amplo e livre, de decidir o destino da Nação e dos seus cidadãos. Isto é Democracia.

Não convém, por conseguinte, forçar a extensão do conceito de Democracia. O que importa na forma de governo é efetivamente garantir ao povo decidir soberanamente sobre todos os assuntos relacionados à Nação e em seu benefício, e onde houver povo, esse direito deve ser respeitado acima de qualquer estrutura, quaisquer configurações, tradições, constituições e Estados.[30] A consecução ple-

---

30. O conceito de Democracia deve ser engendrado e compreendido nos seus fundamentos científicos e não mediante recolhimento de expressões à maneira de se denominar várias sensações da visão, ou coisa parecida. De certa feita, lendo um livro sobre Direito Constitucional Comparado, o autor se excedeu em anunciar acepções maravilhosas de ilustres pensadores, passando por Aubert, Montesquieu, Jefferson e Kelsen. Entretanto, ao tratar da Constituição da Espanha de 1978, talvez empolgado com seus conhecimentos sobre a mesma, demonstrou aborrecimento com as perturbações vindas dos habitantes do País Basco. No fundo, suas concepções situavam-se apenas nas formalidades do Estado Espanha e menos significava para ele o Povo de uma região que pouco tinha com essa estrutura formal e poderosa chamada Espanha, a despeito de sua reconhecida presença no conceito entre as nações e suas tradições históricas. Sobravam inegavelmente àquele autor bastantes informações sobre diversos conceitos de Democracia, faltava-lhe, porém, concepção científica sobre Democracia. Nas Declarações e Pactos Internacionais de Direitos Econômicos, Sociais e Culturais e no de Direitos Civis e Políticos, elaborados na esfera da Organização das Nações Unidas, conclui-se positivamente que deve ser assegurado o Princípio de Autodeterminação dos povos. É, sem a menor dúvida, um direito democrático. Entrementes, como o professor Mello analisa com propriedade, na prática os países têm privilegiado o princípio da integridade territorial. Nenhum princípio é, porém, superior à soberania popular, e mais me parece um

na desse propósito já é muito difícil e complexa, havendo um mundo de interesses escusos tentando embaraçar e confundir os desígnios democráticos.

Após a Declaração dos Direitos do Homem e do Cidadão, em 1789, a Declaração de Direitos dos Estados Unidos, o grande peso das idéias filosóficas de Locke, Voltaire, Rousseau, Montesquieu etc. a partir do século XVIII e até mesmo o *Bill of Rights* inglês do século XVII, introduziu-se a excelente iniciativa de proteção aos direitos individuais, depois com o advento no século XIX das filosofias sobre as necessidades sociais, esses princípios se integraram a dispositivos constitucionais.[31]

Em porvir muito próximo, acredito que mais um substrato indispensável aos delineamentos democráticos será a proteção dos cidadãos como um todo. Princípios serão seguramente consagrados em função do respeito dos indivíduos para com toda a Humanidade, consubstanciando-se na defesa do ambiente e do planeta, e também na disciplina da reprodução sexual, na preferência educacional da sociedade em relação à educação familiar etc. Destarte, o conceito do homem como valor absoluto na sociedade, apregoado por muitos publicistas, não é verdadeiro quando pensamos nos demais membros sociais e na própria sociedade.[32]

Entrementes, tudo isso é um direcionamento que o povo precisa aceitar, tal como se substancia uma democracia estruturada cientificamente, com os seus objetivos vislumbrando o cumprimento pela sociedade das necessidades naturais do Homem e das revelações científicas.

---

argumento técnico, em se alegando espaço territorial para subjugar um pequeno povo, que tenha seu território dentro, próximo ou contíguo ao usurpador, tal ou qual as razões do "espaço vital" apresentado pelos teóricos nazistas. O Princípio da Autodeterminação dos povos é científico porque decorre da Soberania do povo, que é de origem do Direito Natural. Todavia essa concepção ainda não está clara e absorvida pelos políticos em geral, nem pelos seus representantes na Assembléia da própria ONU. Senão vejamos alguns exemplos que Jean Charpentier nos transmite, conforme citado e comentado pelo professor Mello: independência de Bangladesh foi possível porque ela recebeu o apoio da Índia; o fracasso de Biafra de ficar independente se deve ao auxílio dado à Nigéria pela Grã-Bretanha e a ex-URSS; em 1967, a Grã-Bretanha fez um referendum em Gibraltar, que votou para continuar com ela, mas a ONU condenou o mencionado. Em 1968, Gibraltar tornou-se Domínio. É curioso que neste caso se quer tirar um território da Grã-Bretanha para dá-lo à Espanha em nome da autodeterminação; Mayotte (1974 e duas vezes em 1976) votou para ficar com a França, mas foi obrigada a integrar a República de Comores. A Argentina reivindica a posse das ilhas Falklands (Malvinas), mas não admite a realização de um plebiscito entre os Kelpers, seus habitantes nascidos na ilha. Daí porque Charpentier concluiu acertadamente:

"Assim, a expressão da vontade popular só é tomada em consideração se ela for no sentido da ruptura dos vínculos coloniais; ela é, em particular, tida por nula e como não existente se ela entrava a realização da descolonização na sua integridade territorial". *Apud* MELLO, Celso D. de Albuquerque, *Direito Constitucional Internacional*, p. 138, citando Jean Charpentier (*Auto Détermination et Décolonisation*, in *Le Droit des Peuples a Disposer d' Eux-Memes*).
31. Vide *Constituição de Weimar*, de 1919.
32. Problemas, por exemplo, como o planejamento familiar e a perspectiva da escolha do sexo dos filhos pelos pais compreendem decisões de maior interesse à Comunidade, como um todo, do que aos indivíduos considerados isoladamente.

A deliberação do povo pode errar? Evidente. Suas decisões podem afetar os princípios de liberdade, de igualdade, do ambientalismo, de justiça e da evolução, no seu mais amplo sentido. Na democracia direta ateniense aconteceram interessantes casos de desmandos e injustiças, comandados por paixões populares, por falsos e frágeis conceitos sobre igualdade, liberdade, por ambições e invejas, tais como as freqüentes condenações ao ostracismo de cidadãos pelo simples motivo de se apossar dos bens de alguém. Aristides, o Justo, inclusive foi julgado e condenado pelo fato de *não ser igual a todos*. Outras barbaridades foram verificadas, como o confisco injusto de bens e condenações absurdas de morte, que foi o caso de Sócrates, razão pela qual certamente desestimulou a confiança do filósofo Platão no governo das multidões.

Não cabe impressionarmo-nos com esses casos, pois os acontecimentos extravagantes ocorridos na Democracia foram exceções. Em 200 anos, o fato de maior publicidade é o julgamento e a execução de Sócrates, mas mesmo assim a intenção era o seu exílio, afastá-lo da adolescência, sobretudo dos filhos de seus acusadores; a consumação de sua morte foi mais uma decisão do próprio filósofo e a sua condenação resultou de uma pequena diferença entre os votantes. "A Democracia foi estabelecida em 508 a.C., depois de uma breve guerra civil. Posteriormente, em sua história de quase dois séculos, o terror armado, a chacina sem processo ou lei, foi empregada somente em duas ocasiões: em 411 e 404, nas duas vezes por facções oligárquicas que se apoderaram do controle do Estado por períodos curtos. E na segunda vez, em particular, a facção democrática, quando retomou o poder, foi generosa e cumpridora das leis no tratamento que dispensou aos oligarcas, tanto assim que teria sido elogiada até mesmo por Platão".[33]

Compete aos cientistas e estudiosos encontrar as possibilidades racionais e humanas para que positivamente se concretize a democracia e que esteja ajustada à isonomia, à humanidade e ao bem comum, com impedimento à ocorrência da corrupção, da desigualdade e da torpe encenação democrática. Democracia representativa, mista, social ou como se queira nomear, apenas é um modo de se dizer que se encontra num estado democrático; somente a prática dirá se é verdade ou não.

Por outro lado, até mesmo renomados estudiosos do assunto, limitando suas concepções de democracia ao tipo de democracia representativa, chegaram a defini-la como governo da maioria. Se o governo é composto de uma determinada maioria estabelecendo por vários anos as decisões da Nação, ao lado de uma também determinada minoria se sujeitando aos seus intentos, não é o caso de denominarmos essa construção de Democracia. O governo é do povo. O povo acolhe um assunto e se apura a tese vencedora pelo princípio da maioria na votação; trata-se manifestamente de uma opção técnica, nada tendo a ver

---

33. FINLEY, M.I., *Democracia, Antiga e Moderna*, p. 84.

com um conceito filosófico ou científico. De maneira que, eclodindo, logo a seguir outro assunto sob análise, o povo novamente votará, contudo a matéria vitoriosa pode ser aprovada por outra maioria na votação final. Em outras palavras, cada votante está livre na votação de cada assunto, dependendo a sua aceitação ou rejeição conforme o interesse da sociedade, o que não acontece com a democracia representativa em que a *maioria* e a *minoria* se nos afiguram como entidades, grupos estanques, fixos, votando irracional e sistematicamente a favor ou contra uma idéia, exclusivamente se guiando por uma sigla, nomes ou acordos. A onipotência da maioria é tão perniciosa e prejudicial a quem não comungue com suas idéias e regras quanto a ditadura de um só ou de alguns. Donde concordo com a lição do mestre Hermes Lima, ilustre jurista-sociólogo brasileiro, quando alude: "Democracia é mais do que governo da maioria; é, idealmente, o governo do povo por si mesmo. Por isso, implica certos caracteres gerais: a igualdade perante a lei, a livre acessibilidade aos cargos públicos de todos os cidadãos e está no espírito que anima um esforço básico, essencial para libertar o homem de todas as servidões, da servidão da ignorância, como da servidão econômica". Com razão estava Barrington Moore Jr. quando enfatizou que conquanto a Genebra dos tempos de Calvino nos mostrasse como a democracia simulada e a repressão mútua podem trabalhar durante algum tempo e em escala reduzida quando reforçadas por um aparelho central de terror a "tirania da maioria" vai muito além na estrada que conduz ao totalitarismo popular, numa escala tão grande que interessa milhões, e não centenas, de indivíduos.[34] Por ocasião da elaboração da Constituição Norte-Americana, os autores do *The Federalist 10* lembravam que numa "república, eleições regulares limitam o poder das facções minoritárias, mas elas nada podem fazer para controlar os excessos potenciais de uma facção majoritária, este grande perigo para todo governo popular.[35] Completando, um dos seus autores, Alexander Hamilton, acentuava: *"Daí todo o poder aos muitos e oprimirão os poucos. Daí todo o poder aos poucos e oprimirão os muitos ".*[36]

As pesquisas científicas puderam indicar, então, que a comunidade inicial da humanidade era seguramente uma democracia em que as decisões eram tomadas com a participação de todos, aconselhados, daqui e dali, por alguns mais conhecedores dos assuntos em pauta, todos com o direito de opinar e aprovar, e ponderados pela experiência dos mais velhos, todos visando ao bem comum; com efeito, em qualquer caso, sempre decidida a questão, o ato ou a ação, em prol de todos os membros do grupo.

---

34. MOORE Jr., Barrington, *Poder Político e Teoria Social*, p. 76.
35. PLATTNER, Marc F., *A Democracia Norte-Americana e o Espírito Aquisitivo*, da coletânea *A Constituição Norte-Americana*, pp. 21-22.
36. *Apud* CAGGIANO, Monica Herman Salem, *Oposição na Política*, p. 40, citando Sartori, Giovani, *Teoria de La Democracia*, Madri, Alianza Universidad, 1987, p. 169.

Não há irremediavelmente a menor possibilidade de se pensar, portanto, em indivíduos ou classes que venham decidir pelo povo. Eis a razão porque a História se cansou de colher páginas e páginas de relatos de milhões de oprimidos a serviço de poderosos, e advir as suas conseqüências inevitáveis como a crueldade, a guerra, a escravidão e as piores vergonhas de nossa espécie.

Supor a existência de uma forma de governo em que este seja administrado por um só ou por poucos, que o povo colocou para exercer a administração de sua sociedade, por um determinado período, fiscalizando-o ininterruptamente, e que devem exercê-la com exclusiva finalidade para o bem da Nação e obedecendo ao programa apresentado e aprovado pelo povo, antes de por este serem designados ao Poder, essa estruturação, na verdade, é uma Democracia, obedecendo a um tipo de esquema organizacional.

Entretanto, imaginar que para a Humanidade existam outras formas de governo sob o comando de um só ou de poucos, ou de alguns grupos, direta ou indiretamente, e que venham a ser exercidas como uma forma normal de governo, assentadas aos donos do Poder por outras origens, porém, nunca pela vontade consciente do povo, como uma Monarquia ou Aristocracia, isso não existe na lógica, nem cientificamente, muito menos na prática e na moral. A classificação aristotélica nos serve para informar que possam ter havido algumas monarquias e aristocracias que produziram atos em prol da comunidade, todavia essas espécies de governo não passam de outras variantes antidemocráticas e por conseguinte impróprias e antinaturais. Devem ser, portanto, desqualificadas e jamais podem ser consideradas formas de governo, porquanto usurpação de Poder não pode ser matéria para estudo e adoção. O povo foi destinado a se governar por si próprio, como analisado precedentemente, desde os seus começos pré-históricos e consoante verificações das comunidades mais primitivas. Qualquer expediente que vier se antepor a esse princípio tratar-se-á de um apoderamento insólito e absoluto desvio dos comportamentos naturais dos indivíduos em sociedade.

Tudo isso apenas contribui para um desvirtuamento do conceito dos princípios democráticos em função dos maquiavelismos oligárquicos, resultando, entre outras coisas, no atraso da Ciência Política e persistência até o terceiro milênio de coisas inacreditáveis como a presença ainda em países de primeiro mundo de dinastias reinantes com prerrogativas acima do povo e com a manutenção ostensiva e ofensiva de outros favorecimentos primitivos.

Essas formas espúrias de governo, que resistem aparecer em tudo quanto é publicação sobre assuntos constitucionais, podem manter relativas garantias individuais e liberdades, mas não são democracias, e não devem interessar à Humanidade. São estruturas falsas nas mãos de grupos privilegiados; podem até simbolizar se preocupar com o interesse público, e às vezes podem fazê-lo, quando momentaneamente libertos de pressões partidárias e de interesses particulares, contudo, no seu conjunto não são uma democracia. Um tirano, um déspota, um usurpador, pode fazer até mais pelo seu povo do que tal sistema, nem por isso o governo de que se serve é uma democracia.

A sociedade é do povo como um todo. Logicamente, somente o povo poderá geri-la e ser capaz de exercer o Poder, jamais alguém ou parte despojada do seu mandato, e que assuma o Poder e aja pelos seus interesses, embora teoricamente, apregoe que esteja atuando em nome do povo. Isso é matreira ilusão! Isso não existe no bom sentido. Os registros históricos comprovam essa realidade. Diante da complexidade atual das sociedades, dos jogos de interesses, das fortes e inexpugnáveis pressões, das múltiplas renovações, das globalizações intensas das comunicações, a ingenuidade neste sentido é até mesmo ferina.

Ninguém neste Planeta tem direito, nem fundamento, divino ou humano, para se intitular que, independente da voz do povo, possa ser o seu dignatário máximo, ou de honra, recebedor de méritos e privilégios (como os reinados europeus atuais), ou seus representantes (como os parlamentares da quase totalidade das nações). Essa presunção é propagandística, mentirosa e tem por finalidade, ora o entorpecimento do povo ou manter prerrogativas de famílias, o que, no fundo é um ultraje, uma aberração, que não pode ser aceita numa Nação.

Em conclusão, a tipologia de forma de governo deve se limitar a uma única e verdadeira alternativa:

Democracia   – governo do povo, pelo povo e para o povo;

Não-democracia – governo contrário à soberania popular.

A sociedade deve ter uma forma de governo que permita que o povo exerça amplamente a sua soberania; outra estrutura diferente é apenas um esquema não-democrático, não adiantando denominá-lo governo de um só, de poucos, misto, de representação etc. Pode ter, como advertido acima, até objetivos teóricos de funcionar para o bem do povo e de emanar do mesmo, todavia não é democrático, porque o povo não participa da sua origem, das suas decisões, do seu comando e do seu término.

O homem nasceu para viver numa sociedade democrática. Não se trata de uma técnica ou arte, mas é de sua natureza mesmo que resolva os assuntos da coletividade em comum, com igualdade e liberdade, tal como ficamos a saber nos estudos anteriores. Não adianta quebrar-lhe a Democracia e impor outros arranjos em que o poder decisório recaia sob o domínio de um indivíduo ou de uns poucos ou de algumas classes. Essas desvirtuações na Natureza Humana somente registraram na história por milhares de anos injustiças e tragédias monstruosas. Não interessa se uma timocracia com o Senado reinando na República romana, ou o despotismo ilimitado de frágeis criaturas como os imperadores latinos, ou de reis e rainhas por toda parte, ou de uma oligarquia de nobres na era moderna, ou de uma plutocracia contemporânea. Todos esses desvios da estrutura natural de governo, provocam desigualdade, infelicidade, prejuízos a muitos, desordenamento social, gerando crimes e violência, e tudo o mais contrariando a Natureza, chegando-se a uma sociedade aleijada, e nociva à Paz Mundial e ao perfeito convívio entre os povos.

Resumindo,

- A Democracia é a única forma de governo aceitável e própria do gênero humano, compreensivelmente adequada a ser aplicada em qualquer Nação do mundo. É o processo em que o povo pode exercer o mando e decidir sobre o seu destino. Pelo qual, qualquer um do povo, seja quem for, indiferente quanto à instrução, sexo, raça, cultura, profissão, situação econômica, possa igualmente participar das resoluções sobre os desígnios nacionais, e fazendo-o com plena liberdade, livre de qualquer sorte de pressão;
- trata-se de forma de governo imanente à natureza das comunidades humanas. Tal como estudamos atrás, foi o começo e o modo natural de as incipientes sociedades da Humanidade poderem viver em paz e lograr vencer os obstáculos para concretizar a sua subsistência e conservação da espécie. Vigorava em geral o princípio, "Para todos e de todos segundo as necessidades e possibilidades da coletividade", e em particular, na vida econômica, "a cada um segundo suas necessidades", e nas decisões sociais, "de cada um segundo suas habilidades e informações". Não se trata de uma invenção humana, mas de uma estrutura da própria Natureza; pelo menos, a sua profundeza evidencia-se no mundo biológico, como considerável, o que firma com maior dimensão a sua integração à categoria humana.[37] Talvez, derive de uma sucessão natural, nascida muito antes, de procedimentos sociais de outras espécies imediatamente precedentes, – num processamento elementar e simples, sem linguagem articulada, porém, com reações que a Natureza sabe muito bem dispor nos indivíduos sociais em comunicando-se entre si –, que os humanos puderam continuar naturalmente, e somente dessa maneira puderam manter o conveniente inter-relacionamento e manterem-se unidos nas defesas comunais;
- outras formas de governo que posteriormente foram impostas ao povo, denominadas de aristocracia, oligarquia, monarquia (absoluta, moderada, constitucional e figurativa), são simples deformações das coisas humanas. Essas transformações que as sociedades humanas sofreram, provinham das várias deturpações acontecidas na cultura das comunidades pré-históricas, motivadas pelo pouco desenvolvimento intelectual do homem perante circuns-

---

37. Com a Civilização, a democracia foi reinventada em Atenas, com vestimenta mais sofisticada e planejada, com milhares de participantes. Em todo o caso, o ímpeto democrático estava no sangue humano em todos os lugares em que o povo pudesse ter consciência do seu direito ao Poder e liberdade de se manifestar; esses ensaios são observados na república romana e em outras cidades da Magna Grécia.

tâncias estranhas e fenômenos inexplicáveis da Natureza. Por não ter sido possível a formulação de respostas racionais, naquelas épocas longínquas com aquelas sociedades em estado rudimentar, originaram-se alterações de comportamento social dos seus membros, que, com o passar de extensivo tempo, favoreceram a geração de distinções, discriminações e separações entre si, resultando, no final, o aparecimento de alguém, ou de um grupo, dominando e explorando os demais; superstições, proibições, tabus e venerações, que se sucederam volumosamente no decorrer de centenas de anos, moldaram fatalmente as personalidades de alguns como figuras egoístas, malévolas e ambiciosas, que, por conseqüência, ficaram a um passo para iniciarem meios de aproveitamento de outros em benefício exclusivo de si próprios. Os bens e riquezas passaram aos poucos a acumulações individuais e subgrupais, à parte daquele comunismo social e econômico das primeiras sociedades. Todas essas transformações evidentemente implicariam em verter aquele cenário democrático, nascendo o domínio psicológico, inicialmente, e físico, posteriormente, de um sobre os outros, na qualidade de sumo-sacerdote, que depois se caracterizaria como soberano, ou de poucos, nas condições de xamãs ou de representantes de uma casta por parentesco, ou acúmulo de bens ou de escravos, formando uma oligarquia. De fato, em paralelo ao desenvolvimento técnico e intelectual (linguagem, conhecimentos, abstrações, etc.) que ocorria nas sociedades humanas, o homem primitivo também produzia uma quantidade assombrosa de atos irracionais, oriundos, como referenciado anteriormente, de respostas que dava aos fenômenos da Natureza, cujas causas desconhecia, contudo, teimava em explicar através de suas elementares imaginações ou relacionar a coisas que nada tinham a ver, gerando adorações, totemismos e ritos, que, com o tempo, germinaram segregações sociais e domínio de alguns sobre os outros e o comando social nas mãos de poucos, arruinando todos os procedimentos democráticos. O que antes era a manifestação, em igualdade de condições, de cada um segundo o seu conhecimento e suas idéias ou seus dotes físicos, passou a imperar simplesmente a *ordem*; o que antes eram assuntos de interesse da comunidade, começou a vigorar os desejos dos grupos dominantes sobre exigências de guerra, captura de prisioneiros para fazê-los escravos, normas, interdições, cerimoniais de obediências e respeito às suas autoridades e domínios, rituais restritivos da liberdade individual, condições de inferioridade impostos às mulheres, expulsões, condenações e prestação de serviços do povo para obras ou tarefas, em geral, de específica conveniência dos mandantes e, por fim, arrecadação de bens para os mesmos. A questão é que aquelas primeiras espécies humanas, nos seus esquemas de naturalidade e igualdade, antes dessas eras avançadas e confusas, sobreviveram mais de um milhão de anos. Os civilizados, com seu sistema de mentiras, ficção e desigualdade poderão alcançar algo próximo? No século XX, completando poucos milhares de anos na Terra, por um triz, a Humanidade não foi extinta numa conflagração nuclear, por motivo de um confronto entre representantes de um partido político único de uma federação de nações e os representantes de castas de magnatas de outra. A Civilização, ainda desavisada, como já foi observado atrás, recebeu essas distorções sobremaneira enraizadas, que assim foram respeitadas e merecedoras, num estágio mais avançado, de atenções, classificações e considerações. Todavia, nenhum lugar do mundo pode aceitar esses vilipêndios e dispô-los em suas Constituições, muito menos divulgá-los em ensino ao povo, fato esse que envergonha e mancha a razão humana. A posteridade não nos vai entender, como, em chegando ao século XXI, nações desenvolvidas mantenham esses entulhos da usurpação do direito natural dos povos. O povo é titular do direito de abolir por meios pacíficos ou violentos, toda e qualquer estrutura que não seja efetivamente uma democracia no seu mais puro sentido.

Precípuo se torna esclarecer que o exercício da Democracia, tal qual no seu remoto início nos pequenos grupos humanos (entre 120 e 150 pessoas), necessita do exercício pleno da igualdade e da liberdade, sem o que ela não será possível.[38]

Meu estudo não tem a pretensão de apresentar perfeitamente a Democracia, pois os atuais desenvolvimentos tecnológicos no contexto da complexidade da sociedade moderna e do aumento populacional ainda carecem de solução mais consistente. Mais razão existe pelo fato de que até o presente o Planejamento Global não se safou de ferir princípios democráticos, e assistimos a liberdade ser sensivelmente lesada, como também a motivação psicológica contundente.

Não obstante, sou otimista quanto a um futuro, não muito distante, em que a tecnologia e outras descobertas científicas, na área da produção, de distribuição de riquezas, de lazer, de política, de progresso etc., possam finalmente conciliar planejamento, liberdade e direitos individuais, satisfação ampla e maiores estados de felicidade de cada cidadão.

Devemos, porém, no momento, preocupar-nos em estruturar a forma de governo no caminho certo da Democracia pura, desmontando alegorias demagógicas e impedindo a petrificação de esquemas para sustentação de prerrogativas a categorias, classes e grupos, com vistas a chegar à posteridade, com mais rapidez, mediante uma organização social plena, em que despontem ampla justiça sócio-econômico-política, uma eficaz liberdade e avanço evolutivo. Não adianta precipitar-se e valer-se de ilusões e declarações maravilhosas recorren-

---

38. As comunidades humanas compunham-se de um número em torno de 120 a 150 pessoas, conforme Robin Dunbar, professor da Universidade de Londres concluiu, com base em sociedades contemporâneas baseadas na caça em horticultura simples, bem como em evidências arqueológicas.

do-se a precários mecanismos que infalivelmente impelem a um estado totalitário ou de grupelhos plutocráticos.[39]

Definitivamente, a sociedade deve buscar atingir os seus objetivos através da democracia, como forma de governo, que se traduza, contudo, em democracia efetiva.

Democracia direta

A Democracia direta, indiscutivelmente, consiste no processo puro do exercício democrático: o povo decide diretamente os assuntos de seu interesse e as regras pelas quais passa a conviver socialmente.

Entrementes, as possibilidades materiais na concretização dessa condição não têm se mostrado aprimoradas.

Os estudiosos têm apontado três entraves fundamentais:

1. territorial – com a dilatação do espaço físico da *Polis* e da *Civitas* para as extensas unidades nacionais;

2. demográfico – com o elevado índice populacional impedindo periódicas concentrações deliberativas;

3. complexidade dos problemas – a exigência de conhecimentos especializados e de acurados exames para a tomada de decisões.

Confio que os dois primeiros obstáculos serão, com o desenvolvimento tecnológico, sobretudo na eletrônica, comunicação e informática, em futuro próximo, superados. Alguns ainda desconfiam de sua eficácia, e consideram que a prenunciada *computadorcracia* direta, cada cidadão tendo a possibilidade de transmitir o próprio voto a um cérebro eletrônico, é uma sugestão absolutamente pueril. Há um exagero nesses conceitos. A eletrônica e a computação dispondo de senhas e outros dispositivos ineslutavelmente alcançarão desenvolvimentos que permitirão ao povo se pronunciar, em espaço curto de tempo e sob satisfatório controle sem sair de suas residências, e formar concentrações para deliberar sobre questões nacionais.

O maior empecilho é o da *complexidade dos problemas*, que exige do cidadão que seja *total*, ou seja, que ocupe praticamente todo o seu tempo, diariamente, em estudar, analisar, sugerir e votar.

---

39. A Constituição soviética de 1936 é o maior exemplo da teoria política da Democracia plena, sem base científica de estruturação, transformando-se numa grande lei natimorta, cujas belas disposições de igualdade e liberdade apenas revelaram na prática, opressão, privilégios, perseguições, execuções injustas e negação total dos direitos humanos.

O excesso de participação, conforme Dahrendorf se referiu depreciativamente ao cidadão total, pode ter como efeito a saciedade de política e o aumento da apatia eleitoral. "Que todos decidam sobre tudo em sociedade sempre mais complexa", assinalam outros analistas, "como são as modernas sociedades industriais, é algo materialmente impossível. E também não é desejável humanamente, isto é, do ponto de vista do desenvolvimento ético e intelectual da humanidade". Na verdade, o Estado comporta uma complexidade grande de diversidade e especialização de assuntos, organismos e configurações, com visões mais amplas em áreas sumamente sofisticadas e exigindo certamente uma vida inteira de estudos para a sua exata compreensão e conseqüências, como no contexto social, na economia, na organização política e na burocracia.

Com efeito, nem na democracia direta de Atenas, o povo tinha atribuição de sugerir, preparar e colocar em votação as leis; estas eram elaboradas por um círculo menor de especialistas, e o povo apenas votava. E as matérias votadas eram aquelas de interesse dos presentes. Em outros termos, os votantes geralmente eram aqueles que tinham suas atenções sido atraídas para os casos discutidos. Torna-se mister diferenciar as duas atitudes do povo na sua ação democrática. Um caso é o povo ter a iniciativa do voto, preparar o projeto e votar. Este processo não tem dado certo em nenhuma época e país. Não é sensato a Nação ficar à mercê de uma multidão, muitas vezes repleta de emoções e fúrias, compreendendo um volume de milhões de pessoas, jorrando projetos e projetos, quando tudo isso pode ser operado por equipes especializadas, que acompanham racionalmente os processos legais têm conhecimento das leis em vigor, das que nasceram natimortas e de outras prejudiciais e inadaptáveis aos intentos nacionais e ao desenvolvimento da ciência. A experiência, inclusive, nos ensina que até o povo não tem maiores inclinações em votar projetos de iniciativa popular. Na Suíça, nos cantões de democracia direta, o povo tem rejeitado a quase totalidade desse tipo de projeto; a mesma atitude foi verificada nos Estados Unidos no século XIX.

Outro aspecto da questão é o de o povo apenas votar (referendar ou não) um projeto de lei de iniciativa do Executivo ou da Assembléia pelo que considero sensato ouvir o povo diretamente.

Este critério grego foi racional e eliminava confusão, perda de tempo e impasses.

Não é de todo dispensável ouvir o povo diretamente sobre determinados temas, considerados excepcionais, desde que:
- haja a apresentação dos assuntos de forma clara e precisa, acompanhada de pontos favoráveis e suas desvantagens, ordenadas as matérias por diferentes grupos de trabalho;[40]

---

40. Apenas para exemplificar, é de se evocar o fato de que alguns países europeus, em respeito à participação direta popular destinaram ao povo uma pergunta: " Você quer uma usina nuclear em sua

- não haja, de nenhuma maneira, propaganda nem marketing em sua apresentação, bem como em quaisquer outros espaços veiculares;
- a votação do povo não seja a única e soberana, representando, sim, um peso razoável no cômputo do total de votações de outros participantes sobre o mesmo assunto, ou para resolver um impasse entre Poderes;
- a votação não seja obrigatória, apenas realizada por quem se interessa pelo assunto (quem não tem interesse, vota mal e displicentemente);
- os projetos sejam elaborados tecnicamente por comissões especiais e próprias a esses fins, e expostas as perguntas de forma clara, detalhada, e, se possível, em várias proposições diferentes, e sem tecnicismo ininteligível e estimulante de várias interpretações.

Nunca podemos supor sistemas perfeitos. Esta é a razão por que, em determinados casos, é conveniente ouvir diretamente o povo. Recentemente, em 1998, a maioria dos parlamentares do Congresso norte-americano se inclinava a aprovar o *impeachment* do presidente Bill Clinton, sob a alegação de ter cometido perjúrio e obstruído a Justiça, cujos atos se relacionavam às sessões sexuais que tivera com a ex-estagiária Monica Lewinsky. Numa pesquisa, porém, realizada junto ao povo americano, este demonstrou em grande maioria (mais de 60%) ser contrário a tal medida, e aprovava a gestão presidencial, a qual conduzia uma Nação em pleno desenvolvimento, estabilidade e bem-estar, e fazendo distinguir muito bem entre o seu caso particular e a sua atuação de grande estadista em prol de toda a coletividade, fato este que a mesquinhez partidária republicana não enxergava, ou não queria enxergar. Um outro exemplo significativo, tivemos no Brasil na década de 1990. As emissoras de televisão, utilizando-se de uma brecha na lei sobre incentivos fiscais a instituições beneficentes, adotaram um esquema que se alicerçava no seguinte: escolhia-se uma matéria em evidência ou polêmica e solicitava-se aos telespectadores a sua opinião, por telefone, debitando-se uma insignificante importância pelo telefonema efetuado.

Pois bem, esses assuntos, muitos dos quais não eram nem considerados pelo Congresso ou Governo, como projetos de lei, embora de fundamental essencialidade à Nação, eram decididos pela maioria de uma forma sensata e muito melhor do que as decisões ou omissões dos legisladores, os quais, por interesses particulares, ou por precaução ou interesses de grupos e associações de classe, apenas se recusavam a discuti-los. E esses temas eram renovados quase que a curto prazo e variavam de programa a outro, e de emissora à outra, os quais envolviam proposição sobre controle de natalidade, redução etária da

---

cidade?" Isto é o tipo de pergunta sem fundamento e totalmente inútil. Uma consulta dessa natureza tem de envolver uma explicação técnica e detalhada dos recursos energéticos, das necessidades nacionais, das possibilidades e adequações territoriais, das opções de produção energéticas etc.

inimputabilidade quanto a crimes e responsabilidades perpetradas por menores, alterações da política carcerária, orientação sobre política externa, sistema de trabalho, remuneração e aposentadoria de magistrados e congressistas, penas alternativas para infrações leves, sugestões sobre invasões de terras.

A participação direta da população nas decisões político-governamentais tem sido utilizada com maior desenvoltura nos Estados Unidos.[41] Em cada eleição presidencial, além de escolher o candidato a presidente, os eleitores são costumeiramente chamados a responder outras questões, que podem compor 60 perguntas para o eleitor de cada Estado, resultando em cerca de 3.000 perguntas no total da Nação. Dizem os analistas, que essas consultas populares, têm influenciado no direcionamento dos órgãos executivo e legislativo, tanto em âmbito federal como estadual.

É revelante o cuidado na elaboração das perguntas, consoante visto antes, pois uma pergunta seca e sem opções, sem fundamentações nem objeções, pode ser formulada tendenciosamente para se obter uma determinada resposta tal qual os seus consulentes desejam.

Para muitos estudiosos, a opinião pública "constitui o foro íntimo de uma nação", um "árbitro", uma "consciência", um "tribunal". Para o filósofo Hegel "opinião pública contém em si os princípios substanciais eternos da justiça, o verdadeiro conteúdo e o resultado de toda constituição, da legislação e da vida coletiva em geral". Evidente que não podemos creditar à opinião pública tamanha perfeição; a sua formação é frágil e sensível aos meios de comunicação, haja vista o modismo que rápida e profundamente, se integra à maioria, concernente, via de regra, a futilidades ou a apelos de programa de emissora de televisão ou de outro meio da mídia. Entretanto, averiguamos que a manifestação do povo de maneira livre (sem propaganda nem campanhas e pressões de partidos, religiões ou grupos) se inclina ao bom senso. Recorremos à teoria da probabilidade estatística que nos confere amostragem de opinião com aceitável margem de expressão racional[42] ressalvando-se, sempre, a natureza dos assuntos, conforme já relatamos em páginas anteriores, para não se incorrer em ações pueris do povo. Nunca podemos esquecer a psicologia coletiva, o interesse descontrolado da multidão, às vezes abominável, os atos de uma população totalmente sem vínculo de responsabilidade. Uma vez que o povo

---

41. Não podemos ignorar que o exercício da democracia direta nas comunas dos colonizadores da Nova Inglaterra do século XVII contribuíram bastante para a formação do espírito de cidadania do povo norte-americano; muito valeu a rejeição naqueles tempos do princípio da representação de uso já tradicional entre os ingleses.

42. O moderno estudo e aplicação tecnológica da Estatística nos tem sido um elemento atualmente importantíssimo, técnico e científico, de declaração de vontade da população mediante amostragem. Os convocados, num número apreciável, com diversidade de funções, regiões e atividades, tendem a espelhar a opinião da maioria, o que dificilmente ocorrerá se estamos nos referindo a grupos, partidos políticos e políticos profissionais arraigados em seus privilégios.

esteja interessado no assunto a discutir e com o tempo necessário ao seu estudo, raras decisões são importantes, pois tendem à opção pelo bem comum. Não podemos olvidar que foi a *Landesgemeinde de Glaris*, na Suíça, num sistema de democracia direta, que, em 1864, aprovou a primeira lei de proteção ao trabalho em todo o continente europeu. Todavia, publicistas nos chamam à atenção para o que sucedeu no cantão de Uri, na Suíça, em 1911, onde várias sessões foram dedicadas à questão de permitir dançar aos domingos, e em uma única sessão foi aprovado um Código Civil completo, pois que colocar um assunto complexo e longo a uma multidão para obter a sua aprovação é, na verdade, incorrer em total irracionalidade e obtenção falsa da vontade do povo, tal como ouvi-lo após a influência da propaganda, sobre este ou aquele problema.

De vez em vez, as lideranças governantes têm se utilizado do povo, convergindo a um esquema de democracia direta, para mostrar ao mundo o apoio popular de que dispõem, ou para reforçar o seu poder, ou simplesmente para se justificar perante a História, em face de certas propostas que apresentam ou de sistemas que pretendem implantar nas suas respectivas nações. O povo de qualquer país está sempre, em sua maioria, desinformado sobre intenções políticas e dispositivos e propósitos constitucionais. Convocá-lo de uma hora para outra, para votar um regime político ou social, ou econômico, ou uma Constituição, ou uma emenda constitucional, às vezes com fartos e complexos artigos, sem fazê-lo suficientemente informado, estando apenas condicionado pela propaganda oficial, é uma prática fraudulenta e traiçoeira, não refletindo a verdade da opinião popular. O terceiro *Reich* pode não ter sobrevivido a mil anos, mas, com certeza, o povo alemão, na década de 1930, teria aprovado por mil vezes a constituição nazista, como o francês, o império de Napoleão, do seu sobrinho, Napoleão III, bem como também o povo espanhol, a constituição monárquica de 1978 e de tantas outras ditaduras e oligarquias. Trata-se, na realidade, de um método engenhoso de comprometer o povo mediante o domínio de um estado psicossocial em que aquele se encontra vulnerável, desarmado e manipulável. Vejamos dois exemplos na própria Constituição brasileira de 1988. Se esta houvesse sido submetida a Referendum, seguramente teria sido aprovada pela quase unanimidade dos supostos votantes, porquanto, naquela época, o povo, motivado pela propaganda das lideranças, estava condicionado que ela significava a democratização do país, a salvação nacional, e o resguardo dos direitos individuais e democráticos. Entretanto, várias pesquisas têm demonstrado que a maioria da população adulta é absolutamente contrária à inimputabilidade dos menores de 16 a 18 anos de idade. E frente aos problemas trágicos que essa falha tem trazido à sociedade, o que tem gerado inclusive estímulo ao crime e até mesmo a utilização generalizada de menores pelos bandidos para cometer assassinatos e outros crimes hediondos, tem havido manifestações do povo, de associações civis, de petições populares ao

Congresso.⁴³ Entretanto, trata-se de uma disposição que está na Constituição Federal (art. 228).

Outro caso, é o do controle de natalidade ou planejamento familiar. Muitos se sentem preocupados ante o incremento da miséria e da violência, a agressão ao ambiente, causado pelo crescimento desordenado da população, sobretudo nas camadas sem recursos e em estado sofrível e carecedor. Se colocado esse assunto para discussão nacional, sem propaganda nem interferências irracionais de grupos religiosos ou étnicos, poderiam ser aprovados meios racionais e controláveis, e assistenciais, para um crescimento saudável da população, que o povo possivelmente estaria de acordo. Todavia, a Constituição tornou o assunto inquestionável em seu artigo 226, §7º, estabelecendo acima da sociedade uma vontade emocional do indivíduo, esmerando-a como um direito intangível, cujas conseqüências têm reflexos nos demais e no destino da Natureza, da Humanidade e do Planeta. Como se conclui, esses dois dispositivos incluídos na Constituição de 1988, bem como vários outros, como os artigos 49, 51, 60, 93, 99 e 166, que viabilizam sagazmente o desvio de verbas do orçamento para fins eleitoreiros, a fixação de privilégios remuneratórios e desigualdades previdenciárias, e poderes constituintes aos parlamentares, receberiam um apoio indireto do povo se a Constituição houvesse sido submetida a um referendum. Qualquer assunto que o povo tenha de decidir no sistema de democracia direta, tem de ser simplificado e esmiuçado ao máximo, debatidas as vantagens e desvantagens publicamente (hoje contamos com a televisão e rádio), em condições iguais, sem nenhuma propaganda, nem manifestações de grupos ideológicos, étnicos e religiosos. Dessa forma, o povo tenderá a decidir correta e sensatamente.⁴⁴

Nunca podemos nos esquecer de como nos tempos homéricos da Grécia, os reis utilizavam-se dos cidadãos da comunidade reunidos na *Ágora*, assembléia do povo, para tratar de negócios públicos. Na verdade, como investigado pelos historiadores, o povo nada discutia: tinha sempre uma opinião unânime, a do

---

43. Evidentemente, o problema da criminalidade não se cinge à extensão ou endurecimento das sanções, porém, o que se procura evidenciar aqui é a posição do povo a uma imediata defesa frente a um mal à sociedade, que recorre à pena como instrumento de intimidação.

44. Ao povo irlandês, em 2001, lançaram um referendo com complexos assuntos de uma só vez, para decidir a adesão do país a três propostas: ao Tratado de Nice, à instituição de um Tribunal Internacional de Justiça e à lei que revoga a pena de morte. A abstenção atingiu a alta marca de 70%. Pudera, ou houve erro de cálculo ou houve má intenção; aqueles poucos que votaram, talvez contassem ainda com uma maioria estimulada por algum tipo de propaganda. No mesmo ano, impuseram ao povo italiano um referendo constitucional com uma série de reformas profundas. Abstiveram-se de votar mais de 65% e a proposta foi "aprovada" por um número correspondente a 20% do total de 49,4 milhões de eleitores inscritos. Tente-se, por exemplo, realizar um Plebiscito neste momento, de uma hora para outra, no Afeganistão, sobre o cerceamento à liberdade de outras religiões além da muçulmana, ou no Iraque sobre a sagração do tirano Saddam Hussein, ou na Inglaterra sobre subvenção à realeza, ou ainda nos Estados Unidos sobre o alargamento das ações da Representação Política, e assim seguem inúmeros casos em que já se sabe quais resultados seriam obtidos.

rei. O soberano e seus asseclas recorriam àquela assembléia popular para simplesmente dar solenidade e força às suas decisões e notificações. Nas vezes em que alguém levantou voz, contrariando a vontade régia, se deu mal, pois a encenação estava sempre preparada para receber o apoio formal do povo sobre fatos e resoluções que antes já haviam sido decididos pelos poderosos. Como nos conta Homero, na Ilíada, no caso de Thersitês, este fora escarnecido pelo povo por ter proposto algo adverso à pauta marcada. O povo era requisitado não para opinar e decidir, mas para obedecer, contribuindo a proporcionar um aspecto cerimonial e venerado aos atos criados e desejados pelos donos do Poder, e conseqüentemente, sem ter a devida consciência desses propósitos, se comprometia mais do que os beneficiados com a sua aprovação, que muitas vezes significava execução de pessoas ou conflitos inconseqüentes.

Enfim, o referendo e o plebiscito, ou qualquer outra consulta, realizados nos moldes em que sempre são usados até o presente, se transformam em ferramentas perigosas, maquiavélicas e eficientes nas mãos de déspotas, oligarcas e demagogos. Algumas Constituições recentes trazem em seu bojo "direitos" sobre o *recall* e a iniciativa popular, acrescentando-se-lhes o referendo e o plebiscito. Seus construtores sugerem até mesmo estar assim adequando a um contexto de democracia semidireta. Embora, na verdade, não se concretizem essas boas novas nas proposições de seus termos, mais parecendo decorações nos textos, todavia quando um dia promovem os plebiscitos e os referendos, estes deixam transparecer o seu propósito maior, qual seja o de comprometer o povo com os procedimentos e situações com que a própria classe dominante se favorece, e requer uma "homologação" sabidamente previsível pelo estado psicológico do povo, sofrendo a ação da propaganda ou de uma circunstância de grande repercussão e emotividade. Traduz-se, inexoravelmente, em mais um engodo à Humanidade. Quando sucedem as críticas, verificam-se erros das medidas, apontam-se irregularidades, objetam-se os privilégios adquiridos, lançam a responsabilidade e o desejo do povo por sua co-autoria.

2 O acaso produziu a representação política (Democracia Representativa)

Incongruências

Se a Democracia pressupõe que cabe somente ao povo deliberar sobre todos os assuntos do seu interesse e que as decisões deverão beneficiar a todos igualmente, a chamada Democracia Representativa não preenche da mesma forma esse requisito.

Na realidade, em todas as democracias representativas, até o presente, não se estabeleceu uma estrutura para haver uma representação do povo. Ninguém representa ninguém. E tão verdade é que todos os simpatizantes dessa forma de governo fogem do mandato imperativo (exposto mais adiante) e usam justificativas que se contradizem como veremos adiante.

O indivíduo somente pode ser representante de outro se se transformar no instrumento que possa fazer o que o mandante determinou. Destarte é a premissa de todo ordenamento jurídico a respeito. Alguém é representante de outrem para realizar objetivos específicos; apenas isso e não mais nem menos do que isso. Caso seja diferente é extrapolação ilegal do mandato.

Além do mais, percebe-se que *jamais* alguém que se intitule representante de milhares ou milhões de pessoas possa pretensamente estar seguindo a vontade e princípios de cada representado, sem se levar, além disso, em conta a variedade e a complexidade de assuntos que venha a enfrentar ou a decidir.

Essa é a razão por que estudiosos assinalam que os parlamentares não são representantes da nação nem psicológica nem juridicamente. Sob o ponto de vista psicológico, a soberania nacional, como sustentou Rousseau, seria intransferível. De igual sorte, segundo o mesmo autor, a vontade nacional não se poderia transferir para além do momento presente. Acrescenta o grande filósofo: "O soberano pode com efeito dizer: 'Quero ao presente o que aquele homem quer, ou pelo menos o que ele diz querer', mas não pode dizer: 'O que aquele homem quiser amanhã, eu também hei de querer, porquanto é absurdo que a vontade se encarcere a si mesma tocante ao futuro. Não depende de nenhuma outra vontade consentir em algo contrário ao bem da pessoa que quer. Se o povo, pois, promete simplesmente obedecer, ele se dissolve mediante esse ato, perdendo sua qualidade de povo; no instante mesmo em que se torna um senhor, deixa de ser soberano, e desde então o corpo político se destrói". Com elucidação brilhante o mestre de Genebra ainda nos ensina a respeito da representação: "A soberania não pode ser representada, pela mesma razão que não pode ser alheada. Consiste essencialmente na vontade geral, e esta vontade não se representa. É a mesma ou é outra, e nisso não há termo médio. Os deputados do povo não são, pois, nem podem ser, seus representantes, são simplesmente seus comissários que não estão aptos a concluir definitivamente. Toda lei que o povo pessoalmente não ratificou é nula e não é uma lei. O povo inglês pensa ser livre e engana-se. Não o é senão durante a eleição dos membros do Parlamento. Uma vez eleitos, o povo torna-se escravo e nada mais é. Nos curtos momentos de sua liberdade, o uso que dela faz, bem merece que a perca".[45] Afirmam os analistas que numa coletividade organizada, denomina-se *nação* ou *povo*, que não tem vontade definida. Da mesma eleição, surgem eleitos com as mais diferentes idéias, sem que se possa dizer quais as que representam a nação. Todas as eleições livres criam correntes diversas e até antagônicas no seio da mesma assembléia. Juridicamente, é inconcebível uma representação sem responsabilidade, em face do comitente, e que não represente este perante outra pessoa ou órgão. Em contraposição ao mandato imperativo, cunhou-se a expressão "mandato livre", em que é manifesta a contradição no adjetivo, pois, por sua natureza, o "mandato" não pode ser livre. A idéia de que o eleito representa o povo é, portanto, no dizer de Kelsen, "uma ficção política" – política ou de fundo ideológico, e não jurídica.

Ledru-Rollin, o pai do sufrágio universal se opunha à existência do Parlamento com "representantes"; optava pelo reconhecimento do comício popular como único órgão legislativo. Por outro lado, Victor Considérant combateu radical e frontalmente a teoria da soberania popular alegada pelo sistema de representação política. Proudhon não deixou por menos: os representantes do povo, observava, mal alcançam o poder, já se põem a consolidar e a reforçar a sua força. Incessantemente, envolvem suas posições em novas trincheiras defensivas, até conseguirem libertar-se completamente do controle popular. É um ciclo natural percorrido por todo o poder: emanado do povo, acaba por se colocar acima do povo. Até mesmo Marx e Engels, desviando um pouco suas grandes preocupações com os determinismos econômicos, desconfiavam dessa forma de governo, que no futuro viria a confirmar que arruinaria qualquer regime direcionado à igualdade e à justiça social.

De fato, a democracia representativa afasta o indivíduo do conceito de cidadão. O elemento humano concebe o governo como algo alheio ou mais precisamente, como posse natural dos detentores do Poder.

Não foi outra a conclusão de Carré de Malberg: o regime representativo se caracteriza por não admitir representação.

---

45. ROUSSEAU, J.J., *O Contrato Social*, p. 111.

Não havendo melhores argumentos que fundamentassem a representação, alguns dos seus defensores, salientando-se o Prof. Dr. Wolfgang Rudzio, do Instituto de Pesquisas Políticas Comparadas, da Universidade de Oldenburg, em palestra no Konrad Adenauer Stiftung, em Bonn, Alemanha, no ano de 1995, apóiam-se na alegação de que os representantes se traduzem num conjunto de amostragem do povo. Engano. A amostragem seria verdadeira se a escolha fosse ampla, impessoal e desvinculada, recaindo sobre qualquer um do povo, de forma eventual. Entretanto, se a representação se baseia em indivíduos auto-indicados ou designados por grupos (partidos, religiões, grupos econômicos, ideológicos etc.) isso nunca pode ser qualificado de amostragem. Estatisticamente falando, esse procedimento é absolutamente nulo em qualquer resultado. A pesquisa obtida da solicitação a indivíduos de vários níveis é uma amostragem de um setor ou, se for o caso, do povo, mas não o é, se apenas alguns segmentos oferecem os seus parceiros.

Outros sustentam a tese de que os políticos profissionais estão mais aptos a tratar de problemas complexos, do que a multidão, ou os populares. Isso significa outra vez voltar à posição do elitismo e da antidemocracia. Além de pura pretensão, pois um político profissional não dispõe de atestado de melhor discernimento nem profundo conhecimento e destreza intelectual sobre os assuntos nacionais; trata-se de um falso enunciado e tudo é anulado, em se verificando a forma como o político profissional é conduzido ao Parlamento e as influências perniciosas que o cercam. Se se procura colocar no Congresso cabeças pensantes e inteligentes, existem outros meios sem prejudicar a soberania popular. O desespero da falta de argumentos em favor da representação, deixa escapar aos seus defensores a simpatia e tendência à aristocracia. Ademais, eles são submetidos a testes de inteligência e de competência com os demais cidadãos, para obter as candidaturas, e assim se qualificar como os melhores? Se isso fosse verdade, pouquíssimos deles, ou nenhum, obteriam uma vaga. Naquilo que eles superam as pessoas comuns é na demagogia, na esperteza, no dinheiro, na mídia, mas que nada têm a merecer mais qualidades do que outrem para ocupar o lugar que ocupam.

Aliás, entre os seus postulantes, a corrente elitista exacerbou em suas posições: sustenta que a Democracia só pode funcionar e sobreviver sob uma oligarquia de fato de políticos e burocratas profissionais; que a participação popular deve ser restrita a eleições eventuais; que, em outras palavras, a apatia política do povo é algo bom, um indício de saúde da sociedade.[46]

Esvaindo-se os argumentos para sustentar a Representação, chegam ao absurdo de desculpar as decisões dos representantes na base do poder das facções e das barganhas, conforme a própria Lei Fundamental da República Federal da

---

46. *Apud* FINLEY, M.I., *Democracia, Antiga e Moderna*, p. 11.

Alemanha, no seu artigo 21, que implicitamente favorece esse procedimento, ao incentivar os partidos à ingerência no processo político, inegavelmente inconciliável, em se tratando de decisão de matérias de interesse do povo em geral. Foi o primeiro país após a Segunda Guerra Mundial a abrir esse precedente constitucionalmente, e assim seguiram as imitações das demais, aceitando a manipulação das decisões pelos partidos políticos. Jamais uma estrutura pode permitir ou facilitar que conluios partidários ou de grupos decidam o destino de um povo; isto é antidemocracia, é oligarquismo, é governo de grupelhos.

Por fim, levantaram-se argumentos interpretativos e figurativos. Convém exemplificar a forma de apelar fragilmente para a assertiva de que o mandato não se configura entre os eleitores e os eleitos, e sim, entre a Nação e o Parlamento o que ratifica a inexistência do mandato, mandantes e mandatários.

E aduz o mestre Azambuja que, de início, já se pode dizer que, se é a nação que confere o mandato, deveria ser ela que deveria eleger os mandatários. Ora, quem elege, mesmo nos países em que o sufrágio universal é mais amplo, em que o corpo de cidadãos ativos é mais extenso, não é a nação, mas uma fração, geralmente exígua, comparada ao número total dos seus habitantes adultos. As estatísticas, nesse sentido, são concludentes e demonstram não somente que os eleitores, pelo seu número, não podem ser considerados como sendo a nação, mais ainda, o que é mais grave, os representantes são eleitos por uma minoria dos cidadãos, qualificados como eleitores.

"Veja-se na França", comenta o retrocitado professor, "este quadro, transcrito da obra de Dugui (*Traité*, vol. II, p. 730)

	Votos representados pelos eleitores	Votos não representados
1881	4.778.000	5.600.000
1885	3.042.000	6.000.000
1902	5.159.000	5.209.000
1906	5.209.000	6.830.000
1910	5.300.000	6.739.000
1914	4.844.000	6.421.000 "

"Em discurso pronunciado na Câmara francesa, em 1923, o deputado Bonnet demonstrou que os deputados franceses em 1919 representavam apenas 52 por cento dos eleitores inscritos".[47] Com clareza e solidez, Bigne de Villeneuve, em análise das débeis sustentações dos propugnadores da democracia representa-

---

47. AZAMBUJA, Darcy, *Teoria Geral do Estado*, Editora Globo, pp. 270-271.

tiva, acentua com maestria: "Estranho sistema esse, em verdade: parece que os seus autores tiveram o maligno prazer de exprimir todas as suas idéias por palavras que normalmente significam o contrário delas e reunir intimamente as concepções mais inconciliáveis entre si. Os representantes vêm fazer em seu nome o contrário do que eles querem; retêm e abandonam ao mesmo tempo os poderes em uma delegação sem sentido; os governados devem obedecer e os governantes são os senhores; tenta-se em vão determinar com maior fidelidade a vontade de uma pessoa jurídica incapaz de querer fixar as nuances efêmeras de opiniões que por sua natureza variam a cada momento. É de perguntar se não se sonha, ou se toda essa teoria foi elaborada por sociólogos atacados de alienação mental".[48]

Por não ter sido estruturada em bases científicas, a Democracia Representativa somente se transformou numa farsa, dando origem a sólidas e avantajadas oligarquias, em detrimento do povo. Positivamente, a Democracia Representativa surgiu na História mediante improvisações e ajustamentos, ora de nobres com os reis, ora de senhores feudais com os burgueses, até se chegar a limitar exageros e arbitrariedades dos monarcas absolutos, dos nobres e do clero. E por causa da influência de filósofos, passou-se a falar de povo, de liberdade, de igualdade, todavia eclodiram em suas ordenações outros interesses de que se serviram alguns grupos para obter privilégios à custa da Nação. De sorte que, de nada valeram as tentativas de formalidades que utilizaram para dar um caráter de Democracia, porquanto todos os remendos e adaptações ficaram eivados de paradoxos e contradições. E não poderia ser de outra maneira, haja vista que tudo foi impingido ao acaso e por pressões do momento, com emendas e defesas, sem um início cientificamente configurado. Efetivamente, como conhecemos sua história, a Democracia Representativa se originou em decorrência das contingências, tendo o seu começo (na Inglaterra) no entrevero entre os interesses das classes feudais (os barões) e de um déspota (o monarca absoluto), conciliando-se posteriormente com representantes de linhagens privilegiadas com a participação dos condados, burgos e vilas, alicerçados em processos e funcionamento arranjados; no fundo era uma forma de coexistência dos interesses de privilegiados, à parte do interesse comum e da Ciência. Como se percebe, sem nenhum amparo científico, apenas conjugando-se proveitos de oligarcas; no transcurso de seu processo é que o sistema tomou um rumo teórico para o bem comum, todavia, permanentemente, tapando-se buracos de modo precário, decidindo-se na base de soluções pessoais e de partido, e sob pressões, jamais de acordo com os preceitos científicos de uma disposição racional.[49]

---

48. VILLENEUVE, Bigne de, *Traité Géneral de l'État*, vol. II, p. 74.
49. Compreendemos, assim, porque ainda em 1998, a Inglaterra dispunha de um sistema de nobreza na Câmara dos Lordes, sistema em que os cargos de representantes eram absurdamente passados de pai para filho, embora o centro de gravidade da política nacional repousasse sobre a Câmara Popular, eleita pelo sufrágio universal.

A força das revelações dos *philosophes* dos séculos XVII e XVIII, com John Locke (1632-1704), Fontenelle (1657-1757), Montesquieu (1689-1755), Voltaire (1694-1778), Buffon (1707-1788), La Mettrie (1709-1751), Rousseau (1712-1778), Diderot (1713-1784), Helvetius (1715-1771), Condillac (1715-1780), Condorcet (1743-1794), Cabanis (1757-1808) e outros, abalou e fez desmoronar visceralmente mitos e dogmas sobre a concessão divina dos poderes e ascendência dos soberanos autocratas, os privilégios sórdidos das classes dominantes, que compreendiam os aristocratas da dinastia, os nobres e o clero, além de anunciar ao povo a existência de leis naturais no mundo físico e na sociedade humana. Revelações essas que estimularam nos cidadãos a *consciência* de seus direitos, as idéias de liberdade, de igualdade, da necessidade de limitar e regrar os atos dos senhores do governo, esclarecer e fixar suas competências e respeito aos direitos individuais, tudo, afinal, gerando decisivamente aqueles movimentos oportunos e grandiosos como a Revolução Francesa, a derrubada da Monarquia Absoluta, a elaboração da Declaração dos Direitos do Homem e do Cidadão, a instituição de uma Constituição, que adotou a separação dos poderes executivo, legislativo e judiciário, com estipulação de normas da organização política em função da coletividade, influindo toda essa dádiva da filosofia no além-mar, a Convenção de Filadélfia de 1787.

Contudo, isso não quer significar que a estruturação social e política obteve uma compleição totalmente para o povo e que houvesse ampla e incondicional aceitação de todas as idéias filosóficas. Percebemos, entre outros fatores, um pequeno detalhe: àquela época, a França dispunha de um número considerável de nobres, em torno de 300 mil, muitos ocupando os cargos mais importantes da administração e do exército. Tal como evidenciaram alguns estudiosos, o nobre desfrutava um sólido estatuto jurídico, que se manifestava através de poderes intangíveis. Arraigado à história que lhe conferia arrogância (a *nobilitas*), detinha na sociedade uma função de prestígio, de cunho militar, associada aos seus valores morais (a *virtus*), possuindo uma infinidade de propriedades (a tal *habitatio*).[50] Em complemento à sua caracterização, assim patenteia Labatut que o seu "mundo é o da *constantia*, do apego a elementos duradouros, da tradição, notando desprezo às mudanças e inovações, com uma insistência que se repete no conceito de hereditariedade".[51] Alguma inclinação que tivessem pelo iluminismo, objetivaria substituir o arbítrio real por um governo de aristocratas. Algo muito mais sério ainda poderia estar minando o cérebro dos nobres: o racismo. No dizer de André Denyver, em sua obra *Le sang épuré; la naissance du sentiment et l'idée de race dans la noblesse française*, 1510–1720 (tese datilografada, Bruxelas, 1973, p. 2),

---

50. SERNA, Pierre, *O Nobre*, do compêndio *O Homem do Iluminismo*, p. 32.
51. LABATUT, J.P., *Les noblesses europeénnes de la fin du XVe siècle*, p. 7.

entre os séculos XVI e XVIII a nobreza "imaginou e acabou por acreditar que constituía um grupo à parte, historicamente privilegiado, biologicamente superior".

A nobreza estava, portanto, capacitada a aceitar certas mudanças, sobretudo para a preservação de seus privilégios ante à autocracia monárquica, mas destinada a usar de astúcia nos meios revolucionários para impor os instrumentos necessários a lhe garantir os seus mandos, direitos e propriedades. Inúmeros emigraram nos primeiros momentos fervorosos dos tentáculos revolucionários, mormente quando da execução de Luís XVIII e do comando dos Jacobinos, porém, voltaram aos poucos. O conservadorismo e o reacionarismo ainda tinham como aliados os poderosos e influentes bispos e os remanescentes aristocratas da realeza. Os eclesiásticos nunca iriam aceitar e perdoar o confisco dos bens da Igreja, a Constituição Civil do Clero e o extermínio de seus privilégios; o governo do povo era-lhe tão indigesto como perigoso, em todos os sentidos. Não é para desprezar, de outra parte, que a burguesia em dada fase do movimento revolucionário, manifestaria uma relação dialética entre governo do povo e governo afastado das emoções das massas, pois, antes de tudo, temia que o processo fugisse ao seu controle e avançasse rumo a transformações mais profundas, que abalassem a propriedade privada do capital e dos meios de produção – os fundamentos da sociedade de classes.[52] "Aquele que rouba para viver, enquanto não pode fazer outra coisa, está apenas fazendo uso de seus direitos". Esse conceito de Marat jamais poderia prevalecer. Indiscutivelmente, todas essas classes favorecidas receavam a instauração de uma República Democrática e Igualitária. A palavra e os recursos nobiliárquicos pesaram na própria Revolução e nos seus incipientes e inexperientes atos institucionais. Convém lembrar que os deputados burgueses, nobres liberais e do baixo clero assumiram significativa influência na direção política do processo insurrecional e nos destinos da Nação, após 1789. A forma de governo sugerida aos revolucionários, que foi a *representação política*, praticamente espelhava toda essa vinculação ao *ancien régime*, porquanto adequava-se alguma coisa que já funcionava nos bons tempos do absolutismo monárquico e do sistema do feudalismo. Os barões, os latifundiários vitalícios e hereditários, os chefões da alta cúria e outros nobres, já exerciam esse tipo de representação perante os soberanos, em praticamente toda a Europa.

Tratava-se, na realidade, de um modelo de representatividade em que, no jogo do relacionamento com o Poder, contavam-se apenas como parceiros, afora o soberano, os nobres, o clero e os burgueses das cidades; *o povo comum estava excluído*. Essas assembléias de magnatas junto ao senhor real tinham como finalidade auxiliá-lo e aconselhá-lo, sobretudo conciliar interesses mú-

---

52. COSTA, Silvio, *Revolução e Contra-Revolução na França*, p. 85.

tuos, alguns dos quais de origem fiscal e jurisdicional.[53] Essa espécie de instituição vigorava por toda a Europa Ocidental: *États – Géneraux* na França,[54] *Landtag* na Alemanha,[55] *Cortes* em Castela ou Portugal, *Riksdag* na Suécia etc. Muito significava essa representação aos anseios da nobreza, que os membros dessa classe custeavam e pagavam os seus representantes nessas assembléias. Realmente, os representantes exerciam os seus mandatos conforme os interesses delineados pelos seus comitentes; eram juridicamente seus procuradores.

Em que pesem tantos progressos eclodidos a favor do cidadão comum, com o surgimento de idéias evoluídas e humanas, na sua organização social, naquele patamar revolucionário, a representação política continuou uma questão de riqueza, de propriedade, e quem não as tivesse, simplesmente não faria parte dela. Desse modo, o esquema do mando, das decisões nacionais, permanecia sendo de um mesmo formato, de um mesmo gênero de operacionalidade. Por essa razão, puderam os grandes proprietários, os privilegiados, os mais ricos, os mais fortes, neutralizar aqueles avanços provenientes dos ideais filosóficos, sufocando toda e qualquer possibilidade de o governo sair-lhe das mãos e encaminhar-se definitivamente para o povo. De fato, a representação política entrava na História, não como um instrumento feudal do baronato, como de fato era, no Velho Mundo, e dos grandes proprietários, no Novo Mundo. Não obstante sua inconsistência, a representação política se apresentou à civilização com seu falso revestimento, porém, afigurando-se como algo novo, nascido e próprio da Democracia. Seus defensores tentam, inclusive, confundir o conceito de democracia com o de representação política, que em sua categoria moderna passou a ser denominada de democracia representativa. Entre aquelas grandes idéias democráticas que empolgaram a França revolucionária, do governo do povo, pelo povo e para o povo, da fraternidade social, da liberdade das pessoas, dos direitos universais dos cidadãos e da igualdade, impingiram a idéia da representação. No entanto, no fundo, a representação política foi o melhor recurso de que os poderosos se valeram para afastar o povo das decisões, reservando o Poder aos grandes, aos "esclarecidos", evitando, assim, engenhosamente, que ficasse à mercê da multidão "ignorante" e "emocional".

A representação política vingou nos Estados Unidos justamente para evitar que o Poder caísse nas mãos do povo. A idéia, sem dúvida, era plantar uma Sociedade que garantisse aos cidadãos liberdade política e civil, igualdade política

---

53. Tamanha era a ascensão da assembléia dos nobres poloneses – a SEJM – , que esta comandava até mesmo a sucessão do monarca e o número de tropas do exército central.
54. Na última composição dos Estados Gerais na França, contavam-se de um lado, os nobres e o clero, e pelo Terceiro Estado, banqueiros, grandes comerciantes, notários, advogados e cúrias de paróquias. Em outras palavras, os delegados do Terceiro Estado representavam as cidades que eram controladas pelas oligarquias burguesas e as forças corporativas.
55. Na Alemanha, tão elitista era a assembléia na qual durante muito tempo somente a Alta Nobreza tinha assento; os nobres menores não obtinham representatividade.

e preservasse a propriedade privada. Contudo, organizá-la em forma de uma verdadeira democracia, não era bem o propósito dos seus construtores. Muitos delegados tinham elevado nível cultural e eram conhecidos estudiosos da República Romana, todavia a composição da Convenção não era popular nem fundamentalmente democrática. A influência da riqueza era poderosa tanto quanto o receio do poder das multidões. O delegado de Nova Iorque, Alexander Hamilton declarou que "todas as comunidades se dividem entre os poucos e os muitos. Os primeiros são os ricos e os bem-sucedidos, os outros a massa do povo. (...) O povo é turbulento e sempre em mudança. Raramente julga ou resolve certo". Discursava Roger Sherman, delegado de Connecticut: "o povo deve ter a ver o mínimo possível com o Governo". De fato os autores da Constituição eram de opinião que a democracia era "o pior de todos os males políticos", na expressão de Elbridge Gerry. Tanto este, como Madison, delegado de Virgínia e dos mais influentes na redação do texto constitucional, temiam "o perigo do espírito nivelador".[56] E ainda enfatizava que as democracias "sempre foram achadas incompatíveis com a segurança pessoal ou o direito de propriedade; e são, em geral, tão curtas de vida quanto violentas na morte".[57] No comentário de Stephen Miller, as "democracias alimentavam as doenças afins da facção majoritária e da facção violenta, ambas as quais poderiam causar a destruição da liberdade".[58] Concluía esse estudioso que os autores da Constituição "não foram proponentes de uma democracia pura e direta. Eram a favor de um governo representativo no qual 'o frio e deliberado senso de comunidade acabaria prevalecendo', mas no qual 'o povo, em sua capacidade coletiva', seria, 'totalmente' excluído de 'qualquer parte do Governo'".[59] Não podemos esquecer que os eleitores, como sublinha Parenti, que tomaram parte na escolha dos delegados estiveram sujeitos a uma variedade de requisitos de propriedade; e o mandato dos delegados era efetivamente uma procuração política (e não como os mandatos vazios da democracia representativa); estavam ali para propugnar pelos interesses daquela classe de proprietários. Na verdade, o pensamento ficou confuso, pois a Nação deveria ser democrática, pelo menos assegurando a liberdade e a igualdade, tal como a própria cultura do povo exigia, porém, não se encontrava uma fórmula que impedisse tanto a oligarquia, realeza e tirania, como a *democracia pura*.

Na ausência de melhor solução, que não ocorrera àquela época aos delegados, optaram então pela Representação Política, pois esta excluiria o povo e teria mais condições de seus membros serem da classe dos proprietários.

---

56. Apud PARENTI, *Constituição como um Documento Elitista*, p. 244, com base na edição *Records of the Federal Convention*, organizada por Max Farrand (New Haven: Yale University Press, 1927), abrangendo as citações de Gerry, Madison, Hamilton e Shermon.
57. Apud MILLER, Stephen, *A Constituição e o Espírito do Comércio*, Coletânea *A Constituição Norte-Americana*, p. 156, *The Federalist*, nº 10, p. 81.
58. MILLER, Stephen, *op. cit.*, p. 156.
59. *Ibidem*, p. 155.

O *The Federalist*, nº 63, tentou justificar:

"Está claro que o princípio de representação não era desconhecido dos antigos nem deixado inteiramente de lado em suas contribuições políticas. A verdadeira distinção entre estas e o governo norte-americano reside na *total exclusão do povo, em sua capacidade coletiva de qualquer parte no último*, e não na *total exclusão dos representantes do povo da administração das primeiras*". (o grifo é do original)[60]

O especialista nos estudos da Constituição Norte-Americana, Parenti, pergunta: "se a Constituição é tão clamorosamente elitista, como conseguir obter suficiente apoio popular para a ratificação? Em primeiro lugar, devemos notar que ela não teve amplo apoio: inicialmente, encontrou oposição na maioria dos estados. Mas a mesma superioridade de riqueza, liderança, organização, controle de imprensa e controle dos cargos políticos que permitiram que os ricos monopolizassem a Convenção de Filadélfia funcionou com efeito similar na campanha de ratificação. A riqueza superior também permitiu que os federalistas subornassem os oponentes da Constituição".[61]

O Conde Sieyès, membro do clero e deputado no Terceiro Estado, pessoa sensata e patriota, não obstante ainda concebesse o princípio do exercício do poder como um Direito natural do príncipe, pugnou contra a desproporcionalidade da votação nos Estados Gerais, argüindo o voto por cabeça. Alguns nobres tiveram outras sugestões de representação. Pensou-se em acolher o modelo inglês de Parlamento. Todavia, o próprio Sieyès se indispôs com esta proposta, pois considerou o sistema britânico um "produto do acaso e das circunstâncias, muito mais que das luzes". Mais tarde, o Terceiro Estado se transformou numa Assembléia Nacional, em cujos representantes não se divisava nenhum camponês, operário ou artesão. Na fase da Assembléia Constituinte, dos seus 58 presidentes eleitos, 32 eram nobres. Concluídos os seus trabalhos, a Assembléia Constituinte foi dissolvida, instituindo-se a Assembléia Nacional, que, sem dúvidas, continuava, a despeito de algumas melhorias, o mesmo esquema do passado. Inclusive, os cidadãos foram considerados eleitoralmente divididos em *ativos* (os que possuem direitos eleitorais) e *passivos* (os que não têm direito de votar), sempre observando-se o critério da propriedade e riqueza. Sieyès, no seu íntimo, deveria ter previsto e temido que inevitavelmente a representação política degenerasse numa

---

60. Apud BERNS, Walter, *A Constituição assegura estes Direitos?*, p. 272.
61. PARENTI, Michael, *A Constituição como um Documento Elitista*, p. 258. Aliás, desabafa Parenti a respeito: "A Constituição foi elaborada por plantadores, comerciantes, advogados e credores financeiramente bem-sucedidos, muitos ligados por parentesco e casamento e por anos de atuação no Congresso, nas Forças Armadas ou no serviço diplomático. Eles se reuniram em Filadélfia em 1787 para o fim declarado de rever o Estatuto da Confederação e fortalecer os poderes do Governo Central. Estavam impelidos pelo desejo de fazer alguma coisa a respeito do crescente espírito insurgente evidenciado entre a parte mais pobre do povo. Temerosos de perderem o controle de seus governos estaduais, os autores da Constituição, procuraram um governo nacional como um meio de proteger seus interesses". (*cit.*, pp. 240-241.)

aristocracia, razão por que logo propusera obrigação de renovação de um terço todos os anos dos membros da Assembléia e interdição da reeleição dos representantes para mandatos imediatamente posteriores.[62] O desastre à oligarquia, porém, era iminente e infalível, o que provavelmente parece ter sido pressentido por Sieyès, que logo a seguir apoiaria o golpe de 18 Brumário, o qual significava a garantia da propriedade privada, a manutenção da sociedade de classes e dos privilégios. Em suma, o abade francês não construiu nenhuma teoria estrutural da organização política, apenas se restringiu a sugerir modificações no seu processo eleitoral e de votação. De certo, a Constituição de 1791 rechaçou a democracia ampla fixando um sistema de monarquia constitucional delineando um direito de propriedade dos "cidadãos ativos" reconhecidamente bastante extenso. "No essencial, expressava a pretensão de estabelecer um *Governo de Notáveis*, uma democracia censitária e restrita aos limites da propriedade privada".[63] Artifícios e espertezas foram empregados para que o poder ficasse distanciado do povo e retido nos grupos privilegiados, e o seu melhor instrumento foi a "representação", pois poderiam inventar fórmulas que subrepticiamente afastariam o povo das decisões nacionais. Logo, encontraram a milagrosa solução do sufrágio censitário e a proibição à massa da elegibilidade. Não teriam assim muito o que temer. Livrar-se-iam do absolutismo dos reis e do povo, e conciliavam-se com as idéias de liberdade e igualdade dos filósofos, fazendo-as vigorar em muitos assuntos e ardilosamente se resguardando de outros. Poderiam conseqüentemente contar com indivíduos na qualidade de "representantes", que nada representariam a não ser os interesses de sua classe, e jamais ocorreria o perigo de ver o povo realmente decidir diretamente. Antes já conheciam a experiência dos representantes dos senhores feudais, que satisfatoriamente representavam a sua casta e prerrogativas, e, em alguns casos, como na Inglaterra, sabiam refrear atitudes discricionárias e, às vezes, populares, dos reis.

Embora não pudessem tecnicamente agir como representantes, porquanto era impossível a aplicação desse método em face da quantidade dos eleitores e dos seus múltiplos e variados propósitos, contudo, isto era o de menos, pouco importava. O que valia, afinal, era um sistema em que os ricos continuassem mandando e o povo não atuasse no poder decisório e a representação política preenchia todos esses requisitos.[64] Não podemos esquecer, por outro lado, que

---

62. SIEYÈS, Emmanuel Joseph, *Qu'est-ce que le Tiers État?*
63. COSTA, Sílvio, *op. cit.*, p. 95.
64. "Desses artifícios os mais difundidos foram os destinados a restringir a participação política, seja quanto ao voto, seja quanto à elegibilidade. O principal dele foi o de graduar essa participação e elegibilidade segundo o nível de riqueza do indivíduo.(...) A população, em conseqüência, se tomada em conta a participação política, ficava estruturada em pirâmide, cuja faixa inferior não tinha qualquer participação, outra ou outras, participação limitada, seja quanto ao voto, seja quanto à elegibilidade, e apenas a camada do vértice – os mais ricos – é que possuía plena participação: direito de voto para qualquer cargo, direito de ser votado (elegibilidade) para qualquer cargo.(...)

as idéias de alterações nos Estados Gerais vinham muito mais de alguns nobres do que do povo; afinal, a nobreza liberal, alguns do clero e burgueses magnatas estavam ativos nas novas organizações, formulando propostas e formando opiniões.

Com efeito, a proposta da representatividade, endossada inclusive por renomados estudiosos, provavelmente bem intencionados, entretanto desconhecendo soluções mais racionais e democráticas, ou pelo curto tempo de se arrumar tudo depois da falência do absolutismo, surgiu e seguiu em paralelo com a difusão e aceitação popular dos pensamentos dos filósofos, especialmente daqueles considerados iluministas, sobre a soberania do povo, do Poder emanado e fiscalizado pelos governados, bem como da conseqüente tendência em favor dos direitos fundamentais dos cidadãos em face da desigualdade e exploração do povo pelas classes dominantes. Apressaram-se em oferecer esse antigo modelo, um pouco melhorado daquele de que já se utilizavam no período feudal, tanto na Assembléia dos Estados Gerais, na França, como no *Magnum Concilium*, na Inglaterra, cuja forma original, como descrito atrás, indicava representação dos mais privilegiados e poderosos do regime com os quais se aconselhava o monarca absoluto![65] Não foi – convém renovar a lembrança – um resultado de estudo científico nem tão pouco de propostas dos filósofos. A dizer o certo, as principais novidades que os poderosos aplicaram naquele sistema de representação vigente na época do feudalismo, se resumiam nas relações do monarca com as classes privilegiadas. Esses grupos dominantes, compostos dos aristocratas de dinastias, nobres, alto clero, grandes burgueses, eram, sem dúvida, os maiores beneficiários das reformas, visto que os reis sofreram limitações e os nobres e magnatas burgueses ganharam mais atribuições na Assembléia, podendo fazer e objetar quaisquer leis e fiscalizar o Governo (embora ao príncipe reinante deixaram de início o poder de veto). Entrementes, a Câmara dos Deputados constituir-se-ia em um Parlamento permanente, o que antes era esporádico com longos intervalos, o voto para aprovação das resoluções seria contado por cabeça (cada legislador tinha direito a um voto); além de tudo, estipularam-se alguns impedimentos de o soberano poder fixar nor-

---

O povo, destarte – no sentido de conjunto dos que poderiam ter plena participação política – seria uma fração – pequenina – da população. Ou seja, uma minoria.(...) Por mais que se tentasse justificar as restrições ao direito de votar e à elegibilidade, alegando que ela dava aos maiores interessados na manutenção da ordem – os proprietários – o poder decisório, sempre havia o choque com o princípio de igualdade de direitos que as declarações liberais consagravam altissonantemente". (FERREIRA FILHO, Manoel Gonçalves, *A Democracia no Limiar do Século XXI*, pp. 17-18.)

65. A representação na Inglaterra tinha uma origem feudal de 1215, em decorrência da lavratura da *Magna Charta Libertatum* em que foi criado o Conselho dos feudatários da coroa, composto pelos arcebispos, bispos, abades, condes e principais barões. Este Conselho objetivava a proteção dos barões, dos magnatas burgueses e do clero, contra a aplicação de impostos, interferências nas propriedades feudais, prisões arbitrárias e outros abusos; o rei não poderia mais exigir tributos nem contribuições militares sem o seu consentimento. Era uma Assembléia portanto composta exclusivamente de feudatários do rei, os quais só eram convocados para lhe concederem subsídios.

mas e proceder a atos sem aprovação da Assembléia. Com certeza, todas essas modificações interessavam mais aos oligarcas do que ao povo, pois, em sua essência, com essas rédeas se precaviam do absolutismo do monarca sobre as suas regalias e direitos adquiridos. "Na França, os reis se revelaram os niveladores mais ativos e mais constantes. Quando fortes e ambiciosos, trabalhavam para elevar o povo ao nível dos nobres; moderados e fracos, permitiam que o povo se colocasse mais alto do que eles próprios. Uns ajudaram a democracia pelos seus talentos, outros pelos seus vícios. Luís XI e Luís XIV trataram de a todos igualar em nível abaixo do trono, e afinal, o próprio Luís XV desceu ao pó, acompanhado de sua corte".[66] Por sinal, na Grécia antiga, os eupátridas (nobres da primeira classe) se opuseram fervorosamente aos monarcas, a ponto de promoverem a derrubada da monarquia, uma vez que não se sentiam garantidos em seus privilégios devido a algumas atitudes populares da realeza. Governaram então Atenas durante quatro séculos. "Sobre essa dominação", constata Fustel de Coulanges, "a história nada nos diz; apenas se sabe haver sido odiosa às classes inferiores e que o povo se esforçou para se livrar desse regime".[67] Tamanho era o seu sofrimento e humilhação ante o peso dos mandos, ritos, preconceitos, arbítrios, discriminações e regalias da classe aristocrática que o único recurso do povo para se livrar dessa situação foi apelar à volta da monarquia, enquanto revelações filosóficas e as idéias extraordinárias de Sólon e Clístenes não acorressem oportunamente às suas revoluções.[68]

Os filósofos, como Rousseau, foram feridos em sua inteligência com semelhante sugestão. Esse eminente pensador também reconheceu que a idéia dos representantes procedia do sistema feudal, como bem elucidou, "deste iníquo e absurdo governo, no qual se degradou a espécie humana e onde o nome de homem constitui uma desonra". Antes Voltaire já postulava o Conselho dos Filósofos, abjurando de indicar a representação política, cuja experiência britânica assistira no seu exílio na Inglaterra, todavia reforçando sempre suas críticas aos assentos privilegiados e às mentiras da nobreza e do clero, o que lhe rendeu perseguição e prisão. Mesmo para Locke, que tanto postulava um Poder Legislativo superior ao mando do Executivo, uma Assembléia de Representantes que resolvesse se fixar permanentemente e decidir sobre todos os

---

66. TOCQUEVILLE, Alexis de, *A Democracia na América*, p. 12.
67. COULANGES, Fustel de, *A Cidade Antiga*, p. 226.
68. "Mas convém notar que se o povo, na Grécia e em Roma, procurava restaurar a monarquia, isso não era por preferir esse regime. Gostava tanto dos tiranos quanto detestava a aristocracia. A monarquia era para o povo um meio de vencer e de se vingar; mas o governo da tirania que resultava do direito da força e não se baseava em nenhuma tradição sagrada, jamais lançou raízes no coração dos povos. Nomeava um tirano para as necessidades da luta; em seguida, entregava-lhe o poder por gratidão ou por necessidade; mas passados alguns anos, e passada de todo a lembrança da dura oligarquia anterior, deixava cair o tirano. Esse governo nunca foi do afeto dos gregos, que só o aceitaram como recurso momentâneo, e enquanto o partido popular encontrasse melhor regime, ou sentisse força para se governar a si próprio" (Fustel de Coulanges, *op. cit.*, p. 223).

assuntos nacionais, sem um referendum do povo, não poderia ser aceita. Aquele filósofo inglês percebia já naquela época, século XVII, o seu perigo oligárquico e prejudicial aos cidadãos, visto que, além da ausência de fundamentos naturais, "haverá ainda o perigo de julgarem caber-lhes interesse distinto do restante da comunidade, sendo assim capazes de aumentar os próprios bens e o poder tirando do povo o que acharem conveniente".[69] Encaminhando a análise no seu melhor nível, e na boa intenção dos seus proponentes, apenas se pode dizer que se utilizaram de um tecnicismo para funcionamento do Legislativo, porém viciado, deficiente e antidemocrático.

Na Restauração, com o retorno da monarquia e da velha nobreza, que havia emigrado no período revolucionário, a atenção dos reacionários girava em torno da destruição e deturpação das novas instituições implantadas após 1789, com uma única exceção: a Câmara dos Deputados. Os monarquistas instalaram o Terror Branco da aristocracia. Os tribunais especiais prenderam cerca de 70 mil pessoas, muitas das quais foram condenadas à morte e ao exílio. Tudo de ameaçador às prerrogativas da aristocracia, nobreza e clero, seria exterminado e apagado do solo francês. No entanto, o que deixaram bem presente e prestigiada foi a Assembléia dos Representantes, o que prova quanto era importante ao jogo dos interesses dos grandes. Até mesmo a Constituição e a Separação dos Poderes sofreram alterações para satisfazer especialmente a soberania do monarca, cujos poderes eram outorgados sagradamente por origem divina.[70] Na verdade, a Câmara dos Representantes não precisava ser extinta, nem deteriorada, pois sua origem e composição, como vimos, assim como seu mecanismo, sempre corresponderam a um ponto de sólido suporte aos anseios dos poderosos.[71] Pelo contrário, a Câmara dos Deputados atendia plenamente às finalidades da nobreza, que a dominava, e poderia, sim, servir como freio a qualquer iniciativa real contra os seus privilégios ou taxação de tributos, contudo, jamais, deveria ser uma Assembléia destinada única e exclusivamente ao bem dos cidadãos comuns. O que amedrontava a classe dominante eram as idéias filosóficas que "passaram a ser vistas como conceitos a serem negados e amaldiçoados, pois representavam 'anarquia' e negação dos princípios 'eternos' da religião".[72] A Representação Política, porém, estava de acordo com a

---

69. LOCKE, John, *Segundo Tratado sobre o Governo*, Coletânea *Os Pensadores*, XVIII, p. 95.
70. O rei francês era ungido de Deus com óleo da Santa Âmbula – guardado na abadia de Saint-Rémy – que uma pomba trouxe milagrosamente dos céus para o batismo de Clóvis, rei dos francos. Os soberanos são parentes, homólogos ou mediadores dos deuses. A comunidade dos atributos do poder e do sagrado revela o elo que sempre existiu entre eles, e que a história distendeu sem todavia rompê-lo jamais. (...) O sagrado é uma das dimensões do campo político; a religião pode ser instrumento do poder, garantia de sua legitimidade, um dos meios utilizados no quadro das competições políticas. (BALANDIER, Georges, *Antropologia Política*, pp. 93 e 109.)
71. Eles cuidaram de melhorar mais ainda a aristocratização da Assembléia, estabelecendo em 3 mil francos o mínimo a pagar de impostos na condição de eleitores e elegíveis.
72. COSTA, Sílvio, *Revolução e Contra-Revolução na França*, p. 196.

condição de um Estado aristocrático e excludente, em que os operários, os trabalhadores em geral, pequenos produtores e pequenos comerciantes, eram absolutamente impotentes, política e economicamente, situação em que os poderosos exploravam a nação e reprimiam impiedosamente qualquer reivindicação de direitos, mantendo as massas indefesas e na miséria! Com efeito, a Câmara dos Deputados se situava na sociedade política tal como o Senado na República Romana. A única diferença, era que o Senado Romano partilhava do Poder em alguns casos com a Assembléia do Povo, enquanto a Câmara dos Deputados não tinha nem esse incômodo, e nem dos tribunos do povo, de que gozava o povo romano. Sendo assim, a Câmara dos Deputados era um corpo aristocrático mais poderoso do que o Senado Romano na época da República.

Em todo caso, a primeira Assembléia Legislativa da França, mesmo no seu período ardente da Revolução, porém, com o sistema de representação política, era formada por 745 deputados e contava com nada menos que 264 representantes identificados com as tendências monarquistas. Imagine-se a sua deterioração em detrimento do povo nos momentos posteriores de arrefecimento do calor revolucionário. Para citar um exemplo mais extremado, basta ver o que ocorreu na revolução de 1848, na própria França, provocado por burgueses e populares, entre profundos ideais republicanos e socialistas. Após a vitória revolucionária, na lista dos componentes do governo provisório, proclamado antes da convocação da Assembléia Constituinte, constavam apenas representantes das classes dominantes, os aristocratas liberais e burgueses. O único operário e o único jornalista, ambos do povo, mas não poderosos, que aproveitaram, foram incorporados no governo para exercer cargos secundários. No ardor da Revolução Francesa, em 1793, o jovem revolucionário Jean-Paul Marat lançou uma publicação em que terminava assim: "Sim, irmãos e amigos, é no *Senado* que mãos dilaceram as entranhas! Sim, a contra-revolução está no governo, na Convenção Nacional; é ali, é no centro de nossa segurança e de vossas esperanças, que criminosos delegados manejam os fios da *trama que urdiram* com a horda de déspotas que vêm estrangular-nos! É lá que uma *cabala* dirigida pela Corte da Inglaterra e outras ... mas já a indignação vos inflama o corajoso cinismo. Vamos, republicanos, armemo-nos!" Essa revelação lhe valeu um processo, mas o apoio do povo fez os seus inimigos e contra-revolucionários recuarem. Mas não tanto. Logo depois foi assassinado estranhamente por uma moça fanática, desconhecida e vinda de outra região.

A verdade é que *a sociedade civil e política permaneceu sendo dominada pelos nobres durante todo o século XIX até o fim da Primeira Guerra Mundial*, a ponto de intrigar a Marx e inquietá-lo quanto às suas teorias e previsões.[73]

---

73. Para conhecimento do predomínio da nobreza na Europa até esses períodos recentes, recomendo a leitura das obras de A. Mayer (*A Força da Tradição*) e P. Anderson (*Linhagem do Estado Absolutista*), dos quais obtivemos as informações que estão destacadas a seguir: Até a virada

Decerto, durante esse período, a nobreza ocupou maciçamente os mais altos cargos nas finanças, no exército, na diplomacia e nos parlamentos. Toda essa situação somente confirma o cuidado em fazer com que o Poder persistisse nas mãos daqueles que o justificassem por nascimento, riqueza e propriedade. Evidentemente, a representação política é o melhor instrumento para absorver essas pretensões, como já servira com galhardia ao baronato e aos latifundiários durante o período do feudalismo oficial.

Até mesmo a qualidade honorífica dos títulos nobiliárquicos foi reconhecida pela república revolucionária francesa e os seus possuidores mantinham o *direito legal* de utilizá-los; por outro lado, o enobrecimento de burgueses ricos foi contagiante em toda a Europa, abrangendo milhares na Áustria, Alemanha, Inglaterra e Rússia, de modo que o domínio dos nobres de sangue e de toga, dos eclesiásticos aristocráticos e dos grandes proprietários, é espelhado nas casas parlamentares dos países europeus. Em todo o século XIX, ou seja o século posterior à grande Revolução de 1789, ocasião em que empurraram ao povo o sistema de representação política junto àquelas magníficas conquistas da liberdade e da igualdade, conforme relato anterior, pois bem o Senado francês se compôs dos *grands notables*, em que se destacavam os nobres e ricos proprietários rurais. A Câmara Superior da Inglaterra, composta somente de nobres, bispos e juízes, com exceção destes últimos, era hereditária, fato aliás que contribuiu para que essa espécie de Senado rejeitasse as leis progressistas de vários governos, inclusive a independência da Irlanda, a transmissão de imóveis e a flexibilidade dos empregadores, como precisamente salientou A. Mayer. Na *Herrenhaus* da Alemanha, o equivalente ao Senado, seus componentes eram

---

do século XIX, metade dos homens mais ricos da Inglaterra eram proprietários de terra, e até 1914 os proprietários rurais continuaram a ser, isolados, o maior grupo entre os homens e famílias mais ricas, com fortunas maiores que as dos mais ricos negociantes e manufatureiros. Cerca de 7 mil pessoas monopolizavam 80% de todas as terras de propriedade particular no país inglês. O nobre Sutherland possuía mais de 1 milhão de acres. As propriedades londrinas do duque de Westminster, sozinhas, eram estimadas em 14 milhões de libras e pelo menos outros sete pares eram quase tão ricos como ele. A antiga elite não só detinha a posse quase exclusiva do Ministério de Negócios Estrangeiros e do corpo diplomático, como também ocupava a maioria dos cargos permanentes mais elevados da burocracia estatal e imperial. Na França, a maior parte das terras aráveis estava nas mãos dos grandes proprietários; em 1910, cerca de 4.500 notáveis parisienses tinham *chateaux* construídos em parques rodeados por consideráveis extensões de terra. Até 1914, como no reino britânico, a poderosa nobreza agrária da Alemanha detinha as fortunas e rendas mais numerosas e amplas. Na década de 1860 – 0,16 por cento das propriedades na Boêmia – os vastos domínios da alta nobreza – cobriam 34% do território. O campesinato austríaco fora emancipado da servidão, mas ainda estava sujeito à jurisdição patrimonial de seus senhores por todo o império e em quase toda parte devia pesadas prestações em serviços à nobreza. O típico camponês alemão ou eslavo retinha, ainda, na década de 1840, somente 30% de sua produção, após pagar os impostos e taxas. O caso mais exagerado era na Rússia, onde os altos cargos de serviço público continuavam pertencendo à nobreza e aristocracia, que ainda controlavam em suas terras 21 milhões de servos. A partir da Carta da Nobreza de 1875, a classe privilegiada passou a ter um controle jurisdicional absoluto sobre a força do trabalho rural.

vitalícios e hereditários. A *Herrenhaus* continha nada menos do que 117 príncipes hereditários. Mesmo os Estados Unidos, menos solapados pelos infames privilégios da aristocracia e da nobreza, comuns ao continente europeu, sofreram pressão do peso da riqueza na formulação de suas congregações parlamentares. Estudiosos da Convenção de Filadélfia, de 1787, sinalizam a preocupação de James Madison em evitar que o Poder Legislativo recebesse a ação do povo. A idéia era que somente os homens de posse pudessem decidir. Procuraram construir um Senado aristocrático. Estabeleceram uma composição não diretamente do povo, mas seus membros vinham através dos legislativos estaduais. Outro cuidado antidemocrático foi alongar o mandato para 6 anos.[74] James Madison propusera um mandato maior, de 9 anos, com vislumbre a uma permanência que lembrasse a vitaliciedade da Câmara Alta da Corte Inglesa. Para aquele federalista e representante de Virgínia, era importante que o Senado fosse composto "por uma porção de cidadãos esclarecidos cujo número limitado e cuja firmeza poderiam interpor-se oportunamente contra a impetuosidade popular". Seria a melhor salvaguarda contra "tentativas agrárias" e "sintomas de espírito nivelador", dito pelo próprio Madison na Convenção.[75] A projeção do Senado até os nossos dias não teria outro resultado senão o que Michael Parenti qualifica "como 'a aristocracia do ouropel' que Jefferson desprezava, composto principalmente de pessoas de grandes posses financeiras, muitas delas milionárias e que votam com despudoradora regularidade".[76]

---

74. *Constitution of the United States of America*, Article I, section 3: The Senate of the United States shall be composed of two Senators from each State, *chosen by the legislature thereof* for six years; and each Senator shall have one vote (*National Archives and Records Administration*, Washington, D.C.). Somente com a Décima Sétima Emenda, adotada em 1913, a eleição dos membros do Senado passou a ser direta.
75. *Apud* PARENTI, *op. cit.*, p. 251, Discurso de Madison em 26 de junho de 1787, em *The Debates in the Federal Convention*, p. 167.
76. PARENTI, Michael, *A Constituição como um Documento Elitista*, da coletânea *A Constituição Norte-Americana*, p. 260.
Nunca podemos ignorar que muitos convencionais de Filadélfia eram pessoas abnegadas, patriotas e idealistas, alguns com admirável erudição e admiradores da República romana, razão por que desenvolveram marcantes progressos na estruturação política do país e nos enunciados pelo respeito aos direitos dos cidadãos, entretanto, o clima na época tendia ao favorecimento da classe proprietária e desdém ao governo dos muitos fatores que sempre influenciaram os próprios federalistas como Alexander Hamilton e James Madison. Michael Parenti enfatiza que a Constituição foi elaborada por plantadores, comerciantes, advogados e credores financeiramente bem-sucedidos. Os eleitores que tomaram parte na escolha dos delegados estiveram sujeitos a uma variedade de requisitos de propriedade. Os convencionais estavam impelidos pelo desejo de fazer alguma coisa a respeito do crescente espírito insurgente evidenciado entre a parte mais pobre do povo. "Temerosos de perderem o controle de seus governos estaduais, os autores da Constituição, procuraram um governo nacional como um meio de proteger seus interesses. Durante os anos de 1780, as prisões estiveram cheias de devedores. Entre o povo, cresceu o sentimento de que a revolução contra a Inglaterra havia sido feita para nada. Multidões enfurecidas, armadas, em vários estados, começaram a bloquear as execuções de hipotecas e as vendas de propriedades tomadas, assim como a abrir as prisões. Reuniam-se em sedes de condados para impedir que os tribunais

Até um pouco mais da metade do século XIX, na Inglaterra, "os senhores rurais, em especial os mais ricos e aristocráticos, ainda ocupavam 2/3 dos assentos na Câmara dos Comuns, em especial nas bancadas conservadoras".[77] Na França, a Câmara dos Deputados contava até o fim do século XIX, com cerca de 150 grandes e médios proprietários rurais.

O *Landtag* prussiano, após 1848, apresentava, por sua vez, uma câmara que, no dizer de Perry Anderson, "assegurava candidamente o predomínio da grande propriedade".[78] Pelo início do século XX, 60% das cadeiras da câmara inferior do *Reichsrat* austríaco eram ainda ocupadas pelas grandes famílias de nobres e grandes proprietários. Nos demais países europeus, a situação era mais grave e espoliante com hegemonia quase absoluta dos poderosos nas suas assembléias e na riqueza nacional.[79]

Como se pode deduzir, a representação, tanto na Câmara Alta (o Senado, para alguns), como na Câmara baixa ou inferior, estava vinculada à aristocracia, nobreza, clero e aos grandes proprietários, em mais de um século depois da memorável Revolução Francesa e da Constituição Norte-americana, comprovando que esse mecanismo de representação política segredava um destino político contraditório ao Princípio Democrático. Entrou nos movimentos revolucionários de libertação política e social, frutos das brilhantes idéias dos filósofos, vale a repetição, para, paradoxalmente, conservar os grandes no Poder e assegurar-lhes seus privilégios.

A supremacia nobre, portanto, nos governos era geral. Os altos cargos públicos que na Monarquia Absoluta eram oferecidos ou vendidos à nobreza e aos magnatas da burguesia, permaneceram sendo disputados pelas famílias mais favorecidas.

Na Inglaterra, "as posições centrais dos negócios estrangeiros, do corpo diplomático, das forças armadas, do serviço imperial e do judiciário, continuavam como fortalezas especiais da nobiliarquia".[80] Em outras nações, o predomínio da nobreza no funcionalismo ainda era mais intensivo, como na Alemanha e na Áustria.

"Até 1914, a 'estrutura de aço' das sociedades políticas da Europa continuou a ser maciçamente feudal e nobiliárquica. A despeito das enormes variações nacionais e constitucionais, havia uma significativa semelhança de famílias entre todos os regimes. Talvez essa afinidade estivesse arraigada, sobretudo,

---

julgassem casos de dívidas. No inverno norte-americano de 1787, agricultores do oeste de Massachusetts, liderados por Daniel Shays, levantaram-se em armas. Mas sua rebelião foi violentamente abafada pela milícia estadual depois de algumas escaramuças".
77. MAYER, Arno J., *A Força da Tradição.*, p. 165.
78. ANDERSON, Perry, *Linhagem do Estado Absolutista.*, p. 275.
79. Em algumas regiões do leste europeu era terminantemente vedado uma pessoa pobre, sem posse, ser representante na Assembléia Nacional.
80. MAYER, Arno, *op. cit.*, p. 179.

na importância duradoura dos interesses agrários e da sociedade rural por toda a Europa. Enquanto na Inglaterra a terra era uma fonte de status social e ascendência política, mais do que de poder econômico e financeiro, na França ela proporcionava a principal infra-estrutura material da Terceira República, em especial de sua classe dominante e governante".[81] Mais adiante, sublinha A. Mayer, com sensata lucidez, que "em 1914, a Europa era demasiada *Ancien Régime*, para que suas idéias e valores reinantes fossem outros que não conservadores, antidemocráticos e hierárquicos."[82]

Retornando aos postulados da Representação, alguns dos seus defensores têm oferecido esse argumento,

> não sendo possível reunir uma multidão de milhares ou milhões de pessoas, disseminadas em superfície quilométrica imensa, numa praça pública para discussão e voto, é plausível resolver esse problema através de representantes.

Apoiar-se numa representação fictícia e falsa para justificar a retirada do povo do processo democrático, devido à impossibilidade de reuni-lo num mesmo local, é tão próprio como justificar-se a ditadura para nações subdesenvolvidas.

Ademais essa tese pode ser contraditada por motivos simples: em primeiro lugar, quando se fala na possibilidade de qualquer cidadão se expressar e concluir sobre os desígnios nacionais, costumam os seus inimigos achatar o povo, comprimindo-o numa praça pública à semelhança de Àgora, ou na colina chamada Pnyx, em Atenas, recuando-o, por conseqüência, a mais de 2.300 anos antes dos avanços tecnológicos na eletrônica, na comunicação e seus meios, na teleinformática, na identificação com seus instrumentos de controle e segurança etc. A tecnologia moderna evidentemente tem capacidade de tornar o povo muito mais informado e presente, na sua residência e ambiente de trabalho do que o povo da antigüidade numa praça pública. Por outro lado, se se pensa também em equipes de trabalho legiferantes, não há necessidade de se buscar uma representação fantasiosa, pois há outras construções mais racionais em que o povo se fará presente por seus membros na função de legisladores, e poderão sê-lo como integrantes e jamais aparentes representantes, tal como está delineado mais adiante no capítulo que trata do Poder Legislativo.

A separação dos Poderes não é o bastante para se caracterizar um governo democrático. A prática nos mostra até mesmo que, em muitas nações, esses Poderes se coligam entre si para melhor auferirem regalias e mordomias.

Duas forças influem na representatividade, e muito pouco tendo a ver com a honorabilidade, competência e bem comum, que são o Poder Econômico, composto pela riqueza própria do candidato e aquelas verbas advindas, é evidente com finalidades ocultas de empresas, associações e igrejas, e o Poder de Comu-

---

81. *Ibidem*, p. 186.
82. *Ibidem*, p. 267.

nicação, que compreende veiculações vastíssimas que penetram com facilidade no público, abrangendo neste caso também os proprietários da imprensa e personagens com grandes mídias como artistas, apresentadores de televisão, esportistas, atores e atrizes famosos.

Pelo simples fato de a eleição de representantes requerer recursos financeiros, propaganda, marketing e estratégias de campanha, assumindo quantias fabulosas, é taxativamente antidemocracia; trata-se, manifestamente, de um paradoxo falar-se em sistema democrático. Sem sombra de dúvida, tudo se resume a disputas de beneficiados e exploradores em competição, que se aproveitam dos instrumentos de comunicação para atrair eleitores, os quais, no fundo, representarão fundamentalmente *as suas vantagens*. Tanto faz se nessas partes se identifiquem com ideais patrióticos, humanos ou dos próprios eleitores ou que, à mercê de certa pressão, atendam ao anseio público em alguns assuntos em evidência; a coincidência, nessas condições, não exprime democracia. Os cargos de representação na concepção dos candidatos têm mais um caráter de bem patrimonial para si próprios do que o de verdadeiramente cargos públicos.

Alude, então, o publicista Fávila que "à proporção que a riqueza invade a disputa eleitoral, cada vez se torna mais avassaladora a influência do dinheiro, espantando os líderes políticos genuínos, que também vão cedendo, ainda que em menor escala, a comprometimentos econômicos que não conseguem de todo escapar, sendo compelidos a se conspurcarem com métodos corruptores."

"É bastante insidiosa a ação corrosiva do poder econômico, espalhando-se pelas artérias de influência pública, minando-se por todos os lados, ora imperceptível e se necessário ostensivamente, com as modalidades mais imagináveis de recompensas, sempre conversíveis em valor econômico, para o objetivo político colimado".

"A investida econômica começa no envolvimento de partido político, via de regra, sem se expor a uma disputa para admissão de candidatura, sendo mais freqüente, a preparação iniciada pelas bases eleitorais que logo ficam contaminadas, vindo, posteriormente, o ritual homologatório pela convenção".

"Em certos casos, são os partidos que se defrontam com uma conjuntura que se prenuncia desfavorável e valem-se de um esquema de cartelização econômica disposto a investir copiosos recursos financeiros para atingir a colonização governamental, desde que reservada a posição predominante para um dos seus mais engajados expoentes".

Mais adiante acentua este autor:

"A luta eleitoral fica totalmente desvirtuada, mantendo-se um conglomerado ao mesmo tempo político, econômico, social e cultural, impregnando-se de tal ordem, ficando tão íntimas e penetrantes as suas interligações, sem isolar a ação econômica, não sendo então possível distinguir o poder econômico, dos demais". (...)

"Por verdade, candidatos e partidos estão definidos como protagonistas oficiais da pugna eleitoral, expondo, assim, duas precisas dimensões: institucional e individual, sobre as quais devem recair os direitos, os deveres e responsabilidade, tanto quanto a derrota ou a vitória".

"Mas por trás, ou dito melhor, subterraneamente, há uma manipulação oculta, formada de complexas e multiformes estruturas organizacionais, com seu planejamento lógico global, com a distribuição setorizada dos encargos, tudo se devendo cumprir dentro de meticulosa racionalização regressiva, tendo como marco delimitador a data das eleições, em decorrência da qual se desdobram e se exaurem todos os prazos".

"Tudo se assenta sobre estruturas empresariais que tudo elaboram e com escriturações descartadas, ficando documentalmente dissimuladas as transações efetuadas, assimiláveis entre parceiros de grandes negócios, que se compreendem e se apóiam em artifícios".

"Difícil, muito difícil, será atravessar a crosta dessas organizações e localizar as marcas comprometedoras desse complexo de poderes, pois os registros contábeis exprimem trabalhos de delinqüência da mais alta experiência, com armazenamentos cibernéticos removíveis, com acessibilidade bloqueada ou embaraçada". (...)

"A tendência é de uma para outra eleição se multiplicarem esses esquemas plutocráticos, apresentando-se em maior escala de ousadia com a antecipação da propaganda eleitoral, pois é nesses exatos instantes que estão sendo implantados os trabalhos de prospeção para experimentar as reações que possam desencadear e o que não é permitido, é tacitamente aceito, as cadeias do sistema de dominação começam a propagar-se, formando a sua malha invisível, para decolar, de súbito, em avalanche".[83]

Nas atuais condições de competição eleitoral, a caça ao voto se apresenta como um elemento de franca degradação política. Este é o senso de muitos estudiosos. Às diferentes candidaturas e sua propaganda, não parece o público reagir em função de idéias, posições políticas e programas partidários, e sim em função de atitudes demagógicas e promessas individuais.

Esse sistema que desmoraliza as próprias eleições para cargos executivos e parlamentares, não tem sentido aceitável e honesto, em se tratando da escolha de representantes populares nas assembléias legislativas de qualquer âmbito.

Com efeito, aos membros de uma assembléia legislativa não é lícito prometer coisa alguma, além do fiel e correto desempenho do seu mandato. Se, entretanto, eles se mantiverem na atitude discreta que lhes impõe a dignidade, imediatamente serão condenados como indiferentes à sorte do povo e divorciados das suas necessidades, dos seus interesses, da sua linguagem.

---

83. RIBEIRO, Fávila, *Abuso de Poder no Direito Eleitoral*, pp. 52-55.

É preciso, pois, prometer. E como o representante é um voto apenas, e voto condicionado a circunstâncias imprevisíveis no momento da eleição, o que se promete é exercer influência no sentido do atendimento de interesses de grupos e pessoas, regiões e classes. Assim, há um princípio de tráfico de influência que se incorpora, desde logo, a toda propaganda eleitoral.

Mas, não é só, nem é o principal. Cada vez mais, a propaganda eleitoral encarece. Já se dividem as despesas eleitorais em duas partes: as despesas visíveis e as invisíveis, estas provavelmente mais eficazes e mais vultosas. Mesmo as visíveis, porém, exigem de cada candidato um "investimento" a todo risco, que atinge a cifras inacessíveis à imensa maioria dos cidadãos. Faixas, cartazes, alto-falantes, anúncios na imprensa, autos a andar dia e noite, e de volantes, além da exibição do candidato em pessoa pelos bairros das cidades.

A taxa de inscrição, paga aos partidos, torna-se, assim, a menor das despesas, embora seja de molde a afastar da competição os mais modestos quanto à condição econômica.

Isto, quanto às despesas visíveis. Sabe-se que os candidatos, uma vez lançados na corrida eleitoral, não podem medir despesas, sob pena de se verem de antemão condenados à derrota, que significa, entre outras conseqüências, a de levar a lucros e perdas a parte visível das despesas efetuadas.

Candidatos há, cujo mandato custa milhões. Não raro, fica-lhes por um preço tal que todos *os proventos lícitos do mandato são insuficientes para cobrir os custos da "campanha"*. O mandato, nesses casos, dá no bolso. O indivíduo paga, e paga caro, para ser parlamentar, sem, por isso, demonstrar nenhuma desmedida paixão pela coisa pública e sem ser um fraco de idéia, que compre a tais preços um título temporário.

A sofreguidão com que, mesmo assim, o pleiteiam, é mais que suspeita. É o começo da prova de que não ambicionam o mandato sem ter em vista todas aquelas outras vantagens, que não cabem no exercício lícito e correto da representação popular.

É de se presumir que às despesas invisíveis da campanha eleitoral correspondam receitas e vantagens também invisíveis e inconfessáveis, proporcionadas pelo mandato.

O fato é que, de eleição em eleição, mais se consolida um regime que não é senão a grosseira deformação caricatural da democracia: uma plutocracia corruptora e corrupta que não pode senão macular e deteriorar tudo que lhe passe pelas mãos, contaminando desse vírus mortal o cerne do regime.

Subentende-se que a Democracia deve oferecer a todos a oportunidade da representação. Pergunte-se, porém, na democracia representativa a um estudioso, pesquisador, trabalhador e conhecedor profundo dos problemas nacionais, todavia anônimo e sem recursos financeiros, se ele tem condições de usar desse direito. Pior: ele somente se sentirá numa situação vexatória, constrangedora e de aborrecimento, tal a que é narrada com mais amplitude a seguir quando for estudado o Partido Político. A farsa realmente é completa: nada de democracia. Em síntese, estamos falando apenas de uma oligarquia de grupos, a que somente interessa oferecer espaços para figuras do esquema ou personagens que despontam salientes na mídia, sem se pesar a capacidade, a honradez, o amor cívico, a solidariedade, um passado de experiência solidária e construtiva à Nação.

Na última eleição de parlamentares da Câmara de Deputados no Brasil, em 1998, 56% foram reeleitos, demonstrando a máquina estabelecida para favorecer os detentores das cadeiras e poucas oportunidades sobraram a novos pretendentes, apenas 43%, correspondendo a 220 vagas num colégio eleitoral de cerca de 100 milhões àquela época. E no conjunto dos eleitos, em um total de 513 ocupantes na Primeira Câmara apenas 4 operários e 3 trabalhadores rurais foram eleitos, e na Segunda Câmara (Senado), de 81 eleitos, apenas 1 operário, todavia nenhum cientista ou professor de renome com profundos conhecimentos e pesquisas, ou algum estudioso anônimo. A proporção de deputados originários das classes populares e assalariados é insignificante: apenas 5%, somando ex-operários, empregados não manuais do setor de serviços (ex-bancários, por exemplo) e ex-lavradores. Além do mais, esses ex-trabalhadores e os professores eleitos geralmente surgem de sindicatos e trazem os vícios da demagogia; quando no meio dos colegas de procedência opulenta, seus anseios passam a ser o de atingir o status da neonobreza, não deixando de apoiar e adotar facilidades e prerrogativas que o cargo oferece dentro de um clima propício. Em outras palavras, aquele exíguo percentual de eleitos oriundos de classes modestas de nada é proveitoso ao povo, porquanto a direção que esses parlamentares "populares" tomam é no sentido de igualar-se aos poderosos e jamais de combater a desigualdade e os privilégios, pensando na comunidade em geral; aos poucos vão deixando de se posicionar em favor do povo, até se acomodarem por completo e já assim se comprometendo com este ou aquele benefício, que contraria o verdadeiro comportamento democrático e de justiça social; se repetem mais de um mandato, então a desesperança é total. Enquanto isso, os empresários urbanos e rurais, advogados e médicos, muitos dos quais mais na categoria de filhos de políticos profissionais, vivendo de renda, e demagogos, somaram 339, mais da metade dos legisladores, e as demais vagas distribuídas entre sacerdotes, funcionários públicos, engenheiros, comunicadores de imprensa etc. O próprio povo pressente essa burla. É comum ouvir-se: – "Saem políticos, entram políticos, contudo continuam sempre os mesmos"; – "Pensava-se que o povo estivesse lá, mas o que prevalece é a vontade dos grandes". – "Quando saem, deixam sempre os seus nos seus lugares". Paradoxalmente, alguns simpatizantes da Representação costumam indicar o exemplo norte-americano, em que se vislumbra uma diminuta renovação no Congresso, sendo este um dos motivos de obtenção de estabilidade e eficiência dos trabalhos, evitando-se solução de continuidade. Que a permanência dos mesmos representantes por anos seguidos possa contribuir à melhor organização e fluxo dos processos, não se nega que isso possa acontecer. Urge, porém, nesse caso, que, de uma vez por todas, altere-se o nome da Assembléia de Democracia, para a Casa da Aristocracia Burocratizada, pois a soberania popular falece à medida que perde o poder de renovar um Poder, sobretudo o Poder Legislativo. Este argumento é tão válido com respeito à Câmara dos Representantes, como aos trabalhos de uma Monarquia Absoluta, sem oposição e sem terceiros opinando ou se opondo sobre os projetos da realeza.

O pensador inglês, John Stuart Mill, acreditou na Representação Política; pressentiu, porém, que essa forma de governo poderia conduzir a uma maioria despótica ou centro de privilégios, e para resolvê-lo concordou com a solução apresentada por Thomas Hare. O plano aparentemente concedia à minoria alguma esperança e possibilidade de serem eleitos alguns candidatos de preferência dos eleitores, todavia envolvendo um processo de indicação dos representantes que não fugia das listas partidárias, o que se traduzia no mesmo caminho não-democrático. Em outros termos, se recorria a proporções a números de quotas, num arremedo de escolha para tentar suprir uma das grandes lacunas da representação. O que se pretende aqui fazer patente, é que se um sistema democrático apresenta algum desvio ou vazio, isto tem de ser superado com outro método de natureza democrática. Por outro lado, não seria possível o aproveitamento de pessoa de capacidade intelectual e de íntegra compostura, pois esses caracteres não são os visados pelos partidos para constarem das listas dos candidatos e, no fundo, os eleitores se perderiam no vasto leque de cartas marcadas. Aliás, na sustentação de sua tese, o próprio Stuart reconhecia, naquela época (século XIX), que "conforme todo o mundo admite, está se tornando cada vez mais difícil a qualquer um que só possui talento e caráter conseguir entrar para a Casa dos Comuns. Os únicos indivíduos que conseguem eleger-se são os que só possuem influência local, que abrem caminho por meio de despesas exageradas ou que, a convite de três ou quatro negociantes ou advogados, são enviados por um dos dois grandes partidos dos clubes de Londres, como homens com cujos votos o partido pode contar em todas as circunstâncias (...). É fato admitido que na democracia americana ... os membros altamente cultos da comunidade, com exceção dos que se prestam a sacrificar as próprias opiniões e maneira de julgar para se tornarem os porta-vozes servis dos seus inferiores em conhecimentos, raramente se candidatam ao Congresso ou às Assembléias Estaduais, tão reduzida é a possibilidade de serem eleitos".[84]

Não poderia ser outra a conclusão do pensador de Genebra (Rousseau): "seja como for, na ocasião em que um povo institui representantes; ele já não é livre; deixa de existir". Esse estudioso do século XVIII se apercebeu de um engodo, antes de conhecer as sofisticadas formas que hoje em dia são usadas para domínio psicológico dos cidadãos.

---

84. MILL, John Stuart, *O Governo Representativo*, pp. 96 e 98.

Esse filósofo, inegavelmente, alcançou uma compreensão exata do problema da Representação. A única representação correta, honesta e verdadeira seria se houvesse a possibilidade de ocorrer a analogia entre o mandato político que se denominasse de direito público e o mandato civil, de direito privado. Se houver distinções a ponto de os contratantes não se obrigarem perante o outro, tudo não passará de uma fábula, tanto na política como na religião. A representação é, como as análises demonstram, totalmente inviável, em face dos assuntos variáveis, constantes e intempestivos, e porque o delegado estaria dividido entre milhares de interesses e opiniões de cada comitente, donde redunda absoluta ineficácia. A única alternativa que resta ao representante é, inelutavelmente, acomodar-se aos seus interesses particulares e submeter-se às pressões de grupos econômicos, ideológicos ou religiosos, e partidárias.

Mandato

Denomina-se *Mandato Imperativo* o vínculo contratual entre eleitores e o eleito. Foi o que vigorou no Antigo Regime, tendo-se prolongado na França, até a Revolução de 1789, enquanto na Inglaterra começou a enfraquecer sob os Tudors e desapareceu no século XVII. Os eleitos pelas cidades e, depois pelos nobres e pelos clérigos recebiam instruções dos seus eleitores e agiam como seus "representantes" junto ao rei. Os eleitores formavam, no dizer do publicista Nelson Sampaio, entidades de natureza corporativa dentro do Estado e corriam a cargo deles as despesas de representação. Em contrapartida, os eleitos deviam prestar contas ao seu eleitorado e indenizá-lo dos prejuízos causados, podendo o seu mandato ser revogado. A relação entre eleitorado e eleito apresentava, assim, as características do contrato de mandato do direito privado.

Talvez não muito confiantes na proposta da representatividade, alguns democratas na formulação da Constituição dos Estados Unidos (Article I, Section 2), defenderam um curto mandato de dois anos para os representantes, procurando possivelmente uma aproximação ao mandato imperativo, pois na sua imaginação, dessa forma os delegados ficavam mais dependentes do povo, seus atos não se afastariam muito dos desejos de seus eleitores. Entretanto, o sistema de representação política concedia meios para enveredar à aristocratização e à perpetuidade, decepcionando os idealistas.

Logo ficou claro que o mandato imperativo era inviável na democracia representativa. Para o publicista francês Marcel Prélot, emergem sérias objeções: em primeiro lugar os contratantes são desconhecidos: identifica-se o eleito, mas os eleitores ficam acobertados pelo voto secreto, não sendo possível identificá-los, e, a seguir, no mandato imperativo, não aparece claro nem determinado com precisão o objeto do contrato, visto dificilmente poder-se reputar como tal num programa político.

Em outros termos, num único dia, o eleitor delega de forma distorcida uma representação por 730 dias (um mandato de dois anos) ou de 1.460 dias (um mandato de quatro anos), nos quais tudo afinal, como concluiu um articulista, fica por conta do arbítrio do representante. Pensar que diariamente o eleito ouvirá os seus eleitores sobre os assuntos a serem tratados, não é o caso, quando tudo se transformaria em consultas intermináveis e impraticabilidade da conciliação. Reconheceu-se essa precariedade até mesmo na representação das corporações em fins da Idade Média e princípios dos tempos modernos, que demonstraram esse fato e ainda a ocorrência do predomínio dos interesses individuais – nesse tipo de representação, cujo mandato era cativo e imperativo, os delegados realmente deveriam proceder de acordo com as ordens e instruções das corporações. Além do mais, cada eleitor terá invariavelmente opiniões diversificadas sobre cada matéria, no fluir das questões no dia a dia. Então, não há a mínima base de lógica em se falar em representatividade. Se sucede de o eleito dispor sobre as resoluções, aproximando-se dos conceitos de cada eleitor, resulta evidentemente de eventos nos limites da coincidência, todavia jamais seguindo obedientemente, estritamente, o determinado por quem o elegeu, porquanto, como se percebe das conclusões acima, trata-se de um processo inconseqüente, e na conformidade das variáveis e contraditórias opiniões dos próprios eleitores, é, de modo contestável, impraticável, inviável. Pelo mais simples discernimento, pode se apurar que o indivíduo eleito se defrontará, por inúmeras ocasiões, com variados e múltiplos problemas que, conforme cada situação do momento, pode diferir de todas as condições da época de sua eleição e tem de se levar em consideração também a inevitável mudança de pensamentos dos próprios eleitores, e, assim, fatalmente, o representante agirá, frente aos mesmos, consoante outros motivos, nunca, contudo, exatamente como cada respectivo eleitor faria em seu lugar, ou melhor se atuasse diretamente. Representação, portanto, jurídica ou política, diante dessa verificação, é, perante a lógica, insustentável e ilusória; o mandato é despido de qualquer conteúdo e se perde num vazio total. Mas a chave da equação centraliza-se no fato de que o povo é requisitado a essa peça teatral para que, quando se desconfia do regime político ou surgem escândalos e atuações indecorosas dos eleitos, alimenta-se o mito de que "os representantes são criaturas produzidas pelo próprio povo". Mais uma vez o povo é envolvido no esquema dos privilegiados e no final é acusado como o grande culpado. Reza a Lei Fundamental da República Federal da Alemanha, Artigo 38, que o deputado é "representante da totalidade do povo" e exclusivamente "sujeito à sua consciência";[85] argumentam em razão de "ato

---

85. *Grundgesetzt für die Bundesrepublik Deutschland*, vom 23 Mai 1949 (BGBl. S.1): Art. 38 (1) Die Abgeordneten des Deutschen Bundestages werden in allgemeiner, unmittelbarer, freier, gleicher und geheimer Wahl gewählt. Sie sind Vertreter des ganzen Volkes, an Aufträge und Weisungen nicht gebunden und nur ihrem Gewissen unterworfen ..."

de confiança". Essa disposição ingênua e retórica não tem nenhuma base científica e técnica, quando se sabe o "como" surgem as candidaturas dos representantes, as "pressões" a que estão vinculados e a forma antidemocrática das eleições. Esse é um conteúdo que menospreza o estado intelectual do povo alemão.

Alguns defensores da Representação objetam que se negue aos "representantes" o direito de decidir sobre questões relevantes se as mesmas ainda não estavam na ordem do dia na época da eleição parlamentar (*mandate theory*). E quando esses casos relevantes são decididos pelos representantes, procuram arrumar um jeito de induzir a participação do povo, quando ocorre a reeleição dos representantes ou se os partidos políticos, que apoiaram a aprovação dos assuntos obtêm maioria nas eleições, a despeito de que todo o processo de reeleição dos representantes e a manutenção dos partidos no poder, decorre de um sistema viciado e ardiloso, que, como veremos mais adiante, o povo é solicitado apenas para "formalizá-lo". Em todo o caso, se apressam em denominar esses eventos como uma aprovação popular "quase-plebiscitária". Assim procederam com respeito à decisão pelos representantes do Bundestag da República Federal da Alemanha a favor do rearmamento em 1952 e a política em relação ao Leste a partir de 1970.

Os próprios defensores da representatividade começam a se contradizer ao reconhecerem que o congressista deve estar acima do cidadão comum e deve ser um especialista, com superior conhecimento e saber. Em outras palavras, defendem paradoxalmente a necessidade da representação ser de uma elite. Por essa razão, acentua Karl Deutsch que o "papel do legislador tem se transformado, na maioria dos países, em emprego de tempo integral, especializado".

Na realidade, o objetivo final dos seus defensores sempre foi *ingenuamente* que o parlamentar nunca representasse os eleitores ou facções ou partidos, todavia a Nação em seu conjunto, como instituição, em que o representante não se guiasse por interesses locais, preconceitos regionais, falácias grupais ou territoriais, mas pelo bem comum.[86] Retraindo-se os próprios defensores do mandato representativo (Condorcet, Burke, Blackstone, Mirabeau etc.) reconheceram, afinal, que os parlamentares não atuam como representantes dos seus eleitores, o que equivale a dizer que o conceito de representação submerge. Montesquieu se deu conta de que no sistema representativo cabe ao povo tão somente escolher o representante, *supondo* sempre que o escolhido será de plena competência para exercer essa atribuição.[87] Trata-se de outro direcionamento ao elitismo sem base técnica nem científica para justificar que aquele que foi eleito, o foi pelo simples fato de ser capaz e competente, e os eleitores, como se

---

86. Dispuseram nas próprias Constituições (francesas, belga, italiana etc.) que o representante não representa os seus eleitores, mas a Nação. E como extravagância final, vedaram taxativamente o mandato imperativo.
87. MONTESQUIEU, *O Espírito das Leis*, liv. 11º , cap. VI.

isentos da influência de propaganda ou qualquer tipo de outras injunções, escolheram-no perfeitamente. As contradições e paradoxos são assim manifestos na organização e funcionamento da democracia representativa. Esses propósitos, seguramente, somente são alcançados, na prática, no cidadão liberto e não vinculado, direta ou indiretamente, sob qualquer hipótese, tanto dos meios que o consagram como tal, como das tendências manipuladas no exercício do mandato.

Conseqüentemente, apela-se a um mandato livre (*Freies Mandat*), que não permaneceria obrigado à circunscrição eleitoral. Utópica e pueril é falar-se em efeito patriótico de uma eventual e fantasiosa fiscalização do mandante sobre o mandatário; neste caso, objetiva-se mais a conduta pessoal do parlamentar e não sua atuação em cada um dos assuntos discutidos ou deixados de serem apresentados, além de que essa conceituação permite conceber o eleitorado como dispensável e tendo sido apenas instrumento de um aparelho eleitoral sem muito a ver com direito de decisão, direito de governar; o procedimento do povo foi mais no sentido de uma formalização imposta por grupos do que de um ato do exercício de sua soberania. Com precisão, o erudito Prof. Pinto Ferreira, faz a seguinte menção: "Sem embargo, nem por isso se deve aceitar de todo a orientação antagônica do mandato livre, postulando a plena independência e liberdade dos deputados e senadores frente ao eleitorado, o que seria a engendração de uma tese inoportuna a uma democracia mais aperfeiçoada. Essa absoluta independência é bastante perigosa para a prática constitucional, porque concede uma absurda onipotência às Assembléias Legislativas, transmudando o parlamento em uma perigosa oligarquia governante, freqüentemente em desacordo com a vontade real do eleitorado."[88]

Por fim, alguns recorreram ao "Estado de Partidos" ou partidocracia – o *Parteienstaat* dos alemães. A vontade dos eleitores seria substituída pelos programas partidários e pelas vontades dos dirigentes partidários. Essa hipótese somente piora a idéia de governo do povo, pois ficam presos a programas preestabelecidos os interesses da Nação, que a cada segundo se altera e necessita de infindáveis aperfeiçoamentos, não esquecendo os contextos em que se enquadram os Partidos Políticos, que serão analisados mais na frente; e nesse caso, tanto o representante, como o povo, são nada. De qualquer forma, a vinculação do mandato aos partidos políticos e aos seus "programas" foi um fracasso completo em todas suas tentativas.[89]

A contradição persiste quando os defensores da democracia representativa justificam o sistema bicameral, reconhecendo paixões populares e influências maléficas açodando a Câmara popular, que cede a "leis prejudiciais, inoportunas e perigosas", como assinala claramente o publicista brasileiro Azambuja.[90]

---

88. FERREIRA, Pinto, *Princípios Gerais do Direito Constitucional Moderno*, Vol. I, p. 229.
89. Vide a organização política da Tchecoslováquia antes da Segunda Guerra Mundial.
90. AZAMBUJA, Darcy, *Teoria Geral do Estado*, p. 183.

A instituição do referendum, da iniciativa, do veto e do direito de revogação (*recall*), tudo simbolizando um paliativo que estudiosos sugeriram e que, sob uma denominação de democracia semidireta, pudesse salvar a democracia representativa, sempre redundou nula e do mesmo jeito pecaminosa, como a prática mostrou em algumas constituições que adotaram algumas dessas soluções.

Em suma, não há no representante a preocupação necessária, de saber se seus atos e princípios estejam ou não em proporção exata de correspondência com a vontade dos representados. É o próprio Benjamin Constant que conclui: "Assim é que, de um acordo tão universal e sistemático como a representação, o que enfim parece haver ficado na consciência da Teoria do Estado é que o representante não se acha sujeito às instruções e diretrizes de seus eleitores".

Eis que infalivelmente surge, diante de todos esses paliativos e paradoxos, a inocente pergunta, porém irrespondível: Então por que eleições?

O representante, por sinal, não é realmente escolhido pelo cidadão; é-lhe imposto por interesses de grupos partidários. O cidadão apenas vagueia sobre uma lista já determinada de candidatos.[91]

Sufrágio

Nem o Sufrágio Universal verdadeiramente existe com as suas restrições e distorções. Afora impedimentos de votar concernentes à idade eleitoral, ao domicílio fixo e legal ou residência, à aptidão intelectual para o voto, à aptidão moral para o exercício como eleitor, à segurança nacional, à exclusão de militares, o sufrágio é manipulado por cálculos matemáticos determinantes de vantagens partidárias nos chamados "sistemas eleitorais", que analisaremos mais adiante. Vale ainda citar que esse sufrágio ainda sofre os efeitos das abstenções que ocorrem, entre outros motivos, por insatisfações dos eleitores.

O analista Paulo Bonavides, em sua obra *Ciência Política*, ainda acrescenta quanto ao critério do sistema majoritário no sufrágio: "Pode conduzir ao governo, com maioria no parlamento, um partido vitorioso das eleições sem, contudo, haver obtido no país uma quantidade superior de votos. Haja vista o que se passou em 1951 nas eleições gerais da Inglaterra, para renovação do Parlamento, quando os trabalhistas lograram 13 milhões e 900 mil sufrágios e só elegeram 295 deputados à Câmara dos Comuns, enquanto os conservadores

---

91. Um leitor do jornal *O Estado de São Paulo*, de nome Heitor Penteado de Mello Peixoto Filho, escreveu uma carta, em 23.7.01, em que, com propriedade, sugeria o seguinte: "Gostaria que fosse feita uma pesquisa entre os eleitores para saber quantos votaram em candidatos que julgaram ser realmente competentes e capazes para o cargo a que foram eleitos e quantos votaram simplesmente no 'menos pior'. Eu, em meus dezessete anos de eleitor, salvo raríssimas exceções, me vi sempre com a segunda opção".

com 13 milhões e 700 mil votos – 200 mil a menos em todo o país – elegeram 320 deputados, correspondentes às 320 circunscrições de onde emergiram vitoriosos. Deformação aproximada ocorreu em 1959 quando os conservadores com 49% dos sufrágios fizeram jus a 58% das cadeiras do Parlamento, ao passo que os trabalhistas, quase empatando quanto ao número de votos – 44% e apenas 5% a menos – obtiveram tão-somente 41% das cadeiras (17% a menos do que os conservadores)".

"Pesa também como defeito grave do sistema majoritário a influência positiva ou negativa que poderá ter para os partidos o critério adotado na repartição do país em circunscrições eleitorais, em virtude do status social e econômico correspondente ao eleitorado dessas circunscrições. A repartição pode eventualmente ser inspirada, manipulada ou patrocinada por grupos empenhados na obtenção de determinados resultados eleitorais, favoráveis aos seus interesses. É a chamada 'geometria eleitoral' que às vezes caracteriza a prática do sistema e não raro deforma a representação da vontade do eleitorado."

"A eventual falta de representatividade de um candidato eleito, em relação à totalidade do eleitorado. Suponhamos três candidatos numa circunscrição, em que o candidato A obteve 17.500 votos, o candidato B 17.000 votos e o candidato C 15.500 votos e a circunscrição de 50.000 eleitores será representada por um candidato vitorioso com apenas 17.500 votos daquele total. Veja-se portanto o paradoxo: cerca de dois terços do eleitorado postos à margem, com seus sufrágios reduzidos à impotência!"[92]

Sobre o sistema da representação proporcional, vale apenas seguir o mesmo autor, que brilhantemente elucida: "uma das objeções feitas entende com a multiplicidade de partidos que ela engendra e de que resulta a fraqueza e instabilidade dos governos, sobretudo, no parlamentarismo. A representação proporcional ameaça de esfacelamento e desintegração o sistema partidário ou enseja uniões esdrúxulas de partidos – uniões intrinsecamente oportunistas – que arrefecem no eleitorado o sentimento de confiança na legitimidade da representação, burlada pelas alianças e coligações de partidos, cujos programas não raro brigam ideologicamente".[93] Já se falou inclusive que a representação proporcional foi criada com o fito de impedir que um partido de idéias socialistas tomasse o Poder. Então esse método não passa de um ardil, jamais um meio democrático; mas é o que os países de representação política vêm adotando a cada dia.

Os sistemas eleitorais adotados na representação política se envolvem cada vez mais em sofisticadas formulações matemáticas na titularização do deputado visando o fortalecimento dos partidos políticos em geral, à revelia do cidadão. Pouco importam as preferências deste, a não ser para fornecer-lhe números que são transformados em ardilosas equações, culminando com a diplomação

---

92. BONAVIDES, Paulo, *Ciência Política*, p. 249.
93. *Idem*, p. 252.

de candidatos que possam ter sido menos preferidos pela grande parte do público. Desse modo, são comuns nos dias atuais, os quebra-cabeças que os técnicos utilizam, como se num jogo de conta de chegar, para beneficiar partidos maiores ou menores, ou completar restos de votos, nas eleições chamadas proporcionais. Na realidade, as fórmulas eleitorais são operações matemáticas, que definem quem ganha e quem perde as eleições.

E pairam, certamente ao desconhecimento dos habitantes comuns, além do ficticialismo reinante da eleição, sofisticadas fórmulas, mais próprias de um curriculum escolar de álgebra, do que de exercício de um direito democrático, para definir os representantes eleitos.

Alguns exemplos desse absurdo:

Quociente de Hagenbach – Bischoff: $q = \dfrac{v}{(c+1)}$

Quociente Droop: $q = \dfrac{v}{c=1} + 1$

Quociente Imperial: $q = \dfrac{v}{c+2}$

Até se chega ao exagero de alguns de seus técnicos falarem sobre uma esdrúxula "raiz cúbica de magnitude da assembléia", proposta bisonha feita pelos famosos "experts" da representação política, Rein Taagepera e Matthew Shugart numa tentativa de reduzir toda e qualquer circunstância eleitoral à equação matemática.

Nem os países escandinavos escaparam dessas maquinações operacionais e antidemocráticas, quando utilizam o coeficiente de Sainte Laiguë, um matemático francês, no seu processo proporcional.

Nessa altura do processo, o simples direito do cidadão, que já se encontra esbulhado pela representação, é acintosamente pulverizado nos cálculos da matemática. Recebe uma lista de candidatos *que não escolhe* e se vê obrigado a optar por um dos nomes da lista pelo Partido. Após o que, de uma forma totalmente antidemocrática, apenas cumpre o formalismo de apontar o que mais lhe parece merecedor de ser votado. Quando o faz, porém, fica sujeito a que o seu "escolhido" seja substituído por outro mediante uma operação matemática para equilíbrio de forças partidárias, que nada lhe diz respeito, mas tãosomente aos interesses dos chefões dos partidos políticos.[94] Em outros termos,

---

94. No Brasil, assinala um articulista que, combinado com a permissão para coligações partidárias nas eleições legislativas, o sistema produz a aberração conhecida como "evasão de votos". O voto do cidadão pode servir, à revelia de declaração de sua vontade, para eleger um candidato de outro partido que se associou ao partido de seu candidato votado, do seu total desconhecimento e talvez do seu total desapoio. Os 28 parlamentares eleitos com votos próprios em 1998, representavam apenas 5,45% do total de 513 deputados. E isso tem sido repetitivo, pois nas eleições anteriores de 1994, apenas 14 deputados conquistaram uma cadeira na Câmara com votos próprios; a

a situação é tão antidemocrática e antinatural, que não demorarão muito invenções de esquemas matemáticos, produzindo maiorias artificiais, subidas arrepiantes de candidatos pouco notados nas escadas dos diplomados etc. Um especialista no assunto, Luiz Virgílio, acentua com propriedade que "quanto maior for a manipulação artificial que um sistema eleitoral produz, menor será a efetiva influência que os cidadãos poderão exercer na composição do poder político, e, como conseqüência, menor será o efeito legitimador produzido por eleições".[95] Encontramos, ainda, uma série de artifícios nos sistemas que burlam o direito do cidadão e ardilosamente determinam novos resultados, à total revelia e conhecimento profundo do cidadão e de seus desejos, tais como as formas de estabelecer as listas de candidaturas, sobretudo as candidaturas por listas partidárias. O cidadão dá o seu voto a um candidato de sua preferência, após estudos e reflexões, e pode não ficar sabendo que todos os votos de uma lista de candidatos, às vezes, indesejáveis ao votante, serão considerados para cálculo do número de lugares de representantes a que o partido tem "direito", e o pior, o candidato em quem votou, pode não ser o eleito, mas o seu voto serviu para cálculo na eleição de outro e este outro pode ser alguém em quem ele jamais votaria. Com absoluta razão comungam muitos estudiosos em afirmar que o sistema de aproveitamento de sobras, no cálculo das cadeiras e nas formações do quociente eleitoral, com a transferência de votos do menos votado para o mais votado, não passa de completo vício e fraude contra os cidadãos que votaram. E assim temos outros casos, porém, não iremos perder tempo neste trabalho mostrando como o direito do habitante comum é ludibriado pelas filigranas das suas listas bloqueadas, listas fechadas e não-hierarquizadas, listas abertas e ainda do processo utilizado em eleições nos Estados Unidos, como jocosamente é chamado de *Gerrymandering*, uma forma de concentrar os eleitores de um candidato desejado e dividir aqueles de candidatos indesejados. Até quando pensarão que podem brincar com o povo dessa maneira, fazendo-o passar como "autor", quando o tratam como simples marionete, induzindo-o a fazer falsos papéis e depois nem os do povo ficam sabendo "como" surgiram os resultados.

Discute-se ainda o caso do *voto categórico*, em que se requer que os eleitos votem em apenas num partido, fato que restringe ainda mais o direito do cidadão no sistema eleitoral.

Nasceu então um sistema misto diante da falência dos sistemas acima, como paliativo, adotando-se a conjunção dos dois.

Dependendo do sistema eleitoral adotado, partidos sem expressão tornam-

---

quase totalidade assim foi habilitada como congressistas apenas pelo voto de legenda, sem ter obtido os votos de eleitores. Parece até que pensam: "Já que não é mesmo Democracia, vale mais alguns engodos para prevalência de ultrajes".

95. SILVA, Luiz Virgílio Afonso da, *Sistemas Eleitorais*, p. 39.

se escadas para políticos que têm problemas com sua base ou estejam em legendas maiores e que vão para partidos pequenos disputar contra seu próprio partido, gerando o troca-troca entre os partidos. Ou então o uso de legenda de aluguel, em que políticos em situação desconfortável podem criar partidos para viabilizar sua candidatura. Outra farsa, é a criação do sistema distrital. Verifica-se paralisia decisória ampla na nação, porquanto o processo conduz ao seu bloqueio, porque os interesses são localistas, tal como se percebe na Alemanha; depois temos de considerar assuntos da maior complexidade e de âmbito nacional, e esse processo se restringiria a algumas pessoas, ruas, bairros e outras exigüidades inconseqüentes.

Para usar tais métodos, não precisavam enganar o povo com eleições; bastaria que os partidos políticos se aconchavassem, a portas fechadas, e calculassem a divisão de seus quinhões sobre o poder e cargos públicos. Pelo menos não aborreceriam o povo com contratempos fantasiosos.

Em conclusão, a representação é falha até do ponto de vista numérico. Interessante é a conclusão do renomado publicista brasileiro, Azambuja, que descreve o seguinte: "Em primeiro lugar, dada a extensão dos Estados modernos e sua grande população, os indivíduos não podem exercer diretamente o governo; elegem representantes para governar em nome de todos: é a democracia representativa; na maioria dos Estados, até há bem pouco, as mulheres não votavam, e de qualquer modo é sempre grande o número de excluídos: os menores, os loucos, os criminosos etc. Mas a maioria pode votar; logo, a democracia já não é o governo de todos, mas da maioria. Acontece, porém, que nessa maioria não pensam todos do mesmo modo, não votam unanimemente nos mesmos representantes. São eleitos, pois, e governam, na melhor hipótese, os representantes da maior parcela da maioria, mas essa parcela é minoria em relação a todos os habitantes do Estado. Em última análise, juridicamente, a democracia é governo da minoria que vence as eleições; é uma aristocracia".[96]

Candidatos

Os candidatos oferecidos ao povo não são escolhidos entre aqueles de maior competência, capacidade, seriedade, honestidade, experiência, ou de profundos conhecimentos científicos ou filosóficos, ou mesmo de vastos conhecimentos gerais, ou aqueles devotados a ajudar à comunidade humanitaria e materialmente, embora em círculos restritos e despercebidos.

Os escolhidos são aqueles que se enquadrem nas duas Forças que foram tratadas antes (riqueza e mídia). A seqüência de candidatos se resume nos que dispõem de adequadas fortunas para gastos na campanha, de personagens em

---
96. AZAMBUJA, Darcy, *op. cit.*, pp. 206-207.

evidência com possibilidades de atrair doações apetitosas de empresas e entidades, de líderes religiosos com o seu rebanho obediente e prestimoso, potencialmente aptos a custear-lhes a publicidade e propaganda e de inflar o número de votos do partido, de apresentadores e atores de televisão e cinema e de esportistas da ocasião ou de pessoas despontando na mídia da imprensa escrita ou falada, por qualquer motivo, mesmo os mais fúteis possíveis, ou até de figuras que chegam ao conhecimento do público por algum dote físico, como os seios ou nádegas de uma mulher (temos bastantes exemplos de fatos ocorridos na Itália, Brasil e outros países), homens considerados charmosos, ou alguém que ficou conhecido por suas excentricidades infantis ou simplesmente jocosas, ou ainda aqueles por terem participado de eventos famosos, embora em funções simples, sem se falar no grosso do festival, que são os demagogos, mormente dos que, já como políticos profissionais, disputam a reeleição visando permanecer em suas mordomias e privilégios, contudo, dificilmente podem constar nas listas dos partidos, um cientista, um ilustre professor universitário, um incansável pesquisador, historiador ou antropólogo, um profundo estudioso de questões sociais, políticas e econômicas, um humanista dedicado a pesquisas de educação ou de desenvolvimento social, um erudito publicista, todos esses, porém, sem expressão popular.

Os candidatos estão muito longe do virtuoso pensamento de Montesquieu, em pensando tratar-se de competentes e bem mais competentes do que o povo em geral. Não é por esse lado da competência sobre os assuntos nacionais, que se listam os candidatos. O que importa é o seu poder de conquistar votos, proveniente de qualquer fama de alguma notoriedade pública por motivos artísticos, esportistas, e até banais. O que importa são os investimentos que possa empreender ou um líder de um grupo de sectários religiosos, políticos ou místicos. Isto tem acontecido em todos os países. No final de tudo, após a eleição, o povo pode contar com os mais diversos tipos de representantes: indivíduos parasitas que vivem de rendimentos de bens e títulos, artistas, apresentadores em comunicação visual e falada, esportistas de sucesso, nunca porém, um homem comum e anônimo do povo, a não ser quando tenha um nome ou aparência de alguém famoso. Dentro disso tudo encontram-se, então, os demagogos, os oportunistas, os espertos.[97]

---

97. Em 2001, o presidente do Senado brasileiro era de um sujeito acusado de ter lesado um banco, praticado fraudes em dois ministérios e nomeado afilhados corruptos para uma autarquia federal. O primeiro vice-presidente dessa alta casa parlamentar era uma figura comprometida com atitudes contra o erário público, como propostas indecentes de privatização (1995) que extorquiriam uma fortuna dos contribuintes, ou sua implicação no desvio de verbas orçamentárias indicadas pela Comissão Parlamentar de Inquérito (1993), e ainda com enriquecimento sem comprovação (1988 e 1992), constatado pela Receita Federal, em período que ocupava cargo público. O presidente do Conselho de Ética, órgão incumbido de zelar pela moralidade política dos membros dessa instituição, acumula em seus anos de serviço público acusações de malversação de dinheiro e superfaturamento de obras.

Enfim, aqueles acima citados são os autênticos candidatos a "representantes" do povo, e assim se lançam a campanhas custosas e até milionárias. Com certeza, o gasto de um candidato é astronômico comparado com a renda anual de um cidadão da classe média. Salienta o Professor Pinto Ferreira que uma eleição hoje é um investimento. Nos países desenvolvidos, os custos de uma campanha ascendem à cifra de milhões e milhões de dólares. Compreendem firmas especializadas em marketing, propaganda, pesquisas, veiculação, viagens, hospedagens, pessoal e até presentes.[98]

O mesmo expediente é utilizado no preenchimento de cargos do executivo. Nas eleições presidenciais do ano 2001, sujeitaram o povo peruano a escolher o menos ruim entre dois candidatos: um era considerado mentiroso e demagogo, outro, um ex-mandatário corrupto e que havia arruinado o país na sua gestão passada. Numa nação do primeiro mundo, o povo teve de enfrentar a escolha entre dois milionários, ambos despreparados diante do perfil de seu país, como potência hegemônica no campo econômico e militar; um se inclinava à ortodoxia capitalista, e outro, à ortodoxia do nacionalismo; aquele que se saiu vitorioso, em suas primeiras medidas, rejeitou o *Protocolo de Kyoto* sobre conservação ambiental, pôs a Europa em alerta com sua política de segurança, entrou em conflito com a ONU, provocou uma crise com a China e renegou os compromissos de desarmamento. Logo em seguida, uma pesquisa realizada pelo *New York Times* e pela *CBS News* revelava que metade dos americanos se diziam inquietos em relação à capacidade do presidente Bush enfrentar uma crise internacional. Acredito que, diante dessas circunstâncias, melhores cabeças pensantes e ponderadas atuarão sobre esse mandatário, que ocupa posto importantíssimo no cenário mundial, a fim de evitar atitudes que possam incorrer em tragédias.

Perguntamos, então, por que as Nações gastam tanto e usam tanta gente e tempo para apenas se expor a uma imensa improdutividade se tudo não poderia ser resolvido racionalmente sem gastos com respeito à igualdade dos cidadãos e à justiça.[99]

---

98. Numa recente eleição, conta um articulista que um candidato demagogo chegou ao ridículo de prometer caviar e emprego com salários de US$ 1.000,00. Nas eleições de 1990 no Brasil, simplesmente metade dos eleitores se abstiveram, votaram em branco ou anularam seu voto para a Câmara dos Deputados. Especialistas norte-americanos estimam que apenas 38% dos cidadãos nos Estados Unidos são eleitores "regulares" em pleitos nacionais e estaduais, 17% são eleitores "eventuais" e 45% sequer são eleitores. Nem mesmo com esse esquema falso de representação, a maioria predomina nos votos.

99. No Brasil, as eleições de 1998, abrangendo campanhas à presidência, governo estadual, senadores, deputados federais e estaduais, estima-se que movimentaram mais de 50 milhões de dólares (o salário mínimo deste país, àquela data, correspondia a cerca de US$ 108,00). Nas eleições municipais de 2000, para prefeitos e vereadores, os gastos superaram os US$ 158 milhões previstos; na verdade, numa abrangência total, conforme dados do Tribunal Superior Eleitoral, envolveu um custo em torno de 1 bilhão de dólares, o qual compreendeu 15.036 candidatos a prefeito e 367.879 candidatos a vereador. De acordo com o *Center for Responsive Politics* (CRP), que monitora gastos com campanhas eleitorais nos Estados Unidos, calcula-se que nas eleições presi-

O preço do voto a deputado federal no Brasil implica uma campanha em que o candidato, com a ajuda do partido político, de "doações" de particulares e grupos e do poder público, vai despender entre 200 mil a 400 mil dólares; a senador, entre 700 mil a 1 milhão e 200 mil dólares. Um professor de nível médio nesse país, aufere abaixo de US$ 2,000.00. Somente esses fatos desmentem por completo qualquer argumento de democracia desse regime.

O pleito municipal de 2000, envolvendo 321 mil candidatos, 5 milhões de cabos eleitorais e militantes, 355 mil urnas eletrônicas e 1,9 milhão de mesários e escrutinadores, foi realizado a um custo acima de 700 milhões de dólares. Com esse valor se resolveria o triste problema dos adolescentes delinqüentes do país com adequados estabelecimentos de desenvolvimento educacional e o problema dos asilos e hospitais em que centenas de idosos apodrecem desamparados.

Marketing / Propaganda

Cada vez mais, os candidatos dependem dos serviços das firmas especializadas em marketing. Essa constatação se traduz na negação total da democracia. Existem hoje até mesmo Associações desses profissionais, intitulando-se "Consultores Políticos". Numa eleição, uma só empresa de consultores pode se encarregar de promover, ao mesmo tempo, a campanha de mais de 20 candidatos, o que se caracteriza como uma excrescência em se falando da aceitação de um candidato do povo. Há especialistas que são solicitados a trabalhar inclusive em eleições no exterior, numa espécie de franchising político. E passam a ganhar fama de "eleger candidatos".

Com efeito, procuram conduzir o eleitor pela propaganda, ou por outros meios psíquicos, a decidir emocionalmente e jamais pela razão.[100]

Alguns profissionais da área até mesmo se incomodam quando é comum falar-se em identificação de marketing comercial e propaganda eleitoral, e mais ainda, ficam furiosos ao ouvirem que vender candidato e sabonete é a mesma coisa.

---

denciais de parlamentares, no ano 2000, houve gastos acima de US$ 3 bilhões de dólares, nos quais estão incluídos US$ 236 milhões em fundos federais, a ponto de essa entidade sustentar que "a democracia americana está à venda". Quanta coisa em termos de educação, preservação ambiental, ações sociais e pesquisas científicas poderia ser feita com esse dinheiro jogado inutilmente no lixo. Para se ter uma idéia desse desperdício contra a humanidade, nessa época uma injeção de 1 milhão de dólares ativaria vários programas de pesquisas que estavam atrasados ou parados nos maiores institutos científicos do Brasil.
100. Esse procedimento insere-se também nas eleições de associações de classe e uniões sindicais; copiando o sistema da democracia representativa. Persistem os mesmos vícios e erros; grupelhos despóticos e facções oportunistas, poderes de escolha restritos a comitês, interesses egoísticos, propaganda, marketing, e finalmente os melhores profissionais da classe permanecem afastados e sem meios de proporcionar benefícios.

Efetivamente, desenvolveu-se na Democracia Representativa uma verdadeira indústria de persuasão política. Comenta um profissional do ramo que as nomenclaturas empregadas situam-se entre "estratégias", "táticas", "batalha dos votos", "penetração no segmento adversário", "domínio geográfico" etc.

O ilustre publicitário Manhanelli informa que a Campanha Eleitoral nada mais é do que um duelo numa escala mais ampla. Cada cidadão tenta, por meio da persuasão e cooptação, angariar os outros candidatos, abatendo-os, a fim de torná-los incapazes de qualquer resistência.[101]

O marketing político põe à disposição do candidato um serviço de direção, coordenação e organização das campanhas (o *Campaign Management*) e mais outro, mais especializado, de alto nível (o *Campaign Consultant*).

Em síntese, o que se visa é estabelecer uma estratégia, definida com antecedência por especialistas que analisam as pesquisas, estudam o quadro político, pesam virtudes e defeitos dos adversários, informam-se sobre as características do eleitorado e assim por diante, não desprezando, como um expert de uma agência definiu, *táticas e jogadinhas*.

Ensinam os princípios modernos do Marketing Eleitoral que a estratégia alicerça-se no conhecimento dos anseios e desejos dos cidadãos (não nas suas necessidades), comumente obtido por pesquisas, e inserem-se essas externações populares nos discursos e na propaganda dos candidatos, preferencialmente de forma indireta e astuciosa, de modo que simbolizam identificação, propulsionando a penetração inconscientemente. As idéias passam a sofrer um reflexo, saem dos candidatos como se proviessem dos próprios, todavia são transmitidas de volta, adicionadas com sutis conotações, assemelhando-se às verdadeiras aspirações e anseios populares, que no fundo, nada têm de verdadeiras e autênticas, não sendo outra coisa senão truque estratégico de marketing.

De maneira que todos os candidatos seguindo esses passos, paradoxalmente, os seus concorrentes não são pessoas, ou grupos ou instituições, com objetivos opostos, como adverte um analista: *são os que têm os mesmos objetivos*.

Dos candidatos, as agências buscam informações como estas:

- Potencial de voto em cada bairro?
- Seus mais fortes concorrentes?
- Quem poderiam ser os seus aliados?
- Qual a situação dos seus concorrentes?
- Qual a situação do seu partido?
- Quantos votos poderiam ser transferidos com certa aliança?
- Quanto pretende gastar?

---

101. MANHANELLI, Carlos Augusto, *Eleição e Guerra*, p. 13.

Nada mesmo interessa sobre o seu caráter, o seu ideal, o seu interesse público, o amor social, o desvelo comunitário, a sua capacidade de liderança social, o seu potencial de idéias de desenvolvimento, construção, ciência, tecnologia, evolução.

O episódio de Watergate, na década de 1970, revelou atividades ilícitas na campanha eleitoral a serviço do partido do próprio Presidente da República (Nixon), envolvendo nomes de altos funcionários e políticos, culminando com a renúncia do primeiro mandatário do país. Já na eleição presidencial de 1876, ambos os partidos (democrático e republicano) foram acusados de fraude.

Como podemos pensar em entregar os destinos de uma Nação, seu povo, milhões de pessoas, sua saúde, suas vidas, o Planeta, o contingente populacional, a cultura da comunidade, as leis, os recursos do país, o conforto da população, o programa educacional do povo *a indivíduos que nada têm a ver com nada disso*, a não ser com problemas como derrotar adversários, infligir traições, produzir mentiras, falsear imagens, deturpar programas?

Pois infelizmente é isso o que a Democracia Representativa está exigindo do candidato a cargo eletivo, nesse sistema eleitoral com apoio de agências de publicidade.

Isso é a coisa mais absurda que o mundo moderno está a apresentar no contexto de sua estruturação social. Esse fato é irracional e inacreditável, atentando contra a inteligência do povo, afinal contra tudo o que a Ciência e a Filosofia fizeram da antigüidade até os dias presentes em matéria de organização da sociedade jurídica e politicamente.

Prosseguindo no marketing político, temos mais com que nos espantar e desacreditar.

Destaco abaixo alguns conselhos que o marketing político oferece aos candidatos:

- cuidados corporais;
- cuidados com a voz;
- nunca dizer não;
- assunto especializado, pedir a um assessor do ramo para responder;
- cuidado com a retórica;
- comportar-se como um vencedor;
- ter postura de flexibilidade;
- tentar fazer conciliações e pactos;
- ganhar a confiança dos grupos de pressão;
- ocultar sinais externos de riqueza;
- cultivar as amizades e os laços pessoais.

O marketing político está percebendo que pode ainda usar muitos dos conhecimentos psicológicos das teorias e pesquisas científicas para obter as adesões aos seus clientes. Moderna e apurada técnica tem se utilizado ultimamente da psicologia profunda para guiar os pensamentos das pessoas às idéias de produtos, ideologias e crenças. Dos estágios freudianos da personalidade, procuram associações com inclinações emocionais das fases oral, anal, fálica e genital, e bem assim procurando também auscultar os anseios próprios de cada geração, obtendo-se dos cidadãos, aspirações, desejos e comportamentos inconscientes a objetivos predeterminados.

De qualquer forma, essa grande invenção do marketing político, faceta triste de uma malfadada estruturação constitucional, foi se incorporando à Democracia Representativa, e hoje é uma de suas peças basilares, tal como sucedeu com os Partidos Políticos.

Iniciou-se modestamente nos Estados Unidos na campanha de Eisenhower, de 1952, com a contratação da primeira agência de publicidade, que, por esse motivo, o candidato foi acusado pelos adversários de *"tentar se vender como um sabonete"*. Com a vitória do General, nas campanhas seguintes, de 1956, 1960 e outras, o marketing político cresceu vertiginosamente, mais ainda ajudado pela expansão da televisão. E dessa forma se difundiu em outras partes do mundo com organizações políticas baseadas na democracia representativa, na Inglaterra, na França, no Brasil etc.

Os candidatos a cargos eleitorais na democracia representativa passaram a depender da contração e dos serviços estratégicos (psicológicos e sagazes) das agências de publicidade para se elegerem às Assembléias e cargos executivos, gastando imensas quantias em dinheiro, afastando, portanto, quaisquer outros que não disponham de fortuna ou de penetração na mídia. Essas firmas de publicidade especializadas em eleição de políticos, são nos países desenvolvidos, empresas que empregam mais de 250 colaboradores.

Ao marketing político sobrevém então a propaganda eleitoral, e essa é fundamental e o fator mais descaracterizador de uma democracia.

A propaganda, nas décadas de 1920 a 1940, muito serviu aos países totalitários. Com a técnica da persuasão no regime da democracia representativa, após a penetração das agências de publicidade nas campanhas eleitorais, a propaganda começou a invadir e se integrar nas eleições.

Hitler, naquela época gloriosa da propaganda nas ditaduras, bradava: "A propaganda permitiu-nos conservar o poder, a propaganda nos possibilitará a conquista do mundo". E criou absurdamente um Ministério da Propaganda, o que foi um acinte à consciência dos cidadãos alemães: com a propaganda, mediante filmes, panfletos, anúncios e discursos, foi possível convencer firmemente a líderes e oficiais germânicos que os judeus eram como praga e vermes que precisavam ser extintos.

Etimologicamente, a Propaganda costuma ser definida como a disseminação de idéias, informação ou rumores com o fim de auxiliar ou prejudicar uma instituição, causa ou pessoa. Ou ainda, trata-se de doutrinas, idéias, argumentos, fatos ou alegações divulgadas por qualquer meio de comunicação a fim de favorecer a causa própria ou prejudicar a causa oposta.

O Instituto de Análise de Propaganda norte-americano define Propaganda como "uma expressão de opinião ou ação por parte de indivíduos ou grupos, deliberadamente destinada a influenciar opiniões ou ações de outros indivíduos ou grupos relativamente a fins determinados".

Como podemos perceber, a Propaganda compreende um instrumento que nunca deveria ser o indicado a ser usado para a escolha de um cidadão como o legislador da coletividade, que adquire ampla liberdade para decidir sobre o destino das pessoas e da Nação. Isto é simplesmente um absurdo, uma incoerência total, para não se dizer o pior da irracionalidade humana.[102]

Jean-Marie Domenach, em sua obra *A Propaganda Política*, já prenunciava em 1960, que haveria incredulidade política com o uso da propaganda como ferramenta de conhecimento através de argumentos falsos de "Bourrage de Crâne".

Em síntese, a propaganda política, por outro lado, não deixa de ser irreversivelmente uma *criminosa propaganda enganosa*.

Mesmo os publicitários não negam esse fato. O *expert* em marketing político, Wilson Gomes, declara que podemos até mesmo não concordar com certos elementos dessas críticas, mas não há como negar dois aspectos muito interessantes que aí compareçam. O primeiro situa-se na aproximação entre alto teor estratégico da propaganda eleitoral, a perda de contato com a verdade como valor vinculante, e a sua desregulação moral, a perda de contato com as bases de uma ética dos conflitos. Admitindo que o conflito de interesses gere uma situação beligerante entre os grupos, então é preciso admitir também que cada um deve lutar para afirmar-se com todas as armas disponíveis a partir de cálculos estratégicos eficientes. Mas também deve-se aceitar, como os publicitários e grupos de interesses, que os *golpes baixos da cintura* não são recursos que se possam menosprezar.

"O segundo aspecto consiste na relação entre o alto teor estratégico e o bai-

---

[102]. "Um desses efeitos foi apontado por Roger-Gérard Schwartzenberg, no livro *L'État spectacle*. Trata-se da transformação da política, especialmente das eleições, em um espetáculo do gênero que o cinema, primeiro, e a televisão, depois, e com mais intensidade, desenvolveram".

"É o grande *show* à moda de *Hollywood*. Ora, num *show* o que importa não é o caráter, nem as idéias do ator, mas sua aparência, presença, 'charme', maneira de representar ... Sublinha Schwartzenberg: 'Para obter votos, o perfil e a imagem do candidato importam infinitamente mais que seu programa ou seu partido'."

"Tal *show* tem nos especialistas em propaganda política os organizadores, agentes e diretores de cena. Como estes – particularmente os agentes das 'estrelas' do cinema – sabem eles cultivar o 'mito' de uma determinada figura política, criar uma imagem, uma personagem, que substitui para o público o ser humano real que fica escondido. É a transposição para a política do *star system*".

"E como o bom ator é quem se adapta versatilmente a todos os papéis, quanto mais sem convicções é o político, melhor lhe serve o *show*. Por isso, os mencionados especialistas preferem trabalhar com os *plastic politicians* – amoldáveis como matéria plástica às tendências e desejos do público, levantados em sondagens". (FERREIRA FILHO, Manoel Gonçalves, *A Democracia no Limiar do Século XXI*, p. 162.)

xo teor informativo da propaganda política. O que deveria ser um processo pedagógico, em que a cada cidadão se oferecesse a possibilidade de conhecer e de aderir a uma concepção e a uma proposta operacional política, torna-se um campo minado, uma disputa agonística em que os adversários regulam os próprios movimentos do outro, ou um *show* em que aquele que está no proscênio decide as suas estratégias *sentindo a reação do público*. Se o adversário tem um centroavante é melhor pôr em campo um zagueiro *matador*, se o público delira com essa performance, é melhor insistir nela. Nos comportamentos estratégicos, as ações são reguladas por valores relativos ao futuro das metas: dificuldades a serem superadas, energia disponível e a sua otimização. De forma que, quanto mais se intensifica o interesse ou a necessidade estratégicas, mais se inibe a presença de outros valores, externos ao quadro da disputa, como é o caso da verdade. À hipertrofia da estratégia corresponde a atrofia da informação".[103]

Conclui um estudioso da matéria que também uma das armas da propaganda é a desinformação, uma técnica altamente desenvolvida de influir na opinião pública pela supressão de informações. Tal supressão leva os cidadãos a – inconscientemente – caírem em erro, concluindo com base em informações mutiladas, parciais, propositadamente incompletas ou enganosas, sofismas muito bem arquitetados e textos redigidos com todas as técnicas de redação subliminar infringindo o artigo 19 da Declaração Universal dos Direitos Humanos, em que se proclama o direito de todo homem a receber informações (corretas).[104]

Aliada importante da propaganda tem sido a televisão. A sua influência de convencimento e lavagem cerebral é gigantesca e avassaladora. Alerta-nos o estudioso Rubens Figueiredo que a "capacidade da TV 'fazer a cabeça' das pessoas é um fenômeno mundial. Nos países mais avançados, existem numerosos estudos que mostram de que maneira isso ocorre. A TV muda comportamentos, acentua ou reveste tendências, dita a moda, coloca e tira assuntos da pauta de discussão, constrói e destrói a imagem da empresa e pessoas, faz um ilustre desconhecido virar personalidade nacional em pouco tempo, provoca o sucesso e o fracasso de artistas e políticos etc."[105] Em entrevista ao semanário francês *L'Express*, em junho de 2001, o presidente da segunda emissora estatal de TV na Itália, Carlo Freccero, manifestou profunda inquietação sobre a influência ampla e determinante da mídia televisionada sobre as recentes eleições políticas, chegando mesmo a considerar essa dominância como de uma "ditadura midiática". A Itália acabava de eleger primeiro ministro o seu político mais rico, Silvio Berlusconi, um homem de negócios de má reputação, cuja fortuna política decorria essencialmente do uso personalista das três estações de TV de que se tornara proprietário. Diz o noticiário da imprensa, que foi a mídia eletrônica

---

103. GOMES, Wilson, Propaganda Política, *Ética e Democracia*, pp. 66/67.
104. CALAZANS, Flávio, *Propaganda Subliminar Multimídia*, p. 84.
105. FIGUEIREDO, Rubens, *O que é Marketing Político*, p. 50.

que o levou pela primeira vez ao governo, em março de 1994, e ela o ressuscitaria, depois que a sua renúncia, em janeiro de 1995, parecia tê-lo destruído politicamente. Não resta a menor dúvida, nos nossos dias, a televisão se transformou num poderoso agente de manipulação. O seu emprego para obter fins eleitorais e pressões sobre o governo é fulminante na mente de um povo.

Para concluir, os *experts* em fabricar representantes do povo concordam que o rádio e a televisão transmitem emoções, estilo e qualidade, com resultados extraordinários.

Partidos políticos

Quem do povo, como cidadão comum, se aventure a se dirigir a um partido político e se anuncie: – "Moro nesta região há muitos anos, tenho estudado com esmero alguns de seus problemas e anseios de seus membros, por isso desenvolvi alguns projetos e postulados como soluções comunitárias. Acredito, pois, que poderei contribuir para a coletividade candidatando-me a determinado cargo eletivo". Poderia esse nosso hipotético e zeloso voluntário oferecer mais alguns atributos, como cursos sociais realizados em instituições de renome, experiências em trabalhos humanitários, participação em inúmeros eventos solidários, ou se restringindo a aspectos meramente pessoais, como cidadão íntegro, correto contribuinte dos impostos, doador costumeiro de sangue aos hospitais, sócio benemérito de entidades beneficentes. Nada disso, logicamente, interessa ao secretário executivo do Partido, se é que, em conjuntura otimista, possa ter conseguido a proeza de ser ouvido por alguém paciente, educado e gentil naquela função. Essa tentativa esbarra, sem dúvida, em dois obstáculos. Em primeiro lugar, o próprio esquema do Partido não suportaria receber todas as pessoas desejosas de se candidatarem, porém situadas como anônimas e sem recursos econômicos e financeiros. De outra parte, porque aos "donos" do Partido somente importa que lhes possam advir vantagens, como gordas contribuições monetárias ou como mecanismo de propagação da sigla partidária em se falando de alguém famoso. Com outras palavras, *o cidadão comum nada significa para o Partido Político*: não merece seu crédito, nem respeito; durante o pleito eleitoral, passa a figurar apenas como um número cobiçado, e nada mais – absolutamente nada. Enfim, a ousadia do cidadão comum somente poderá lhe render desconforto e perda de tempo.

De um modo ou de outro, defrontamo-nos com um confuso e sagaz enigma:

O que é, então, o Partido Político?
– Conforme a lei das democracias representativas, trata-se de uma entidade, associada por certos períodos, a tendências e propostas (estatização, priva-

tização, globalização, imigração, nacionalismo, etc.), nomes, siglas, cores e símbolos, que indica à Justiça Eleitoral os candidatos a cargos eletivos;
– Na prática, é uma entidade na qual emergem indivíduos no revezamento de seu comando, que têm por objetivo obter cargos públicos e o controle dos poderes executivo e legislativo, de Cidades, dos Estados e da Nação, diretamente ou através de seus prepostos, para satisfação de seus interesses.

Para que serve o Partido Político?
– Conforme a lei da democracia representativa, trata-se de um instrumento para a apresentação dos candidatos a cargos eletivos e a administração da propaganda e participar da organização do processo eleitoral;
– Na prática, consiste no recurso de que um indivíduo ou um grupo se utiliza para chegar ao Poder, diretamente ou através de prepostos, para auferir vantagens, inclusive influindo sobre os sistemas eleitorais em benefício próprio e nunca visando a participação do povo.

Antes, a Democracia Representativa não fora receptiva a partidos políticos na sua organização. Entretanto, aos poucos os partidos foram crescendo e influindo nas eleições, tal como se comportam as facções religiosas e associações civis nos dias atuais. De modo que, não demorou muito, e já no século XVIII nos Estados Unidos na convenção de 1787 a democracia americana se esboçava em um sistema de Estado partidário. E em 1792 por iniciativa de Jefferson, foi fundado o Partido Democrático, e o Partido Republicano em 1854. O fato é que na Europa começavam a se integrar nas organizações sociais e políticas do Estado, os partidos Conservador, Trabalhista e Liberal. E mais e mais outros, a ponto de dominarem o organismo político, deparando-se com adeptos estudiosos da Ciência Política que se entusiasmaram tanto a ponto de denominarem a Democracia Representativa como um Estado de Partidos (*Parteienstaat*). E muitos se vangloriavam pensando ter superado o impasse com o mandato imperativo, achando que o partido faria as vezes do eleitor e o parlamentar ficaria vinculado aos programas dos partidos. E assim receberam beneplacitamente definições utópicas e virtuosas, como a de M. Paul Marabuto: "Partidos são associações que se propõem ao exercício da ação política".[106]

Pura quimera! Pelo contrário, dois paradoxos surgem antes de tudo, ante os princípios da Democracia. O representante deixa de ser responsável perante os seus eleitores, bem como deixa também de ser responsável perante a Nação, e passa a ser, em princípio, um instrumento do Partido. No fundo, ele pode ser muita coisa, menos representante do povo. E nada tem mais a ver

---

106. MARABUTO, M. Paul, *Les Partis Politiques, Les Mouvements Sociaux Sous La IVe République*, p. 3.

com democracia representativa. Por outro lado, se os partidos "têm" os seus programas, fica novamente aquele jogo de apoiar ou não o governo de modo sistemático em face de suas convicções fixas e "programas", elaborados e decididos em comitês e diretórios, e "homologados" em convenções e jamais livre ação em cada caso de modo a obedecer apenas ao bem comum da Nação. De qualquer forma, isto não é democracia, e muito menos algo pensável racionalmente, tão pouco se objetiva o bem comum.

Até mesmo, um estudioso do nível do Professor Pinto Ferreira, ao definir os partidos políticos, tratando-os com polidez e atento aos "propósitos" estabelecidos pelos representantes em sua função de legisladores, interpreta-os como agrupamentos de pessoas, com o mesmo pensamento, que se unem para conquistar o Poder e realizar um programa. Conquistar o Poder político, tudo bem, está claro. Por grupos sociais, supõe-se uma parte significativa da sociedade que pretende trazer novas idéias, quando, na realidade, a coisa gira de outra forma. Em geral, consiste em um grupelho de indivíduos, comumente espertos, sob o desconhecimento e indiferença da quase totalidade do povo. Esse grupo resolve buscar por variados meios, assinaturas de eleitores em número mínimo necessário para obter o seu registro, e assim conseguir um partido que comandará e que, por ser um partido legalizado, estará apto a receber recursos do Estado, poder apresentar candidatos, receber doações, obter espaços nas emissoras de televisão e rádio para se promover e promover quem pelo grupo seja indicado a candidato, e no final realizar as ambições de cada um dos arquitetos da maquinação. Tamanha é a frivolidade e inconsistência dessa operacionalidade que em nações com multipartidarismo, encontramos um mesmo indivíduo ou um mesmo grupo que haja fundado dois ou mais partidos. Outros autores mais ingênuos ou apressados em dizer dos partidos conforme os "representantes" escreveram, falam de agremiações que são os instrumentos do sistema representativo que possibilitam a oportunidade a qualquer *cidadão* de votar e ser votado. Sem comentários. No artigo 1º, da Lei orgânica dos Partidos Políticos, no Brasil, os representantes falam de sua finalidade.

"Art. 1º – O Partido Político, pessoa jurídica de direito privado, destina-se a assegurar, no interesse do regime democrático, a autenticidade do sistema representativo e a defender os direitos fundamentais definidos na Constituição Federal".

Ajudar que a forma de governo no país seja de representação política é um objetivo real, pois a lei foi feita por representantes políticos e estes sabem do valor instrumental que têm os partidos para essa estrutura de seu interesse de permanecer no mando das decisões nacionais. Agora defender os direitos humanos, esta meta vai de encontro aos propósitos dos próprios representantes que estão a contrariar a cada dia o mais relevante dos direitos fundamentais: a igualdade. Seus atos, a cada momento, são de criar privilégios e facilidades, que geometricamente se afastam dos cidadãos comuns de uma maneira acentuada no dia-a-dia.

No começo do século XX, os partidos políticos já espelhavam a sua verdadeira vocação como esbulhos antipovo e máquinas oligárquicas, tendo variado muito pouco até os dias de hoje, conforme descrito pelo grande pensador Max Weber, tal como atuavam na Alemanha. "Os líderes das organizações locais recrutam os membros permanentes através de uma variedade de maneiras, entre as quais as assembléias públicas desempenham um papel de grande importância. As atividades dos membros são muito limitadas; geralmente não fazem mais que pagar suas contribuições, assinar o jornal do partido, comparecer com certa regularidade às assembléias onde oradores do partido se apresentam, e oferecem voluntariamente uma cota moderada de trabalho à época das eleições. Em troca, eles obtêm pelo menos participação formal na eleição do Executivo local do partido e dos administradores (*Vertrauensmänner*) e, dependendo do tamanho da localidade, obtêm também o direito de opinar direta ou indiretamente na seleção dos representantes às convenções do partido. Via de regra, entretanto, todos os candidatos são designados pelo núcleo composto de líderes permanentes e burocratas; as mais das vezes esses candidatos são também recrutados entre estes últimos, suplementados por alguns dignatários que são úteis e meritórios em virtude de seus nomes bem conhecidos, influência social pessoal ou sua presteza em fazer contribuições financeiras. Assim, a participação da plebe é limitada à colaboração e votação durante as eleições, que ocorrem a intervalos relativamente longos, e à discussão de resoluções cujos efeitos são sempre controlados em grande escala pelos líderes. Uma substituição completa dos líderes e funcionários distritais locais é rara e quase sempre é o resultado de uma revolta interna que as mais das vezes implica questões de personalidade. O eleitor comum, que não pertence a nenhuma organização e é cortejado pelos partidos, é completamente inativo; os partidos notam-no principalmente durante as eleições, de outra forma somente através de propaganda a ele dirigida".[107]

Entretanto, os partidos políticos persistiram e influíram, através dos políticos profissionais, que prosperaram e sua grandeza e indispensabilidade se tornaram marcantes nas democracias representativas. Antes de tudo, verificou-se de imediato que os partidos seriam um mecanismo muito útil, certamente não à Nação e ao povo, porém aos políticos e às suas lideranças. A eleição se conduziria mais econômica e fácil aos poderosos e detentores do Poder: por seu intermédio, os políticos poderiam contar "legalmente" até com dinheiro do Estado e doações de grupos econômicos, pois que se atuassem sem partidos não

---

107. WEBER, Max, *Parlamentarismo e Governo numa Alemanha reconstruída*, p. 74.

teriam como obter nem justificar essas benesses. Descobrindo, assim, como seriam adequados às suas ambições os "representantes" procuraram fazê-los legais, constitucionais e elementos basilares do regime. Em alguns casos, exacerbaram das medidas, como a lei alemã, de 3 de março de 1989, que versa sobre os Partidos Políticos. Eis o que reza o seu inciso (2) do Artigo 1:

> "(2) Os partidos participam da formação da vontade política do povo em todos os setores da vida pública, em particular: influenciando a formação da opinião pública..."

Ora, em outras palavras, deixa-se insinuar que o povo é manipulável psicologicamente, e que ao partido lhe é dado o direito de administrar as idéias no povo. Isto, irrefutavelmente, é uma pura ofensa à Democracia. Lesa o princípio da participação livre do cidadão nas decisões nacionais. Nesses termos, não há que se falar absolutamente de democracia, e sim de grupos oligárquicos formadores de opiniões populares e geradores de atitudes no povo, não se importando a que propósitos e em benefício de quem, todavia procedendo sob o direito legal de o fazer.

Sorokin expõe: "O indivíduo, proclamado o supremo valor e soberano independente do Estado, em redor do qual devem girar todas as relações da vida pública, acaba verificando que se tornou uma unidade tão pouco importante como era de início. A democracia moderna move-se dentro de trágico círculo. A outorga de direitos às massas torna imperativa a necessidade de organizações para pôr em execução o processo eleitoral (regulamentação dos votos, recomendação de candidato, promoção de programas). Os partidos passam a ser os intermediários entre os eleitores e o Estado, apoderando-se gradualmente de todo o mecanismo das eleições e decidindo sobre o resultado dessas. Um grupo bem organizado que pretende trabalhar em nome de todo o povo, vem a assumir, por meio de uma série de manipulações, o papel decisivo na vida política, reduzindo ao mínimo o papel e a influência do eleitor".[108] Inclusive os partidos invariavelmente adotam procedimentos despóticos, esmagando qualquer ânsia do eleitor.

O PRI mexicano, Partido Revolucionário Institucional governou o país por mais de meio século, numa "ditadura perfeita", com vontades e decisões vindas dos seus chefões, muito embora durante esse período o México houvesse passado por diversas crises econômicas e políticas de certa gravidade, por culpa, inclusive, de seus políticos.

Tão inconseqüente como pueril é um sistema que se assenta sobre alicerces nas condições de Partidos Políticos para seu funcionamento tal o que renomados publicistas consideraram-no o seu princípio vital.

---

108. SOROKIN, Pitirin, *Sociedade, Cultura e Personalidade*, vol. 1, pp. 348-9.

Halifax, mais atento, assinala que "o melhor partido é apenas uma espécie de conspiração contra o resto do país". Na verdade, o Partido Político pode se organizar numa reunião de idéias e doutrinas que se preocupa em influir na estrutura de decisões de uma Nação, tal como poderíamos dizer das facções, ideologias comunistas, socialistas, ambientalistas, racistas, nacionalistas etc.

Essa conjuntura não é, porém, indicável, pois a tudo pode anteceder o fanatismo, que é parcial, destruidor, antipovo e antinação. Quando não esquematizado nesse sentido, o Partido Político, como bem o descreveu o pensador americano Schattschneider na sua obra *Party Government*, trata-se simplesmente de "uma organização para ganhar eleições e obter o controle e direção do pessoal governante". E essa função medíocre e egoísta, demonstra sua inutilidade e engodo. Os Partidos, de modo geral, mesmo nos países desenvolvidos, no dizer de um analista, são simplesmente máquinas de angariar recursos, registrar votos, conquistar o poder, selecionar interessadamente candidatos, eleger congressistas e arrumar empregos e obter "influências". O próprio Professor Kelsen somente considerou possível a democracia representativa no Estado dos Partidos como uma transação e compromisso entre esses grupos opostos. "Os partidos políticos", afirma Mendieta Y Nuñez, "mantêm a sociedade em constante agitação e inquietude, a luta entre eles é de morte, pois nela se usam de todos os meios, mesmo os mais reprováveis, para a eliminação mútua".[109]

Em se tratando do único caminho que a própria Democracia Representativa afirma estar à disposição do cidadão comum para expressar a sua opinião e ter a oportunidade de participar do decisório nacional, supõe-se que logicamente tenham sido instituídos requisitos, obrigações e fiscalizações, para impedir formações oligárquicas internas, farsas e meios discriminatórios e arbitrários na seleção dos seus candidatos. No entanto, sob a alegação de Princípios, tais como o da Liberdade Política, da Autonomia e da Mínima Intervenção Estatal, a organização e funcionamento pertencem exclusivamente ao critério de auto-inspeção dos próprios fundadores e dirigentes. Não está em pauta a vontade do homem comum e o seu direito de ser parte no comando designatório da Nação. Isto, inquestionavelmente, é o que menos interessa, ou mais propriamente aduzindo: isto é a única coisa que não vem ao pensamento dos cardeais dessas agremiações. Uma vez que os partidos são simples produtos dos políticos, são estruturados de uma forma que nunca caiam nas mãos do povo, e que sempre permaneçam restritos a dúzias de "profissionais". Acontecimentos históricos evidenciam que muitos procedimentos, aparentemente inofensivos e doutrinários por serem apoiados pelo exercício de virtuosos princípios, assentados, porém sobre estruturas propícias ao desenfreio das ambições

---

109. NUÑEZ, Mendieta Y, *Los Partidos Politicos*, p. 119.

e devaneios pessoais, conduziram a humanidade a escabrosos e catastróficos resultados, em variados campos, da religião à política, do nacionalismo à economia. Tratemos apenas de um caso que exemplifica bastante. No começo do século XIX, a relação capital–trabalho ficou à mercê dos princípios da Liberdade de Iniciativa, do *Laissez-Faire* de Adam Smith, da Mínima Intervenção do Estado. Nada poderia ter sido melhor para o capitalismo selvagem, que ficou livre para atuar, e fê-lo com toda sua força, desencadeando a vil exploração do homem em nível mais abjeto possível. Respeitando a *liberdade* de contratar, as partes dispunham de *autonomia* para estabelecer as condições de trabalho. Entretanto, a estrutura estava configurada numa base, que exclusivamente o empregador ditava as regras e a tudo dirigia. O desastre foi fatal.[110] Filósofos alertaram o mundo quanto à condição subumana dos trabalhadores. Marx e Engels estavam entre eles. Mas os detentores do Poder permaneciam impassíveis ante essa situação deplorável, sempre alegando a Liberdade do Homem, proclamada na Declaração da Revolução Francesa. Precisou um idealista, na pessoa de um empresário escocês, de nome Robert Owen, se compadecer dessa triste situação dos trabalhadores e tomar a iniciativa de salvá-los, concedendo-lhes direitos e menos sacrifícios. Mas as portas estavam fechadas às revoltas dos operários que surgiam contra o excesso das exigências que se lhes impunham. Apenas após muitas lutas, seminários internacionais, movimentos grevistas, depredação de máquinas e revoluções nacionais, é que tímida e lentamente começaram a se fixar limites, requisitos e inspeções, para minimizar o sofrimento humano. Enfim, iniciou-se a suspeição de que o pretexto da liberdade nas atividades econômicas encobria uma falácia que tinha como escopo a soltura das rédeas para o abuso sobre os trabalhadores. De modo semelhante, é, em suma, essa tão decantada e venerada liberdade para os políticos profissionais e a suas agremiações.

O Artigo 15 da lei sobre os Partidos Políticos da Alemanha, estipula que são secretas as eleições dos membros do diretório e dos candidatos a representantes para assembléias. E no seu Artigo 17 ainda estabelece que as leis eleitorais e os estatutos dos partidos regulamentam a indicação. O processo do voto secreto é próprio de sociedade fechada, oligarquizada e avessa aos bons princí-

---

110. Sujeitavam os trabalhadores às piores condições: horários excessivos, tarefas sobre-humanas, desproteção total. Expunham-nos a intoxicações constantes. Freqüentes acidentes em minas sem a mínima segurança, mutilavam ou cegavam ou sepultavam vítimas em galerias. Moléstias profissionais proliferavam como a tuberculose, a anemia, a asma etc. Na Inglaterra, os menores eram oferecidos às fábricas em troca de alimentação. O tráfico de menores chegou a se tornar uma fonte de renda. Houve casos de trabalhadores comprados ou vendidos junto com os filhos. Numa inspeção, verificou-se que os menores dormiam esquisitamente com a boca aberta e perdiam o apetite, muitos morrendo. Jornadas de 16 horas diárias encurtavam a vida dos trabalhadores. Salários tão baixos, que as mulheres e as crianças eram forçadas a completar o orçamento familiar, com o seu trabalho em estafantes, inseguros, imundos e barulhentos locais, sacrificando suas horas de estudo e repouso.

pios. Não surpreende que os estatutos e a prática de seu funcionamento contribuem a que os partidos conservem "incólumes" os seus "marechais", os quais, em alguns casos, atuam por anos e anos seguidos, mesmo que estes ou seus indicados ou suas propostas, tenham resultados desfavoráveis nas eleições. Este é o caso também do Brasil e de outros países, onde deixam às lideranças dos partidos a competência para fixar em seus estatutos os seus mecanismos operacionais. A maneira como moldam a forma de sua organização, de seu diretório, das convenções e o domínio prático do seu funcionamento resulta, em qualquer hipótese, num instrumento de um grupo oligárquico, que o dirige como quer, e indica os candidatos de seu interesse, e permanece na chefia por longo tempo. *Le Parti c'est moi*.

Cada dia mais, amplia-se a ação perniciosa dos Partidos Políticos em outros cargos, além do Poder Legislativo. Fala-se então de "presidencialismo de coalizão" nos países de regime presidencialista. Tal ingerência obriga o governante a distribuir o Executivo pelos partidos de cujo apoio depende, praticamente impedindo a formação de um Gabinete com os melhores possíveis e técnicos capazes, e o sujeita à rotina constrangedoramente imoral das negociações fisiológicas com as principais lideranças partidárias, sempre que se trata de aprovar medidas de grande importância ou de obstar a aprovação de projetos adversos.

O publicista Fávila Ribeiro, analisando os abusos de Poder, comenta, a respeito dos Partidos Políticos, que "por verdade, as decisões partidárias são assumidas converticularmente, no estreito círculo de sua minoria dirigente, submetendo-se a atos convencionais homologatórios. Como o partido é moldado para a luta eleitoral, deveria comprovar a sua coerência democrática aplicando o processo eleitoral pelo menos nas escolhas de seus candidatos a mandatos representativos, primeiro, no propósito de obstar intromissão de candidatos sem militância partidária, apoiando-se apenas na força opressiva da riqueza; depois, por abrir ensejo a uma verificação primária de aceitação dos filiados, já se apresentando na disputa pública com o reconhecimento das lideranças pelos correligionários. E assim não fazer por acalentarem em sua intimidade mandonismos oligárquicos, incompatíveis com os fundamentos democráticos que norteiam as competições eleitorais. Por essa oclusão dos partidos, os aspirantes à vida pública ficam na penumbra, sem possibilidade de se consolidarem como líderes pela objetiva avaliação das credenciais nos próprios ambientes partidários, por contatos diretos. Excluída essa possibilidade, nada fica o partido a oferecer para o encarreiramento político, em prol do reconhecimento de méritos cívicos de filiados, em termos do cabedal de idéias ou dos serviços prestados, sonegando oportunidade a que mais se possam identificar os companheiros uns pelos outros, mantendo-se estranhos entre si, tudo transferindo para a acirrada e dispendiosa campanha publicitária, com o tácito reconhecimento de sua real dissonância com os métodos democráticos, abusivamente rejeitados por premeditadas inércias, para conservarem inabaláveis os seus domínios".[111]

Um jornalista norte-americano comparou os partidos americanos a duas garrafas vazias que podiam receber todo e qualquer conteúdo, contanto que se não mudassem os rótulos; e no Brasil um político se referiu aos partidos como "mera dança ou festival de letras".

Tamanho é o vazio de real objetivo em face dos conteúdos programáticos dos partidos políticos, que na Turquia se chegou ao absurdo, neste milênio, de aparecer na imprensa, o seguinte anúncio: "Ajude a escolher um nome para o partido e você poderá ser o feliz ganhador de férias para dois em qualquer lugar do planeta". Não se trata de piada, nem de marketing sobre alguma marca de produto de limpeza. É que os políticos conservadores, não podendo registrar um novo partido com a denominação de Partido da Virtude, apelaram para a promoção. De fato, na Turquia, como em muitos outros países, os partidos políticos primam por adjetivações, talvez um pouco mais, porquanto surgem nomes grandiloqüentes, como Partido da Pátria, Partido do Caminho Verdadeiro, Partido do Renascimento, além daquelas agremiações vindouras, como, A Turquia é Feliz, Partido da Turquia e Mudança, Meu Partido da Turquia. Tudo, realmente, se traduz no mais completo esbulho, sem substância nem propósitos nacionais, mas apenas em interesses mesquinhos de seus fundadores. É um verdadeiro carnaval em que se baila sobre as costas do povo, com o cumprimento das formalidades de legal, constitucional e "democrático". No expediente do anúncio, observa-se entre outras coisas, que a posse de um partido político compensa qualquer gasto, que o seu nome é mais publicitário do que programático, que não guarda nenhum conteúdo de interesses nacionais salvo dos seus criadores e manipuladores.

O cidadão é forçado a sacramentar o que já foi decidido despoticamente pelos comitês e conchavos dos Partidos.

"A Democracia encontra-se, igualmente, cerceada ou destruída quando a livre escolha dos eleitores é restringida pela existência de partidos que mobilizam os recursos políticos, impõem aos eleitores a escolha entre duas ou várias equipes que aspiram ao poder; no entanto, não fica claro que a oposição entre elas, corresponda às escolhas consideradas pelos eleitores como sendo as mais importantes".[112] Eis porque o desencanto de Duverger, "nunca se viu e nunca se verá um povo governar-se por si mesmo".[113]

Com muita propriedade, frisa outro conceituado estudioso: "A lição de nossa época demonstra que não raro os partidos, considerados instrumentos fundamentais da democracia, se corrompem. Com a corrupção partidária, o corpo

---
111. RIBEIRO, Fávila, *op. cit.*, p. 62.
112. TOURAINE, Alain, *Qu'est-ce que la Démocratie?*, p. 43.
113. DUVERGER, Maurice, *Les Partis Politiques*, p. 464.

eleitoral, que é o povo politicamente organizado, sai bastante ferido. No seio dos partidários forma-se logo mais uma vontade infiel contraditória do sentimento da massa sufragante. Atraiçoadas por uma liderança portadora dessa vontade nova, estranha ao povo, alheia aos seus interesses, testemunham as massas então a maior das tragédias políticas: o colossal logro de que caíram vítimas. Indefesas ficam e a democracia que elas cuidavam estar segura e incontrastavelmente em suas mãos, escapa-lhes como uma miragem".

"A ditadura invisível dos partidos, já desvinculada do povo, estende-se por outro lado às casas legislativas, cuja representação, exercendo de fato um mandato imperativo, baqueia de todo dominada ou esmagada pela direção partidária".

"O partido onipotente, a esta altura, já não é o povo nem a sua vontade geral. Mas ínfima minoria que, tendo os postos de mando e os cordões com que guiar a ação política, desnaturou nesse processo de condução partidária toda a verdade democrática".

"Quando a fatalidade oligárquica assim se cumpre, segundo a lei sociológica de Michels, da democracia restam apenas ruínas. Uma contradição irônica terá destruído o imenso edifício das esperanças doutrinárias no governo do povo pelo povo. Nenhuma ameaça mais sombria do que esta pesa sobre a democracia em sua núpcias com o partido político na idade das massas. Faz lembrar Rousseau e o anátema que ele arremessou sobre a democracia representativa. Faz lembrar igualmente a superioridade da democracia direta no exemplo saudoso do velho padrão ateniense". (...)

"A coação partidária modernamente restringe a liberdade do parlamentar. A consciência individual cede lugar à consciência partidária, os interesses tomam o passo às idéias, a discussão se faz substituir pela transação, a publicidade pelo silêncio, a convicção pela consciência, o plenário pelas antecâmaras, a liberdade do deputado pela obediência semicega às determinações dos partidos, em suma, as casas legislativas, dantes órgão de apuração da verdade se transfazem em meros instrumentos de oficialização vitoriosa de interesses previamente determinados".[114]

Efetivamente – reconhecem até mesmo os paladinos da Democracia Representativa – os partidos políticos somente oferecem um papel negativo, como fatores de divisão, como servidores de interesses particulares em conflito com o interesse geral e como instrumento de corrupção.

Com efeito, o renomado publicista Manoel Gonçalves Ferreira Filho considera também que um dos seus inconvenientes é o seu caráter oligárquico. "Poucos os dominam e esses poucos por terem em mãos a formulação das opções eleitorais têm uma influência desproporcionada. Por outro lado são eles facilmente corrompidos pelo suborno ou comprados por 'doações' ".[115]

---
114. BONAVIDES, Paulo, *Ciência Política*, pp. 278 e 280.
115. FERREIRA FILHO, Manoel Gonçalves, *Curso de Direito Constitucional*, p. 85.

"Se compilarmos", nos esclarece o autor Paulo Napoleão, "os programas de quase todos os partidos brasileiros, desde a redemocratização de 1946 até a atualidade, verificaremos que sempre foram idênticos: mudam apenas, a topologia e a técnica de exposição de princípios". E mais adiante acrescenta: "Assim, a partir da constatação de que os partidos têm programas idênticos, torna-se possível entender e justificar a razão pela qual todos eles têm 'donos'; o que conta, é a disputa por espaços políticos".[116]

Certa vez disse um erudito inglês: – "A diferença entre o *Whig* e o *Tory*, é que um está no Poder e o outro não".[117] Desapontado, concluiu Balzac: "Os partidos políticos cometem em massa ações infames que cobririam de opróbrio o homem". O próprio povo manifesta desconfiança sobre essas agremiações. Informações apresentadas no 3º Congresso Brasileiro de Jornais e 1º Fórum de Editores, sobre pesquisas feitas pelo Instituto Data-Folha, em julho de 2001, de 1.605 pessoas entrevistadas em cinco grandes cidades, apenas 2% confiavam nessas instituições; eram as últimas colocadas em termo de credibilidade.

Por fim, o ilustre estudioso francês Touraine nos completa essa triste descrição: "Sem evocar a corrupção pessoal de alguns dirigentes políticos – importante na Itália e muito mais limitada em outros países europeus; pelo contrário, freqüente em inúmeros países extra-europeus, do Japão aos Estados Unidos e da Argélia à Venezuela – a corrupção mais perigosa para a democracia é a que permitiu que os partidos políticos acumulassem recursos tão consideráveis e independentes da contribuição voluntária de seus membros que lhes dão a possibilidade de escolher os candidatos às eleições e garantir o sucesso de um certo número deles, ridicularizando assim o princípio de livre escolha dos dirigentes pelos dirigidos. Será que se pode falar de democracia quando as eleições se apoiam no papel desempenhado pelos Rotten Boroughs, como acontecia na Inglaterra do século XIX, ou na distribuição de dinheiro nas circunscrições rurais do Japão, ou quando os partidos italianos cobram porcentagens consideráveis sobre uma grande parte dos contratos assinados pelas empresas públicas? Por iniciativa de Mário Segni, os italianos manifestaram maciçamente, em abril de 1993, sua rejeição a esse sistema que transformava o país em Tangento Poli, ou seja, um país de propinas".[118]

---

116. SILVA, Paulo Napoleão Nogueira da, *Curso de Direito Constitucional*, p. 290.
117. "Por outro lado, mostra a experiência que os programas partidários são sempre vagos, genéricos, girando em torno de pontos de aceitação comum, como Justiça, Liberdade, Igualdade, sem jamais descer a concretizações que precisem o que efetivamente farão se alcançarem o Poder. A razão disso é simples. Não é a malícia dos partidos, mas a elementar necessidade de somar votos. Ora, para tanto cumpre não desagradar: as generalidades agradam, ou pelo menos não desagradam, as concretizações ferem interesses, conseqüentemente provocam desagrado em certos grupos que assim se afastariam do partido". Ferreira Filho, Manoel Gonçalves, *A Democracia no Limiar do Século XXI*, p. 22. Nem os candidatos levam a sério essas alegorias partidárias.
118. TOURAINE, Alain, *op. cit.*, pp. 82-83.

Com respeito às gordas remunerações diretas e indiretas dos representantes e a ação dos partidos, conclui a analista Francinira:

"Contudo, a remuneração parlamentar, ainda quando colocada em níveis alentadores, não tem contribuído para a melhoria na qualidade da representação, pelo avanço cada vez em maiores proporções de figuras plutocráticas, que empregam desbragadamente o potencial monetário disponível, preterindo os líderes políticos desarticulados das engrenagens econômicas, que não podem enfrentar a custosa máquina publicitária e algumas formas a mais de venalização em larga escala".

"Ainda que estejam os subsídios em patamares remuneratórios bastante elevados, nem mesmo por parte dos parlamentares mais afortunados denota-se maior devotamento, pois o envolvimento simultâneo no mundo dos altos negócios prepondera com o caráter absorvente".

"Muito embora o sistema representativo esteja hoje consorciado ao sistema partidarista, nem mesmo as agremiações partidárias conseguem disputar maior dedicação dos representantes vinculados às suas legendas, dificilmente, muito dificilmente, conseguem algum trabalho adicional depois de encerrado o ciclo eleitoral. A falha, em parte, é imputável aos partidos políticos, de uma forma generalizada, não fomentando atrativos para relacionamentos politicamente promissores, por exemplo, com debates de temas palpitantes nos seus recintos ou em ambientes públicos. Os contatos começam e se encerram nos envolvimentos eletrizantes das campanhas, dando-se um prolongado recesso de atividades, uma apatia, uma hibernação".

"A cidadania é quem mais perde com esse estado de inércia, não tendo como realizar o seu aprendizado cívico e cumprir os seus exercícios para a iniciação política, pois seriam os partidos as entidades com mais credenciais a colocar ao seu alcance os problemas coletivos, em linguajar de comum assimilação. Demonstram que apenas lutam empiricamente pelo poder, sem genuíno lastro vocacional, sem fidelidade a causas gerais e sem disposição à busca em conjunto do bem comum".

"A tendência oligárquica dos partidos impede que possam ser receptivos à renovação de seus quadros dirigentes e de lideranças, somente se entregando de corpo e alma a um mecenas que lhes vem abocanhar as fatias mais capitosas de poder, desarrumando, com as tramas contundentes de suborno, abatendo todas as formas elevadas de lealdade a pessoas e a idéias, armando, por vezes, um aparelhamento cartelizado na fabricação de mitos e aniquilamento de resistências, com o aumento de folhas de recompensas mensais dissimuladas nas contabilidades empresariais".

"Esses procedimentos degenerativos da representatividade política, enfraquecem o destemor na ação parlamentar, pois não são poucos os que ingressam, com pomposas exterioridades, mas interiormente enxovalhados pelos envolvimentos em irregularidades em larga escala para obter pelo suborno o mandato eletivo, ficando a rastejar depois pelo pacto de irretratável alienação moral."

"Robert Michels, insuspeito pelo vigor de suas obras sociológicas e, de modo especial, pelas suas afinidades à ideologia marxista, não esconde o desalento causado pelos partidos proletários que também não escaparam das urdiduras, submetendo-se ao que denominou 'lei férrea da história que os arrasta a conexões internas'. Com isso pretende demonstrar que não se trata de uma tendência maléfica aplicável somente aos partidos burgueses, havendo a perda do valor do dinheiro, salvo em que possa satisfazer à voluptuosidade de mandar em seus semelhantes (*Introducción a la Sociologia Politica*, trad. de Alberto Cina, Buenos Aires, Editorial Pardos, 1969, p. 88/9)".

"Essa falta generalizada de vitalidade democrática dos partidos é principalmente efeito de seu comprometimento com circuitos oligárquicos, ceifando as capacidades participativas mais autênticas que muitas vezes se retraem da vida política assim tão enganosa e malbaratada, a pensar que seja um mal irreversível e de completo banimento das virtudes cívicas".[119]

De fato, Robert Michels realizou um estudo sobre os partidos políticos, concluindo que havia inexoravelmente uma lei dura que os inclinaria à oligarquia. Suas análises foram sobretudo sociológicas e psicológicas, abrangendo o procedimento político, os interesses individuais, a reação da massa, as conseqüências do domínio da liderança, as tendências à perpetuação das chefias, os estratagemas dos líderes até mesmo quando simulam renúncias, a inexistência da atuação de todos os filiados sobre as táticas e as teorias prevalecentes. É verdade, diz este ilustre pesquisador, que a renúncia ao exercício dos direitos democráticos é uma renúncia voluntária, salvo nos casos, aliás muito freqüentes, em que a massa organizada é impedida de tomar parte ativa na vida do partido em virtude de condições geográficas ou topográficas. É certo em todo caso que, de um modo geral, a organização urbana é que decide sozinha. Quanto aos membros que vivem nos campos ou nas cidades do interior, sua função restringe-se ao cumprimento dos deveres sociais: pagamento das cotizações e votação, quando das eleições em favor dos candidatos designados pela organização da grande cidade. Mesmo nestas, dá-se geralmente uma seleção espontânea, em decorrência da qual destaca-se da massa organizada certo número de indivíduos que compareçem mais assiduamente às reuniões da organização. Esse grupo compõe-se, como acontece com os devotos que freqüentam as igrejas, de duas categorias bem diferentes: a categoria dos que estão animados do nobre sentimento do dever e a daqueles que só vêm às reuniões por hábito. Em todos os países, esse grupo não conta senão com um restrito número de indivíduos. A maioria dos organizados tem para com a organização a mesma indiferença dos eleitores para com o Parlamento. Dessa forma, os chefes supremos de um partido emi-

---

119. MOURA, Francinira Macedo de, *Direito Parlamentar*, pp. 50-51.

nentemente democrático, indicados pelo sufrágio indireto, prolongam até o fim de suas existências os poderes de que foram investidos. A missão temporária transforma-se em um cargo e o cargo num posto permanente. Os chefes democráticos tornam-se inamovíveis e intocáveis como nunca o foram, na história, os chefes de um corpo aristocrático. A duração de suas funções ultrapassa em muito a duração média das funções de ministro nos Estados monárquicos. Constata-se em muitos casos, mormente de partidos políticos ideológicos, indivíduos ocuparem funções por quase meio século.[120] Atentem-se para o fato de o professor Michels ter concentrado suas pesquisas especialmente a partidos ideológicos, como os partidos socialistas da Alemanha, França e Itália. Se o seu estudo houvesse sido estendido com maior profundidade aos partidos de fachadas, presentes em todos os países atuais, sem nenhum conteúdo ideológico e somente girando em torno de slogans e chavões do momento, tal como, antiglobalização, capitalismo cristão, socialismo virtual, nova ordem social, renovação moral, vanguarda desenvolvimentista, municipalismo, verificaria que todas as brechas estariam fechadas e tudo dependeria dos caprichos e desejos, em tons pessoais, de uma camarilha ou de um chefão, visando alcançar o Poder da Nação e os cargos públicos, sempre pensando em se eternizar nos comandos.

Na verdade, os seus adeptos ficaram apenas na única defesa de considerá-lo um "mal necessário", o que já basta para entender a irracionalidade e antidemocratismo de sua função.[121]

Grupos de Pressão / Lobby

Uma vez que o representante necessita de dinheiro, ou de cargo, ou de mídia, para obter a sua eleição ou reeleição, torna-se vulnerável às ações dos mais variados grupos de pressão, os quais se servem daquele para resguardar ou adquirir privilégios, diferenciações, vantagens, melhores remunerações, preços, negociações, penetração de marketing, concessões, desimpedimentos em programas de empresas audiovisuais, protecionismos econômicos, transferências monopolísticas etc. tudo afinal, resolvendo ou criando leis e normas em seus benefícios e jamais em atenção exclusiva à coletividade da Nação. Esses gru-

---

120. MICHELS, Robert, Political Parties, A sociological study of the oligarchical tendency, pp. 28 e 58.
121. Enfim, vale trazer a informação do especialista Murilo C. Soares, no seu comentário Televisão e Democracia da coletânea Mídia, Eleições e Democracia, p. 111, nos relatando que "as pesquisas de campo de comunicação política, realizadas dentro do contexto intelectual e científico norte-americano, vêm mostrando que, ao contrário do que ocorria nos anos 1940 a 1960, a identificação partidária não apresenta hoje muita importância como determinante do voto. O número de pessoas que se identifica com partidos políticos atualmente é menor e mesmo essas são muito mais propensas a mudar de lado em eleições presidenciais".

pos exercem a sua pressão sobre os representantes de uma forma mais ou menos transparente, contudo os seus esforços convergem mais à clandestinidade, sem que o povo tenha conhecimento de suas artimanhas e de seus resultados, que alguns publicistas convencionam denominar de atuação num cenário de penumbra (*invisible*). Como as atividades desses grupos pluralistas são incontestes e permanentes junto aos políticos da representação, por incrível alguns defensores deste sistema justificaram-no alegando o jogo competitivo que entre eles se estabelece, configurando-se elemento essencial de manifestação e da preservação da democracia. Não procede esse arranjo, porquanto o procedimento comumente ocorre sem competição, na surdina sem declaração de reais intenções, e, em muitos casos, antes que contrarie, ajuda interesses de outros grupos, abrindo precedência ou municiando-os com ferramentas.

À parte os interesses egoísticos pessoais e dos partidos políticos, o parlamentar assim recebe a influência de grupos de pressão, reunião de interesses organizados, oriundos de organizações empresariais, sindicatos, associações de funcionários públicos graduados, sociedades de classe, entidades suspeitas de finalidades filantrópicas, segmentos religiosos, até de pessoas inescrupulosas tornando-se presa fácil de suas ambições. Nesse regime irracional de ser conduzido ao Poder, o candidato não é muito zeloso na escolha das fontes donde vem o dinheiro que o ajudará melhor na competição com os demais, que também estão na mesma situação. Em 4 de agosto de 2001, o estelionatário norte-americano, Peter Franklin Paul foi preso no Brasil, acusado de comandar um esquema de fraude com ações no mercado financeiro dos Estados Unidos. Quando capturado, entre outras declarações à imprensa, forneceu pormenores de uma arrecadação que coordenou no valor de US$ 2 milhões de que foi beneficiária Hillary Clinton na sua eleição de senadora.

Nos Estados Unidos, variados grupos de pressão funcionam à semelhança de verdadeiras empresas especializadas, os chamados *lobbies*, que são conhecidos como autênticos escritórios instalados com todo o vigor técnico e com suas atividades, por incrível, regulamentadas em lei.[122] Um pensador chegou a considerar que o "Congresso americano cuida do bem-estar daqueles que estão suficientemente organizados para fazer a pressão".

O *lobby* que a National Rifle Association (NRA) exerce sobre o Congresso Americano é impressionante, contribuindo, até mesmo, à eleição de senadores e deputados. Esta é a razão para a Nação ter mais de 100 milhões de armas em seus domicílios familiares. Fácil se torna, assim, um cidadão americano e um adolescente ter uma arma e matar. Diante das matanças recentes nas escolas e

---

122. Já se registraram como *lobbyisten*, mais de 4.500 desde 1946, data do *Federal Regulation of Lobbying Act*". Existem nos Estados Unidos nada menos do que 1.500 associações empresariais atuando na esfera federal, 4.000 câmaras de comércio, 70.000 entidades sindicais e 10.000 associações femininas. Na Alemanha, os grupos de pressão se elevam a 3.600.

outros lugares, com a participação de estudantes, o Presidente Clinton, em 1999, decidiu enfrentar essas pressões com projetos de restrições de venda de armas. Infelizmente, a pressão do *lobby* dos fabricantes de armas foi tão vigorosa que falhou a tentativa do Presidente. Alguém poderá entender que uma Nação como os Estados Unidos, com o presente estágio de seu nível educacional e social, permita a livre fabricação e venda de revólveres e outros instrumentos de morte, cujo uso, mau uso ou acidente, somente tem significado tragédia? Outros mistérios existem relacionados a produtos de higiene pessoal, como o caso do flúor, dos cosméticos, dos alimentos etc., que os representantes deveriam explicar melhor ao povo, se é que disporiam a tal. É célebre o valor de 3,7 milhões de dólares em *soft money*, como contribuição da indústria do jogo para partidos políticos nos períodos eleitorais. No recente escândalo da Enron constatou-se que essa companhia energética constribuiu com grandes somas para os cofres dos Partidos Democrático e Republicano e as campanhas de mais de 200 deputados federais e 71 senadores dos EUA. No Brasil, levantou-se suspeita de que na campanha eleitoral de 1998, a sede de um partido político (Partido dos Trabalhadores) no Estado do Rio Grande do Sul foi comprada com dinheiro de um grupo ligado a negócios de jogos ilícitos (jogo do bicho). Não é de se desdenhar a influência da indústria armamentista que supre suas Forças Armadas e mantém lucrativos fornecimentos na exportação. Muitas decisões dos Poderes máximos podem sofrer esse tipo de pressão pondo até mesmo em perigo a paz mundial. Muitos fatos têm sido estranhos à comunidade internacional, como o mais recente: a desistência da conclusão da guerra do Golfo Pérsico (1991), com a derrubada do governo do cruel tirano Saddam Hussein, o conhecido "fazedor de guerras", fazendo com que permanecesse em constante vigília utilizando-se de represálias armadas por mais de uma década. Recentemente, foi efetuada uma concorrência para a fabricação de caças militares de nova geração para a força aérea americana, a real força aérea da Grã-Bretanha e possivelmente outros mercados; estima-se que o programa ultrapasse os US$ 200 bilhões.

Trata-se de muito dinheiro em jogo para que inexistam investidas junto aos receptivos políticos profissionais, sedentos de sustentarem milionárias campanhas eleitorais. Para evitar esses absurdos antidemocráticos e derrapantes à corrupção foi que o Presidente Jimmy Carter estabeleceu como uma de suas bandeiras políticas, o financiamento público das campanhas. Procura-se tapar um furo da Representação Política com outro ainda pior, que é tirar recursos do povo e da Nação. Ora, na prática está demonstrado que o uso do dinheiro público, adotado no México, do dinheiro privado, como no Brasil, e o misto, caso da Alemanha e dos Estados Unidos, não impedem a coleta criminosa de fundos. O próprio Presidente Bill Clinton deixou o governo sob acusações de que teria favorecido a ex-financiadores. A razão é simples: o regime representativo é falso e oligárquico, e sendo assim tudo que se fizer para aparentá-lo democrático e isento de corrupção, é ainda pura aparência.

Em entrevista ao jornal alemão *Süddeutsche Zeitung*, de junho 1999, Gore Vidal, com respeito à democracia representativa estadunidense, declarou: "Nós não possuímos uma Democracia Representativa. Quem foi eleito para o Congresso não representa a Califórnia ou a Virgínia Ocidental senão a *General Motors* ou a *Boeing*. Todo mundo sabe disso, e as pessoas se assustam com essa situação".[123]

"Os grupos querem a 'decisão favorável' e não trepidam em empregar os meios mais variados para alcançar esse fim. Aperfeiçoaram uma técnica de ação que compreende desde a simples persuasão até a corrupção e, se necessário, a intimidação. O trabalho dos grupos tanto se faz de maneira direta e extensiva como indireta e oculta. A pressão deles recai principalmente sobre a opinião pública, os partidos, os órgãos legislativos, o governo e a imprensa. A opinião pública é 'preparada' e se for o caso 'criada' para dar respaldo de legitimidade à pretensão do grupo, que esperava ver facilitada sua tarefa e por essa via indireta (apoio da opinião) lograr o deferimento dos favores impetrados junto dos poderes oficiais competentes".

"Dobrar a opinião e em casos mais agudos dar no público uma lavagem cerebral se consegue mediante o emprego dos instrumentos de comunicação de massas. O grupo mobiliza rádio, imprensa e televisão e por meios declarados ou sutis exterioriza a propaganda de seus objetivos, quer pela publicidade remunerada, quer pela obtenção da condescendência e simpatia dos que dominam aqueles meios. Produzido o clima de apoio, ao grupo se lhe depara a autoridade pública já favoravelmente predisposta aos seus interesses".[124]

Mais adiante, arremata o analista: "Quando os grupos se volvem propriamente para os partidos, a técnica de dominação consiste em proporcionar financiamento copioso às campanhas eleitorais. No parlamentarismo com sistema multipartidário, em que um pequeno partido pode decidir da sorte de ministério em ocasiões de crises, os grupos de pressão têm aí o terreno ideal para suas manobras".

"Quanto ao poder legislativo, os métodos de pressão se exercem sobre ele talvez com mais facilidade, sobretudo nas comissões parlamentares. Com efeito são as comissões órgãos por excelência que têm merecido a preferência dos grupos. Ali podem eles concentrar todo o peso de sua influência sobre deputados em número bastante reduzido, pois as comissões sempre são pouco numerosas e com a vantagem de que a função daqueles deputados constitui a chave do processo legislativo. A sorte das leis, onde o parlamento ainda legisla, se decide menos no plenário do que nas comissões técnicas de cada câmara".[125]

---

123. *Apud* AMARAL, Roberto, *Atualidade – 2htm*, 2001, Centro Brasileiro de Estudos Latino-Americano.
124. BONAVIDES, Paulo, *op. cit.*, pp. 432-433.
125. BONAVIDES, Paulo, idem, p. 433.

Informa a imprensa que cada dia de votação importante no Congresso brasileiro, é possível encontrar centenas de lobistas pelos corredores, pelos salões Verde, da Câmara, e Azul, do Senado, pelos vários cafezinhos e até mesmo dentro dos plenários das duas Câmaras. A argumentação a favor ou contra o projeto que vai ser votado é a arma principal desses que se expõem. Já os "homens da mala", como são chamados os lobistas que compram votos dos parlamentares não costumam dar as caras. Sabe-se que existem. E agem na escuridão. É sabido ainda que também as comissões funcionam como grupos de *lobbies*. Consoante as fontes jornalísticas, ocorre de elas mesmas tomarem a iniciativa de determinado projeto e por ele lutarem até o fim. As Igrejas Evangélicas – que por si só pressionam para receberem as mesmas concessões concedidas à Igreja Católica – concentram-se na Comissão de Comunicação. Dali, defendem a manutenção de suas emissoras de rádio e de televisão. Há comissões especializadas em favorecer de categorias de funcionários de para-estatais.[126] Por incrível, neste novo milênio, o *lobby* dos donos de cartórios fez o Senado brasileiro aprovar a vitaliciedade. Este absurdo significa um retrocesso feudal que contribui para a sedimentação da oligarquia e o fomento de maior desigualdade social no país. A renda desses serviços obrigatórios e monopolistas aos demais do povo chega a ser superior a US$ 500.000 por mês em algumas cidades.

Em conclusão, a indústria do *lobby*, de forma imoral, impulsiona congressistas, presas fáceis ante os seus interesses eleitoreiros e/ou determinação do próprio partido, comprometido e subsidiado em parte pelos recursos dos grupos, a votar certa moção, independentemente de estar ou não de acordo com os reais interesses do país.

Assomam-se, assim, suspeitas doações a Partidos Políticos por Associações de Classe ou de finalidades religiosas ou filantrópicas, ou por vias indiretas, a outras associações e sindicatos, e, muitas vezes, estes sorrateiramente e nos bastidores, não aparecendo ao público, beneficiarem segmentos de funcionários públicos, ou de empresas estatais, com seus privilégios, totalmente desconhecidos da grande maioria dos cidadãos, que muito longe ficam dessas transações, ou tomamos conhecimento de um orçamento cortado ou emendado para favorecer um certo meio de transporte, locupletando empresas em detrimento de recursos que poderiam ser destinados a outras finalidades mais úteis à po-

---

126. O jornalista João Domingos revela com propriedade que vez por outra suas trapaças acabam sendo descobertas. Cita exemplos recentes: a suspeita de compra, por cerca de 80 mil dólares, dos votos dos ex-deputados João Maia e Ronivon Santiago, os dois do Acre, para aprovar a emenda da reeleição, e a tentativa de pagamento a senadores para que votassem contra a emenda constitucional que acabou com os juízes classistas (tratava-se essa instituição de uma sinecura bem remunerada e com privilégios de aposentadoria acima do outorgado ao povo, que por muito tempo se tentava a sua extinção, contudo, os lobistas conseguiam segurar esse absurdo através da compra da passividade parlamentar).

pulação, ou desviando dotações orçamentárias para fundos e setores, cujas verbas polpudas se revertem em convênios com empresas ou grupos, enriquecendo-os em prejuízo dos cidadãos da Nação.

Reflexo dessa influência de penumbra, por vezes até nociva ao interesse público, resulta a hostilidade que o regime democrático edificou em torno desses consórcios, rotulando-os de "força sinistra em ação, roendo o cimento do governo representativo".[127]

Na verdade, o *lobby* alimenta a corrupção, a ditadura das corporações e interesses comerciais, deixando os partidos políticos inertes diante dos seus comprometimentos. Ora, é um *lobby* eficiente pela manutenção dos privilégios dos altos funcionários (salários, valores e tempo da aposentadoria, estabilidade, mordomias etc.) ora é alteração na lei de concessões, favorecendo uma esfera empresarial, ou alteração do sistema financeiro, com favorecimento a firmas corretoras, ou modificação dos planos de saúde por propósitos das seguradoras, ou ainda alteração das reservas ambientais, senão criando incentivos a terras devastadas para favorecimento de empresas madeireiras ou interesses rurais de grandes latifundiários, por fim congregações religiosas objetivando concessões, isenções, influência no ensino, propagação, e assim por diante.

Corrupção

Boodling (corrupção parlamentar), velha conhecida dos norte-americanos e que muito enojou os austeros britânicos, sobretudo no começo da vida parlamentar na Inglaterra. Tamanho o nojo que o grande estadista e idealista inglês Cromwell estava sentindo dos representantes quando da dissolução do Parlamento, no século XVII, que ao expulsá-los, foi designando, um a um, conforme as características que os qualificavam: a um gritou: És um salteador! a outros: És um corrupto! Tu, um devasso! Tu, um patife! Convém recordar que o progresso da Inglaterra e vários procedimentos democráticos muito se devem às ações daquele inesquecível republicano, cujo corpo após a Restauração, os monarquistas desenterraram e rejubilaram-se encenando o seu enforcamento e procurando apagar a imagem de insigne construtor da grandeza britânica, campanha essa que prevalece até os nossos dias, maculando-o pelas perseguições aos irlandeses católicos e o recurso à Ditadura, omitindo que os poucos anos de governo desse herói correspondem, porém, a duzentos de reinado dos parasitas reais, em termos de desenvolvimento, honestidade, organização e supremacia. Em 1989, o deputado por Massachusetts, Barney Frank foi repreendido por tráfico de influência para beneficiar o garoto de programa, Stephen Gobie.

---

127. CAGGIANO, Monica Herman Salem, *Oposição na Política*, p. 88, citando Friedrich, Carl J., *Gobierno Constitucional y Democracia*, Madri, Inst. de Estudos Políticos, 1975, p. 382.

Embora escandaloso, esse caso é de efeito diminuto. Podemos supor aqueles eventos, envolvendo mais parceiros, com interesses econômicos, classistas e pessoais que vicejam nos bastidores. Elisabeth Ray, em 1976, contou à imprensa que recebia US$ 14 mil por ano para ser amante do deputado por Ohio Wayne Hays, presidente da Comissão de Dotações. Em 2001, a polícia federal americana (FBI) revistou o apartamento do congressista Gary Condit, representante do Estado da Califórnia, em busca de pistas sobre o desaparecimento da ex-estagiária no Departamento de Justiça, em Washington, talvez com suspeitas de assassinato.

Constatando-se, então, que o parlamentar na Democracia Representativa não é efetivamente um representante sob o ponto de vista jurídico, nem político dos eleitores, a sua conduta dependerá, indubitavelmente, apenas de seu caráter.

A vinculação partidária é espúria, conforme acentuada nas descrições anteriores, mais ainda considerando que o próprio Partido Político é antidemocrático e centro de despotismo e corrupção. Além do mais, o congressista passeia nos organismos partidários, como uma dançarina volúvel, sobre as suas siglas, que geralmente nada significam, a não ser idéias vagas e irracionais.[128] Diante desse quadro anárquico da infidelidade partidária, tentam os paladinos da Representação Política evitá-la através de decantadas Reformas Políticas que a impeçam. Portanto, consideram resolvido o problema. Engano. Quando uma hiena é bloqueada num determinado caminho para devorar filhotes desguarnecidos de uma mãe à distância, ela certamente alterará o percurso, mas seus instintos e propósitos continuam os mesmos. Da mesma forma, obstar que os políticos profissionais mudem de partidos não altera a sua fantasia programática, muito menos o seu caráter e os seus objetivos egocêntricos. Não se pode pensar que se esteja a fazer alguma modificação no sentido estrutural com alcances à democracia. Se os Estados Unidos são exemplos de que em cem anos, menos de 30 deputados mudaram de partido, e no Brasil, na última legislatura (99/2002), até agora já 250 deputados mudaram de partido, isso não demonstra alteração dos programas partidários e muito menos das consciências dos representantes, apenas estão indo à presa por outro caminho, ou o fazendo sem maiores discrições.

---

128. No Brasil, em 1998, apurou-se existir parlamentar que tinha mudado, durante o ano, dez vezes de partido, e outro que, numa semana alterou três vezes a sua legenda. Durante a legislatura 1990-94, nada menos do que 35 representantes haviam trocado de partido. E na legislatura de 1994-98 esse número atingia o patamar incrível e desavergonhado de 218 congressistas, quase a metade do Parlamento. O deputado federal João Caldas mudou sete vezes de partido. Em pouco mais de dois anos, passou pelo PMN, PL (três vezes), PST e PTB. O ex-PTB, ex-PPB e ex-PL, deputado estadual Eduardo Soltur, ameaçou deixar o novo partido, com essa: "Quero um diretório!" Se amanhã houver uma lei proibitiva da mudança de filiação partidária, apenas os impedirá de o fazer, mas não transmuda a verdade de que agem segundo seus interesses particulares e de que os partidos nada significam para eles em termos de programas e idéias. Basta abrir a torneira, a água desce do mesmo jeito.

A tendência, então, é a de o parlamentar cuidar de seus interesses egoísticos acima de qualquer objetivo sobre o bem comum. Barganhar interesses particulares em detrimento da nação, facilmente deslizando no escorregadio terreno da corrupção e do tráfico de influências.

Na realidade, não sendo representante de nada, sob o ponto de vista técnico, jurídico e político, sendo, portanto, senhor absoluto de seu mandato, tendo a faculdade até mesmo de legislar em causa própria, restam-lhe somente especiais e íntimas opções, tudo impulsionando-o à corrupção, porquanto, o seu ingresso no Parlamento dependeu de volumosos gastos, da "ajuda" de grupos (econômicos ou religiosos ou associativos diversos), e do empurrão dos "donos" dos partidos. Situa-se, assim, o representante, como a pessoa certa e disponível para o caminho do enriquecimento ilícito e o aproveitamento de prerrogativas. Povo, Nação. Que Povo, que Nação? Alguma coisa pode ser pensada e feita, mas antes dessas expressões, que soam para si como escolares, há a sua pessoa, os seus comprometimentos particulares, suas ambições de permanência no Poder e reeleições, a ingerência e usufruto de cargos públicos, o favorecimento a parentes, amigos e auxiliares de campanha e a sua vinculação com os grupos partidários. O pior é que estando todos em situação idêntica, freqüentemente não agem isoladamente, juntam-se e as coisas se encaixam mais facilmente. Seus principais aliados são os próprios partidos políticos. Diante das análises anteriores, os partidos também nada representam, salvo os interesses dos "chefões" partidários, que, de longe, suplantam a qualquer interesse nacional. Recentemente, os alemães ficaram estarrecidos com o escândalo envolvendo o político Helmut Kohl e de seu partido político, a CDU, União Democrata-Cristã. Este partido alemão é inclusive figura importante no processo de corrupção, instaurado há poucos meses, que inclui uma comissão de US$ 30 milhões que o partido recebeu da estatal francesa de petróleo Elf pela compra da refinaria Leuna. Aliás, as investigações até agora sobre outro político, Roland Dumas encerra um período de corrupção de cerca de 10 anos (década de 1990). Na Itália, foi descoberto comprometimento corrupto do Partido Democrata Cristão (PDC), ligado até mesmo com a Máfia. Casos de corrupção, são característicos dos processos políticos japoneses e coreanos. São freqüentes nos Estados Unidos as denúncias sobre subornos nos processos eleitorais, além do que se passa com os grupos econômicos de pressão, vistos atrás. Na Áustria, é famoso o escândalo dos políticos na construção do Hospital Geral de Viena, que acabou por rotular esse país, na Europa, como uma república particularmente corrupta. Na Itália, desvendou-se uma extensa rede de corrupção, envolvendo políticos profissionais, empreiteiros e intermediários, episódio este conhecido como *Tangentopoli*, que diante do escândalo, os donos da representação estão tentando resolver com remendos aqui e ali. Nem se fala dos mais de cem países do Terceiro Mundo, em que os políticos profissionais corruptamente mandam e desmandam e estão sempre mais poderosos e petrificados em seus *status* de privilegiados. Não é por outra razão que o mundo apresenta um quadro enojante de desigualdades gritantes, de oligarquias nos Poderes, de má distribuição de rendas, de grupos de ricos e bilhões de pobres e excluídos.

Em suma, os processos têm surgido por denúncias. Imagine o leitor, a vastidão desses atos corruptos circulando em todos os setores, em que não houve denúncia, e que são astutamente mascarados com leis enganadoras, criadas pelos próprios representantes, sob muitos casos, assim, em conluio com os seus partidos políticos.

Sobrepondo-se, assim, benefícios pessoais e mesquinhos às elevadas questões nacionais, basta apenas espreitar o que legislam em causa própria, sobretudo sobre os seus subsídios, ajudas de custo, regalias, hospedagens luxuosas, viagens dispendiosas e inúteis, valores variáveis sobre freqüências extras e dispensáveis, e assim seguem um descaminho repugnante, odioso, impatriótico, esbulhador, e acima do direito de qualquer cidadão. Apenas haja o silêncio dos eleitores, e tendo oportunidade, aplicam regras usurpadoras à Nação em benefício próprio e dos seus. Um pequeno exemplo, convém frisar, vindo de um país adiantado, inclusive muito aprimorado em sua cultura democrática, como os Estados Unidos, cujos contribuintes são mais atentos aos recursos aplicados pelo Governo. Em 1816, os deputados aprovaram uma lei com "efeito retroativo" no início da legislação lhes concedendo 1.500 dólares por ano, o que foi motivo de uma indignação geral da Nação, de tal modo que, receosos, revogaram-na. Todavia, mais adiante, em 1873, quando a compensação foi elevada a 7.500 dólares com "efeito retroativo" desde 1871, um movimento da opinião pública fez revogar a lei em 1874.

Efetivamente, desavergonhados procedimentos de legislar em causa própria acontecem constantemente nos Parlamentos de todas as Nações com Representação; na maioria das vezes, utilizam-se de peritos em redações jurídicas e textos de leis, os quais são pagos pelo povo, para obter sofisticadas e artificiosas proposições na tentativa de disfarçar os verdadeiros intentos de seu favorecimento, que se podem traduzir nas verbas de representação, na remuneração, nas despesas de gabinete, no nepotismo, nos provocados períodos extraordinários, nas contagens de suas "atuações" para efeitos de pagamento, veículos, roupas, utensílios, combustíveis, locais luxuosos para o exercício de seus mandatos, materiais de escritório e diversos, viagens domésticas e internacionais, cursos e seminários, meios para obter reeleição à custa do erário público, recursos para campanha, verbas orçamentárias para fins eleitoreiros e assim por diante. Um exemplo desses sórdidos eventos, ocorreu no Senado brasileiro em 1995. Um senador havia mandado confeccionar 130.000 calendários, com propaganda eleitoral, à custa da gráfica do Senado. Vindo a público esse descalabro, a Justiça Eleitoral declarou-o inelegível. O que aconteceu? Imediatamente, o Parlamento aprovou a lei nº 8.985/95, em que anistiava o responsável pelo abuso de poder, retroagindo a aplicação dessa lei para beneficiar o infrator. E assim qualquer "representante" pode utilizar os impressos custeados nas suas Assembléias para fazer propaganda atinente à sua reeleição; conseqüentemente, mais uma vez o povo é espoliado com facilidade e astúcia pelos oligarcas que fazem as leis.

Na grande maioria dos países, exageros em favor dos legisladores vão a atos extremos do absurdo. Estabelecem, via de regra, além dos benefícios diretos, meios sofisticados de enriquecimento, como poder para obter subvenções orçamentárias a projetos de seus interesses diretos, direito de convocações extraordinárias com generosas gratificações e outros mais.

Assevera, portanto, Norberto Bobbio, no seu profundo trabalho, *O Futuro da Democracia*, que "uma das chagas de nosso parlamentarismo, tantas vezes denunciada e tão pouco medicada, é a proliferação das assim chamadas *pequenas leis* (*"leggine"*), que são precisamente o efeito da predominância de interesses particulares, de grupos, de categoria, no pior sentido da palavra, corporativos".

A espiral descendente de qualidade de civilização dos países então vai mostrando a solidificação das oligarquias, com os parlamentares legislando em causa própria, criando para si vultosas remunerações diretas e indiretas, numerosos privilégios e mordomias, estabelecendo meios recursais e sistemáticos a ponto de viabilizar a renovação dos seus milionários mandatos e como repassá-los a seus filhos e parentes, como se dinastia fosse; é comum que parlamentares, após a posse, tendam a engendrar inicialmente um esquema para a sua próxima reeleição; quantos custos e tempo são utilizados para esses objetivos degenerados.[129]

O parlamentar, no mais das vezes, faz da atividade política uma trincheira para negócios duvidosos e tráfico de influência. O Congresso funciona como um escudo protetor para personagens, como aduz um articulista, os quais estariam melhor na crônica policial do que na política. Essa lassidão moral, com nódoas acumuladas em anos de permissividade e corporativismo, demonstra uma descaracterização de Democracia, todavia descobre-se que, no fundo, estamos falando da mais pura Oligarquia.[130] Cumpre ainda lembrar que quan-

---

129. Em alguns países, a figura do deputado entrou até no anedotário popular como aquele que saqueia mais do que um ladrão comum. Na Argentina, é voz popular ao advertir que o país somente cresce enquanto os políticos dormem.

130. Nos países menos avançados culturalmente, o que compreende a maior parte da civilização, aferindo-os com a Europa, Estados Unidos, Canadá, Austrália e Japão, o descalabro da representatividade assume rumos de um absurdo inacreditável. Comumente escudam-se nas suas prerrogativas de legisladores para acobertar os seus atos de enriquecimento ilícito e crimes comuns. O Poder Legislador é avocado para gerar proveitos em causa própria dos seus manuseadores. E assim geram-se riquezas e privilégios, formando um Estado Feudal intocável, em que, em alguns casos, constróem sistemas que permitem a passagem dessa herança macabra e usurpadora a filhos, parentes e amigos. Em 1988, os congressistas brasileiros aprovaram uma Constituição em que, numa parte, dispuseram coisas lindas e humanas, copiadas da Declaração Universal dos Di-

do votam um projeto de interesse do bem comum, muitos exigem recompensas ocultas do Governo.

Para sustentar a corrupção fácil, altas remunerações, gratificações, mordomias e as vantagens indiretas, que favorecem os pares de outros Poderes, como o Judiciário e os funcionários graduados do Executivo, "os representantes" dispõem do poder de impor tributação ao povo.

O poder de instituir um tributo e determinar a sua cobrança do povo é algo de uma profundeza considerável. Trata-se de dizer ao povo como, quanto, por quanto tempo, deverá se sacrificar para pagar ao Estado. Este ato é de uma importância irrefutável, pois todos, a partir de certo momento, se vêem obrigados a dar parte de si para o Estado. Por que? Para fazer o quê? Em que será aplicado? Quem executará e fiscalizará o serviço? Estará conforme o desejo de quem está sendo onerado? Será usado de acordo como se alega na sua implantação? Que Poder é, afinal este?

---

reitos Humanos e dos posteriores Pactos Internacionais, tratando da proteção e defesa dos direitos civis da mulher, da criança, do trabalho etc. Todavia, em outra parte, juntaram também alguns dispositivos que criavam meios de se beneficiarem pessoalmente e de proporcionarem a perpetuação no Poder. Subrepticiamente, contudo, pretextando obedecer ao Princípio da Autonomia dos Poderes, concederam aos outros Poderes privilégios e mordomias, que, no fundo, estavam a compor uma cadeia em dominó; bastava que um dos Poderes adotasse mais uma vantagem nos seus, e logo outro Poder, sob a alegação do Princípio da Isonomia, autodesignasse também titulares, e assim todos esses donos dos três Poderes, seus parentes e amigos, se distanciavam do povo, em remuneração pessoal e da família e amigos também beneficiados nos empregos arranjados, aposentadorias especiais e gordas, moradias, clubes, refeições, viagens, sofisticados confortos nos seus escritórios, como saunas e churrasqueiras (por pouco talvez queiram amanhã banhos romanos). Na discussão do Orçamento da União, dispuseram também de recursos legais para encaminharem dotações a entidades fantasmas ou que eles próprios fundaram, com finalidades pessoais, cujas falcatruas resultaram em escândalos e mais escândalos; em que pesem devassas e inquéritos, os dispositivos constitucionais que lhes possibilitavam o enriquecimento ilícito permaneceram imutáveis. O problema é que foi apurado que milhões de dólares, obtidos pelo trabalho e impostos escorchantes sobre o povo, foram saqueados por um grupo organizado de deputados, conforme relatório da Comissão Parlamentar de Inquérito de 1993, todavia não houve a devolução de um centavo à Nação. E o pior é que tudo agora funciona mediante "documentos" e nada pode imputar crime de desvio orçamentário a nenhum congressista, pelo menos é o conceito assentado no Parlamento e entre os grandes dos outros Poderes. Com amparo no artigo 166 da Constituição Federal, a Comissão do Orçamento pode produzir a evasão de 3,4% do Orçamento da União, importando em milhões de dólares, quantias essas que dariam ao país uma sólida e avançada estrutura energética e de produção de base, poderiam zerar o analfabetismo, cuidado amplo e completo da saúde popular, criação e sustento de inúmeros centros de pesquisas científicas e médicas etc. Setores empresariais e mesmo institucionais escolhem parlamentares específicos para patrocinar emendas que os beneficiem. De outro lado, os dispositivos de concessão de radiodifusão estão arquitetados de tal forma que acabam divididos entre famílias de políticos e as igrejas. Neste país, existe uma região de clima tórrido, com secas que se prolongam por anos, cujas soluções na adoção da perenização de rios e irrigação deveria ter sido realizado há muito tempo. Os recursos exigidos têm sido de uma ordem modesta, em relação ao PIB do país, à população e ambiente abrangente – cerca de 3 bilhões de dólares; inclusive há projeto muito inferior ao que o Governo despende com incentivos fiscais de pouca valia à Nação, como o da Cultura, em que se salientam aplicações em ridículos espetáculos de nível cultural baixo, em cinematografia, teatros, *shows* musicais etc., servindo mais, como algumas auditorias verificaram, para engordar

Com efeito, somente um Poder existe ao qual legitimamente deve ser atribuído competência. Este é simplesmente o povo. Entretanto, sob a alegação de que o povo não pode se autogovernar diretamente, nem com partes do mesmo, dizem que o povo estabelece os tributos através de seus "representantes". Mas, paradoxalmente, negam em suas Constituições que os representantes possam ser representantes de seus eleitores. A Representação propositadamente é anunciada abstratamente, o que melhor confunde o povo e solta as rédeas dos políticos profissionais. O próprio sistema apresenta-os como políticos e grupos à parte a comunidade como um todo. "É sempre oportuno encarecer que a competência tributária é conferida às pessoas políticas, em última análise, pelo povo, que é o detentor por excelência de *todas* as competências e de *todas* as formas de poder. De fato, se as pessoas políticas receberam a competência tributária da Constituição e esta brotou da vontade soberana do povo, é evidente que a tributação não pode operar-se exclusiva e precipuamente em benefício do Poder Público ou de uma determinada categoria de pessoas. Seria um contra-senso aceitar-se, de um lado, que o povo outorgou a competência tributária as pessoas políticas, e de, outro, que elas podem exercitá-la em qualquer sentido, até mesmo em desfavor desse mesmo povo. Não é fácil provar, reconhecemos, que o tributo afronta o princípio republicano. Isto, porém, não significa que a exigência constitucional inexiste. Sempre haverá situações em que, com toda a certeza, o princípio terá sido desconsiderado. Tal ocorreria, por exemplo, se fossem dispensados – ainda que por meio de lei – do pagamento de tributos os professores de cada religião, os altos funcio-

---

ilegalmente o caixa das empresas. Sem nada ter feito durante esses últimos cem anos, ocorre periodicamente fome e miséria entre uma aglomeração populacional maior do que a Holanda, Bélgica e Suíça juntas. No entanto, governos que inicialmente demonstraram algum interesse em executar tal projeto recebem forte oposição e receando cortes de verbas orçamentárias e outros apoios parlamentares, silenciam. Como o Governo despende grandes quantias em remessa de dinheiro a órgãos locais para "obras paliativas", fala-se que muitos políticos profissionais e igrejas se locupletam desse fato, e assim anos e anos se passam e a miséria e a fome continuam sem solução. Outro caso escandaloso eclodiu no Brasil no final de 1998. Sem embargo de ainda, neste momento, estar sob investigação e prisões temporárias, da Promotoria e Polícia, tudo vem convergindo para a conclusão de que se trata de uma maquinação envolvendo legisladores municipais para se obter enriquecimento ilícito. A megametrópole de São Paulo, por ser muito populosa e extensa, os políticos profissionais resolveram dividi-la em 27 administrações regionais, com apenas um detalhe: os legisladores municipais indicariam os seus responsáveis, do contrário não aprovariam os projetos do Prefeito. Incontáveis leis regem a cidade em número de seis mil. Para se fazer qualquer coisa, tal como montar um negócio, reformar uma residência, construir algo, as exigências e burocracia são tão numerosas que se torna proibitiva qualquer iniciativa econômica e inviabiliza cumprir todas as obrigações. De sorte que então entra a Máfia dos agentes de fiscalização que forneciam autorizações tácitas em troca de propinas mensais, precisando-se até mesmo de uma contabilidade própria, pois o dinheiro sujo se partia em outros créditos a chefias superiores até chegar ao parlamentar que havia indicado o responsável pela Regional. Cálculos iniciais dão conta de que os subornos representavam quantias superiores a 1 milhão de dólares mensais para cada regional. Um elemento dessa Máfia, ao passar da função de ex-engraxate, conseguiu uma fortuna de 16 milhões de dólares.

nários (governantes, ministros, magistrados etc.), os filiados a um determinado partido político, as pessoas de uma certa raça, e assim por diante. Temos para nós, em todos esses casos, que, evidentemente, além do princípio da igualdade, estaria ferido o princípio republicano. A conclusão, a tirar, portanto, é que a República reconhece a todas as pessoas o direito de só serem tributadas em vista do superior interesse do Estado. Os tributos só podem ser criados e exigidos por razões públicas. Em conseqüência, o dinheiro obtido com a tributação deve ter destinação pública. Assim, a pessoa política, quando exercitar a competência tributária, deve ter a cautela de verificar se está acolhendo com boa sombra o princípio republicano".[131]

De qualquer modo, os "representantes" criam tributos, votam como querem, estipulam destinos, sobrecarregam o povo, indiretamente passam a ser os usufruidores da arrecadação, pois asseguram-lhes gordas remunerações, facilidades indiretas do uso do dinheiro público, confortos públicos ao seu dispor, utilização das coisas públicas em seu favor (como combustível, passagens, hospedagem etc.). Tendo em vista que a estrutura lhes permite a continuação nos cargos por si mesmos ou através de parentes e amigos, então quanto mais inflarem tais cargos de vantagens mais estarão sendo beneficiados. Em contrapartida, faltam à Nação os recursos às pesquisas, à melhor educação, à perfeita seguridade social, os investimentos de infra-estrutura como energia elétrica, saneamento, água potável, estradas, transportes modernos etc.[132]

Um dos maiores tributaristas do Brasil, Dr. Ives Grandra da Silva Martins, clama que o povo brasileiro deve saber que a *distribuição de renda* a que

---

131. CARRAZA, Roque Antonio, *Curso de Direito Constitucional Tributário*, pp. 62-64.
132. Certamente, o Brasil tem sido durante muito tempo, um exemplo absurdo de má tributação e do mau emprego da arrecadação. A quantidade de tributos é avassaladora, tanto para as pessoas físicas como para as jurídicas. É um verdadeiro carnaval de siglas odiosas e de certo modo, confiscatórias, como a CPMF, COFINS, IR, ICMS, IPI, IPTU, ISS etc. Essa execrável carga tributária alcançava em 2001 o patamar de 33,18% do PIB; taxa absurdamente alta, para um país com 50 milhões de pessoas vivendo na miséria (consoante o Instituto Brasileiro de Economia da Fundação Getúlio Vargas). E por que o Governo do Brasil precisa arrecadar tantos tributos? Justamente porque, o dinheiro arrecadado tem destinos vários para satisfazer a corrupção, a ganância, o bem-estar dos privilegiados, como construções de palácios por vários órgãos, cujos ocupantes são vitalícios, a manutenção de aposentadorias milionárias, volumes de dinheiro a remunerações e benefícios a órgãos de fiscalização (como os Tribunais de Contas), ou criação de autarquias enfestadas de afilhados e facilidades de aproveitamento dos investimentos públicos, ganhos apreciáveis a comissionados do Congresso que são seus filhos, noras, mães etc., uma série de pagamentos a coisas públicas que revertem somente em seus benefícios. Tem assim procedência o desabafo de um eleitor ao jornal: "Essa turba vive à nossa custa, à custa dos impostos suados que pagamos ..." (jornal *O Estado de São Paulo* de 24.4.01, Leitor: Cyro Galvão do Amaral). Dois meses mais à frente, outro cidadão de nome Vicente Bianchi Santos se dirige ao mesmo jornal, e aflito, clamava: - "Estou sendo roubado e confesso não saber a quem recorrer". Em recente pesquisa da consultoria *Ernest & Young* realizada em vários países, foi constatado que os brasileiros estão pagando três vezes mais imposto de renda do que os americanos. Em suma, talvez estejam falando de um país não-republicano, mas de uma Monarquia, sem rei, mas com uma neonobreza bem custosa.

governantes fazem menção sempre que desejam elevar tributos é uma falácia, a não ser que consideremos como beneficiários dessa distribuição a eles mesmos, pois 60% de todos os tributos pagos pela sociedade para Estados e Municípios e 50% dos pagos à União são destinados a remunerar burocratas e políticos, isto é, exclusivamente para pagar a mão-de-obra do poder, que representa menos de 10% da população. Aprofundando mais ainda seus esclarecimentos, esse douto mestre revela que os "representantes" não querem uma reforma tributária que torne o sistema mais justo e racional, pois pensam apenas na manutenção de privilégios e benefícios.

Sobraram razões aos camponeses ingleses no século XIV quando se sublevaram contra a pretensão do Parlamento de formalizar um imposto direto a toda a comunidade, bastante oneroso e que nada significaria em favor do povo, no entanto, seus propósitos eram, entre outras excrescências, propiciar ao soberano conquistas na França, cujas terras quando apoderadas, serviriam para serem distribuídas a barões e condes, alguns do quais integrantes do próprio Parlamento. Essa revolta, com amplitude e conteúdo, de uma verdadeira revolução, embora de curta duração, denominada de Revolta dos Camponeses de 1381, em que se exigia, inclusive, a eliminação do vínculo legal de servidão, abrangeu muitas regiões e os rebelados conseguiram, após sérios conflitos armados, penetrar em Londres, sendo justiçados o Arcebispo de Cantuária, que também era Chanceler, e o Tesoureiro da Corte. Essa revolta somente não fez história como Revolução porque foi contida com a morte de seus líderes nos últimos momentos e não houve a derrubada dos poderes dominantes (o Rei e o Parlamento), porém, os poderosos desistiram daquele tributo esbulhador e antidemocrático.

Os antigos povos germânicos transmitiam um ensinamento de que ninguém deveria pagar contribuições às quais não dera seu consentimento. Sem dúvida, era uma herança dos tempos em que os seus antepassados praticavam a democracia direta.

A instituição de tributos é um fato eminentemente sério. Não somente pode sobrecarregar o cidadão, trazendo-lhe sofrimento e até prejudicar-lhe a sobrevivência, como pode estorvar o desenvolvimento do próprio país, impondo graves conseqüências aos habitantes, como o desemprego, a carestia, a inacessibilidade a numerosos e indispensáveis bens.

Podemos ter uma clara idéia de como atua uma sociedade em que o poder decisório é do povo. Na Grécia dos séculos IV e V a.C., na época da Democracia, as "liturgias" com pesadas cargas financeiras não atingiam a classe pobre, a qual era isenta até mesmo das taxas criadas no tempo de guerra. Era até mesmo como uma regra em Atenas que somente os ricos respondessem pelos gastos do governo e que se encarregassem de grande parte dos combates de guerra. De uma forma geral, os cidadãos atenienses eram adversos à tributação; enquanto isso nos seus vizinhos da Ásia Menor, Oriente e Egito, imperava o sacrifício das classes miseráveis, com suas contribuições em espécie ou em trabalho para sustentar reis, nobres e sacerdotes.

O Poder e o Fruto da Arrecadação foram tirados dos reis absolutos nos séculos passados, mas ainda não foram entregues ao Povo. O comando tributário ainda está nas mãos de uma Oligarquia, que apenas aparentemente anuncia visar ao bem da Nação, mas pouco importa a esse comando de os recursos serem criados como queira e que vote para satisfazer as suas ambições. A corrupção é quase que oficializada.

E a tendência é a constante ânsia dos "representantes" em inventarem, progressivamente, disposições legais que os favoreçam na sua permanência no Poder, à custa do dinheiro do povo, embora disfarçadamente e de modo indireto. Bastaria que fossem muito transparentes, e poderiam usar de outra nomenclatura: a aristocracia feudal. Não chegam a tanto, é evidente, mas da forma como estão se comportando, algum dia, pouco lhes faltará para reimplantar definitivamente um novo modelo de aristocracia, lembrando aquelas nobrezas dos séculos passados, quando uma casta vivia como parasitas, plena de privilégios, sempre no Poder, e o povo excluído, sobrecarregado de obrigações e tributos, para justamente manter o status dos nobres. De fato, os "representantes" modernos estão cada vez mais propensos a criar condições de sustentação de suas posições e de suas prerrogativas. Veja-se, por exemplo, o caso da Alemanha com respeito aos partidos políticos. Em 1966, o Tribunal Constitucional Federal da Alemanha rejeitou o financiamento dos partidos pelo orçamento federal. Logo, os políticos instituíram normas legais que incluem a autorização do ressarcimento de custos de campanha eleitoral. Com essas medidas, a camada política oficializou a Oligarquia. Asseguraram recursos tirados do povo para beneficiar-se nas eleições, com a finalidade do alcance e da permanência no Poder. Quando das eleições de 1980 para a Câmara Federal, os partidos receberam a título de ressarcimento de gastos de campanha, para 43,2 milhões de eleitores inscritos, um total de DM 151,3 milhões. Cumpre recordar que já em 1958, o Tribunal Constitucional Federal em acórdão de 24 de junho, quando da apreciação sobre o apoio indireto aos partidos mediante incentivos fiscais para doações de qualquer montante feitas ao partido, julgou esse método inconstitucional pois representava violação do princípio de igualdade, o qual favorecia unilateralmente cidadãos de alta renda e partidos favoráveis ao capital. Mesmo restrito ao ressarcimento de custos de campanha, isto foi uma grande vantagem para os partidos e não deixa de traduzir-se num sistema de benefícios aos políticos cujos recursos o povo é obrigado a fornecer. Em todo o caso, obtiveram ainda o favor de adiantamentos por conta dos ressarcimentos, embora, por enquanto, limitados a 20% do montante total a ser ressarcido de acordo com o resultado da eleição precedente. Esse expediente antidemocrático e lesivo ao povo germânico é considerado sob o aspecto técnico, pelos analistas, nos seguintes termos:

- a obrigação de prestação de contas dos partidos segundo os Artigos 23-31 abrange somente as receitas, mas não as despesas dos partidos. Assim, ficaria impossível verificar o uso apropriado dos ressarcimentos de custo de campanha pelos partidos;
- é possível ocultar o endividamento dos partidos; determinadas receitas – por exemplo, provenientes de doações anônimas – não podem ser cobertas, na medida desejável, pela prestação obrigatória de contas;
- o modo estabelecido de financiamento dos partidos dificulta as chances iniciais de partidos novos, já que adiantamentos no âmbito do ressarcimento de custos de campanha se orientam pelo resultado da eleição anterior e partidos novos não podem receber adiantamento algum. Caberia considerar ainda que partidos menores, que venham a sofrer maiores perdas de votos, poderiam ter grandes dificuldades para devolver adiantamentos recebidos.

No Brasil os partidos são beneficiados por recursos do povo vindos através de doações orçamentárias que são destinadas ao Fundo Especial de Assistência Financeira aos Partidos Políticos, de acordo com o Art. 38 da Lei 9.096, de 1995. O governo francês repassou em 1995 aos partidos políticos nada menos do que 526 milhões de francos.

Não podemos relegar o fato de que ainda os partidos possam receber doações. Imagine o leitor, a título de que uma empresa ou um milionário vai fazer doação a um partido. O partido não é nenhuma associação beneficente, por que receber doações? Com que finalidade ocorrem esses procedimentos?

Seus programas, como se sabe, são vazios e praticamente idênticos. As doações, na realidade, somente podem ser oferecidas para que grupos se beneficiem de algumas propostas ou decisões que os militantes do partido tomam se alcançarem o Poder. Esse é outro absurdo e pleno de irracionalismo, quando se pensa em democracia. As leis sobre os partidos prevêem registro do nome dos doadores. E daí? Há grupos econômicos que para preservarem os seus interesses fazem doações a quase todos os partidos com possibilidades de vitória, numa mesma eleição. E se a lei consagra a doação, tudo é legal e nada contraria a Constituição. O nome gravado dos doadores de nada adiantará para impedir que os seus interesses sejam atendidos.[133] Afinal, ninguém dá uma coisa sem

---

133. Um exemplo bem recente: O jornal *USA Today* informou em 4.5.2001, que o presidente norte-americano, após a sua posse, entregou a doadores generosos de seu Partido Republicano muitas embaixadas. Dos 27 embaixadores designados por Bush, 22 eram pessoas que não tinham nenhuma experiência diplomática. Segundo o jornal, o milionário Howard Leach, que representará os EUA na França, doou US$ 225 mil. Isso nos faz lembrar a época da Monarquia Absoluta em que se vendiam cargos a nobres. É uma regressão prevista com esse sistema dos partidos políticos. Imagine-se o que se passa com recompensas ocultas e sutis nos bastidores do Congresso. O presidente brasileiro indicou para a embaixada de Roma alguém que durante o pleito presidencial de 1998, trabalhou como um dos arrecadadores para os cofres da campanha da sua reeleição.

nada em troca. A recompensa são favorecimentos e leis em benefício destes ou daqueles, porém, à parte dos interesses da Nação e do povo como um todo.

Os políticos ainda conseguiram a vantagem da propaganda gratuita, através do rádio e da televisão em horários nobres. Isto é um triste sistema, pois estudos psicológicos provam que a propaganda prejudica o raciocínio lúcido e imparcial do cidadão. Ainda por cima, os políticos ganham o direito de gratuitamente fazerem propaganda em seu benefício e na forma de seu melhor interesse, observando algumas pequenas restrições. Sabidamente, pleiteiam até mesmo publicidade e propaganda da Representação Política como instituição útil e democrática e indiretamente de seu papel perante a sociedade, alegando divulgação institucional. E quando o povo vai se conscientizando de que se trata de pessoas desgastadas com escândalos de corrupção e malversação de recursos públicos e preocupações dirigidas a seus próprios interesses particulares e partidários, mais ainda justificam a necessidade desse tipo de propaganda à custa do povo e sem sua aprovação. Isto tudo é um pontapé na democracia e faz dos cidadãos comuns joguetes nas mãos dos políticos. De sorte que os políticos profissionais, cada dia, aperfeiçoam mais um esquema que possa lhes permitir usar os tributos que sobrecarregam os cidadãos comuns para lhes proporcionar a sua permanência ou de seus parentes e amigos no Poder.[134] Alguns autores, desavisados, pensam que esse sistema criado pelos legisladores (representantes) se traduz num avanço à 4ª geração do direito, que seria o direito à comunicação, à sociedade. Conforme esclarecemos no Capítulo III D sobre a Liberdade, a Sociedade, através das associações beneficentes, científicas e de cuidados ambientais, e de qualquer um do povo, cada qual deve ter o direito a opinar através de instrumentos de grande divulgação, como o rádio e a televisão.

Mas, no final, insolentemente anunciam outro grande mito: *"A lei é a expressão da vontade geral"*.[135]

---

134. De fato, sentem-se tão à vontade em cuidar de arregimentar maiores privilégios e assegurar a perpetuidade no Poder que cada vez estão buscando novas prerrogativas e solidez à custa do povo. Para se ter evidência desses absurdos, recentemente os "representantes" da Assembléia Legislativa de um Estado brasileiro (Pernambuco) chegou ao desplante de aprovar o financiamento pelo dinheiro público de deputados para aprender técnicas de marketing nas competições eleitorais. Atente-se para o seguinte: com essa atitude espúria confessam à luz do dia que, em primeiro lugar, a eleição é uma farsa nas mãos da propaganda; que se sentem uma classe à parte do povo, por isso, somente eles são os "escolhidos" para sempre serem os representantes; que seus interesses particulares estão acima do bem comum (naquela época mais de um milhão de pessoas esfomeavam no sertão por causa de uma atroz seca e falta de recursos para resolver as causas). Sentindo o desgaste com a imagem cada vez mais arranhada dos parlamentares, a Câmara dos Deputados do Brasil pretende utilizar milhões de dólares do povo para campanha publicitária. Ora, fazem o que fazem, e depois usam o dinheiro da nação para vender ao povo uma imagem de "úteis", "bonzinhos", "íntegros". Isso, sem se falar que já gastam o dinheiro popular com televisão própria para atender esses interesses.
135. Na década de 1990, o governo brasileiro aplicou sobre o povo, de surpresa, uma enxurrada de normas, de natureza cerceante e confiscatória, de iniciativa do Executivo e aprovada pelos Representantes, cujas medidas eram inócuas e, por meio das quais, muitos dos seus protagonistas

Influenciadas por outro mito – *o povo tem a Democracia que merece* –, muitas pessoas ingenuamente acreditam que o incremento da educação e vigilância popular poderão arrefecer a ganância e a produção de leis em causas próprias e a favor de seus aliados econômicos e partidários. Engano. Alguma melhoria eventualmente se alcançaria, mas sorrateiramente os espertos estariam sempre a descobrir como se beneficiar e se sustentar no Poder. Afastada da soberania do povo, a "representação" tende a estimular a construção de uma *Neonobreza*. Talvez não de uma hora para outra, todavia, com o tempo, vão criando meios que contribuem para que eles, e os seus, se eternizem no Poder e conservem seus privilégios. É uma conseqüência natural da própria fraqueza do regime representativo: não há outra alternativa. Jorrarão leis de todos os matizes, com propósitos de consolidação do *status* oligárquico: cláusulas pétreas nos textos constitucionais, assegurando-lhes o mando, facilidades nos ganhos, pequenas leis para custeamento pelo povo de absurdos impensáveis, como cursos de marketing eleitoral, financiamento de campanhas, mais verbas para os partidos políticos, maiores vantagens e prerrogativas para fáceis renovações de mandato e de eleição de parentes e amigos, e ainda o uso de dinheiro público para propaganda de si próprios, da Representação, do Senado e dos demais parlamentos, elementos de restrição à renovação, motivando a permanência dos mesmos e dos seus agregados, definitivamente excluindo o povo da participação das decisões máximas. Em conclusão, pausada, porém, progressivamente, os políticos profissionais vão se transformando em neonobres, tal como os seus antecessores, os burgueses que, aos poucos, iam ocupando os lugares dos nobres, preocupavam-se em se enobrecer. Trata-se, evidentemente, como falado em outra exposição, da estrutura espúria da Representação: o poder decisório está nas mãos dos demagogos e poderosos; a propaganda inverte os papéis com respeito ao povo, predominando apenas um objetivo: a instituição da neonobreza dos políticos profissionais. No começo da República romana, a nobreza era composta pelos *optimates* da antiga aristocracia dos tempos da nonarquia. O Senado era formado pelos anciãos das famílias patrícias (*patres*). Durante algumas ocasiões, face à pressão do povo, houve algumas concessões com o reconhecimento do direito de os plebeus assumirem o consulado, 366 a.C., reconhecimento do valor dos plebiscitos, em 287 a.C. Aos poucos, entretanto, o Senado, que não era o povo, nem parte-povo, foi solidifi-

---

viram suas fortunas se multiplicarem geometricamente, pelo conhecimento prévio que tinham das mesmas, enquanto os cidadãos comuns se atropelavam naquele insólito sacrifício, alguns recorrendo ao suicídio, outros sendo alcançados pela morte prematura causada por derrames cerebrais e falência cardíaca. Novamente, esse mesmo povo foi assolado por outra avalanche de normas em 2001, de natureza punitiva e restritiva de seu bem-estar, para enfrentar fatos decorrentes exclusivamente da negligência do Governo (caso do racionamento de energia elétrica). Quando pressionado, um porta-voz do Governo, entre outras alegações, se valeu do argumento de que tudo estava legal, pois a medida provisória tinha força de lei (daquelas mesmas leis que "expressam a vontade geral").

cando prerrogativas para seus membros e certas limitações ao povo. Logo começou a se formar uma nova nobreza, a *nobilitas*, em sua maioria, de famílias patrícias. Já na época de Augusto, não podia ser senador ninguém que não possuísse pelo menos um milhão de sestércios. A partir de Constantino, os representantes senatoriais, conhecidos pelo nome de *clarissimi*, dividiam-se em *lustres* e os *spectabiles*. E a coisa se tornou finalmente uma instituição hereditária, revelando o seu destino final: a formação de uma casta.

De mais um privilégio gozam os parlamentares – a imunidade. Origina-se do temor do congressista não poder externar livremente suas opiniões e denúncias. É concedida ao legislador a imunidade material e formal, resguardando o direito da revogação e, no caso desta última imunidade, pode ser aprovada pela Assembléia a licença para ser processado e no evento de flagrantes delitos.

De modo que se distinguem dois aspectos na imunidade do legislador; a inviolabilidade pessoal e a irresponsabilidade legal. A inviolabilidade pessoal é o privilégio que o parlamentar tem enquanto esteja em funcionamento o Congresso, de não ser preso nem processado sem prévia licença da Câmara a que pertence, salvo caso de flagrante em crime inafiançável. A irresponsabilidade legal é a prerrogativa de poder expressar-se livremente e por votar sem jamais poder ser processado, durante o exercício de seu mandato.

A imunidade se justificaria no aspecto político, em que o parlamentar estivesse imune ao declarar suas idéias e requerer apurações de irregularidades nos Poderes. Entretanto, como sempre, sentindo-se donos da lei, e legislando em causa própria, os políticos perceberam a facilidade, pelo menos em alguns países, e estenderam esse privilégio para os crimes comuns.

De modo que a imunidade total fez com que alguns busquem o mandato para vestir o manto da impunidade.[136]

Todo esse estado de corrupção no Congresso da Democracia Representativa conduz a uma condição de Estado Feudal, evidentemente num estilo mais suave e moderno, além de ser uma negação total dos princípios democráticos.

---

136. A garantia de impunidade, como bem caracterizou um articulista, é um dos instrumentos mais escandalosos dos legisladores brasileiros. O privilégio se estende a órgãos de menor importância, câmaras municipais e assembléias regionais. Em 1998, havia no Congresso 103 pedidos do Supremo Tribunal Federal para processar por crimes comuns, senadores e deputados; havia casos de mais de dez anos e os congressistas nem se dignavam responder ao Judiciário. Houve um parlamentar que se valeu desse benefício para cometer inumeráveis crimes contra os cidadãos, mediante falsificação de assinaturas de autoridades, contrabando, fraudes, estelionato e até homicídio com a venda a centenas de pessoas de imóveis intencional e criminosamente mal construídos (alguns deles ruíram causando mortes) acumulando em curto prazo cerca de 300 milhões de dólares. Em agosto de 2001, o jornalista José Nêumanne, indignado com essa neonobreza política, escreveu um artigo no jornal *O Estado de São Paulo*, observando que aos donos do poder político, com mandato parlamentar, "é permitido caluniar, furtar e até assassinar, delitos comuns de que 153 deles foram acusados nos últimos dez anos. Deputados e Senadores que, por serem autores das leis, deveriam ser obrigados a obedecer-lhes mais do que seus eleitores, abusam da imunidade parlamentar e do foro privilegiado para se locupletarem, como não poderia ser de outra maneira".

Um ex-representante, com vivência de oito anos no Congresso brasileiro, confessou que "por mais que se desprezem ou menosprezem os políticos, é do que eles fazem que depende o cotidiano de cada um de nós". Ora, pensar que os assuntos mais importantes da Nação, que têm implicações na vida dos cidadãos, em todos os seus aspectos, e indiretamente no destino do próprio Planeta, seu ambiente e recursos, podendo significar sobrevivência ou destruição, bem-estar ou sofrimento, dependem de indivíduos que, ante o bem da coletividade e da humanidade, ocorrem-lhes alternativas mais relevantes, como os seus interesses e emoções do momento, os quais são colocados em posição decisória por vias não democráticas.

Daí porque a realidade da abstenção. A população está desinteressada na eleição desses candidatos para serem os seus "representantes". Essa apatia política da população, quanto aos candidatos impostos pelos comitês de Partidos e sobre o próprio processo eleitoral, inclusive tem se transformado no elemento perturbador dos defensores da democracia representativa, porquanto os votantes efetivos realmente não condizem com a totalidade da população nacional; o número se reduz ainda mais a cada eleição, e demonstra quão falho é esse sistema que não reflete de forma alguma o desejo total da coletividade. E o recurso, em alguns países, tem sido o voto obrigatório, o que desnatura a própria democracia. Uma sondagem de opinião pública, realizada na década de 1970, pela Fundação Agnelli, na Itália, sobre as "dinâmicas culturais e crises do país" entre três mil eleitores, forneceu algumas indicações inquietantes. A uma pergunta sobre quem era o atual primeiro-ministro, um terço dos italianos não soube responder e uma outra parte significativa deu respostas disparatadas. Mais da metade dos consultados (56%) não soube dizer a qual partido pertencia o presidente da Câmara dos Deputados e menos de um quarto (24%) sabia que se tratava do comunista Pietro Igrao.

Ademais, a cultura dominante nos povos está eivada de erros que determinam nos indivíduos raciocínios e procedimentos não condizentes com a razão, e através do condicionamento cultural, vêem-se como presas fáceis de propagandas e controles psicológicos, tendendo a ser manipulados pelos demagogos e exploradores políticos, religiosos, econômicos e militares. E do ponto de vista psicológico, verifica-se que o elemento humano mentalmente está predisposto a ser conduzido a erros.

Conclusão

Por fim, quando os representantes demonstram o seu caráter corrupto ou negligente, costuma-se acusar o povo por não ter escolhido os melhores. É um mito generalizado nas democracias representativas que o povo tem o governo e representantes que merece. Além de ter sido usurpado de sua soberania, o povo, como já tivemos ocasião de estudar, recebe uma lista já aprovada pelos donos dos partidos políticos, restando-lhe apenas escolher, entre aqueles nomes já marcados, aquele que lhe cair melhor na simpatia; depois, os políticos se conduzem por atos de comandos de seu próprio caráter deficiente ou por pressões, e ao povo é ardilosa e injustamente atribuída a responsabilidade por haver semelhantes figuras no Poder. Por corolário, o povo é usado, espoliado e explorado, ficando sujeito a "decidir" o que já foi decidido, e no fracasso final, é acusado como o culpado. Este é, portanto, mais um grande *mito da democracia representativa*. Aliás esse expediente matreiro de confundir democracia com representação política, é uma repetição da engenhosidade usada pelos velhacos e ardilosos senadores romanos quando identificavam república com o senado, de tal forma que qualquer lei ou reforma do tribuno do povo que não interessasse a este, era considerada atentatória à república, e, assim, passível de rejeição e poderia sujeitar seu autor à penalização violenta.

Em outros termos, eleito por interesses pessoais, gastos econômicos e influências grupais, partidárias, econômicas ou religiosas, não resta outra alternativa ao representante em apoiar-se em seu caráter, que a esta altura, está mais comprometido com a corrupção do que com o bem comum.

Em conclusões finais, ilustres pesquisadores, essencialmente criteriosos, desiludidos com as falácias para justificar as ficções, corrupções e estruturas antidemocráticas da Democracia Representativa reconhecem que:

– o regime não é representativo;
– não é uma modalidade de democracia;
– os legisladores não são representantes do povo, bem como os governantes;
– talvez se enquadre como uma nova forma de governo a acrescentar às três formas clássicas de Aristóteles, porém não sendo a melhor;
– os partidos políticos são considerados um mal necessário, mas não há fundamentos indiscutíveis se são "necessários".

Em síntese, o sistema político de representação, em que o cidadão delega por votação a interessados o seu direito de decidir sobre o seu destino e o de sua Nação, é falho e falso, consoante declarado em menções anteriores, pois ingente número de fatores pode ter sido construído para direcionar a sua preferência, concorrendo a que o regime político se converta numa infeliz demagogia ou uma sólida oligarquia.

Esta é a razão por que, embora o condicionamento cultural seja muito sólido, apoiado na propaganda, a ponto de confundir as palavras democracia e representação política, o povo cada dia mais começa a desconfiar desta. Várias pesquisas de opinião comprovam essa afirmação. Recente pesquisa, realizada em 2001, conduzida pelo instituto chileno *Latinobarometro*, que pesquisa o assunto desde 1995, em entrevistas com 18 mil habitantes de 17 países do continente, indicou uma generalizada diminuição dos que acreditam nesse regime. O desespero do povo é tão grande que diante de perguntas mal formuladas muitos têm apelado a formas de governo como autocracia, despotismo. Lógico que essas pesquisas foram feitas em região assolada por problemas econômicos e de corrupção, mas outras pesquisas em países mais desenvolvidos e estáveis têm mostrado esse descrédito sobre políticos profissionais. Se as pesquisas fossem mais bem elaboradas, em atenção aos requisitos científicos, não procurando usar como sinônimo democracia e democracia representativa, e deixando patente a existência de outra forma de governo, com igualdade e liberdade, uma pura democracia, a rejeição seria maior.

Vale o questionamento de Pierre Lévy:[137]

> O ideal da Democracia não é a eleição de representantes, mas a maior participação do povo na vida da cidade. O voto clássico é apenas um meio. Por que não conceber outros, com base no uso de tecnologias contemporâneas que permitiriam uma participação dos cidadãos qualitativamente superior à que confere a contagem de cédulas depositadas nas urnas?

À semelhança com o que sucedeu na Revolução Francesa de 1789, concerto de grandiosidade que orgulha a humanidade, e de tantos ideais eminentemente brilhantes, instituindo um Estado destinado a assegurar o exercício dos direitos dos cidadãos, a liberdade, a segurança, o bem-estar, a igualdade e a justiça como valores supremos de uma sociedade fraterna, pluralista e sem preconceitos, fundada na harmonia social, derrocando leis e ordenamentos anacrônicos, desumanos e aberrantes, porém, quando da organização política, adotou, como forma de governo, a representação política, observou-se idêntica opção com a Revolução Russa de 1917, que compreendia experiências inéditas e uma gama incalculável de idéias avançadíssimas no campo social e a destruição de uma estrutura infame de privilégios dos poderosos e de nobres, no entanto com esse procedimento tal como os franceses, herdando forma de governo dos aristocratas, tudo deu politicamente errado. O fracasso foi total nas duas grandes revoluções, redundando no terror, na tirania, na opressão, em perseguições, em ultrajes aos mínimos direitos humanos e em execuções impiedosas de inocentes. Atos exacerbados e fatos horrendos, que jamais ocorreram na Democracia Direta de Atenas, a qual desconheceu exageros absurdos.

---

137. LÉVY, Pierre, *op. cit.*, p. 64.

3 As ciências humanas e sociais permitem solução racional

A. As necessidades humanas

Considerações

Concebendo, em toda sua profundidade, o Homem, como elemento dimensionado, limitado e regrado por leis e sistemas universais, torna-se-nos possível o caminho para conhecer-lhe a natureza, e conseqüentemente saber de suas necessidades.

A estruturação da sociedade tem por dever auscultar as necessidades naturais do Homem, com o objetivo de atendê-las.

Esta é a única finalidade séria, científica e democrática de uma administração e liderança das comunidades.

Procedendo a análise das necessidades imanentes nos seres humanos, mister se faz situar a nossa atenção para algumas considerações. Quando assumimos a complexa incumbência de estudar a natureza humana, devemos fazê-lo certamente como inerente de um animal, todavia, sobretudo, de um animal com características próprias do gênero humano. Destarte, posto que os antropóides nos facilitem o nosso conhecimento, nunca devemos esquecer que o homem possui qualidades diversas das que são comuns aos primatas superiores, a ponto de influenciar sobremaneira no seu comportamento. Não obstante incorrer em erro pensar-se em substanciais diferenças de natureza, podemos, entretanto, considerar, desde já, duas diferenças fundamentais, que muito têm a ver com definição das necessidades, quais sejam concernentes à anatomia cerebral e à direção evolutiva social. Efetivamente, o homem teve o seu cérebro alterado num fenômeno de desenvolvimento biológico, logicamente com evolução no seu processo psíquico, atribuindo-lhe faculdades que outro cérebro animal não teria, a não ser raízes muito incipientes. E, por outro lado, o gênero humano, assumiu um novo papel na Natureza: participação na evolução social. No *Homo sapiens*, parece ter-se concluída a evolução biológica.[138]

---

138. Alguns estudiosos desconfiam, porém, que o cérebro humano não tenha parado de evoluir. Argumentam que a evolução é um processo muito lento, e deve ser avaliada em milhares ou

Daí para a frente, a direção é outra. *Considero esse fato de suma importância*. Para compreensão de sua extensão, basta se ater a um pequeno detalhe: somente pelo motivo de o homem ser onívoro pode ter fomentado um comportamento que difira em vários aspectos do seu parente mais próximo, inclusive influenciando sobre o seu destino gregário. Por conseqüência, e também de acentuada relevância, o homem adquiriu a qualidade de um "ser psicológico", com aspirações e objetivos de conhecer. Do que se infere que, para estudarmos o Homem, não podemos nos circunscrever exclusivamente a animais que seguem ou seguiam um curso completamente diferente do que é trilhado pela sociedade humana. Não cabe, portanto, como exemplo, apontar tendências de domínio masculino no homem, apoiando-se em certos animais, embora próximos da nossa espécie, contudo não teria sentido em serem sociais ou não. A poliginia seria entendível naqueles animais cuja prole estivesse mais segura na *capacidade física* de alguns de seus machos, e a sociedade nada perderia no isolamento desses grupos ou na ausência de cooperação entre os membros machos; a sociedade poderia, assim, ser relegada, pois nada teria a oferecer nem a receber. Recorrer, sob outro aspecto, em condicionamento ou *effet de groupe* é outra tese forçada para justificar o gregarismo humano. Se o homem não tendesse instintivamente ao gregarismo, a que sociedade humana ou evolução social estaríamos a nos referir? Não ocorrendo o mínimo convívio social por um preceito natural, estaria circunscrito ao atrofiamento completo, tornando-se, desse modo, inferior aos antropóides e outros animais, pois a própria "aprendizagem" seria a mais rudimentar e provavelmente limitada à prole, e ainda teríamos dúvidas sobre a possibilidade de utilização do "método de tentativa e erros" ser sensivelmente prejudicado.[139] Não seria indiferente à

---

milhões de anos, e não em séculos. Inclusive, quanto à aparência, alguns sugerem que os ossos do rosto, como os maxilares, estão se tornando menos proeminentes; vaticinam até sobre a probabilidade de o homem terminar com uma cabeça grande e oval, sem traços muito salientes.
139. Tive conhecimento de dois casos de "cárcere privado" no Brasil, em que o ser humano teria ficado durante anos, desde o seu nascimento, afastado do contato social. Em Tibagi, no Estado do Paraná, um indivíduo havia estado à parte da sociedade durante 32 anos, vindo o seu caso à tona em 1962. No Estado de São Paulo, em 1960, ficou conhecido do público o caso de um filho de uma mendiga, que havia sido aprisionado pela mãe durante aproximadamente 26 anos. Infelizmente, ao procurar averiguar os fatos, não havia informação policial com maiores detalhes, sobretudo quanto aos exames médicos. Suponho tratar-se simplesmente de casos agenésicos; se fosse o contrário, interessariam muito à Ciência, pois os indivíduos, como descreveu a polícia, eram "pessoas com gestos e características de um gorila, sem falar nem chorar, apenas urrando". Em 17 de novembro de 1970, descobriu-se um caso de cárcere privado em Los Angeles, dos mais significativos. Susan Wiley, de 13 anos, passou a maior parte de sua vida trancada pelos próprios pais num quarto de sua casa. A menina não sabia falar, estava deformada, usava fraldas e o seu nível mental era de uma criança de 12 a 18 meses. Ela foi levada a uma clínica infantil e, após exames, os médicos chegaram à conclusão de que poderiam em dois anos torná-la uma adolescente normal. Infelizmente, não obtive sucesso em saber de seu estado nesses últimos anos. Na Europa, em séculos passados, lembra-nos Ruth Benedict, "quando se encontravam crianças que tinham sido abandonadas e se tinham conservado em florestas, separadas de outros seres humanos, eram de

Natureza que os seres humanos se isolassem, ou, somente acidentalmente pelo condicionamento, viessem a se agrupar. De que valeriam a sua constituição mental e a faculdade de poder se expressar em linguagem simbólica? Tal ou qual, o caso de uma aranha vir "acidentalmente" a construir a sua teia. Nem mesmo a certos mamíferos sociais, podemos considerar condicionamentos os seus instintos gregários, como o caso dos búfalos africanos, os quais, no período do cio, quando derrotados, se afastam voluntariamente da manada e não nutrem o menor interesse em juntar-se aos outros durante a fase de procriação; depois desta, procuram o grupo para integrar-se novamente. Ou ainda do búfalo fêmeo, que se retira do grupo no seu período de gravidez, procurando lugares mais seguros, e, nascida a sua cria, passado algum tempo, sente a necessidade de juntar-se aos demais, *procurando-os*. Em qualquer parte do mundo e em qualquer época, nos desertos e nas mais densas florestas, em ambientes paradisíacos e inóspitos, o homem somente foi encontrado em sociedade. Os seus parentes mais próximos, os homínidas, revelam ter tido os mesmos destinos sociais.[140] O ostracismo como penalidade, por exemplo, foi considerado, em muitas sociedades primitivas, como a mais terrível sentença, pior do que a morte. Com propriedade, os estudiosos assentem que: "o homem é um ser social no sentido mais amplo da palavra".[141] Outro erro é supormos em alguns atos de animais bastante afastados e em situações antinaturais, a origem de pretensos sentimentos. É o caso de se observar um cão doméstico, prescindindo da cooperação social e com tendência de individualização de seus pertences. Ou então precaver-se diante da escravidão em algumas espécies, como as formigas, como protótipo à sociedade humana; malgrado esses insetos sejam sociais, não há termo de comparação entre a constituição mental de um ente humano e o desses animais, para que se possa pensar numa organização social semelhante. Sob outro ângulo, sustentar a educação familiar baseado em que o filho do chimpanzé mãe é educado por esta, não tem fundamento científico. A prole daquele primata aprende um procedimento simples, que se repete há centenas de anos, relacionado à escolha de alimentos, sua

---

tal modo parecidas entre si que Lineu as classificou como uma espécie à parte, *Homo Ferus*, e supôs que eram uma espécie de anões raros. Não poderia conceber que tivessem nascido de homens, esses brutos idiotas, esses seres sem interesse no que se passava à sua volta, oscilando ritmicamente para trás e para diante como qualquer animal de jardim zoológico, com órgãos da fala e da audição que mal podiam educar-se, que resistiam ao frio apenas com uns farrapos e tiravam batatas da água a ferver sem o menor incômodo".

140. Parece certo que, desde o início de sua história, os primatas eram animais sociais vagando em grupos, cuja organização era estável. Jolly chegou a essa conclusão através de seu estudo sobre lêmures; nesses primatas primitivos já encontramos pequenos bandos mistos (de 12 a 20 indivíduos) que incluem vários machos adultos – um agrupamento primata muito típico. Manning, Aubrey, *Introdução ao Comportamento Animal*, p. 308.

141. Consulte-se a respeito Theodosius Grigorievich Dobz Hansky, *Mankind Evolving*, New York, Yale University Press, 1961 e Harry L. Shapiro, *Man, Culture and Society*, New York, Oxford University Press, 1950.

busca e meios de obtê-los etc.; aprende com a mãe, porque esta é o único meio através do qual se lhe oferece a transmissão do conhecimento, o que é feito, na maior parte das vezes, *através de sua conduta*. Examinemos agora um ser humano, com linguagem articulada, escrita, frente a um mundo de infindáveis conhecimentos abstratos e materiais, com uma mente acessível a profundas influências psicológicas, destinado a viver numa sociedade complexa, a qual dispõe de uma cultura em *alteração constante*, de segundo a segundo, florando inúmeras funções de seus membros, antigas e nascentes. Seria o mesmo que sugerir "previsões" no orangotango porque um de seus ancestrais, o castor, possui essa faculdade em excelentes demonstrações (todavia instintivas).

Qualificação do homem

Equaciona-se antes a natureza humana, para melhor conhecermos as suas necessidades.
O ente humano é, acima de tudo, um:

1. Animal

Compreendendo-o na condição de um animal, posiciona-se entre os demais organismos vivos de sua classificação. Nasce, vive e morre. Está sujeito a leis físicas e químicas. Seu corpo contém energia e seu cérebro mantém uma energia específica, que comumente se denomina energia psíquica; e seus atos se vinculam a um relacionamento ambiente-mecanismo mental. Como os demais animais, possui instintos e tendências naturais, sendo que tem outros campos mentais mais desenvolvidos e com direcionamento acima de outros seres, além de apresentar-se com objetivos pessoais (intelectuais, de lazer, de relacionamentos etc.) e sociais, dispondo de uma estrutura psicológica muito intensa e delicada que requer atenção e esmero da sociedade. Precisa de desvelo e ensinamentos para a luta pela sobrevivência, e capacidade para sua participação social e evolutiva. Resulta de um determinado sistema animal de reprodução sexual. Apresenta, portanto, uma idade de cuidados – na infância; uma idade de relativa consciência e autonomia – na fase adulta; e novamente uma idade de cuidados e relativa sabedoria, – na fase da velhice. Percebemos, contudo, que, além de sua parte nervosa, existe uma inteligência, própria da matéria viva organizada, agindo em defesa do organismo em seu todo. Em conclusão, face ao conhecimento dos seus estágios de vida, compreendendo os desenvolvimentos físicos e intelectuais, a sua potencialidade e vulnerabilidade como indivíduo, com vida, é merecedor que da sociedade receba proteção para que, como animal, sobreviva, se reproduza, se conserve, obtenha maior longevidade e possa exercer suas idéias, habilidades e metas.

2. Animal-social

Conclui-se que se trata de um indivíduo regido por leis específicas a animais sociais superiores. Percebe-se, então, um ato humano gerando influências e reflexos nos seus semelhantes. A presença de uma criatura se torna essencial e necessária à outra. A base de tudo se consubstancia na solidariedade. A desigualdade em todos os sentidos no relacionamento humano é abjeta, incompreensível, inaceitável e repugnante, seja na condição do cidadão perante a lei, no julgamento de uma causa, na disparidade exagerada de salários e pensões, no trabalho, na acumulação individual de imensas riquezas em desproporção gritante face aos demais.

O homem nasceu numa condição, tal ou qual, vinculada a um sistema social de vários de seus parentes mais próximos; não havia, é patente, uma sociedade com instituições, normas e governos, todavia existia a comunidade cujos membros interagiam entre si no ajuntamento, no acomodamento, na caça, na defesa, na ajuda mútua em momentos de temor ante fenômenos naturais de proporções perigosas e ameaçantes e de animais ferozes, e de até mesmo preocupações e atendimentos voluntários a enfermos e crianças. Isolado, tenderia ao fracasso, à depressão, ao tédio e à morte. A Justiça, o Igualitarismo e a Solidariedade são essenciais, indispensáveis e exigidos, a qualquer ônus, para que sejam efetivos na Sociedade.

Ibi Homo, Ibi Societas: onde (há) o homem, aí (há) a sociedade. Isto porque o homem não pode viver isolado, necessita da presença dos seus semelhantes, porquanto ele é um ser eminentemente social.

3. Animal-social-psicológico

Como sabemos dos estudos científicos, o homem não é só instintos; possui a capacidade da aprendizagem e da reflexão. A consciência de fatos e coisas, por seu turno, lhe constrói uma especial disposição mental no transcurso de sua vida. Como ser psicológico está sujeito a estruturas especificamente psicológicas, consubstanciadas por emoções, anseios e uma série de causas ocorridas na infância, na adolescência e na vida adulta. A sua abstração é ampla. Surge a necessidade de harmonia nas suas reflexões e o mundo exterior, entre suas idéias e o seu próprio organismo, entre a sua parte psicológica (superego, egoconsciente, idéias dominantes etc.) e o seu campo instintivo. Observamos, por outro lado, que a sua parte psicológica é sensibilíssima, dando origem a outros fenômenos influindo nas demais partes. Ainda é de se notar que a parte psicológica induz a pessoa a satisfações e anseios – musical, sentimental, artístico, intelectual, ideal, cultural, científico, filosófico etc. A sociedade é responsável pelo equilíbrio mental de seus cidadãos e do seu estado emocional, concorrendo a proporcionar-lhes momentos de realizações e de felicidade com observância do interesse comum.

4. Animal-social-psicológico-evolutivo-cultural

O curso da evolução chega ao homem no seu aspecto cultural. A sociedade humana evolui socialmente. Percebemos, então, o homem sujeito a leis evolutivas de natureza cultural. O homem sente o impulso para o aprender, o conhecer, o desenvolver. A mente humana necessita aprender e absorver todo tipo de conhecimento desde a sua mais tenra idade. Ela está estruturada a dispô-lo a agir segundo instintos e o aprendido, ou mais propriamente, o que for gravado em seu cérebro pela sua percepção. Cada informação é-lhe acumulada mentalmente, formando-lhe um banco de dados cultural, que lhe serve, como indivíduo e à sua prole e a seu grupo, auxiliando-o na sobrevivência, e que será, tanto quanto possível, destinado às gerações vindouras, gerando indireta e silenciosamente a evolução social. A todo instante, a humanidade acrescenta algo de novo em seu campo cultural, impulsionando sempre um certo desenvolvimento em alguma área do conhecimento, e inevitavelmente engendra-se uma evolução na sua estrutura social. O homem, em si, é, portanto, ávido por esse desenvolvimento; instintivamente se encaminha sempre para o uso mais técnico, mais eficaz, mais manuseável, mais aperfeiçoado, de qualquer coisa, independente de sua instrução e formação educacional. Mesmo em sociedades que nos parecem que pararam no tempo, sejam atrasadas e primitivas realizaram proezas técnicas em tudo que manipularam para seus propósitos, seja nas armas, nos utensílios domésticos, na caça, nos estratagemas para salvar-se de uma correnteza do rio, seja na técnica de cozinhar alimentos com ingredientes tóxicos etc. Esses lances já podem ser observados nos animais que têm a capacidade de se utilizar de ferramentas. Os chimpanzés, por exemplo, desenvolvem técnica mais apurada no uso do martelo e da bigorna ao quebrar as nozes, para obter o alimento adequadamente, e cujos ensinamentos são transmitidos aos mais jovens que os desconhecem.

Necessidades naturais

Conhecendo esses elementos da natureza humana, acredito serem subsídios precípuos à esquematização das *necessidades básicas do homem*.

De sorte que, o homem, como animal individualmente considerado, tem:

a) necessidades orgânicas tendo em vista a sua conservação;

b) necessidade sexual tendo em vista a procriação da espécie;

c) necessidade da transmissão cultural tendo em vista a evolução social;

d) necessidade da motivação psicológica tendo em vista a continuação de sua vida e do progresso social.

O homem, por sua vez, como animal socialmente considerado, tem:

a) necessidade da vivência grupal, tendo em vista o seu instinto gregário, para sobrevivência, reprodução e satisfação pessoal;

b) necessidade da solidariedade dos demais membros da sociedade, tendo em vista a cooperação social e a perfeita integração comunitária;

c) necessidade de funções naturais tendo em vista a divisão racional do trabalho social, alcance de produtividade e viabilidade à evolução;

d) necessidade de orientação cultural, em termos de crenças, idéias e conhecimentos tendo em vista os seus anseios e questionamentos pessoais e sobre as coisas universais.

Necessidades orgânicas

Como organismo vivo e consciente de sua condição, o homem *sente* a necessidade da alimentação, da proteção ao seu corpo, da reação contra perigos aos seus órgãos, de ajuda contra males no seu corpo e ameaças de extinção de sua vida, de robustecimento de seus órgãos, de manter sua mente sem distúrbios e se aperfeiçoando, da preservação integral de seu organismo e obtenção de maior prolongamento de seus anos de vida, concluindo com o funcionamento normal de seus instintos, impulsos, sensos, tendências e faculdades naturais. Implícito está, exemplificativamente, a sua liberdade de locomoção, de *habitat*, de escolha de comunidades e de alimentos, enfim de reclamar da sociedade a sua omissão ou ineficiência para satisfazer as necessidades acima relacionadas.

Necessidade sexual

A reprodução da espécie humana se efetua através da relação sexual entre duas pessoas de sexos diferentes; somente com a união de dois tipos de sexos opostos ocorre a fecundação humana. "Na maioria dos seres vivos é necessário, de quando em quando, que dois indivíduos diferentes colaborem na fabricação de um novo indivíduo".[142] O homem, como animal sexualmente referenciado, é acíclico. O macho é ativo; a fêmea, passiva; mas essa regra não é inexorável. Entre ambos, surge como liame o fenômeno da *atração sexual*. No plano natural das coisas, a atração sexual entre os seres humanos se reveste de caráter mútuo. Não obstante podendo sentir, a qualquer tempo, o impulso sexual, a união natural é quando a fêmea aceita a investida. A atração sexual de um membro a outro pode não ser permanente; a personalidade humana

---

142. DANTEC, Félix Le, *A Luta Universal*, p. 217.

também não é fixa, varia de acordo com modificações de compostos mentais que se operam em cada indivíduo no transcorrer de sua vida, sem se falar das agregações de gravações novas que ocorrem a cada milésimo de segundo na sua mente. A personalidade humana deve ser livre de qualquer impedimento moral ou físico, recalques e traumas, especialmente no campo sexual. De forma que, o indivíduo *pode sentir*, oportunamente, o impulso sexual, e isto é natural desde que a sua concretização não prejudique a outrem nem à sociedade. Os desejos sexuais podem ser exteriorizados na infância que, se deixados livremente, somente se manifestarão mais tarde, a partir do que devem ser satisfeitos. É evidente que a sociedade, diante de uma descontrolada explosão demográfica ou alguma epidemia que surja, pode estabelecer o melhor meio de atender os seus membros sem resultar efeitos nocivos aos mesmos, às gerações futuras e à comunidade.

Necessidade da transmissão cultural

Considerado como instrumento da evolução social, o homem *sente*, por determinação congênita, o desejo de *transmitir* a outrem, à sociedade, as suas idéias e conhecimentos sob os mais diversos assuntos. Essas transmissões individuais enriquecem a cultura e decisivamente podem consagrar modificações de padrões e orientações culturais, tornando-se, via de regra, um veículo de desenvolvimento social. Nada é tão constrangedor e funesto ao cidadão que lhe obstar de enunciar os seus pensamentos e opiniões. A apologia à liberdade de falar, de manifestar-se, de difundir idéias, não é nenhuma invenção moderna, porém, trata-se de um sentimento próprio do ser humano. Cada pessoa é impulsionada a revelar instintivamente à sociedade em seu conjunto, ou representada por um único indivíduo, tudo o que compõe o seu próprio conhecimento.[143] A liberdade de expressão é, em si, um direito natural, de máxima essencialidade, e absolutamente inalienável, no seu mais extenso sentido, inerente ao homem como ser social e como participante da espiral evolutiva cultural.

Necessidade da motivação psicológica

O fator psicológico no homem é deveras delicado e muita atenção deve dar a sociedade ao mesmo.

---

143. É comum ouvir-se que o indivíduo goza de ampla liberdade, com respeito; ou seja, livre para falar qualquer coisa contanto que não atinja as crenças nacionais e de outrem, os sagrados e venerados da Nação, seus mitos, seus símbolos, sua tradição. Esta não é, entretanto, a verdadeira liberdade de expressão, visto que o ímpeto natural do ente humano é transmitir à sociedade todas as suas idéias e informações.

Esse elemento pode ser observado sob dois aspectos: construção de uma mente sã e motivação à vida, ao trabalho, aos desígnios sociais, ao progresso individual e social.

A sociedade deve estar organizada de uma forma que evite anomalias psicológicas no indivíduo, tais como traumas, recalques e neuroses, e que o ambiente conduza naturalmente a pessoa ao amor humano. Por outro lado, deve prover de meios e recursos para que o indivíduo dê valor à vida, abnegação ao trabalho, interesse aos objetivos sociais, estímulo ao desenvolvimento intelectual e profissional, desprendimento à contribuição relativa à evolução social e afeição aos seus semelhantes. Cumpre esclarecer que de longe não há de se confundir isso com os meios utilizados por grupos dominantes e exploradores, em "democracias representativas" oligarquizadas para estabelecer o controle psicológico.

Esses meios e recursos são, antes de mais nada, a consagração de uma estrutura em que se possibilite a igualdade, a fraternidade e a liberdade, e seus meios materiais como ampla e intensiva divulgação dos fatos e das novas revelações filosóficas e científicas, tais como, laboratórios, centros de pesquisas, centros de proteção ambiental e preservação da flora e da fauna, provimentos racionais e profundos aos cidadãos na educação, desenvolvimento profissional, lazeres e propósitos ideais, estímulo às invenções, teorias e descobertas científicas, incentivos à dedicação à sociedade como um todo, direcionamento dos órgãos públicos às finalidades projetadas pela comunidade e participações decisórias e de fiscalização dos cidadãos.

Necessidade da vivência grupal

O homem *sente* a necessidade do convívio social, da presença de seus semelhantes, do contato permanente, da sua ajuda, do seu carinho, do seu cuidado, da sua cooperação, da sua co-participação em todos os aspectos. O ser humano somente se isolará prazerosamente por vontade própria se estiver em estado de fanatismo ideológico ou religioso.

Necessidade da solidariedade grupal

Para o perfeito convívio social e desenvolvimento cultural, nada mais razoável à Natureza do que a vida em harmonia das unidades humanas, formando um todo uniforme, coeso, racional e produtivo. Antes de tudo, não podemos esquecer que os indivíduos são interdependentes entre si. Se já não podemos admitir no mundo biológico e no físico, um todo com unidades permanentemente entrechocando-se, autodestruindo-se, menos ainda seria o caso de considerar isso normal à sociedade humana. Destacamos que as funções da sociedade humana são complexas e o desempenho de algumas exige grande especialização. O trabalho escravo ou de servo, e a exploração do homem pelo próprio homem é uma aberração na Natureza, que nos põem muito abaixo de animais sociais superiores, e não merecem maiores comentários do que aqueles que justifivam esta conjuntura derivada de incompreensões dos fenômenos e elementos universais. Mesmo naqueles animais sem necessidades imprescindíveis de especialização funcional e permanente colaboração social, como os chimpanzés, quando submetidos a situações que exijam ajuda mútua revelam inclinação marcante à cooperação entre si. Esse resultado é obtido até mesmo na utilização de instrumentos criados pelo homem. As experiências de Crawford demonstraram a evidência de solidariedade no manejo de certos dispositivos. A necessidade de trabalhar em comum se reveste de caráter solidário, em que não se pode vislumbrar nenhuma vantagem para aquele que presta a ajuda. Köhler informa-nos o caso de um chimpanzé, que havia visto anteriormente o seu parceiro tentar e não conseguir encaixar dois caniços para atrair o objeto, e quando de posse dos mesmos instrumentos, encaixou-os rapidamente um no outro, e estendeu-os através da grade da gaiola ao companheiro menos hábil, sem manifestar a intenção de ele próprio obter o alimento. O homem, em conclusão, *sente* a necessidade do amor recíproco de todos os membros do grupo. A busca desse amor é extraordinariamente intensa na natureza humana. Note-se que em algumas sociedades primitivas, os pronomes eu, meu, são pouco usados, dando lugar ao emprego do nós, nosso etc. As normas e instituições artificiais e antinaturais da civilização têm prejudicado a consecução do amor recíproco entre os membros de uma mesma comunidade e cada indivíduo se ressente dolorosamente dessa ausência, todavia isto é absurdamente anormal e a tendência é a pessoa amar a outra da mesma forma que a si mesma. Consertada a estrutura social, configurar-se-á a solidariedade natural.

Necessidade de funções naturais

Um animal insocial é o planejador, o arquiteto, o construtor, o guarda, o operacional e o fabricante, e tudo é feito para si, ou para sua cria. No entanto, na sociedade as funções modificam-se: não sendo possível, e muito menos racional, cada um fazendo tudo ao mesmo tempo. As partes somam-se às demais, formando um conjunto harmônico para concretização dos fins comunitários; a diferentes aptidões é atribuída uma diversidade de funções. A espécie humana não romperia esse sistema da Natureza, embora assumindo outros aspectos. Um elemento humano não nasce já se dizendo ser um "operário" ou a "rainha", pois, antes de tudo, como já dissemos, trata-se de um ser psicológico, e que se vale de conhecimentos não herdados, embora possa trazer tendências congênitas. O homem pode sentir que gostaria de realizar determinado trabalho à sociedade, contudo esse "gosto" não se revela antes de terem ocorrido influências psicológicas e aprendizagens, conjuntamente com a transmissão de conhecimentos culturais. Inclusive, muitos são os que descobrem a sua vocação tardiamente. Em todo o caso, chegando o ser humano a inclinar-se por certa função, *sente* necessidade de adotá-la como o melhor meio de cumprir a sua obrigação social. A sociedade deve dispor de meios para as pessoas se habilitarem às funções a que tenham vocação.

Necessidade da orientação cultural

A Orientação Cultural compreende o conjunto de conhecimentos das coisas universais em forma de ensinamentos, normas e princípios. O ideal é que o homem se guie pelas revelações científicas e filosóficas, que, gradualmente, estão aflorando, e jamais por superstições, mentiras, alucinações e fantasias, que geram inibições, perturbações psicológicas, regras e instituições antinaturais, atitudes desumanas e retrocessos técnicos e intelectuais. A preocupação máxima da sociedade deve ser a aplicação de recursos nas pesquisas científicas e desenvolvimentos tecnológicos, que abranja todos os campos de conhecimento, transmitindo-os aos indivíduos e oferecendo os seus benefícios aos membros sociais.

B. Objetivos da sociedade

Com base no estudo das necessidades naturais do gênero humano, podemos concluir que a sociedade deverá ter como objetivos:
* atender às necessidade naturais dos cidadãos;
* adequação da estrutura da sociedade às leis naturais e à vida dos cidadãos;[144]
* promoção de meios que realmente possibilitem a qualquer cidadão poder externar a sua vontade e decidir de forma racional e livre de qualquer tipo de pressão ou influências nefastas, convergentes a interesses pessoais e de grupos em detrimento do bem comum, sobre os problemas sociais, políticos, econômicos e demais assuntos, que interfiram na conduta e postura da Nação e na vida dos cidadãos;
* evitar e descartar a figura da intermediação entre os cidadãos e as manifestações de suas vontades/opiniões, da propaganda e de outros dispositivos que possam intervir na decisão dos cidadãos;

---

144. Hobbes parece ter pressentido algo a respeito: "As paixões que conduzem os homens à paz são o temor da morte, o desejo das coisas necessárias a uma vida agradável, a esperança de obtê-las com os próprios esforços. E a razão sugere cláusulas apropriadas de acordo pacífico, os quais podem levar a um consenso. Essas cláusulas são o que se denomina, em outros termos, as leis naturais (*Leviatã*, I, 13). O próprio Montesquieu não descurou da importância desses requisitos naturais (*L' Esprit des Lois*).

- organizar-se de uma forma que jamais indivíduos ou grupos possam se apropriar da "verdade", e dominar psicologicamente parte ou a totalidade dos cidadãos, explorando-os;
- criar meios para impedir a consagração de privilégios a determinados indivíduos ou grupos, configurando-se desigualdades em relação a remunerações, aposentadorias, direitos, engendrando facções de oligarcas usurpando poderes, prejudicando o atendimento de forma igual e nas mesmas condições das necessidades naturais a todos os habitantes da sociedade;
- alcançar equilíbrios econômicos e sociais entre os cidadãos, evitando a má distribuição de renda, a existência de grave desproporção na acumulação de riquezas por parte de alguns indivíduos, grupos, associações e instituições, frente a cidadãos excluídos dos benefícios nacionais;
- fomentar, com o máximo de recursos, o desenvolvimento científico e tecnológico e a sua difusão ampla e profunda a todos os cidadãos;
- proteger o ambiente e o Planeta Terra, todas as espécies da flora e da fauna;
- internacionalizar a Nação, sobretudo na Justiça, na Ciência e na Fiscalização da Administração Nacional quanto aos direitos naturais dos cidadãos, dos propósitos nacionais e do respeito ao Planeta (ao ambiente, vegetais, animais, recursos naturais, mar, espaço, rios, atmosfera, espaço sideral etc.);[145]
- permitir e oferecer aos cidadãos condições e possibilidades efetivas de pesquisas e obtenção de conhecimentos científicos em geral.

C. Fatores direcionadores a estruturas de acordo com a natureza humana e as alterações culturais ocorridas com a civilização

Torna-se de fundamental essencialidade considerar alguns elementos na organização e funcionamento políticos da sociedade, e não apenas permaner apenas simbolicamente nos papéis de expressões encantadoras.
- Com os estudos antropológicos, ficamos a saber que houve uma ruptura cultural na humanidade, a qual, desde o seu início na pré-história, por questões de impossibilidade do mínimo conhecimento ante os fenômenos naturais em geral, enveredou por conceitos, concepções e comportamentos, com base em superstições, mitos e tabus, gerando crenças irracionais e dogmas, com os seus segmentos paralelos, como grupos aflorando diferenciados nas comunidades, dispondo crescentemente de privilégios e domínio sobre os demais.

---

145. A propósito, veio ao conhecimento público em 1998, que durante o período da Guerra Fria dirigentes de uma Nação aventaram a hipótese de explodir uma bomba nuclear na Lua como meio de intimidação à outra potência.

Esse mundo de complexidade contemplou o cidadão comum com um condicionamento cultural, que o destinaria a apoiar os erros vigorantes e as classes usurpadoras. Somente com o passar de muitos anos, e na maioria dos casos, séculos e milênios, o cidadão comum, com a ajuda e sacrifício de filósofos e cientistas, se libertavam, aqui e acolá, de algumas instituições e mentiras subjugantes. Há, pois, nas sociedades, interesses de indivíduos e grupos em manter prerrogativas e direitos acima dos cidadãos comuns, assegurando paralelamente volumosas falsas verdades;

- Com os estudos psicológicos, ficamos a saber que a emoção e a pressão não são integrantes racionais para um cidadão tomar uma decisão sobre o seu destino e dos demais da Nação. E se observarmos o tecnicismo apurado da propaganda, devemos nos prevenir perante a mesma, porquanto a profundeza de sua persuasão nos dias atuais pode até atingir facilmente os comandos do subconsciente. O cidadão comum, sendo levado pelos meios propagandísticos pode ser conduzidos a beneficiar grupos privilegiados.

A sociedade deve ter uma organização política em que se torne viável concretizar uma condição de *buscar o cidadão comum, no mais que puder, livre, liberto de grupos, de doutrinas e ideologias fixas e radicais*. Há que se perguntar ao cidadão em seu recinto íntimo, resguardado e respeitado, se quer colaborar com a Nação, exercendo uma função que se lhe coloca à disposição. Ele deverá pensar, de si para si, com olhos na sua família, nos seus amigos, nos seus vizinhos e nos seus compatriotas. Devo desempenhar a função ou não? Se decidir, fa-lo-á, porque quis, porque resolveu por sua vontade, liberdade e direito de cidadão. E irá se dedicar à sua pátria, à sua comunidade e à humanidade. Estará, assim, em princípio, agindo afastado de grupos ou partidos, de associações ou movimentos, de pressões, de jogo de interesses, favores, favorecimentos e outras mesquinharias, que somente o prejudicariam nos seus pensamentos e comportamentos, no momento de decidir este ou aquele assunto de implicações nacionais.

Em sendo assim, o Estado tem de estar estruturado de uma forma que realmente possa obter o cidadão nessas condições,

– livre;

– liberto de grupos;

– liberto de doutrinas e ideologias;

– sem prerrogativas;

– com ou sem anonimato;

e que esse cidadão deseje contribuir para o bem comum da coletividade, manifestando a sua vontade nesse sentido.

Concomitantemente, que o Estado disponha os Poderes para receber esse cidadão, sem nenhuma exigência, salvo a de ser:

- um cidadão normal;
- deseje atuar nos Poderes para servir a Nação;
- seja escolhido por meio puramente democrático.

D. Estruturas racionais

Pressupostos

De fato, estudos de psicossociologia, psicologia comparada, antropologia, história e contribuições de outras áreas, oferecem recursos à construção ideal de uma forma de governo visando aos princípios democráticos, à satisfação das necessidades naturais do homem, à igualdade e liberdade e ao desenvolvimento evolutivo.

Diante da premissa maior de que a Democracia é um governo do povo, pelo povo e para o povo, acreditamos que devemos ponderar sobre a existência de quatro condições essenciais, para atingir esse objetivo, que se reveste de um modo *prático*, *sério* e *honesto*, sem embuste, sem lindas e superficiais expressões, sem ilusões, que, no final, se traduzem numa farsa em benefício de exploradores e grupos espúrios, formando uma oligarquia.

Condições essenciais

1. Cada cidadão deve *se sentir na possibilidade* de realmente poder participar diretamente das decisões do Governo;
2. Cada cidadão que estiver na situação de poder decidir sobre o destino da Nação deve receber da sociedade o preparo necessário para o seu desempenho;
3. A participação do cidadão nos processos de decisão deve ser estruturada de uma forma que se evite que a sua atuação esteja vinculada a emoções, pressões ou estimulada pela propaganda. A estrutura tem de estar tão pura que no momento da tomada de decisão, o cidadão esteja usando apenas a sua consciência, o seu preparo, experiência e visando o bem da Nação, em benefício de todos;
4. O cidadão deve atuar por si próprio sem representante de qualquer espécie.

   Em síntese, então, podemos considerar o governo democrático aquele que:
- permite realmente e *na prática* que qualquer cidadão tenha a possibilidade de participar diretamente das decisões nacionais;
- as decisões nacionais estejam endereçadas exclusivamente para atender às necessidades básicas e naturais do cidadão e as leis científicas reveladas, descobertas;

- possibilite *na prática* a qualquer cidadão expressar as suas idéias livremente e inclusive, através da imprensa escrita, falada e televisionada;
- as leis e normas sejam iguais para todos os cidadãos, e não haja ínfima diferença legal concebida a grupos, classes, profissões, funções, sexo, raça, crenças.[146]

Por conseqüência, a forma de governo deve ser a Democracia no conceito de governo puro, consoante Aristóteles, o povo exercendo o poder soberano tendo invariavelmente em vista o interesse comum.

É assegurada, portanto, a soberania do povo de uma forma que encerre seus pontos fundamentais, a unidade, a indivisibilidade, a inalienabilidade e a imprescritibilidade, características essas impossíveis de constatações na democracia representativa, cujos defensores têm recorrido até a sofismas no encontro de uma resposta.

Na narração sobre a célebre contribuição de Godwin, *Political Justice*, muito bem compreendida por Dennis Lloyd, prenunciamos as raízes da Democracia elaborada cientificamente: "Godwin argumentou que os males da sociedade não resultam da natureza corrupta ou pecadora do homem, mas dos efeitos perniciosos de instituições opressivas. O homem é inerentemente capaz de progresso ilimitado e somente as instituições coercivas e a ignorância se erguem como obstáculos nesse caminho. Com uma tocante fé na razão e na perfectibilidade humanas, Godwin sustentou que a cooperação voluntária e a educação habilitariam a abolição de todas as leis. As normas sociais e morais requeridas para manter a ordem e o progresso sociais seriam efetivas na medida em que sua violação incorreria na censura moral dos indivíduos livres de que a sociedade se comporia".[147] E prosseguindo, Dennis Lloyd comenta as idéias de Sir Herbert Read, *Human History*, lembrando que esse pensador assinala que grupos humanos sempre se associaram espontaneamente para ajuda mútua e contemplação de suas necessidades e, portanto, podemos estar certos de que organizarão voluntariamente uma economia social que assegure a satisfação dessas necessidades. E complementa Dennis: "O reconhecimento de que mesmo na mais simples forma de sociedade é necessário algum sistema de regras parece inevitável".[148] Com efeito, uma complexa comunidade civilizada terá, como assevera Dennis, um sistema de regras governando a família e a vida social e econômica, contanto que os meios se originem das leis naturais no intuito de atender às necessidades básicas do homem, apoiando-se apenas em regras técnicas indispensáveis para a consecução de tais finalidades, evi-

---

146. Significa, entre outras coisas, que não deve haver diferenciação nos benefícios, tributações e contribuições, entre funcionários públicos e privados, militares e civis, clérigos e seculares.
147. LLOYD, Dennis, *The Idea of Law*, p. 9.
148. *Ibidem*, p. 13.

tando-se fábrica de leis em benefício de privilegiados e grupos oligárquicos, como nos governos representativos.

Na Democracia estruturalizada, com o conhecimento das necessidades básicas do homem e sua aplicação social, segue-se esse rumo e aperfeiçoa-se com posteriores estudos científicos. O Direito, portanto, pouco ou nada recorrerá à coerção (à sanção). O matar, o agredir, o ofender, não condizem a um animal social no relacionamento de seus membros e desde que tenha condições naturais que lhe concedam suprir os seus instintos, o próprio indivíduo se comprazerá com justiça, igualdade e liberdade, em sua comunidade, e se estendendo a toda Humanidade. Pedimos licença em considerar essa a mais plausível resposta à indagação de Hans Kelsen sobre a motivação dos cidadãos em respeitarem as regras (no caso as mais simples, de conhecimento geral e decorrentes da natureza humana: não matar, não roubar, amar os outros membros sociais etc.).

Internacionalização

O Estado nacional deverá se internacionalizar em vista do Ambiente, da Ciência, da Tecnologia, da Justiça, da Igualdade e da Liberdade. A humanidade já está se inclinando à internacionalização dos direitos humanos. Após a Segunda Guerra Mundial, com a Carta das Nações Unidas de 1945 e a Declaração Universal dos Direitos Humanos pela Assembléia Geral da ONU, em 1948, conjugadas com outros Pactos, como a *International Bill of Rights*, cujo processo de aplicação globalizada já se pensa na necessidade de implementação desses direitos mediante a criação de uma sistemática internacional de monitoramento e controle – a denominada *International Accountability* –, culminando com a constituição do Comitê de Direitos Humanos, criado pelo artigo 28 do Pacto Internacional dos Direitos Civis e Políticos, adotado pela Resolução 2.200 – A da Assembléia Geral das Nações Unidas, em 16 de dezembro de 1966, com a missão de colher e emitir informações sobre a violação dos direitos humanos nos Estados-partes.[149]

Em termos conclusivos, o cidadão deve ser o sujeito de direito internacional, em nível até superior ao Estado.

Aos poucos uma série de procedimentos e conceitos vêm sendo formalmente internacionalizados, com o assentimento das nações, a despeito de receios de lesão à soberania dos Estados.

---

149. Um ensaio dessa internacionalização já teve o seu começo em 1998, com a resolução para inspecionar fabricação e estoque de armas químicas e biológicas no Iraque e pedidos de julgamento de um general iugoslavo acusado de crimes internos em guerra civil e de um pedido judicial da Espanha para extradição pela Inglaterra de um ex-ditador chileno para ser julgado por crimes contra cidadãos espanhóis ocorrido no Chile, quando esse ditador era Chefe de Estado.

A Organização Internacional fundada em 1863 por Henri Dunant, sob a denominação de Cruz Vermelha Internacional, para socorrer vítimas de guerra, de calamidades naturais e dos desequilíbrios sociais, foi um bom começo. Com o tempo, as nações entenderiam a necessidade da aplicação do Direito Humanitário em conflitos armados internacionais.

Para a professora Piovesan, o Direito Humanitário, a Liga das Nações e a Organização Internacional do Trabalho situam-se como os primeiros marcos do processo de internacionalização dos direitos humanos. "Como se verá", acentua, "para que os direitos humanos se internacionalizassem, foi necessário redefinir o âmbito e o alcance do tradicional conceito de soberania estatal, a fim de que se permitisse o advento dos direitos humanos como questão de legítimo interesse internacional. Foi ainda necessário redefinir o *status* do indivíduo no cenário internacional para que se tornasse verdadeiro sujeito de direito internacional".[150] E nos transmite a seguinte explanação de Louis Henkin: "A Organização Internacional do Trabalho foi um dos antecedentes que mais contribuiu à formação do Direito Internacional dos Direitos Humanos. A Organização Internacional do Trabalho foi criada após a Primeira Guerra Mundial para promover parâmetros básicos de trabalho e de bem-estar social. Nos setenta anos que se passaram, a Organização Internacional do Trabalho promulgou mais de uma centena de Convenções Internacionais, que receberam ampla adesão e razoável observância".[151]

O Dr. Antonio Augusto Cançado Trindade, juiz da Corte Interamericana de Direitos Humanos, enfatizou, em 1996, o seguinte: "Ao final de cinco décadas de extraordinária evolução, o direito internacional dos direitos humanos afirma-se hoje, com inegável vigor, como um ramo autônomo do direito, dotado de especificidade própria. Trata-se essencialmente de um *direito de proteção*, marcado por uma lógica própria, e voltado à salvaguarda dos direitos dos seres humanos e não dos Estados. Formam-no, no plano substantivo, um conjunto de normas que requer uma interpretação de modo a lograr seu objeto e propósito e, no plano operacional, uma série de mecanismos (de petições ou denúncias, relatórios e investigações) de supervisão ou controle que lhe são próprios. A conformação deste novo e vasto *corpus juris* vem atender a uma das grandes preocupações de nossos tempos: assegurar a proteção do ser humano, no plano nacional e internacional, em toda e qualquer circunstância".[152]

De qualquer modo, a partir da metade final do século XX, alguns crimes passaram a ser considerados no conceito das Nações, como crimes comuns a toda a universalidade, sujeito o seu infrator à extradição, tais quais:

---
150. PIOVESAN, Flávia, *Direitos Humanos e o Direito Constitucional Internacional*, pp. 132-133.
151. *Apud* Piovesan, Flávia, *Direitos Humanos e Direito Constitucional Internacional*, p. 135.
152. *Idem*, p. 17.

- os crimes contra a paz;
- os crimes de guerra;
- os crimes contra a humanidade.

Por determinação da Assembléia Geral da ONU, a Comissão de Direito Internacional formulou, em 1950, os princípios do Direito Internacional, reconhecidos no Estatuto do Tribunal de Nüremberg e no julgamento do Tribunal. Para maiores esclarecimentos, destaquem-se os seguintes dispositivos do Acordo de Londres, de 1945:

"Art. 6º – O Tribunal estabelecido por este Acordo para o julgamento e punição dos crimes de guerra tem o poder de julgar e punir pessoas que, agindo no interesse dos países europeus do eixo, seja enquanto indivíduos, seja enquanto membros de organização, cometeram um dos seguintes crimes a seguir relacionados. Os crimes a seguir, ou qualquer deles, são crimes sob a jurisdição do Tribunal que demandam responsabilidade individual.

Os crimes aqui enunciados são puníveis como crimes perante o Direito Internacional.

a) *Crimes contra a paz*: planejar, preparar, incitar ou contribuir para a guerra de agressão ou para a guerra, em violação aos tratados e acordos internacionais, ou participar de um plano comum ou conspiração para a realização das referidas ações;

b) *Crimes de guerra*: violações ao Direito e ao Direito costumeiro da guerra. Tais violações devem incluir – mas não devem ser limitadas a esses atos – assassinato, tratamento cruel, deportação de populações civis que estejam ou não em territórios ocupados, para trabalho escravo ou para qualquer outro propósito, assassinato ou tratamento cruel de prisioneiros de guerra ou de pessoas em alto-mar, assassinato de reféns, saques à propriedade pública ou privada, destruição de vilas ou cidades, devastação injustificada por ordem militar;

c) *Crimes contra a humanidade*: assassinato, extermínio, escravidão, deportação ou outro ato desumano cometido contra a população civil, antes ou durante a guerra, ou perseguições baseadas em critérios raciais, políticos e religiosos, para a execução de crime ou em conexão com crime de jurisdição do Tribunal, independentemente se em violação ou não do Direito Doméstico de determinado país em que foi perpetrado".

A xenelasia, que é a expulsão em massa de estrangeiros, naturais do país inimigo, em guerra, está proibida no artigo 22 da Convenção Interamericana de Direitos do Homem e pelo Artigo 4º do Protocolo nº 4, da Convenção Européia de Direitos do Homem, de 1963.

A Declaração Universal de Direitos Humanos de 1948 proíbe a discriminação racial, no Artigo II-1, reforçada pela Convenção sobre a Eliminação de todas as Formas de Discriminação Racial, de 1963 (Resolução 1.904 (XVIII) da Assembléia Geral).

Sob o patrocínio da ONU, outras Convenções e Pactos importantes foram assinados pelos Estados-partes, tais como contra a tortura, penas cruéis, desumanos e degradantes, discriminação contra a mulher etc.

Os Estados-partes da ONU, porém, ainda não se dispõem à extradição dos nacionais, mesmo cometendo os crimes comuns. Aparecem argumentos patrióticos de soberania e melindres sobre a competência dos tribunais domésticos. Contudo, pelo menos, a maioria das nações passou a entender certas matérias ao nível de "necessidade consensual internacional de tratar o direito igualmente entre si" do que um caso de pura e simples soberania de Estado. Este fato, no mínimo, projeta um avanço, pois o crédito absoluto ao Princípio da Soberania do Estado é capaz de esconder qualquer coisa abominável, não somente contra o próprio povo, mas o genocídio de raças e outras gentes.

Mister se faz esclarecer que no Direito Internacional, a preocupação dos povos, acima de tudo e de qualquer princípio, deve ser:

- o respeito à soberania da vontade popular;
- a vigilância e cumprimento dos direitos individuais acima de qualquer Governo ou regime político;
- a salvaguarda da Humanidade;
- a defesa do Planeta e da Natureza.

Quem atentar contra esses princípios deve ser punido, e se não for possível no seu Estado, deverá ser feito mediante um Tribunal Internacional.

Não resta a menor dúvida de que o advento da Organização das Nações Unidas, cria uma nova ordem internacional, com propósitos de paz e de cooperação internacional no aspecto econômico, social e cultural, defesa do meio ambiente e dos direitos humanos.

A Organização das Nações Unidas é a entidade destinada a patrocinar a validação desses princípios, proporcionando reconhecimento de direitos e procedimentos humanos entre as nações, exercendo inspeção e cooperando com as nações para evitar infrações.

Os Estados-partes devem se conscientizar de que não há mais lugar para a reclamada Soberania Absoluta, devendo prevalecer a Soberania Relativa, que significa o respeito aos princípios já elencados e para tanto os Estados devem abrir as suas portas à cooperação do órgão máximo internacional, de que façam parte, como a ONU e as inspeções necessárias sobre o exercício do direito pelo povo, podendo, no caso de infrações, receber sanções e ter exigida a substituição dos governantes, em nível do executivo, do legislativo e do judiciário.

A Democracia deve constituir órgãos, como podemos comentar mais adiante, que necessitarão da cooperação das Nações Unidas, para evitar desonestidade, exploração do povo, privilégios, violação de direitos, desigualdades perante a Lei, esquemas legais que permitam benefícios escusos a grupos, nepotismo, aparelhamento que gere dinastias em cargos públicos e legiferantes, e formação de oligarquia, daqueles que ocupam os comandos dos Poderes.

Preocupar-se com soberania nacional é tão-somente um disfarce para a permanência das injustiças internas. O mundo do porvir certamente não entenderá o ridículo desse tipo de preocupação, ilógica e contraproducente aos povos.

O que nos deve importar, acima de tudo, é a preservação da soberania do povo, e não se acomodar, deixando imperar, aos olhos de toda a comunidade internacional, a exploração de castas sobre os demais cidadãos, e cobiças desenfreadas e caprichos incontidos de tiranos ao arrepio dos mínimos direitos humanos, como assistimos em grandeza volumosa na História e nos dias atuais. Por que temos de deixar o povo iraquiano sofrer guerras e assassinatos provindos da cabeça de um tirano tresloucado como Hussein? Por que o povo iraniano terá de ser tolhido em sua liberdade por fanáticos de um grupo teocrático? E muito menos ainda que governantes e legisladores de um país, ancorados na soberania nacional destruam o ambiente, a fauna e a flora terrestre e marinha, e sacrifiquem o Planeta. Não é necessária a guerra para defrontá-los, mas sanções de uma entidade máxima internacional devem ser aplicadas.

Nos períodos gloriosos da democracia ateniense e do seu império, quando exerciam domínio sobre os pequenos estados por toda a região do Egeu, uma de suas inovações era a derrubada da oligarquia e implantação da democracia. Esse fato contribuiu ao estímulo das classes pobres à adesão aos invasores, preferindo integrar-se ao império ateniense, como colonos, obtendo assim o apoio ateniense à democracia, ao invés de terem uma "independência" política que as sujeitasse a sustentar as classes abastadas; além do mais, somente as pessoas mais prósperas eram as que deveriam pagar os tributos a Atenas; essa era uma das razões de tanto apoio recebido.

Inelutavelmente deve existir uma fiscalização internacional em termos de defesa dos Princípios e Direitos aprovados em Cartas por quase todas as nações, inclusive por essas cujos mandatários estejam infringindo os princípios. Fiscalizar a Nação por intermédio de delegados do órgão internacional supremo, tendo em vista os direitos e obrigações, que a própria Nação subscreveu, não é ferir soberania nenhuma. Essa fiscalização somente contrariaria os indivíduos que estivessem cometendo infrações em detrimento de seus co-cidadãos e da Humanidade. Portanto, o que não pode prevalecer mais é a intangibilidade e impunidade de governantes, perante a Comunidade Internacional organizada num mundo globalizado da atualidade, tão próximo, por força do avanço das comunicações, cada dia mais inter-raciais, cuja tendência é a irmanação, e agraciado com tratados sobre as mais diversas defesas de Direitos Humanos, da liberdade e da igualdade, das Mulheres, das Crianças, contra a guerra, contra a escravidão, contra as injustiças em geral, *consagrados*, como atrás referido, pelos governos da maioria absoluta das comunidades autônomas, e consentidas pelos seus respectivos cidadãos.

Se um povo sofre nas mãos de um tirano ou de uma estrutura política beneficiando algumas castas, quem o salvará? Devemos esperar que padeça uma geração, duas, até eclodir uma revolta sangrenta, que, no final, pode surgir, outro tirano, outra classe exploradora? Ou que recorra a uma outra Nação para o salvar? Todavia, uma única nação pode agir arbitrariamente e também ter outros interesses. Então, não é mais racional e sensato, que uma entidade internacional, integrada pela maioria absoluta das Nações, alicerçada nos Princípios e Direitos consagrados pelos povos, procedente de uma verificação conscienciosa e regulamentada, previamente, antes de qualquer ação violenta, aprove ou desaprove os atos de seus executivos e legisladores?

Princípio da convocação do povo

A estruturação política da sociedade deve basear-se na efetiva solicitação a todos os cidadãos para participarem dos atos decisórios da Nação.

A chamada, portanto, deve ser dirigida a todos da população adulta, cujo comportamento em face desse convite, é de natureza voluntária.

Uma vez que parte do todo é o que deve compor, por um determinado período, os cargos máximos dos Poderes, são identificados alguns sistemas, de modo a concretizar a configuração democrática para a composição da parte-povo, com suportes científicos e técnicos:

– por concursos;

– por graduação;

– por auto-habilitação;

– por sorteio;

– conjugado.

Está-se a falar de parte-povo, porque todos os sistemas relacionados compreenderão partes do povo, visto que nem todos do povo desejariam participar pelos mais diversos motivos (idade avançada, doença, preferência que outros mais dispostos e capazes o façam em seu lugar, ocupações profissionais, atividades particulares, situações familiares, acidentes e incidentes pessoais etc.). No entanto, vale ressaltar, que cada um do povo estaria livre para fazer a sua opção.

Por concursos, o sistema implica que os cidadãos são convidados a participar das decisões nacionais, por um certo tempo, necessitando atender a testes seletivos de conhecimentos gerais e especializados. Evidente, que nesse processo, em face da razão democrática, jamais deverá levar em consideração diplomas e cargos exercidos, e a sua realização deveria compreender controle e inspeção de um órgão neutro e, preferencialmente, contando com a presença de especialistas internacionais.

Não há nenhum registro histórico na aplicação desse sistema para a composição do Poder decisório. As nações modernas em geral o têm adotado no processo de seleção para o exercício de cargos públicos. Trata-se, de fato, de um meio democrático para o preenchimento do corpo de servidores do Estado, em oposição ao primitivo processo de nomeação arbitrária ou de venda de cargos como era imposto pelas monarquias, métodos que não eram democráticos nem racionais, além de discriminar o povo. No entanto, a sua adoção não tem sido ampla e total nos regimes de Representação Política. Relembrando o que foi comentado em outra parte, esses pecam em nomeações de ocupantes de alguns cargos públicos por razões pessoais e de favorecimento. E em grande número de países (incluindo o Brasil), ocorrem processos de seleção que são fraudulentos e corporativos e dessa maneira não democráticos.

Por graduação, pode se entender o sistema pelo qual o Estado ofereceria instituições aos cidadãos, indistintamente, para se formarem, em categoria elevada, como Agentes Públicos, os quais, com o devido progresso instrucional, realizariam cursos avançados até se tornarem aptos, por mérito e exames, acrescidos de outros requisitos, a exercer cargos nas entidades públicas federais, estaduais e municipais, inclusive podendo habilitar-se aos níveis máximos.

O exercício histórico desse sistema pode ser vislumbrado na China medieval por longos anos. Não obstante fosse implementado num regime de monarquia, o processo era democrático e apresentou resultados eficazes. Pessoas de origem humilde tiveram a oportunidade, através desse esquema, de atingir os Poderes Decisórios do país, malgrado o soberano tivesse a última palavra. Era estabelecida uma sucessão de exames, compreendendo, entre outras, matérias como política, filosofia e história. Iniciava-se no nível das vilas, e aqueles que eram aprovados, auferiam a habilitação a exames de nível mais elevado. O candidato que fosse bem-sucedido nos três exames (municipal, provincial e nacional) era graduado com a qualificação *Chin Shih*, e dessa forma poderia ser designado a uma função pública, comumente começando como juiz de distrito. Daí por diante, obtendo promoção por mérito poderia alcançar a posição de primeiro-ministro. Reischauer e Fairbank consideraram, com propriedade, que "o sistema de exames como um todo foi uma das maiores invenções políticas do mundo e uma razão fundamental para a força e a estabilidade do Império Chinês ...".[153] Confúcio exerceu, como *mandarim*, funções públicas em algumas regiões com o fim de estabelecer estruturas e meios visando à

---

153. REISCHAUER, Edwin O. & Fairbank, John K., *East Asia*; the great tradition, pp. 165-6, *apud* Shirley, Robert Weaver, *Antropologia Jurídica*, p. 67.

consecução das virtudes e da justiça nos serviços comunais, que anunciava em sua filosofia, para que a felicidade e o bem vigorassem sobre todos; com esses propósitos, nessas funções, aplicou-se a reformar leis e costumes, a corrigir abusos e irregularidades, a curar ignorância e misérias. Muito embora esse sistema realmente tenha ajudado bastante ao funcionamento ético e, de certa forma, esse seu aspecto democrático, era prejudicado por alguns fatores: 1) estava integrado a uma organização política de natureza antidemocrática – a Monarquia e seus sequazes; 2) não havia o cuidado da renovação, e muitos mandarins se eternizavam em alguns cargos importantes da Nação; 3) não havia uma inspeção sob um Poder neutro, à parte, e com autonomia em face da burocracia e do imperador; 4) para o exercício dos poderes decisórios, se bem que, pudessem ser compostos por parte do povo, a forma de obter o último grau, deveria ter algum modo de manifestação do povo e isto não havia. O próprio Confúcio não conseguiu concluir os seus trabalhos devido aos mandos e desmandos dos monarcas a que esteve servindo cumpliciados pelos poderosos; inclusive, o filósofo foi jogado ao cárcere e por pouco não morreu de fome. Essa foi a razão por que foi afetado pela deterioração, mesmo assim depois de séculos de utilização. Quando os europeus chegaram à China, não puderam encontrar toda a pureza e eficácia desse sistema, e somente lhe lançaram críticas e zombarias, provindas de missionários e outros interessados em sua destruição. No entanto, comparado às organizações políticas e burocráticas européias até o final do século XVIII, período em que prevaleceram o despotismo e venda de cargos públicos, esse sistema era sumamente superior e democrático.

Com efeito, mediante *concursos* e *graduações* os indivíduos seriam convocados, porém, fazendo-se mister mensurar suas experiências e seus desenvolvimentos.

Esses dois sistemas quando aplicados isoladamente pecam por ser preferencialmente elitistas, excluindo os cidadãos simples, cuja participação nas decisões nacionais deve ser respeitada e pode ser conceituada como de inestimável importância. Podem ser adequados a funções específicas, todavia, não como único comando democrático da Nação, que deve compreender todos os cidadãos indistintamente.

O sistema por auto-habilitação que também pode ser denominado de participação global é aquele em que seriam convocados todos os cidadãos, indiscriminadamente, sem outros requisitos, a não ser a idade e isenção de qualificações psicopatológicas e criminosas, no sentido de participarem diretamente do processo decisório. A parte-povo que se habilitasse, através da simples inscrição, manifestando assim o desejo de participação, estaria formalmente apta a exercer as tarefas. Aquele cidadão que se inscreve para opinar ou votar, se considera auto-habilitado a fazê-lo. Em outros termos, seria o exercício da democracia direta, utilizando os meios eletrônicos e tecnológicos da comunicação. A convocação, naturalmente, poderia ser por cada assunto, ou por curtos períodos, precisando de renovação das inscrições a cada início de novo período de legislação. É um sistema, porém, que teria sua aplicação mais destinada à *votação* dos assuntos e projetos de lei, havendo de se recorrer a um Conselho, que se encarregaria previamente da seleção, preparação e apresentação dos mesmos. Trata-se concretamente de um sistema que para o seu *uso amplo*, ou seja, abrangendo a iniciativa, a seleção, a análise, a preparação e a votação, urgiria maior evolução social e sofisticado desenvolvimento tecnológico de informações, dos controles e das agilizações. Acredito que não se distancia muito esse futuro para a sua concretização. No entanto, para o uso desse sistema na fase de votação, é possível a sua aplicação de acordo com os atuais desenvolvimentos tecnológicos da comunicação e da teleinformática, pelo menos no que diz respeito aos países da Europa, América do Norte, Oceania, Japão, Coréia do Sul, Formosa, Israel e alguns da América do Sul.

A realização da votação dos assuntos e projetos de lei seria decidido por todos os cidadãos habilitados na inscrição, *sendo essencial* que:

- a apresentação das matérias de forma a mais simples possível e separadamente;
- haja descrição minuciosa sobre cada item;
- haja debates programados na versão acusatória: opositores/defensores em igualdade de condições, em meios de comunicação que concedam aos cidadãos total visão e audição, como a televisão, com inquirições de jornalistas e quaisquer do povo, sorteados, para os debates (variando a cada debate). Nesse caso, lógico, deve se criar um processo próprio e democrático de indicação dos debatedores, variando-os, em pelo menos, três discussões públicas, através dos melhores meios de comunicação audiovisual. Para alguns cidadãos que desejam se manifestar, deve ser aberta a possibilidade de receber a sua opinião por escrito e publicá-la nas primeiras páginas dos jornais e tê-la transmitida pelo rádio e televisão. Caso o número de interessados em se manifestar seja muito grande, será efetuado o especial processo de escolha. Os cidadãos devem se anunciar sob determinado rótulo, que determina se são contra ou a favor da aprovação. Sobre cada classe de rótulo, serão efetuadas 10 escolhas através de sorteio. Então ter-se-ão 20 manifestações por escrito na imprensa sobre o assunto, de origem democrática;
- com prazo relativamente razoável para os cidadãos meditarem e resolverem dar ou não os seus votos, de aprovação ou de negação;
- impedimento de qualquer tipo de propaganda direta ou indiretamente sobre o assunto a ser estudado e votado pelo povo.

Esse sistema foi adotado na Assembléia do Povo, na colina chamada Pnyx, em Atenas, para discussão e votação dos assuntos de interesse da comunidade.

Os cidadãos com idade superior a 18 anos e do sexo masculino, eram convidados a participar da Assembléia, que dava a decisão final na guerra e na paz, nos tratados, nas finanças, na legislação, nas obras públicas, em resumo, na totalidade das atividades governamentais. Os cidadãos que quisessem participar das decisões da Nação, compareciam à reunião, e no início do século IV a.C., por sua inscrição ao comparecimento, recebiam um pequeno *per diem*. O Presidente da Assembléia era renovado a cada reunião, ocorrendo a sua escolha mediante sorteio; esse detalhe demonstra todo o cuidado da atuação democrática, com o afastamento de possível arbítrio ou assenhoreamento dos procedimentos e decisões. As reuniões da Assembléia eram freqüentes durante todo o ano, realizando-se sempre mais de 40 vezes. Esse sistema funcionou de uma forma eficaz durante 200 anos e teria o mérito de ser o melhor se houvesse abrangido toda a população adulta e se naquela época não existisse o estigma da escravidão. Pelo menos na parte-povo a que cabia o exercício da democracia, o processo funcionou e não se pode desdenhar que Atenas por longos dois séculos "conseguiu ser o Estado mais próspero, mais poderoso, mais estável, com mais paz interna e culturalmente de longe, o mais rico de todo o mundo grego".[154] Naqueles tempos de governos despóticos e oligárquicos prevalecendo em todos os lugares, somente visando a opulência das castas dominantes, a democracia ateniense foi a única que pensou nos pobres e enfermos, não em termos de esmolas, mas de proteção. A força do general macedônio, Antipater, e dos aristocratas gregos, subjugou a soberania dos cidadãos, arruinando a sua dignificante instituição. Quando tentaram convencer o filósofo e orador Hyperides sobre as virtudes do militar, este respondeu: *"será como dizes, mas nós não queremos senhores, nem bons nem maus"*. Antipater mandou-lhe cortar a língua; passado algum tempo, executaram-no covardemente. Demóstenes não encontrou outra saída: envenenou-se. A democracia ateniense foi restaurada em 317, mas por pouco tempo. Em meio àquele clima de guerras sangüinolentas por territórios e reinos, em que os helenos se digladiavam entre si, com empenho e objetivos somente destinados a lutas armadas, Atenas foi submetida à oligarquia, com seu povo já desprovido de qualquer resistência; a democracia ateniense desmoronou, portanto, diante dos poderosos com a ajuda do militarismo de um povo considerado bárbaro no conceito dos gregos, o qual somente se fazia conhecer no mundo por seus assassinatos dentro da realeza e por suas ambições de conquistas guerreiras.

Outras cidades-estados gregas e da Magna Grécia, bem como algumas colônias estabelecidas nas ilhas do Mar Egeu e da Ásia Menor, adotaram também *os sistemas da auto-habilitação e do sorteio* (este para algumas funções), malgrado esses processos tivessem curta duração e sofressem constantes interrupções, por força das ações dos demagogos e das classes abastadas, cujo final

---

154. FINLEY, M.I., *Democracia, Antiga e Moderna*, p. 35.

resultava sempre em tiranias e oligarquias, as quais serviam a que vontades e privilégios de uns poucos sobrepujassem os anseios populares de igualdade e de ascensão política da plebe. Até mesmo na República Romana, a despeito da vigilância implacável do Senado contra qualquer aspiração de soberania do povo, em que se chegava ao ponto de proibir a presença dos tribunos do povo no santuário de suas sessões, houve, em algumas ocasiões e sobre alguns assuntos, a aplicação do sistema da auto-habilitação; na queda da monarquia, a nomeação dos magistrados supremos tornou-se, embora sujeita ainda a algumas restrições, uma decisão da assembléia direta dos cidadãos; na revolução que derrubou Appius Claudius e seus asseclas da aristocracia, a apelação era decidida popularmente e a Assembléia podia se opor a decisões da oligarquia senatorial. Vários cargos públicos, administrativos e religiosos, em diversos momentos também deixaram de ser prerrogativas dos aristocratas e foram ocupados por plebeus. Entrementes, à medida que Roma subjugava outros povos, o Senado determinava a abolição em toda parte das formas democráticas e favorecia a aristocracia opulenta. Julgando-se árbitro do mundo, entendeu o Senado que para segurança do império devia o mundo ser escravo. Assenhoreando-se o Senado de maiores poderes decisórios em detrimento do povo, a Sociedade romana cada dia mais consolidava a sua estratificação social baseada em ricos e pobres. Aos pobres somente restavam dois destinos: a fome e a miséria. O Senado estava mais preocupado em aumentar-lhe a riqueza e privilégios, e em fazer guerras de conquistas. Então surgiram os Gracos, como tribunos do povo, em desesperada iniciativa, pretendendo valer a vontade e a igualdade popular através das suas leis humanas e revolucionárias que beneficiavam o povo e a todos os italianos. No entanto, a Assembléia do Povo que homologaria essas decisões populares, foi açodada por um Senado armado, que com o apoio dos nobres, perpetraram o assassínio do defensor do povo (Tibério) e a execução sem julgamento de todos os cidadãos que apoiaram as reformas, alguns jogados em tonéis cheios de serpentes, outros atirados ao Tibre; nem o filósofo Blossius de Cumes escapou à perseguição. Anos depois a mesma cena foi repetida com a morte de Caio, como tribuno do povo, e de mais de três mil pessoas. E cinicamente os senadores propalavam aos quatro cantos que assim o faziam pela república. Todavia para os historiadores, *os senadores aprovavam aqueles assassinatos, não pela república, porque a exploravam*, tal como os "representantes" de nossas Câmaras e Senados, quando aparece quem os acuse de oligarcas e aproveitadores, saem com esta: "estão querendo destruir a democracia". Ocorreria outra oportunidade em que a decisão do povo seria vital, suplantando as mesquinharias e ambições senatoriais. Isto foi quando no final da era antes de Cristo, o projeto da lei agrária de Júlio César foi rejeitado pelo Senado, o qual beneficiaria a milhares de pobres, o povo foi convocado, e, em assembléia, aprovou-o, forçando os senadores a reverem a sua posição. Efetivamente, o Senado não suportava dividir o poder decisório com aquela Assembléia do Povo. Maior ódio nutria pelo seu sistema de auto-habilitação, em que multidões de cidadãos podiam livremente participar, externar opiniões e votar. Seus interesses, por fim, predominaram, e a votação passou a ser por centúria. Restringiam-se, assim, os exíguos meios democráticos que restavam ao povo. Sem sombra de dúvida que esse novo processo se assemelhava à Representação Política, porquanto até o poder do mais rico começou a valer, não obstante, ainda nos comícios era real a presença do povo, seus apupos, sua pressão, sua posição perante certos assuntos, o que, em muitas decisões, poderia se dizer que realmente ocorrera extraoficialmente o sistema da auto-habilitação. No entanto, essas restrições antipopulares, certamente, estavam destinadas a apagar a democracia do povo romano, tanto quanto já carecia de outros direitos como o da eleição dos magistrados. Quando vieram os imperadores, estes, como usurpadores do poder do povo, preferiam reconhecer como instituição do Estado outra forma de usurpação, embora não nutrissem simpatia, que era o Senado, e se arvorando como tribunos do povo, menosprezaram a Assembléia, e esta, pouco a pouco, tornou-se relegada, sem função, inoperante e sem poder. Os municípios passaram a ser administrados pelo Senado local (*ordo, curia*) de combinação com os magistrados, em vez de o ser por todo o povo; e os cargos de magistrados eram preenchidos em seu seio. Enfim, acabou dessa forma o sistema da auto-habilitação em Roma, e dessa forma, infelizmente, morreu a sua Democracia. Destarte, das decisões sensatas, progressistas, igualitárias e ponderadas do povo, o mundo ficou à mercê da mesquinhez e ambição de um Senado plutocrata e desumano e dos sangüinários soberanos imperiais. Inclusive, a política insaciável dos senadores e o progressivo cerceamento da vontade popular contribuíram como elementos favoráveis ao surgimento de comandos pessoais, como o de Mário, e posteriormente, o de César, para promoção da justiça social, e de outro lado a contra-revolução através das ditaduras de Silas e Pompeo para restaurar os privilégios dos ricos, que, no final, produziram a destruição completa da República e a aceitação da pior opção: o despotismo desregrado e monstruoso dos monarcas.

Treze anos após a extinção da democracia ateniense, em Rodes, ilha do Mar Egeu, situada nas proximidades da costa sul-ocidental da Ásia Menor, os seus habitantes desfrutavam uma democracia sob o sistema da auto-habilitação. Adotavam, inclusive, o gerenciamento executivo por presidentes eleitos de seis em seis meses. O seu comércio era ativo e gozavam de prosperidade. Evitavam a guerra e procuravam viver bem com todos, de uma forma que sempre perdurasse a paz, naquele mundo de guerras estúpidas e inconseqüentes. Mas devido ao fato de ter uma política aversa a tomar partido no litígio entre os ambiciosos príncipes, Demetrios, rei da Macedônia, por vingança, tentou, com uma poderosa esquadra e exército destruir aquele povo. Narram os historiadores que, depois de um ano de assaltos persistentes e intermináveis, Demetrios convenceu-se de que nunca subjugaria um povo tão fortalecido pelas virtudes cívicas, e resolveu negociar.

De qualquer modo, finalmente, no século II a.C., o Senado romano concluiu a abolição por completo do governo popular no solo grego.

Após a primeira guerra púnica, as derrotas militares ensejaram a destruição da onipotência da oligarquia em Cartago, e o povo pôde ter a sua democracia pelo sistema da auto-habilitação, junto a um conselho dos cem, cujos membros deixavam de ser vitalícios e nenhum exerceria a função dois anos seguidos e assim algumas modificações e melhorias puderam ser conseguidas, posto que o tempo fosse curto para, enfim, poder o povo exterminar as usurpações dos privilegiados e aplicação ampla e integral da justiça social. Não obstante, ainda é consenso entre os feniciólogos que se tratava da única forma política que então poderia ter salvo aquela nação, se a máquina de guerra de Roma não viesse tão poderosa, e as hostilidades da Numídia não fossem tão deteriorantes, se bem que qualquer avanço se desvanecia diante da influente presença do Senado aristocrático, dos poderes dos generais e da restrição dos assuntos (circunscritos a questões políticas) para decisão do povo.

Após o domínio do druidismo dos cimbros na Gália, sobre a constituição social, o poder teocrático foi dominado pela democracia. As comunas livres nas grandes cidades elegiam os seus chefes, generais e grão-sacerdotes; evidente que, naqueles momentos de invasões e aculturações diversas, procedimentos excêntricos e despóticos mesclavam-se com a abertura popular. Pelo menos foi assim antes da conquista dos romanos.

A convocação através do sorteio consiste na:

– habilitação de qualquer cidadão, pelo cumprimento da inscrição, manifestando o seu desejo de participar do processo decisório;
– a realização de sorteio dos cidadãos habilitados em número necessário a compor a parte-povo.

O exemplo clássico desse sistema pode ser observado na Democracia ateniense, cujos maiores detalhes serão mencionados mais à frente; o sistema procedia a composição do Conselho dos 500, que se encarregava de preparar os assuntos a serem discutidos e votados na Assembléia do Povo.

Esse sistema, sem dúvida, oferece as seguintes vantagens:

1. não exclui ninguém;
2. abrange a todos da forma mais democrática possível;
3. a composição parte-povo sorteada estaria apta a realizar a iniciativa, a seleção, a preparação, a apresentação e a votação dos assuntos e projetos de lei;
4. é prático, viável, rápido e de ínfimo custo;
5. é amplamente renovável;
6. não constitui grupos, nem classes;

7. a expectativa de ser convocado é positivamente universal: cada cidadão sente essa possibilidade a cada nova convocação;
8. é perfeitamente exeqüível no estágio em que se encontram os desenvolvimentos da eletrônica e da comunicação.

Cumpre observar, que as vantagens elencadas anteriormente também estão implícitas no sistema por auto-habilitação, com exceção da referente ao número 3. Quanto ao número 8, convém logicamente melhor avaliação técnica, no que concerne à iniciativa e à votação de alguns assuntos.

O sistema do sorteio teria uma vantagem a mais, se estabelecesse um funcionamento com a presença científica e o apoio técnico. A configuração democrática conjugada merece um item à parte.

Sistema conjugado

É o processo em que se adotariam os sistemas anteriores, interagindo entre si, aplicando-se um ou vários desses sistemas em compatibilidade com as diferentes funções no Poder Decisório e nos cargos públicos. Assim:
– a iniciativa, análise, seleção, preparação e apresentação caberiam a uma Assembléia Nacional, constituída por sorteio, numa composição que compreenderia qualquer cidadão, e também,
– como suporte científico, fariam parte da Assembléia Nacional, institutos científicos credenciados;
– como suporte técnico fariam parte da Assembléia Nacional, graduados e especialistas por profissão, sorteados;
– a votação dos assuntos e projetos de lei seria promovida pelos componentes da Assembléia Nacional. Entretanto, algumas matérias de fundamental importância, e que refletissem diretamente no povo, como tributos, direitos humanos e sociais, incentivos fiscais, emendas constitucionais etc., deveriam ser votados sob o sistema por participação global;
– a execução das decisões nacionais caberia aos graduados, sorteados, e por auto-habilitação e a direção máxima da Justiça, aos concursados que exercessem atividades nos tribunais, e se habilitassem e fossem sorteados;
– as inspeções caberiam a um Poder específico e autônomo, com integrantes graduados e quaisquer outros cidadãos, todos sorteados;
– as remunerações e benefícios dos atuantes dos Poderes, seriam determinadas por quaisquer cidadãos, sorteados e renovados anualmente.

A aplicação desse sistema é perfeitamente viável nos dias atuais, sobretudo em países de nível cultural elevado, com crescimento demográfico racional e excelente domínio tecnológico. Desvendar o genoma humano foi recentemente um desafio considerado improvável à Ciência. Obteve-se sucesso em poucos anos. Implantar os sistemas democráticos é muito menos complicado; é realizável, e de certo modo, rápido, do ponto de vista tecnológico. A única dificuldade com que nos defrontamos, é apenas vencer a barreira dos políticos profissionais e outros privilegiados da situação atual. Confia-se que a Consciência geral da Humanidade exerça a força essencial; do contrário, outras Revoluções serão necessárias.[155]

Destaques principais do sistema conjugado

1. É amplamente democrática, a terra em que qualquer cidadão, do mais simples ao mais intelectualizado, do mais rico ao mais pobre, do ocupante de alto cargo ao desempregado ou aposentado, tiver o direito e *efetivamente poderá* participar dos atos decisórios da Nação. Cada pessoa se sentirá consciente de que a ela própria ou a seus filhos, a seus familiares ou aos colegas de classe, posição e comportamento social, poderão vir a ocorrer as oportunidades em igualdade de condições, para o exercício dos cargos máximos da Nação. E por haver essa possibilidade, a tendência é a aproximação ao igualitarismo e à consagração de integral liberdade;
2. Compreendendo um aproveitamento de todos os sistemas democráticos, cada um compatibilizando-se com as circunstâncias das funções, tem como resultante uma inestimável adequação democrática e eficaz;
3. Com o apoio técnico e científico, as resoluções serão mais substanciosas e racionais;
4. Os cargos executivos serão exercidos com mais segurança, diante da maior capacidade e preparo. Mas os candidatos não surgirão do corporativismo nem de grupos, e sim da eventualidade. De modo que o povo poderá escolher de fato sobre uma lista real e desvinculada e com nomes de quem há anos se preparou para a graduação, momento em que, auscultando os programas do graduado e analisando-os, escolherá aquele que melhor lhe convier;
5. O judiciário deixará de ser um trono intangível, e se formará, no seu máximo cume, de pessoas que se submeteram ao sistema por concursos, que foram, porém, escolhidas pela eventualidade, evadindo-se de favorecimentos e do corporativismo;
6. Nenhum Poder se sentirá um Deus, totalmente absoluto e intocável. Cada um será inspecionado pela parte-povo composta por eventualidade (com apli-

---

155. A votação quando aplicada nos sistemas democráticos é um instrumento para obter a manifestação de opinião do cidadão sobre um assunto em discussão, ou para rejeição ou para aprovação ou ainda para suspensão.

cação do Sistema do Sorteio) para atuar em determinado e curto período, sem nenhuma renovação;

7. As nações economizariam fabulosas quantias que são desperdiçadas, sem nenhum sentido, nas eleições, empregando-as para suprir as necessidades do povo, do consumo ao lazer, da seguridade social à formação profissional, da preservação ambiental à segurança contra desastres naturais, e da extensão das pesquisas científicas em todas as áreas (de medicina, longevidade, transporte, conforto etc.);
8. Eliminar-se-iam as castas e os grupos oligárquicos nos Poderes da Nação, significando sempre uma renovação constante de todos os comandos.

Fundamentos do sistema conjugado

Os Poderes e a Administração Pública devem ser preenchidos e exercidos soberanamente pelo povo, mediante a utilização dos sistemas democráticos, estudados em parte anterior. Isto significará que quaisquer membros do povo, em igualdade de condições, devem ter a oportunidade de fazê-lo. O povo, de tal grau, atuaria diretamente, sem recorrer a elementos ou grupos intermediários. Óbvio que não se pensa na ação conjunta de todos os cidadãos, ao mesmo tempo, ocupando as mesmas funções, contudo a parte do povo que manifestar o seu desejo de fazê-lo e concretizá-lo livremente, e por sua única vontade, igualmente como outros, para execução de determinadas tarefas públicas, quer funcionais, executivas, judiciárias e legislativas, poderá ser conduzido ao seu intento através dos métodos democráticos que a sociedade deverá dispor a todos. A parte-povo contemplada a cumprir funções públicas, agirá, irreversivelmente, como *povo* e em atenção exclusiva aos interesses comuns; exercendo missões nos poderes decisórios, atuará como o próprio povo, oferecendo a sua contribuição como qualquer um do povo e falando como sendo do povo; trata-se de um do povo que exprime seus pensamentos e conceitos, não representando este ou aquele, grupos ou facções, segmentos doutrinários, ideológicos ou religiosos, mas concentrando suas reflexões e forças nas soluções que possam favorecer a toda a população indistintamente e à Nação. Muitos pensarão que nessas ocasiões, a parte-povo será pressionada por suas convicções pessoais. Podem, sem dúvida, em alguns momentos, essas indagações emergir em seus pensamentos, todavia prevalecerão o bom senso, os princípios, os dons naturais, que se relacionam profundamente com os interesses de toda uma coletividade. A tendência nesse modelo de procedimentos é o desaparecimento dos preconceitos como nas sociedades simples e outras que anteriormente estudamos. Se o cidadão estiver desimpedido de atitudes psicológicas vinculadas a idéias fixas, fatalmente inclina-se ao fluir de seus instintos naturais, e estes, por efeito, têm sua consistência na solidariedade e na sociabilidade. Isso decorre do mesmo modo, como em um condomínio residencial, na qualidade de conselheiro, ao opinar sobre um problema hidráulico ou econômico do prédio, não recorre às suas convicções religiosas ou ideológicas para opinar sobre as soluções, as quais nada têm a ver com a essência da questão e com os propósitos que o guiam no sentido de encontrar o melhor caminho em benefício de todos os moradores. Decerto, seja um condomínio qualquer, uma cooperativa, uma comuna, ou uma associação comunitária, quando alguns são escolhidos (no mais das vezes, indicados pela unanimidade dos participantes) para exercer administração, conselho e fiscalização; ninguém se investirá dessas funções, considerando-se representante de apartamentos 1, 2 e 3, nem cooperados A, B e C, ou membros comunais de uma certa profissão, porém, os que devam executar tarefas e aconselhar, o farão na qualidade de próprios condôminos agindo no interesse de todos, como parte-condômino, parte-cooperados, parte-comunais, parte-comunitários; e, assim, exercerão suas atividades em função do Condomínio, da Cooperativa, da Comuna e da Associação Comunitária. Se ocorrer o contrário, se houver representação deste ou daquele, é que não está sendo aplicado o sistema democrático de escolha das pessoas, ocorrendo astutamente interferências de interesses particulares e grupais, alterando a pureza que deve existir nessas instituições, que normalmente se utilizam do sistema democrático da auto-habilitação.

Dependendo de cada caso específico, deve ser adotado o sistema democrático compatível, ou mais de um sistema, em conjunto. Na composição dos Poderes e da Administração de uma Nação, é perfeitamente possível e aconselhável o emprego de todos esses sistemas democráticos, sem necessidade de uso de falsos esquemas, fictícias representações, para que tudo funcione na mais perfeita Democracia, com pureza perante os Princípios da Igualdade e da Liberdade, descartando o nascimento de distinções, corporações, classes privilegiadas, e, por fim, de uma atrelada oligarquia.

Para que o sistema de concursos seja executado em algumas fases de uma determinada escala pública, deve-se ter o cuidado de não vê-lo sofrer influências nefastas para maculá-lo e distorcer os seus objetivos democráticos. Convém, por conseqüência, a aplicação simultânea de outros sistemas, isentando-os de qualquer farsa. Por exemplo, concursos não podem ser controlados nem fiscalizados por departamentos para os quais se destinam os concursados. Isto pode dar origem, como é comum no regime de representação política, em corporativismo e nepotismo. O controle e fiscalização devem ser exercidos por comissões do povo, compostas pelo sistema do sorteio, ou em conjunto pelo sorteio e pela graduação (nesse caso, quando seja necessário que sua composição seja de pessoas de alta competência), e somente formadas para esse fim, dissolvendo-se a seguir. As perguntas também devem ser sorteadas.

Sendo assim, todo e qualquer preenchimento de cargo na administração pública, servidores ou agentes políticos, da mais simples função às mais altas, terá de ser através de um dos sistemas democráticos ou através da utilização em conjunto de mais de um sistema.

Conseqüentemente toda e qualquer admissão por nomeação ou indicação, mesmo nos cargos denominados de confiança, não seria aceitável.

A Democracia pura não se adequa aos esquemas espúrios que até hoje têm sido usados pela Civilização na ocupação dos cargos nos Poderes decisórios e nos cargos públicos em geral.

É interessante recordar que, em geral:

a) Quanto aos servidores públicos
- Na antigüidade, os cargos públicos eram preenchidos pela vontade e pelos caprichos dos monarcas absolutos, seus asseclas, guerreiros e classe sacerdotal;
- Nas Idades Média e Moderna, além dessas indicações, generalizou-se a venda de cargos à alta nobreza;
- Na atualidade, com a Representação Política, vislumbram-se vícios de fraude e nepotismo, e venda indireta de cargos, como pagamento por favores e doações eleitorais.

b) Quanto aos membros dos Poderes Decisórios
- Na Antigüidade e na Idade Média, a usurpação da soberania popular, estava nas mãos dos monarcas absolutos e da classe sacerdotal;
- Na Idade Moderna, atuavam em conjunto a realeza, a nobreza e o clero;
- Na atualidade, são os políticos profissionais, a serviço dos próprios ou de grupos econômicos e clericais.

Toda essa anomalia é possível quando o povo não é soberano. Entrementes, com uma nova estrutura racional, objetivando a Democracia, esses entulhos têm de ser enterrados definitivamente.

Retornando à organização democrática, deve o responsável pelo mandato do Poder Executivo estabelecer os requisitos necessários para seus auxiliares diretos. Obedecendo a esses padrões, devem ser realizados concursos a todos os interessados do povo. Dos melhores classificados serão sorteados em torno de dez candidatos. O senhor mandatário relacionará os que se adequarem melhor aos seus métodos de trabalho e tarefas a cumprir; esse é o seu único espaço para indicar um auxiliar.

Todo agente do serviço público, servidor ou agente político, pode cumprir serviço por prazo determinado ou indeterminado, porém jamais vitalício, podendo ser dispensado de acordo com seu desempenho ou necessidade das funções.

O processo democrático tem de se preocupar em:
- sob qualquer hipótese, evitar nepotismo, clientelismo, acomodamento, discriminação;
- sobrelevar o nível de competência profissional;

- prover maior confiança ao mandatário e ao povo;
- oferecer oportunidades iguais a todos.

No sistema de graduação, os aprovados finais podem participar de todas as convocações a cargos públicos, ressalvadas aquelas funções que exijam certas especificações próprias das tarefas a serem executadas. No entanto, os cargos públicos são abertos a todos, sem exclusividade (não apenas aos graduados), pois deve-se ter o máximo cuidado sobre corporativismo e restrições aos cargos públicos. Portanto, deve haver amplo acesso ao povo em geral, o mais que puder. É lógico que, por terem formação mais especializada e extensão nos assuntos públicos, e alguns, devido a experiências no exercício de cargos públicos, administrativos e políticos (como mandatários executivos, legisladores e membros de comissões especiais compostas através dos sistemas democráticos), poderão ter melhores chances de obterem sucessos nos concursos. No entanto, como veremos mais à frente, muitos cargos públicos terão curta duração, porquanto a renovação é importante e a imutabilidade é inimiga da democracia.

O sistema por graduação torna inclusive mais eficiente o serviço público. A formação seguramente abrangerá da técnica administrativa aos conhecimentos filosóficos e científicos sobre o Homem e a Sociedade. Psicologicamente, o graduado é levado à valorização do conhecimento e a salutar experiência com relação a tudo que se refira a assuntos das comunidades, da Nação, do âmbito internacional.

Esse procedimento engendra no graduado:

- o hábito da igualdade nas oportunidades;
- o verdadeiro sentido do *serviço público*;
- o interesse do profundo conhecimento das necessidades comunais e o seu constante desenvolvimento;
- objetivos de desburocratização e simplificação das coisas para o cidadão;
- conduta democrática.

Em todas as missões públicas em que eventualmente atuasse o graduado, este proveria o Estado de valiosos conhecimentos e de dedicado e renovado interesse, uma vez que os *cargos* jamais devem ser vitalícios, e, pelo contrário, sempre renováveis e com períodos não longos de mandato.

O primeiro mandatário do Poder Executivo da Nação, dos Estados/ Províncias e dos Municípios, deve ser uma pessoa obviamente bem preparada, pois irá tratar da execução de assuntos diretamente ligados ao povo e que geralmente estejam sendo de seus interesses no momento, como a infra-estrutura econômica e burocrática da Sociedade, a educação, a saúde, o desenvolvimento, a preservação ambiental etc. Por isso, deve se constituir de alguém que se prepare por muitos anos para conhecer as necessidades públicas e de suas soluções racionais, com base em planejamentos de curto e longo prazos. Essas pessoas deveriam submeter-se a uma escolarização específica, como o curso do Liceu da Nação,[156] cujas informações mais pormenorizadas serão fornecidas adiante. Destarte, a organização da Chefia do Poder Executivo exigiria a adoção dos seguintes sistemas:

1. *Sistema por graduação*

Os cidadãos que se candidatarem deveriam graduar-se em curso específico para exercer as funções públicas, com conhecimento administrativo, geral e científico;

2. *Sistema por sorteio*

Após o curso no Liceu da Nação e exercício de determinados cargos públicos, os interessados que se candidatarem serão sorteados em número que preencha uma lista (sugestão de 10);

3. *Sistema por auto-habilitação*

Os candidatos sorteados apresentam em igualdade de condições, seus programas e submetem-se a debates (televisionados). Após um certo prazo, o povo seria convocado a escolher. Os que se auto-habilitarem para escolher o candidato, poderão proceder de uma dessas formas: pontuando-se cada um dos candidatos, obedecendo a uma tabela de critérios; aquele que angariasse maior pontuação seria o vencedor, e o segundo o seu vice, o terceiro o 2º vice, e daí por diante; ou se adotaria simplesmente a votação, o que considero menos justo e técnico.

O método por pontuação impede que o candidato seja apreciado apenas por um ou poucos dos seus aspectos, desprezando-se os demais. Por outro lado, com essa sistemática operacional, pode se suprimir características nada importantes para o seu desempenho em favor da Nação, tais como estéticos e demagógicos. É um meio, inclusive, de afastar aqueles que somente gostariam de apreciar o candidato considerando essas facetas. Pelo contrário, a soma da pontuação se aproxima melhor do valor que representaria o candidato para a comunidade. Torna-se oportuna a sugestão de um modelo:

---

156. Na representação política, não se objetiva o preparo (a formação à competência), pois, como visto em outra parte, o interesse sobre o candidato é vertido ao sentido egoístico e de vantagens pessoais e aos partidos políticos. Faz parte do anedotário internacional, primeiros mandatários dos Estados Unidos confundirem nomes e continentes de países em desenvolvimento. Na década de 1960, no curso da luta pela independência da Argélia, o primeiro-ministro francês indagou se havia trem naquele país. Um presidente da República do Brasil, na década de 1990, ao assumir o mandato, assinou uma lei impeditiva do planejamento familiar, orientado e ajudado pelo Estado. Quando a imprensa alertou sobre o crescimento da miséria, a degradação ambiental e o descontrole da expansão demográfica, alegou que assinou a lei sem ter lido direito. Coloque agora o leitor em cena, conceitos importantes sobre a Humanidade, o Planeta, o Ambiente, os Povos, os Recursos Naturais, o Desenvolvimento, os Desastres calculados, e verifica-se quanto risco fica nas mãos desses despreparados dirigindo as nações.

- Idéias novas de interesse para a Nação;
- Propostas (realizáveis pelos recursos financeiros e materiais indicados);
- Propostas viáveis que afetam outros setores, com meios de recuperação destes;
- Realizações anteriores;
- Experiência;
- Conhecimentos gerais;
- Capacidade administrativa;
- Dinamismo;
- Firmeza nos propósitos;
- Integridade;
- Soluções para problemas emergenciais ou em evidência relacionados às necessidades humanas e nacionais.

A escolha de pessoas pelo método de votação, no âmbito de uma Nação, é, convenhamos, um procedimento primitivo, irracional, e, de certa maneira, injusto. Esse método pode ser adotado para aprovação ou rejeição de assuntos e projetos de lei. Mesmo assim, em se aplicando o sistema de auto-habilitação, há muitos assuntos e projetos de lei que poderiam ser submetidos à apreciação do povo pelo método de pontuação, pelo que se colheria melhores resultados. Como estudado em outra parte, as matérias que seriam sujeitas à opinião direta de todo o povo, deveriam ser apresentadas minuciosa e detalhadamente, de sorte que se formulariam questões a serem pontuadas; nesses casos, poder-se-ia estabelecer uma média para aprovação ou rejeição; é mais técnico, autêntico e mais significativo.

O método de votação aplicado por muitas nações para escolha de pessoas a cargos executivos tem apresentado contra-senso aos objetivos supostamente sugeridos. No Brasil, por exemplo, dispondo de um colégio eleitoral de mais de cem milhões de pessoas, espalhadas em um território de mais de 8 milhões de quilômetros quadrados, compreendendo seus eleitores desde adolescentes de 16 anos a analfabetos e semi-analfabetos, inclusos milhões com problemas e tendências fixas. Pois bem, os Partidos Políticos apresentam o rol dos candidatos. Neste país, ainda primitivamente, o povo é obrigado a votar. Em cada pleito, sempre ouço preferência ou repúdio a candidatos por particularidades que nada têm a ver com a função buscada. Cito apenas dois casos: a associação de um evento do candidato (asilo e isolamento da família) com o apurado amor maternal da eleitora; outro, o lado estético de um candidato barbudo desfavorecendo-o. Analisando a fundo essas hipóteses, fácil é perceber que o uso desse método, nessas condições, não tem a finalidade de "ampliação da democracia", mas de *desmoralizar e ridicularizar o povo*. Indiretamente, então, aproveitam para justificar a Representação Política; outros vão mais além, e proclamam o Parlamentarismo como imune a esses descuidos, quando com esse tipo de Representação, o primeiro-mandatário é fruto de conchavos dos donos do partido majoritário ou de coalizão entre partidos, nada tendo de democrático, científico e racional. Fique claro, porém, que para decidir assuntos comunais e sobre os seus administradores, nada melhor do que o povo; individualmente considerados, cientistas e filósofos geralmente podem igualar-se. No entanto, o povo tem de ser tratado racionalmente. Se o for, os efeitos serão extraordinários. Sobre os fatores técnicos a serem pontuados, seguramente a tendência é que somente habilitar-se-ia quem se achasse que deveria fazê-lo e com consciência disso, e a média dos pontuadores convergiria a conclusões sensatas e benéficas à Nação.

Com a tecnologia das comunicações e o desenvolvimento cultural e educacional de um povo, tal como podemos observar nos países escandinavos, Áustria, Bélgica, Holanda, Suíça, Nova Zelândia, Canadá, além da escolha de mandatários, pode ser empregado seguramente o Sistema de Auto-habilitação não somente na escolha de primeiros mandatários do Executivo, como da votação de assuntos e leis, desde que atendidos aqueles cuidados que foram analisados em parte anterior, bem como para o processo de admissão para vários cargos públicos, integrando os cidadãos como servidores temporários ou simples voluntários.

Nos órgãos decisórios da Nação, o Sistema de Auto-habilitação poderá, portanto, ser utilizado, para certos assuntos:

– Na Assembléia Nacional:
  – na iniciativa;
  – na votação.

– No Poder Executivo
  – na escolha dos candidatos graduados sorteados, como vimos atrás.

No caso específico do preparo, análise, seleção e apresentação das leis, ou de iniciativa de determinadas leis, em que se apóia a estrutura do Sistema Conjugado, é aplicado o Sistema do Sorteio, pois se necessita de um menor número da parte-povo para realizar esse trabalho. Nessa ocasião, é essencial que cada cidadão, considerando-se apto a fazer algo com relação às decisões do país, e desejando fazê-lo, e se achando física e mentalmente apto a fazê-lo, apresente-se ao Estado, como habilitado a tal. Basta que se inscreva no prazo da convocação. Por razões de a eventual quantidade de inscritos poder ser bastante considerável e necessitando obter parte dos mesmos, aplica-se o Sistema do Sorteio. O sorteado, após exame de saúde mental, cursará dois anos no Liceu das Nações, preparando-se para o exercício legiferante. O processo de convocação deverá ser de uma forma que não haja interrupções nos trabalhos da Assembléia Nacional. Também não haverá solução de continuidade na instrução dos cidadãos sorteados. Obterá um mandato de três anos na função legislativa, sem renovação; não poderá assim, se inscrever, após o seu mandato, na convocação seguinte, exceto para exercer outra função pública. Esse motivo se prende ao fato de que devemos oferecer a outros a mesma possibilidade de exercer também o poder decisório e de evitar o mínimo arranhão oligárquico.

Convém voltarmos a tratar de assuntos que possam ser processados pelo Sistema da Auto-habilitação, o qual abrangeria os sorteados e os não-sorteados, ou mais precisamente, a todos que se considerem habilitados a participar do ato decisório. Quanto às iniciativas de lei, sugere-se esse procedimento: o projeto deve ser acompanhado de fundamentação. Deve ser publicado, com inteiro teor, em determinados jornais, acompanhado de comentário de 2 jornalistas favoráveis e 2 jornalistas oponentes, todos sorteados. Haveria no jornal uma seção em realce, destinada a cartas dos leitores. Seriam sorteadas quantidades iguais de cartas favoráveis e contrárias; para tanto, os leitores se serviriam de envelopes que caracterizassem suas posições, os quais seriam sorteados fechados. Várias vezes, contando com diversas cartas, essas seriam veiculadas pela imprensa, por um certo período. Uma comissão da Assembléia Nacional selecionaria as iniciativas de maior repercussão e interesse para análise, e, se for o caso, votação pelo plenário, ou pelo Sistema da Auto-habilitação.

É precípuo sempre que a Nação saiba permanentemente sobre a opinião de seus membros, não importa se racionalmente fundamentadas ou simplesmente descabidas. Sempre é um meio de aflorar uma nova idéia, uma verdade, um grande conhecimento, bem como os anseios populares, denúncias, necessidade de extinção de algumas estruturas, abolição de irregularidades, revogação de leis irracionais, eliminação de falhas administrativas e burocráticas, correções para obstar privilégios e desigualdades.

Numa palestra, um ouvinte interrompeu-me com o seguinte questionamento:

– No meu entender, mesmo que não haja filiações e grupos de pressão, tudo seria a mesma coisa pois cada um agiria conforme suas convicções pessoais.
– Suponhamos que o senhor, ao chegar à sua residência, receba a notícia de que há vazamentos em alguns apartamentos, necessitando investir em encanamentos mais duráveis. O caixa do condomínio tem à disposição o valor para o investimento. Figuremos que essa quantia estivesse sendo cogitada para doação à paróquia local, da qual o senhor, digamos, é associado. Qual procedimento do condômino na Assembléia do Condomínio?
– Logicamente, sendo um condômino presente a uma Assembléia para resolver um problema que afeta o condomínio, meu bom senso me inclinaria a optar pela solução em favor dos condôminos.
– Transportemo-nos, agora, à Nação. O Senhor é sorteado para poder decidir na Assembléia Nacional sobre um problema que assola o país, a escassez da

geração elétrica. O Estado dispõe de poucos recursos e acumula solicitação de setores ideológicos e religiosos para determinadas aplicações em entidades não governamentais. Qual seria o seu comportamento?

– Com certeza, diante dos problemas profundos que afligissem à Nação, o bem-estar de todos, o desenvolvimento, os hospitais, os segmentos frágeis e básicos, os meus familiares, minhas gerações posteriores, tenderia a pensar na aplicação urgente dos investimentos na produção de energia.

– Em outras palavras, nos dois exemplos não haveria espaço para suas convicções pessoais interferirem em assuntos em que o senhor agisse livremente visando o bem dos que compõem o grupo de que seja membro. Em suas reflexões, suas convicções podem ter certa atuação, mas não a ponto de impedir de o senhor pensar no bem de todos, pois o senhor próprio é parte desse todo. Pelo contrário, acreditamos que as suas convicções pessoais até ajudem psicologicamente o seu procedimento.

"A democracia em tempo real maximiza a responsabilidade de um cidadão chamado alternadamente a tomar decisões, a sofrer suas conseqüências e a julgar sua correção. A avaliação deve se efetuar na própria evolução do uso dos serviços públicos ou da aplicação das leis. A extensão da democracia supõe um progresso da responsabilidade. Ora, está claro que *tornar visível efeitos coletivos* das decisões individuais e comuns reforça os sentimentos e as práticas da responsabilidade, em virtude disso, o exercício da cidadania forma um todo com a educação e a cidadania propriamente dita".[157]

O Sistema do Sorteio tem até agora sofrido um menosprezo geral, por vir sendo tratado, talvez com propósito artificioso ou por carência de profundeza dos estudos, como um simples fruto da história, tal como antes de 1879, era considerado o termo *Constituição*. Durante cerca de 2.000 anos, o mundo intelectual se referia à Constituição grega como uma peça histórica, sem muito valor e utilidade para que pudesse ser aproveitada pelas Nações. Em conseqüência, imperaram por séculos, os atos arbitrários dos senhores do Poder em todos os países, sem regras, sem limites, sem freios e total desrespeito aos governados. A famosa máxima de Ulpiano – *quod principi placuit legis habet vicem*, a vontade do príncipe tem força de lei – era o que vigorava acima de qualquer direito e quaisquer virtudes.[158] O *L'État c'est moi* de Luiz XIV expri-

---

157. LÉVY, Pierre, *A Inteligência Coletiva*, p. 71.
158. A Constituição do Império do Brasil, de 1824, rezava em seu artigo 99 o seguinte: "a pessoa do Imperador é inviolável e sagrada: ele não está sujeito a responsabilidade nenhuma". Quando os japoneses redigiram a primeira Constituição em 1889, o princípio inicial declarava que "o imperador é sagrado e inviolável"; um dos seus exemplares foi Hirohito, aquele que apoiou o sangrento expansionismo militar nipônico, a partir da década de 1930 e teria homologado sagradamente a execução de mais de 500 mil mandchus e chineses se os seus soldados vibrantes com sua veneração não houvessem sido rendidos pelos norte-americanos. Aliás, as demais monarquias sempre prezaram essas expressões, cuja prática, às vezes, ainda era pior.

mia todo o princípio organizacional político dos povos. Nenhuma garantia à Nação, nenhum respeito aos cidadãos, omissas obrigações para os poderosos, e, decisivamente, estava em suas mãos, o destino das comunidades e a vida dos membros menos favorecidos. Somente com os ensinamentos e advertências dos filósofos, é que se começou a compreender o verdadeiro significado do constitucionalismo pensado pelos antigos gregos, visualizando-se, assim, a sua grandiosidade e necessidade urgente de intercalá-la nos desígnios nacionais. Tardou muito, mas um dia, pelo menos, a inteligência social percebeu que os esboços constitucionais exercitados na antiguidade não eram para ser caracterizados como detalhes de conhecimentos históricos da Grécia, nas suas pequenas organizações políticas e sociais. Passou-se a entender que seria mais do que um dever público a admissão desse instituto: a garantia dos direitos e a liberdade poderiam ser salvaguardados. De qualquer forma, apreendendo-se o seu substancial valor, o termo Constituição, de súbito, assumiu o seu verdadeiro papel na Civilização, sendo pesquisado, estudado e aceito por todos os países. Hoje é *inconcebível* que uma nação não disponha de sua Constituição. Transformou-se, por assim dizer, numa instituição venerada. Ora, não obstante estejamos nos reportando a uma concepção política delineada nos estudos do filósofo grego, Aristóteles, compreendendo duas de suas importantes obras, a Constituição de Atenas e Política, não podemos olvidar que recebeu total desdém de todo o concerto da mais alta cultura da humanidade, sendo ignorada por mais de vinte séculos. Que dizer, porém, de um princípio, como o Sistema de Sorteio, com poucas referências e que, se implantado na organização política das Nações, detonaria com maiores efeitos devastadores nas camadas dominantes da representação política, a queda de toda a casta de privilegiados do Poder, os partidos políticos e os seus grandes mitos e farsas, os quais servem para sustentar a injustiça, a desigualdade e a irracionalidade organizacional política. A redescoberta do Sistema do Sorteio é tão ou mais importante, que a redescoberta da Constituição.

A dizer verdade, o único a ter motivos para temer e se opor à Constituição, era o monarca absoluto, pois que perderia o mando total sobre tudo e sobre todos e estaria ele próprio sujeito a regras dentro da Sociedade. As classes favorecidas logo perceberam que essa instituição poderia ser-lhes útil, uma vez que em meio à proteção dos direitos individuais, tal como desejavam e pregavam os filósofos, haveriam dispositivos de garantia à propriedade privada, aos seus direitos adquiridos e à sua hegemonia política, bem como limitações aos Poderes. Era, com efeito, mais um recurso a afastar qualquer iniciativa despótica contra os seus privilégios. Não haveria a hipótese de um soberano, conduzido por atos caprichosos e desleais ou investido na roupagem de um reformador social vir a prejudicar as suas mordomias, luxos, regalias e posses. O Estado seria normatizado e os atos dos Poderes convergiriam para canais circunscritos sem desvios abruptos e inconseqüentes de um indivíduo, que poderiam redundar em insegurança, medo e insônia, para quem tem muito a perder, em títulos, prerrogativas e pertences. Além do mais, a influência dos representantes das categorias dominantes na ordenação das Constituições seria acentuada, não permitindo grandes viradas; o importante era que sagazmente poder-se-ia conjugar declarações humanitárias a respeito dos direitos dos cidadãos em geral, agregando-se suportes asseguradores de suas usurpações. Esse mesmo artifício ainda hoje é válido nas Constituições modernas de muitas nações, em que os poderosos e políticos profissionais acrescentam prescrições que lhes possibilitam fraudulentamente mais direitos que os demais cidadãos e até mesmo mecanismos para o enriquecimento.[159] A propósito, quando o povo não exerce sua soberania e o mando está nas mãos de "representantes", pouco importa quais conceitos da Carta Magna estejam a imperar. Esta pode ser a mais programatória em direitos humanos e sociais, completa nos princípios democráticos, todavia a classe dominante substitui o seu conteúdo na prática e com o passar do tempo, adiciona-lhe espertos dispositivos; termina por adotar até o oposto. Como dizem certos autores, esses humanos e evoluídos textos, nas mãos dos beneficiados que têm o Poder sobre o povo, se revertem em "fantasmas constitucionais" ou "fantasmas doutrinários". Nos anais da História, há registros bastante expressivos. A sociedade dos hindus era regida pelos livros Vedas, notadamente se referindo aos primeiros, os quais versavam sobre justiça e nada admitiam que implicasse discriminações e distinções sociais. Mas o governo estava sendo formado e regrado pelo comando dos "representantes" de Deus, os brâmanes, e estes, aos poucos, se viram no topo dos maiores privilégios, engendrando um sistema odioso e injusto de castas, em que ensinavam que a escravidão dos sudras era uma destinação divina. Igualmente isso sucedeu com a doutrina cristã, que apregoava humildade, piedade, resignação, perdão, repartição, amor a todos, paz, todavia quando a legião dos crentes se tornou numerosa e abrangeu a todas as classes, as rédeas do Poder ficaram restritas aos "representantes" de Deus. Sem muito esperar, reverteram o critério em seu sentido mais extremado para a opulência, a prepotência, o egoísmo, a inclemência, incitando e participando de cruéis guerras santas e funestas condenações inquisitoriais, além de, por diversas ocasiões, justificarem a escravidão. O mundo ocidental escapou de ter em suas sociedades horrendas divisões de castas, talvez tão infames quanto as do Egito e da Índia, porque no último momento ficou impedido para os eclesiásticos o matrimônio. Se essa casualidade não houvesse acontecido, a classe clerical obviamente se transformaria numa casta e criaria outras. Então o atraso e a regressão universal teriam sido maiores: as trevas poderiam ter alcançado até os nossos dias e

---

159. Essas manobras vão desde as imunidades, aposentadorias especiais, salários e gratificações a abusos no orçamento da União, favorecimentos aos partidos políticos nos sistemas eleitorais e a setores empresarias e grupos religiosos.

estaríamos hoje vivendo em meio aos costumes medievais e nem se pensaria em extinguir algo como servidão ou escravidão. Provavelmente não haveria condições até mesmo para a Reforma (protestante); filósofos e pensadores seriam exilados ou executados, tal como os brâmanes expulsaram os budistas da Índia.

Ao contrário, como anteriormente esclarecido, seria o aceitar-se o Sistema do Sorteio. Em primeiro lugar, os grupos privilegiados seriam despidos do Poder e do comando dos desígnios da Nação, que passariam diretamente às mãos do povo, com as pessoas se revezando periodicamente através do sorteio. Esses fatores explicam porque a Constituição foi aceita universalmente, e sua introdução decorreu de forma consentida pelos privilegiados, com pouquíssimas objeções, somente lhe criando obstáculos a casa reinante e facções vinculadas. E por último, com o Sistema do Sorteio, não haveria garantia nenhuma sobre os direitos adquiridos, as prerrogativas e os bens dos poderosos, pois o povo, exercendo sua soberania, teria a possibilidade de a qualquer momento decidir sobre qualquer anomalia social e política, e como povo, certamente objetivando o bem comum e o igualitarismo social, econômico e político, atingiria, hoje ou amanhã, os erros e distorções imperantes.

O Sistema do Sorteio é um instrumento puro, imparcial e democrático. Além de impedir corrupção, ingerência de demagogos, domínio de oligarquias e falcatruas, vinculações indevidas e dependências nefastas dos legisladores, de mandos impatrióticos e interesseiros de partidos, certamente com a tecnologia eletrônica moderna, de comunicação e informática, utilizando-se de dispositivos de perfeita identificação e segurança, com o uso de *senha*, sofisticado e indevassável, talvez com a utilização de mais outros desenvolvimentos seguros e aperfeiçoados com que a técnica conta hoje, será possível processar rapidamente e com transparência, de forma confiável, pública e abrangente, e sumamente econômica, afastando os astronômicos gastos eleitorais, fundamentalmente antidemocráticos e sem resultados racionais, e ainda o recurso de pessoas e de tempo perdido, sem se falar da ausência de incômodos e aborrecimentos que as eleições da democracia representativa trazem à população. Os controles eletrônicos bancários de pagamentos, de aquisição de bens, nos dão uma idéia desses avanços.

A possibilidade atual de se efetuar o sorteio pelos meios eletrônicos é executável e segura, independente do número de habitantes de uma Nação e dos espaços que cada cidadão esteja ocupando. Paralelamente, a pessoa conta com comunicação sofisticada e rápida para conhecimento dos assuntos em pauta, para inscrição como candidato a cargos executivos e legislativos e para se informar nos mínimos detalhes dos programas dos sorteados naqueles casos em que tiver de votar ou pontuar os candidatos. Veja o leitor, por exemplo, a rede da Internet e sua influência universal sobre os seres humanos, em relação à interação entre os parceiros internacionais e o recebimento e troca de dados, tudo evidenciando a capacidade tecnológica da comunicação em poder de cada um, fator este crucial para a viabilização do Sistema Conjugado.[160]

De fato, como estudamos na Democracia Direta, um dos impedimentos apontados da sua inaplicação moderna era a questão da reunião de milhões de pessoas, num mesmo local, ao mesmo tempo, para auscultar os programas e projetos sugeridos com seus fundamentos e proceder a votação. Certamente, esse conceito demonstra uma visualização de tudo como se estivéssemos ainda nas Ágoras gregas ou na colina chamada Pnyx em Atenas, espremendo-nos uns encostados nos outros, para ouvir algo e decidir. Essa costumeira e antiga (propositada) visão não tem mais sentido nos dias atuais, em que dominamos com profundeza, rapidez e multiplicidade, os comandos eletrônicos e as intercomunicações, além dos recursos extraordinários de segurança e meios contra as fraudes e falsificações. Destarte, tal alegação desfalece irremediavelmente ante à tecnologia moderna. Em praticamente todos os lares, na maioria das nações, é possível ao cidadão, na sua residência, ouvir e ver os candidatos, saber de seus programas e dos projetos de lei, de um modo muito mais racional e sensato, mais ideal ao pensamento e à decisão correta, do que se estivesse numa praça pública. O Estado deve propiciar nos ambientes paupérrimos e regiões rurais, todos os equipamentos necessários a recepções comunitárias dos programas, debates e habilitações. De outro lado, permite-se um debate entre os programas dos candidatos e os projetos de lei em termos mais transparentes do que numa reunião ou manifestação pública.

O único instrumento pernicioso que prejudicaria esse sistema, seria o uso da propaganda. Todavia, como anteriormente esclarecido, nesta estrutura não deve haver espaço para tal nem deve ser aberto caminho à mesma. E quando

---

160. "A Internet tornou-se hoje o símbolo do grande meio heterogêneo e transfronteiriço que aqui designamos como *ciberespaço*. A cada mês, o número de pessoas com 'endereço eletrônico' no mundo aumenta em 5%. Em 1994, mais de 20 milhões de pessoas, essencialmente jovens, estavam 'conectados'. As previsões giram em torno de 100 milhões de usuários para o ano 2000. Graças às redes digitais, as pessoas trocam todo tipo de mensagens entre indivíduos ou no interior de grupos, participam de conferências eletrônicas sobre milhares de temas diferentes, têm acesso às informações públicas contidas nos computadores que participam da rede, dispõem da força de cálculo de máquinas situadas a milhares de quilômetros, constróem juntos mundos virtuais puramente lúdicos – ou mais sérios – constituem uns para os outros uma imensa enciclopédia viva. (...) As tecnologias intelectuais não se limitam a ocupar um setor entre outros da mutação antropológica contemporânea; elas são potencialmente sua zona crítica, seu lugar político. É preciso enfatizá-lo? Os instrumentos da comunicação e do pensamento coletivo não serão reinventados sem que se reinvente a Democracia, uma Democracia distribuída por toda parte, ativa, molecular". (Lévy, Pierre, *A Inteligência Coletiva*, pp.12-15). O governo suíço anunciou que irá promover, no primeiro semestre de 2002, a primeira eleição pela Internet no mundo. O objetivo da "e-democracia", como está sendo denominado o projeto, é aumentar a participação da população nas eleições gerais. Informou o conselheiro do Cantão de Genebra, Robert Hensier que "as novas tecnologias devem ser usadas para reforçar as possibilidades de participação direta dos cidadãos. Em 2000, os eleitores que votaram em plebiscitos, referendos e eleições representaram, em média, apenas 43% da população do país. Esse avanço tecnológico contribuirá para ativar a participação popular.

estamos tratando especificamente do processo de oferecimento da candidatura e dos projetos de lei para efeito de sorteio, a disponibilidade tecnológica é hoje em dia fantástica e farta, e bastante cômoda ao cidadão, através do computador, do telefone, do fax, do e-mail etc., fazendo uso de senha acompanhada, talvez, de mais outro dispositivo de segurança. E nesses casos, em questão de pouquíssimo tempo, em termos de minutos, a Nação pode conhecer quantos se disponham a ser candidatos, por regiões, por profissões e por outras qualificações e quais os benefícios e/ou prejuízos das alterações, emendas ou soluções racionais, equipando-se de todos os dados necessários.

Exemplo marcante é o que tem ocorrido com o Poder Judiciário. No provimento dos cargos dos magistrados, adotam-se três sistemas: eleição pelos cidadãos, eleição pelo Parlamento e nomeação pelo Executivo. Pois bem, a eleição pelos cidadãos, utilizada nos Estados Unidos tem-se constituído a mais falha e injusta, ficando à mercê dos partidos políticos e pressões eleitoreiras, contribuindo até, em certos casos, para o desprestígio da Justiça. Do mesmo jeito, a eleição através dos congressistas, também adotada pelos Estados Unidos e Suíça, tem sido um fracasso. De todos os três sistemas, o da nomeação pelo Executivo tem sido o menos frágil, mesmo assim decorrente de os magistrados terem vindo de concursos e portarem garantias, como a vitaliciedade, inamovibilidade e irredutibilidade de vencimentos. Mesmo assim têm sucedido ingerências e suspeitas, enquanto que o Sistema do Sorteio seria tão simples, justo e preciso, como a solução mais racional e democrática, descartando toda espécie de ingerência de Poderes em outros e motivo de atritos, tal como a proposta apresentada neste trabalho na organização do Poder Judiciário.

Os gregos sabiamente perceberam o seu valor e o usaram em sua Democracia. No entanto, nos perguntarão por que não foi utilizado em mais nenhum país. Por acaso houve ineficácia ou algum fato que demonstrasse ser inaplicável? Não, felizmente sempre foi eficiente e democrático. Todavia, a resposta é outra: consoante esclarecido anteriormente, a democracia representativa não foi originada por um projeto e construção científica. A sua formação, como vimos, se engendrou em composições entre interesses de classes e conciliatórios. Os oligarcas cederam em alguns momentos do reclamo à igualdade, aos direitos individuais, ao respeito à liberdade política e maior participação do povo nas decisões nacionais, contudo não tanto.[161] Se os beneficiados da riqueza e do mando houvessem aceito a instituição do Sistema do Sorteio, eles próprios desapareceriam do Congresso, e os seus privilégios desmoronariam. Eis porque jamais concordariam com uma hipótese dessa natureza.

Entrementes, com qualquer estudo imparcial que se faça, pode-se comprovar quão importante e racional meio é o Sistema do Sorteio, para democratica-

---

161. Paradoxalmente, reconhecendo o seu valor e eficácia, como vimos, usam-no no Judiciário.

mente resolver uma indicação entre uma população de milhões de pessoas, de uma forma justa e incorruptível.

Percebemos que, quando não há interesses escusos na composição de órgãos máximos, o Sistema do Sorteio é o recurso preferido para superá-los. Quando o movimento renascentista se ergueu na Itália, buscando na antigüidade o quanto poderia ser de mais útil à sociedade, algumas cidades–estados, que adotavam inclusive o regime republicano, reencontraram o Sistema do Sorteio como o ideal para a escolha dos magistrados entre os candidatos. E o resultado foi satisfatório. Pery Anderson em sua renomada obra sobre essa época, relata que Waley (*The Italian City-Republics*, pp. 63-4, 83-6, 107-9) estima que talvez um terço dos cidadãos de uma típica comuna italiana tenham ocupado cargos num ano ou noutro,[162] o que evidencia a eficácia democrática do processo. No Pacto Internacional dos Direitos Civis e Políticos, elaborado com a participação de renomados estudiosos dos Estados-partes da Organização Mundial das Nações Unidas, aprovado em 1966, reconheceram o Sistema do Sorteio como o mais racional e melhor meio para preencher a composição dos membros do Comitê de Direitos Humanos, conforme o artigo 32-1.

Sólon anteviu com cristalina ciência como funcionaria magistralmente o Sistema do Sorteio, pois logo estabeleceu que só poderiam ser eleitos aqueles que se apresentassem. Acrescenta Montesquieu que as pessoas incapazes não deviam gostar muito de dar seu nome para o sorteio.[163] Com certeza, o segredo do Sistema do Sorteio está apenas em fazê-lo *a quem se candidatar*, pois que, em sua quase totalidade, aquele que o faz, sente desejo de fazê-lo e se sente capaz para tal. *Esta técnica é que oferece a consistência do sorteio*. De outra parte, devem ser sorteados suplentes, pois que aqueles que se aventuraram sem muito pensar, percebendo que não era o que queriam ou não tinham a mínima competência a acompanhar os trabalhos, com certeza a tendência é a renúncia. O paroxismo da insensatez da Monarquia Absoluta era atingido sobretudo naqueles casos em que o soberano não se sentia, desde a sua adolescência, disposto, competente, apto, a governar a nação, a despeito de ter tido adequada educação, como Luís XVI da França, com o seu governo fraco, indeciso e contraditório, desembocando na Revolução de 1789, bem como o Czar de Todas as Rússias, Nicolau II, desde antes da coroação, sempre avesso a assumir as responsabilidades do governo daquele grande e confuso império, que cometeria uma série de erros e atos impopulares terminando com a eclosão da Revolução de 1917. Com propriedade, o mestre Orlando Figes, pincela o quadro daquele grotesco reinado na proximidade da sua falência. "O resultado foi que

---

162. ANDERSON, Perry, *op. cit.*, p. 150.
163. MONTESQUIEU, *O Espírito das Leis*, Livro 2°, Cap. II, p. 22.

a Rússia não dispôs de liderança efetiva nem de coordenação durante os anos finais do regime. O último czar era a fonte de todos os problemas. Se havia um vácuo de poder no centro do sistema de governo, então a pessoa do czar era esse espaço vazio".[164] Após a Revolução, para os comunistas o governo de Nicolau fora tão incompetente que ajudou a derrubada da Monarquia, e por isso, em caráter jocoso, consideravam dever-lhe um prêmio. O mesmo ocorre comumente com empregos. Dificilmente alguém se habilita sem ter os requisitos necessários. Alguém apto à medicina recorrerá com maior facilidade e freqüência a serviços dessa natureza, como outro ligado a pesquisas paleontológicas se sentirá capaz a executar tais trabalhos (talvez, no começo não com tanta habilidade, com certeza), todavia não se sentirá confortável se dispuser a concorrer a trabalhos a que não esteja habilitado e de que não goste.

Mesmo na vida cotidiana, no dia-a-dia, presenciam-se constantes exemplos de pessoas de bom nível técnico e intelectual que, no entanto, se recusam a ser administradores dos prédios em que residem, mesmo com tempo disponível, por várias razões pessoais, por vezes por não gostarem de apresentar-se em público, por vezes por não apreciarem lidar com contas alheias ou fazer obras com verbas da vizinhança. Toda regra tem exceções, e alguns poucos casos podem fugir ao normal e haver candidatos sem habilitação e não interessados no bem comum à comunidade. No entanto, estando, como vimos, o candidato, despojado de interesses imediatos, e de outras pressões, a possibilidade é mínima para se pensar em tal, mesmo porque a estrutura não oferece perspectiva de enriquecimento ilícito e legislação em causa própria como na democracia representativa, mas de trabalho e de receber uma remuneração compatível com o cargo, contudo, fixada por um órgão totalmente independente e desvinculado do candidato. De maneira que, a corrida frenética de interessados a cargos legislativos que se presencia em todos os países com representações políticas, freqüentemente desembolsando muito dinheiro e não poupando tempo no afã de poderem ser eleitos, se prende ao fato de que estão imbuídos da expectativa de posteriormente serem agraciados com a oportunidade de legislarem algumas coisas em causa própria, direta ou indiretamente, de obterem privilégios acima dos cidadãos comuns, em remunerações, aposentadorias, assistência médica, moradias, veículos, telefones, fax e outros gastos de escritório, favorecimentos, possibilidades de intercessão para empregos familiares, de se locupletarem com atos em favor de terceiros, grupos ou empresas, livrarem-se de punições com o escudo da imunidade parlamentar, obtenção de condições e representações sociais de interesse pessoal, e assim por diante. Pelo contrário, no Sistema Conjugado, consoante a explicação acima, o cidadão somente se interessa em se habilitar a ser candidato a legislador, caso for

---

164. FIGES, Orlando, *A Tragédia de um Povo, A Revolução Russa 1891-1924*, p. 55.

para oferecer um ideal à Sociedade ou um ensejo de efetuar sua cooperação ao bem comum.

Concluindo, o Sistema Conjugado e o Sistema de Auto-habilitação, são os únicos meios em que o cidadão comum, anônimo, sabe que tem a possibilidade real de em determinado momento poder decidir os destinos de sua Nação, podendo vir a ser um dos membros da sua mais alta Assembléia e de influir nas decisões nacionais, em todos os seus aspectos e profundezas, *fato esse que dependerá exclusivamente de sua vontade em querer participar dessas tarefas*, e que finalmente, no caso específico do Sistema do Sorteio, obedecendo a uma questão de quantidade e respeito aos demais, a sua escolha poderá ser efetivada por um evento material, em igualdade de condições a todos e não dependente de pessoas. Com efeito, a escolha do cidadão, como legislador, jamais deve depender de pessoas, de interesses, de grupos, de donos de partidos políticos, de fortunas que eventualmente venha a possuir, de investimentos, de nome famoso que carrega apenas por ser cantor requisitado ou esportista famoso, mesmo que exercendo outras funções, de uma equipe esportiva campeã mundial, ou que lidere congregações religiosas ou místicas, ou que habitualmente tenha se utilizado de certo tipo de *marketing* e propaganda, ou que, afinal, responda apenas pelo nome conhecido que traz de uma família de uma velha casta ou classe de políticos. *Nesses casos, incontestavelmente, o cidadão comum, anônimo, sem riqueza, estará simplesmente excluído*. Nunca, nesta forma de governo de democracia representativa será escolhido. Tanto faz se esse cidadão comum, anônimo, pobre, seja uma simples pessoa com formação intelectual mediana ou primária, ou um indivíduo com um fabuloso cérebro dedicado a pesquisas e raciocínios lógicos e científicos, possuidor de uma inteligência necessária para uma sessão em que se discutam as regras da vida em todos os seus sentidos, as atitudes da nação em relação ao ambiente, à produção de alimentos, à formação do povo, à conduta moral dos indivíduos, o direcionamento urbano e rural da população, os direitos individuais, familiares e da sociedade, ou alguém que se preocupou durante muito tempo de sua vida em fazer alguma coisa pela comunidade.

Não há sombra de dúvida, é o Sistema do Sorteio outro meio democrático e racional do cidadão comum, do homem do povo, que lhe permite saber honestamente e de uma maneira simples que poderá ter sua possibilidade e de poder exercê-la o que jamais poderá sentir o cidadão comum na democracia representativa, que, vale repetir, enquanto for cidadão comum, anônimo, sem riqueza, sem poder, estará sempre excluído.

Uma das falhas dos publicistas ao estudarem o funcionamento da Democracia e a sua forma estrutural é a de confundir *eleição* com *escolha*. Quando estudam a composição dos órgãos da Democracia, automaticamente se restringem a falar apenas de eleição, como se esta fosse o único caminho viável, e assim ficam diligenciando indefinidamente para encontrar esquemas eleitorais que possam encaixar todos os remendos e ficções dessa malfadada forma de governo, esperando oferecer aparências de condições democráticas, buscando peças engenhosas, até mesmo não democráticas nas construções dos esquemas para obter os chamados "representantes" do povo. Formam, inclusive, como tivemos oportunidade de conhecer anteriormente, cálculos matemáticos cada vez mais antidemocráticos, adotando pomposos nomes "técnicos" de proporcionalidades, da "vinculação aos partidos políticos", dos "quocientes para saldos", e ainda se quedam a criar outros lances mais como sistema majoritário para alguns cargos legislativos, restrições aos distritos, limites a bases com quocientes eleitorais, cálculos em consideração de votos válidos, cálculos para repartição de saldos entre os partidos políticos, formulação em circunscrições etc. Tudo, no final, pode satisfazer ao gosto matemático ou interesseiro de indivíduos, grupos e partidos, contudo jamais à satisfação ampla e pura dos direitos do cidadão comum para exercer sua faculdade de ser escolhido ou de poder se expressar ou de rejeitar ou aprovar algo que lhe diz respeito e aos seus. Na verdade, toda essa encenação e labirinto calculatório são mais um meio de confundir o povo, deixá-lo atônito, ignorante, perdido, sem ter a menor idéia de como se processam os complicados cálculos das eleições, coisas essas, com certeza, muito difíceis e acima da compreensão popular como o era o direito divino dos monarcas absolutos medievais ou das riquezas e privilégios de que dispõem atualmente, na maioria dos países com esse sistema de democracia representativa, as castas dos políticos profissionais, dos funcionários graduados, dos altos magistrados; a propósito, lembramos que os nobres preenchiam cerca de 70% dos cargos de funcionários graduados da Rússia pré-revolucionária em 1917, todos incorporados de uma forma antidemocrática, mas o povo ignorava os seus fundamentos e a participação nesse processo infame.

Com o Sistema Conjugado abre-se incontestavelmente um amplo leque contendo dezenas de milhares de candidaturas podendo nelas constar com segurança pessoas com talentos, caráter altivo e adequadas qualificações, jamais com a possibilidade de aparecer em outro regime; podemos assinalar um operário humilde e com boas intenções à Sociedade, um engenheiro introvertido possuindo idéias interessantes sobre determinados propósitos nacionais, uma modesta esteticista com uma natureza humana maravilhosa, um circunspecto professor com profundos estudos voltados à sua intimidade, um dentista devotado a interessantes estudos ambientais e da Natureza, somando uma variedade útil e fértil à Nação. Por outro lado, o sistema eleitoral da democracia representativa tão-somente apresenta ao cidadão uma lista com alguns nomes irremovíveis e aprovados por grupelhos e donos de partidos políticos, restando ao homem do povo simplesmente a opção, entre aqueles já marcados, indicar um dos nomes na eleição. E o cidadão pode escolher algum candidato, muitas vezes, para evitar que outros piores tenham a chance de ocupar o lugar como representantes do povo. Pergunta-se, então: que figuras constam geralmente daquela "abençoada e oficializada" lista, aprovada pelas chefias políticas das agremiações políticas, às vezes, solenemente, para impressionar aos aficionados do Partido e ao povo em geral? São aqueles que já foram denunciados, os demagogos, os políticos profissionais, em busca da quase vitaliciedade através da reeleição, de indivíduos com nomes em evidência na mídia, outros com grande riqueza, ou os de poder ou que tenham exercido altos cargos com distribuição de favorecimentos, ou ainda daqueles mantidos por grupos econômicos, nunca, porém, alguém dos excluídos: o cidadão comum e anônimo. Não tendo assim o Poder da Riqueza nem o Poder da Mídia, o cidadão comum – não obstante possa estar apto a dar contribuições importantíssimas à sociedade – é simplesmente um nada, configurando-se como um insignificante número dentro de um jogo previamente manipulado com participantes selecionados à sua revelia; sua presença, enfim, assume tão-somente um cunho formal e fundamentalmente enganoso.

Através do Sistema Conjugado obtém-se mais um benefício democrático que é a renovação total da Assembléia Nacional, impedindo a constituição de castas, a persistência dos mesmos grupos. Pode haver repetições, mas pela lei da probabilidade, a possibilidade é remotíssima quando a população alcança número de milhões. Além do mais, independente desse fato, é minha recomendação que não haja tal eventualidade, porquanto deve ser dada a todos a oportunidade de ser legislador e se alguém já exerceu essa função, pelo menos no mandato seguinte, não deve continuar ocupando o lugar de outro cidadão que não teve ainda esse seu direito exercido. Se se pensa em estabilidade de trabalhos e projetos em curso, pode-se pensar então em renovações alternadas de partes da Assembléia até se completar, num dado momento, toda sua renovação. De outra parte, outro benefício democrático, é a impossibilidade de haver transmissão de cargos de congressistas de pai para filhos, cônjuges, parentes e entre amigos, como é costume nas democracias representativas que pecam nos dois casos.[165] Em cada eleição demonstra sensíveis percentuais de reeleições e de eleições de parentes e amigos. Observa-se na representação uma tendência à vitaliciedade que consolida a oligarquia e alimenta a formação de casta, fato este provavelmente percebido pelo próprio conde Sieyès na Revolução Francesa. No Brasil, recentemente faleceu um empresário (Herbert Levy) que foi eleito e sucessivamente reeleito deputado federal por 40 anos.

Por outro ângulo, observa-se que a Representação Política, em todos os países, constrói seus Parlamentos de uma maneira a que persistam as mesmas correntes de idéias, mesmo que haja alternâncias dos Partidos Políticos no Po-

---

165. Fato este que não é transparente aos cidadãos da Nação. Em 2001, houve um escândalo no Senado Federal do Brasil, envolvendo dois parlamentares que ficaram ameaçados de cassação. Uma cidadã escreveu ao jornal, dizendo-se como que surpresa e atônita, pois ficara sabendo que um deles sendo exonerado, seria substituído pelo pai, e o outro, pelo filho (jornal *O Estado de São Paulo*, de 25.4.2001, leitora, Regina Helena de Paiva Ramos).

der, resultando num sistema de conservadorismo, antiinovação e perpetuidade de conceitos e instituições, muitas das quais de feitio antidemocrático. Esse prosseguimento de atitudes e os encadeamentos em idênticos direcionamentos de projetos e processos que se transmitem, como vimos, como sucessores nas cadeiras parlamentares, comumente a parentes, cônjuges, amigos, companheiros de partido, militantes de seitas religiosas, parceiros de associações e sociedades secretas, consolidam uma casa de comportamento fixo e com tendências a radicar favorecimentos particulares ou classistas e fomentar distinções sociais. Algumas dessas anomalias se tornam tão enraizadas que são estudadas nas Universidades como doutrinas e princípios e as nações intercambiam as mesmas entre si. Ora, o Sistema Conjugado dilacera todo esse esquema vicioso, porquanto sempre estariam a surgir pessoas não vinculadas com o passado e os hábitos do Congresso, trazendo novas idéias e novos questionamentos. O que na Representação Política, como uma renovação de base, poderia significar uma Revolução, com suas conseqüências trágicas e exigindo privação de várias gerações para a obtenção de benefícios ou direitos, no Sistema Conjugado, tudo se passaria pacificamente com apoio popular. A tendência de um corpo que atua em processos costumeiros de regras e convenções, é o de petrificar dogmas, mitos e convergir seus planos e atos num mesmo padrão de concepções, contudo, quando aparecem, de uma hora para outra, alguns personagens, por sorteio, mormente sem nenhum condicionamento ou sectarismo, com raciocínio aberto, livre, podem confortavelmente analisar as diretrizes mestras e quaisquer normas vigentes, e a própria metodologia legiferante, apoiar-se em raciocínios de filósofos ou de revelações científicas, contrapor-se a usos e costumes que influem em sustentação de prerrogativas a alguns ou que possam produzir injustiça e efeitos infelizes a outros, ou, afinal, ir de encontro a irregularidades oficializadas.[166]

Outro benefício democrático é contemplado pelo Sistema Conjugado. A pessoa sorteada não se integra à Assembléia não se sentindo mais competente nem melhor do que os seus concidadãos. O indivíduo escolhido tem plena consciência de que o seu destino foi delineado por efeito de um evento material, que poderia ter acontecido a qualquer um do povo. Ele apenas se distingue, opcional e funcionalmente, por ter se habilitado para ir trabalhar na Corporação Máxima da Nação, pensando em atos de elaboração do processo legislativo, entretanto não se diferencia por qualidade de maneira nenhuma superior aos outros cidadãos. Um dia ele se vê na participação decisória da Nação, mas sabe que amanhã, findo o seu mandato, estará normalmente fazendo parte do povo; do mesmo modo, tem consciência de que aquele que o vê agora, amanhã pode-

---

166. Na última eleição parlamentar dos Estados Unidos, em 2000, contaram-se entre os novos eleitos, 20 ex-legisladores estaduais, 6 ex-membros da Câmara que voltaram para um segundo mandato, 2 filhos de governadores, a viúva de um governador e a esposa de um presidente.

rá estar em seu lugar por um simples ato de escolha por sorteio, e assim todos comungam de respeito mútuo. Sabem que haverá reflexos diretos sobre as suas pessoas, que, na maior parte da vida, estarão ocupando cargos comuns. Bem o oposto passa-se com os políticos profissionais que sempre estão lá em posição superior e tudo que fazem em sacrifício, não os atingirá, e sim o povo; somente auferem benefícios, e nada têm a temer quanto ao que decidem, pois dificilmente voltam à condição de homens comuns, pelo menos aqueles que saíram da classe pobre ou mediana, porquanto a maioria dos políticos profissionais já vem de alguma família privilegiada.

Na Representação Política (Democracia Representativa), portanto, o elemento que se elege se considera algo acima dos cidadãos comuns, conseqüentemente merecedor de maiores prerrogativas e condições favoráveis do que a massa do povo, que passa a ser vista como objeto de segunda classe, coisa abaixo, com valor menor, de menos competência e, de certa forma, incapaz. Um analista descreveu certa vez que os políticos profissionais têm pragmaticamente um conceito de povo muito diverso do contemplado nas Constituições e nas teorias filosóficas. As referências que fazem ao povo, sobretudo quando este reivindica alguma coisa, ou se manifesta publicamente, é de menosprezo e de rotulação sarcástica; sentem-se, por assim dizer, como "algo separado disto"; referem-se aos cidadãos comuns como se estes fossem de outra natureza, tal como o senhor pensava dos escravos, o nobre, dos servos, a realeza dos súditos.[167] Decerto, a concepção que grande parte dos políticos profissionais tem do Parlamento não concerne muito ao povo, à coletividade em geral; vincula-se mais a um caráter pessoal, familiar, grupal; recentemente no Brasil, um deles manifestou a seu partido (PSDB) a intenção de preencher com reais possibilidades as 3 vagas de Senador de seu Estado (Tocantins) pelo pai, filhinho e filhinha, o que dispensa outros comentários.

Paralelamente, o Sistema Conjugado produz uma nova mentalidade cívica no cidadão. Ciente de que algum dia poderá ser convocado a ocupar a legislatura

---

167. Transcrevemos o desabafo de um homem do povo de nome Ademir Natal Svicero, residente em Botucatu, SP, sobre o centro decisório do Brasil, em 2001, que estava vivendo a sua plena representação política, cujo texto da carta enviada ao jornal *O Estado de São Paulo*, em 17.3.2001, é o seguinte: "Estive em Brasília. Cidade bela, longe de tudo e do povo. Os políticos estão lá bem protegidos, é difícil chegar até eles. O cidadão não consegue adentrar em qualquer casa dita do povo, há seguranças por toda parte impedindo entrada de pessoas estranhas. Fora dos momentos eleitorais, o povo é tido como adversário. Os políticos devem lá ocultar segredos que não se podem passar ao homem mediano. Afinal, para que se deve dar transparência de conchavos e negociatas se tudo isso é normal? Os fins de semana são verdadeiros martírios para os políticos quando retornam às suas bases: o povo é chato e a ele há de se dar explicações e dele ouvir infindáveis pedidos que jamais serão atendidos. Mas esse é o preço que se paga pela eleição. Os palácios são imponentes, próprios para abafar ruídos do povo, isolando os ocupantes da visão verdadeira do estado de coisas. Ficam sem conhecer o mundo exterior como realidade objetiva e imaginam fantasias. O que se espera dos homens públicos é muito mais do que eles têm oferecido ao País, aspira-se a uma vida melhor".

ou outro Conselho de importância à Nação, o cidadão concebe a sociedade com maior responsabilidade e virtude e configura maior respeito aos seus concidadãos e aqueles que estejam desempenhando funções para o Estado, o que não acontece com a democracia representativa em que o cidadão comum, sabendo-se excluído, e sabendo que não existe possibilidade de decidir sobre os desígnios de sua pátria, e que esse privilégio só recai sobre grupos e elementos que tomam o lugar de outrem quanto a esse direito, utilizando-se de esquemas que afastam irregressivelmente o homem do povo de qualquer chance. O Governo e, às vezes, a própria Nação se mesclam e tudo se afigura ao cidadão comum como sendo de terceiros e dominado por castas, tendo o cidadão por conseqüência, pouca atenção ou preocupação em apurar dados, informações e projetos, que possam servir à comunidade numa etapa posterior em que estivesse em condições de utilizá-los. A concepção dos Poderes que regem o seu país, nesses falsos regimes, deixa o cidadão como que se vendo à mercê de estranhos. Na nova estrutura, pelo contrário, estaria consciente de que a qualquer momento devesse realizar alguma tarefa pela Nação. Se não o fez ainda, certamente o fará um dia, de uma forma simples, pura, direta, democrática, tal como ocorrera com outrem de seu conhecimento ou parentesco, cuja viabilização fora tranqüila, possível e plausível.

Em passagem anterior está patente que, além dos assombrosos gastos e investimentos realizados por candidatos e partidos políticos durante as campanhas eleitorais na Representação Política, ao contrário, o Sistema Conjugado contribui também para que a sociedade se livre dos inúteis e volumosos dispêndios em seus departamentos judiciários e administrativos, da utilização de incontável número de cidadãos e horas de trabalho perdidas e ocupação de bastante tempo na época das eleições. O trabalho numa nação com um número da ordem de mais de 20 milhões de eleitores resulta numa despesa vultosa que se traduz em dezenas de milhares de dólares. Todos esses gastos, o pessoal e a ocupação poderiam ser destinados a finalidades úteis à comunidade, como a construção de escolas, hospitais, laboratórios, estradas, saneamento, canalizações, ou empregos em serviços de transporte, de pesquisas, de desenvolvimento alimentar etc. Bastaria, portanto, que se adotasse apenas o Sistema Conjugado, que é baseado num processo simples, com custo ínfimo, sem se falar que seja profundamente democrático. Com o desenvolvimento tecnológico na eletrônica e na comunicação, ancorado pela computação altamente sofisticada de nossos dias, o resultado, insofismavelmente, seria rápido, eficaz e com utilização mínima de pessoas.

A Assembléia do Povo em Atenas deliberava sobre matéria previamente estudada e estruturada pelos membros do Conselho dos Quinhentos, os quais eram convocados mediante o Sistema do Sorteio, com período curto de permanência. Muito bem delineou A. Croiset que "a soberania da Assembléia era constituída de justos limites. Só podia deliberar sobre os projetos de decretos que eram submetidos pelo Conselho; tinham o direito de modificá-los mediante emendas, mas não deviam sair da ordem do dia, formulavam Decretos aplicáveis em casos particulares, mas não tinham o direito de fazer leis propriamente ditas sem as submeter a processo longo e complicado que era uma garantia de pendência e maturidade".[168] Como muito bem elucidou Perry Anderson, o processo adotado naquele Conselho teve, entre outros fins, o propósito de "evitar os perigos da predominância autocrática e da clientelagem associada às eleições".[169]

Analisando a democracia ateniense, o estudioso e profundo conhecedor da Grécia Antiga, Finley, nos concede com propriedade a adequação do sistema: "A concentração de autoridade na Assembléia, a fragmentação e o rodízio dos cargos administrativos, a escolha por sorteio, a ausência de uma burocracia remunerada, as cortes com júri popular, tudo isso servia para evitar a criação da máquina partidária e, portanto, de uma elite política institucionalizada. A liderança era direta e pessoal; não havia lugar para marionetes medíocres manipulados por trás da cena dos "verdadeiros" líderes (...). O conhecido jogo de condenar Atenas por não ter satisfeito um ideal de perfeição é uma abordagem inútil. Os atenienses não cometeram erros fatais, e isso é o bastante. O fracasso da expedição à Sicília nos anos 415 a 413 a.C. foi uma falha técnica do comando no campo da batalha".[170]

Críticos da Democracia ateniense têm procurado sugerir alguns defeitos, devido ao fato de a composição dos cidadãos como poder decisório não compreender as mulheres, estrangeiros e escravos. Essas alegações muito comprazem aos beneficiados das oligarquias da Representação Política, uma vez que é uma razão para justificar a estruturação irracional desta, porquanto prazerosamente clamam que nem a democracia grega era perfeita. Com certeza, procuram confundir maldosamente a sociedade e o seu condicionamento cultural com a forma democrática de o povo decidir sobre os desígnios nacionais. Aquelas ausências, restrições e condições impróprias, não provieram da Democracia, mas dos conceitos da própria sociedade, cujas raízes eram profundas, naquela época de tradições arcaicas imperando em toda a Antigüidade. O que importa é que a parte-povo que atuava como tal era soberana e poderia a tudo modificar: o povo agia livremente e com igualdade de direitos. A mudança dos dogmas culturais, predominantes na sociedade de então, demandava desenvolvimento intelectual, que progressivamente pudesse alterar o pensamento sobre o estorvo de os cidadãos se dedicarem aos trabalhos manuais sem prejuízo de participarem dos negócios da comunidade ou sobre a desnecessidade de circunscrição da mulher ao cuidado de tecer, cozinhar e proteger a prole, podendo

---
168. CROISET, A., *As Democracias Antigas*, p. 56.
169. ANDERSON, Perry, *Passagem da Antigüidade ao Feudalismo*, p. 38.
170. FINLEY, M.I., *Democracia, Antiga e Moderna*, pp. 37 e 44.

passar a ser considerada também um ente que poderia pensar tão igualmente como o homem; tudo isso dependeria logicamente mais da evolução das revelações filosóficas do que de decisões nas reuniões da Assembléia do povo. Não foi a Democracia que gerou os conceitos de inferioridade atribuídos às mulheres e nem separou homens, em livres e escravos, embora, pelo menos, os seus inimigos pareçam se preocupar em incutir essa farsa à humanidade com o propósito de menosprezá-la e dotá-la de imperfeições somente pelo fato de ser uma instituição popular. Se o povo tivesse consciência naquela época da capacidade feminina e do seu valor contributivo para negócios públicos, seguramente os cidadãos não as excluiriam da administração e da magistratura, e muito menos dos poderes decisórios. Assim também, quanto à escravidão, se o povo tivesse consciência de quanto ela era injusta, a teria extinto. Além do mais, a sociedade, comandada pelos aristocratas, quando da realização dos jogos olímpicos, séculos antes da Democracia ateniense, não admitia presença das mulheres, e muito menos sua participação, sob pena de crime capital. Nunca, porém, tal aconteceria com as oligarquias e o despotismo. Não podemos esquecer que eram pessoas que não se identificavam com a Democracia que argüíam em favor desses padrões culturais, como é exemplo o próprio Aristóteles e a multidão infindável de beneficiados que se sucederam pelos séculos em todos os tipos de regimes antipopulares. Até hoje, passados mais de dois mil anos, os poderes da Igreja católica negam às mulheres o direito de ministério junto ao seu Deus. A Representação Política somente veio a aceitar que a mulher participasse do sufrágio eleitoral, no século XX, sob a pressão de manifestações públicas e já sabedora das grandes revelações filosóficas, isso tudo depois de 2.300 anos após a extinção das democracias gregas. O único caso que, realmente, poderia depender da Democracia seria a integração dos estrangeiros (metecos) à cidadania. Todavia, muito se tem discutido as conseqüências que adviriam a Atenas, àquela época, sem a tecnologia urbana moderna, no caso de um afluxo de milhares de pessoas, pois aquela cidade era praticamente uma das poucas ilhas de liberdade, igualdade, respeito e prosperidade num mar de terrível absolutismo monárquico e oligárquico, em que os cidadãos nada valiam, com suas condições e vidas nas mãos dos caprichos pessoais dos poderosos.

    O sorteio, por outro lado, tem sido utilizado, na democracia representativa, como nos referimos em menção anterior, na composição do Tribunal de Júri, como uma instituição imparcial, legítima e democrática, para a obtenção da Justiça. Em Atenas, o árbitro, no Tribunal de Júri, era também selecionado por sorteio e de uma forma que obstaculasse o mínimo de favorecimento e injustiça ao acusado.

    Mesmo na sua religião, os gregos encontraram a solução ideal: os sacerdotes seriam escolhidos mediante o Sistema do Sorteio, para exercer a função por um ano. Resultado: o povo ateniense se viu felizmente livre da funesta, perigosa e exploradora casta sacerdotal que imperava em todos os outros países da Antigüidade, os quais impingiam mentiras, superstições e submissão psicológica ao povo e ainda serviam como sólidos instrumentos de apoio a cruéis monarcas absolutos e grupos sórdidos de nobres, e afortunadamente se evitou o aparecimento de famosos messias e profetas anunciando colóquios com deuses para implantar suas idéias, crenças, fantasias, proibições e venerações, com o fim de dominar o povo e o explorar, além de espalhar horríveis temores e tenebrosos apocalipses, que deixavam o cidadão, durante toda a sua vida, apavorado com qualquer coisa e fenômeno. Para Peter Jones, como estudioso da civilização ateniense, este fato (a adoção do Sistema do Sorteio dos sacerdotes) ajudou os pensadores helenos a romper com as imagens tradicionais da atividade divina do mundo.

Em Atenas, o uso do Sistema do Sorteio para a seleção de funcionários da cidade era um meio de escolher uma pessoa sem, de algum modo, preterir ou julgar abertamente os demais. O candidato escolhido vencia, mas isso não se dava à custa de nenhuma outra pessoa da sociedade.[171] Com exceção dos *Strategói* (Generais), de outros oficiais militares de alta patente e dos *Hellenotamíai* (tesoureiros que supervisionavam os gastos do império ateniense no século V), todos os funcionários eram escolhidos pelo método democrático do sorteio.[172]

Positivamente, para a doutrina helênica, a eleição era um método aristocrático de seleção, enquanto o sorteio era considerado o modo mais puro, o meio verdadeiramente democrático. Além de tudo, os gregos consideravam esse instrumento do sorteio, como o mais democrático, especialmente aquele que *conjurava com maior eficácia as possibilidades de fraude ou de pressão*. Uma vez que cada cidadão era nacionalmente igual e igualmente obrigado a participar das decisões afetando o bem comum, conforme muito bem sintetizam pesquisadores da Universidade de Cambridge, as instituições políticas de Atenas deveriam ser designadas a permitir o máximo de participação responsável. E concluem, "um dos principais métodos utilizados para conseguir alcançar esse resultado desejado foi a aplicação do Sistema do Sorteio".[173] Após as reformas de Clístenes, com a introdução do Sistema do Sorteio no senado *probouleûtico*, também conhecido por Conselho dos Quinhentos, comenta o historiador Cesar Cantu, que este tornou-se mais popular do que havia sido até então, e ficou figurando em toda a história da democracia ateniense como uma corporação indispensável e um poder ativo e útil.[174] E percebemos que a evolução da de-

---

171. *Joint Association of Classical Teachers Greek Course*, Peter V. Jones, *The World of Athens*, p. 143.
172. *Ibidem*, p. 216.
173. CARTLEDGE, Paul, *The Cambridge Illustraded History of Ancient Greece*, p. 151.
174. CANTU, Cesar, *História Universal*, Volume II, Livro Terceiro, Capítulo XXII, p. 401.

mocracia de Atenas se deu sempre num processo em que a votação era substituída pelo sorteio, para se tornar mais democrática, popular, isenta, pura e livre. De modo que, assistimos a esses eventos com o Conselho dos 500, como vimos agora. Depois, ocorreu a modificação do processo da eleição anual dos arcontes, magistrados, antes legisladores depois executores de leis, pelo sistema dos sorteios. "Pouco tempo depois da batalha de Salamis, Aristeidês tinha sido obrigado pela força do sentimento democrático dos seus concidadãos a propor que fossem dispensados do censo pecuniário os candidatos à magistratura, para que todos os cidadãos se tornassem elegíveis. Essa reforma não foi inteiramente eficaz. Continuaram a ser eleitos quase exclusivamente homens ricos, porque dispunham de mais recursos do que os pobres para se recomendarem ao sufrágio, e portanto continuaram os magistrados, e especialmente o senado do areópago, a representar os interesses oligárquicos e a favorecê-los com abusos de autoridade. Esse estado de coisas carecia de remédio, e o remédio que se aplicou foi substituir a eleição dos magistrados por sorteio. Perante a sorte todos os cidadãos eram iguais, uma vez que neles houvesse certas condições pessoais e de família, que se verificavam pela docimasia ou exame preliminar; a sorte tanto podia recair nos ricos como nos pobres, e portanto as funções públicas deixavam de ser apanágio da opulência, e os funcionários cessavam de representar exclusivamente os interesses e os sentimentos de uma classe."[175] A escalação dos juízes passou posteriormente a ser feita também por sorteio. Como vimos, os sacerdotes passaram a ser escolhidos anualmente pelo Sistema do Sorteio.

À medida que amadurecia a democracia, ampliava-se portanto a substituição da votação e da nomeação pelo sistema do sorteio. Algumas funções não foram incluídas nesse processo vez por questão técnica, como o caso dos estrategos, que exigiam conhecimentos especializados de guerra e vez por questão de segurança, como os tesoureiros, necessidade de serem proprietários de bens de raízes, representando uma garantia se prevaricassem, como supõem os estudiosos da civilização grega. Com o tempo, não obstante, certamente os gregos encontrariam um meio de aplicar também o Sistema do Sorteio entre essas funções.[176]

Depois, como estudamos atrás, no Sistema Conjugado há todo o cuidado de após o sorteio de qualquer um do povo, conduzi-lo a uma Universidade especializada do Estado, de forma gratuita, que objetivaria preparar o indivíduo (um operário ou um professor, um balconista ou um dentista, ou outro de qual-

---

175. CANTU, Cesar, *História Universal*, Vol. II, Livro 3º, Capítulo XXVI, p. 448.
176. Contrariando alguns historiadores, havia Fustel de Coulanges argumentado, em sua obra *Cidade Antiga*, que o sorteio tem uma origem muito remota, pelo menos para uma restrita função e que os gregos creditavam aos seus resultados influências divinas. De qualquer forma, a sua aplicação por dezenas de anos, somente alertou os atenienses sobre os seus bons resultados e com a democracia aperfeiçoou-se a total democratização do sorteio.

quer profissão que fosse sorteado), nos ensinamentos da administração pública, do processo legislativo, dos conhecimentos dos recursos da Nação, das necessidades humanas, dos conhecimentos científicos sobre os seres humanos, da situação do Planeta Terra, dos outros países, dos povos, dos órgãos internacionais, do ambiente, da reciclagem, de demografia etc. O povo tem o direito de estar preparado, e para isso é-lhe oferecido o que estiver ao alcance da técnica, tecnologia e ciência para que capte uma certa formação que o habilitará a discutir as normas, elaborá-las, rejeitá-las ou aprová-las, ajudado tão-somente pela sua *consciência* e pelo *objetivo do bem comum*, pois agirá, como essa estrutura determina, *liberto* de pressões, porque não são partidos nem grupos que o elegeram, nem *lobbies*, pois não há poderes econômicos que financiaram suas campanhas eleitorais, de maioria ou minoria fixa, pois não há constituições absurdas forçando a tomar decisões sistemáticas contra ou a favor de assuntos de acordo com a maioria ou minoria a que pertença, de situação ou oposição ortodoxa, porquanto não ficará obrigatoriamente, de forma permanente, contra ou a favor, do governo executivo ou de uma bandeira ideológica, como o fazem os partidos políticos na democracia representativa, contudo se comportará de acordo com o que mais convenha à Nação em *cada assunto que surgir*.

    Durante uma palestra, um professor universitário me fez a seguinte indagação: – "De acordo com esse Sistema, concluo haver a possibilidade inquestionável de um lixeiro vir a decidir e votar sobre assuntos da Nação?". Exatamente, respondi-lhe, e pelos fundamentos elencados a seguir:

1. qualquer cidadão, independente de seu anonimato ou condição social e de seu grau de instrução, lixeiro ou operário, artesão ou comerciante, pesquisador ou médico, tem o direito de poder se manifestar e votar a respeito dos problemas e diretrizes da sociedade. Fazendo-o, cumpre-se tão-somente o Princípio Democrático. Qualquer obstáculo que se insira no mecanismo de decisão da Nação, que o impeça de fazê-lo, direta ou indiretamente, ou ardilosamente como no regime da Representação Política, não será manifestação da Democracia;

2. convém ouvir um cidadão simples, em situação carente de formação instrutiva, contanto que esteja se conduzindo preocupado em ser útil à sociedade, com mais convicção do que a opinião ou atos de alguém com refinada erudição e respeitável graduação educacional, porém, preso a idéias fixas de grupos ideológicos ou doutrinários, ou por interesses pessoais ou de setores econômicos e empresariais. A Nação tem muito mais a ganhar com o modesto cidadão;

3. psicologicamente, qualquer pessoa, até a mais simples possível, em estado normal, tem atributos, como o bom senso e o sentido da lógica, que o capa-

citam ao discernimento e julgamento racionais, tal como ocorre com os jurados no Tribunal do Júri. No campo, pude sentir a experiência de rudes agricultores a decidir sobre assuntos inesperados como inundação, incêndio, salvamento, doença e planejamento, em momentos em que se requeria ação coletiva em prol da comunidade e do ambiente;

4. o partícipe, como já explicado, receberá um preparo de dois anos no Liceu da Nação, para o convívio na Assembléia. Em paralelo, haverá os pares com conhecimentos técnicos e científicos, na condição de constituídos, o que será estudado mais à frente, bem como dos credenciados pelos Institutos Científicos, que podem auxiliar os colegas na compreensão dos problemas mais complexos. E isto será viável, uma vez que os membros da Assembléia não estarão separados nem distanciados por grupos ou partidos políticos, mas todos, despidos de idéias fixas e de posições – de maioria ou de minoria, de governo ou de oposição – situam-se livres como no Tribunal de Júri, para raciocinarem juntos e conseguirem conclusões e soluções de interesse de todos os nacionais.

Quando comecei a me envolver nos estudos e pesquisas sobre a organização política das Nações, cresciam constatações de que a Representação Política era um engodo de natureza antidemocrática. Contudo, por algum tempo, fiquei a indagar como qualquer cidadão comum poderia ter eficazmente o seu direito de ser ouvido e poder participar das diretrizes que comandariam o seu próprio destino, como o cidadão poderia fazê-lo sem sofrer nenhuma pressão ideológica, religiosa, econômica, de partidos políticos, de associações civis de classe, ou guiando-se por correntes sectárias, como seria possível contar com o cidadão comum numa multidão de milhões dando a todos igual oportunidade, objetivando tão-somente o bem de toda a coletividade, esta sempre focalizada acima de idéias, doutrinas, teorias, correntes de pensamento, tradições, costumes, condicionamentos, categorias, distinções, venerações. A conclusão lógica convergia ao sistema de sorteio na iniciativa, na seleção e na apresentação dos assuntos e projetos de leis, e em alguns processos de escolha. Ponderações, porém, eram necessárias, pois eu desconhecia, naquela época, menções sobre alguma experiência histórica nesse sentido; além do mais, o emprego do sorteio no mundo atual se aplica bastante em casos não muito louváveis. Esse processo foi então congelado por certo tempo, até os estudos se aprofundarem sobre a democracia grega. Todo esse relato sobre o princípio do Sistema do Sorteio serve para explicar que uma pessoa com discernimento normal, razoável conhecimento intelectual e que raciocine logicamente, tenderá a uma conclusão dessa natureza, sem precisar ter tido conhecimento da realização ateniense nem de outra fonte. Trata-se, assim, de um método evidente, simples, claro e adequado à comunidade humana, mais ainda em nossos dias de sofisticado domínio tecnológico de controle, organização e comunicação e antes de tudo é um sistema absolutamente democrático. Mas, talvez por ser tão manifesto e descomplicado, como também são outras revelações científicas e meios viáveis à aplicação dos conceitos científicos, que têm afetado muitos personagens quanto à sua aceitação, muito embora seja essencial certa dimensão na inteligência para perceber a grandeza de sua abrangência e de seus efeitos no âmbito da concepção Democracia. Seus adversários têm persistido em optar por um processo falso, vicioso, antidemocrático e irracional. Talvez, psicologicamente não seja correto dizer que fizeram uma opção. Na verdade, pode ser mais um caso de condicionamento cultural, pois a Representação Política já tem compreendido um período de mais de dois séculos, somando cerca de nove gerações, com profundas divulgações, e ensinos em todos os centros intelectuais do mundo.[177] É mais outra instituição absurda que os civilizados conservam com ardor e veementemente se dispõem a justificá-la e teorizá-la, por anos sem fim. Ficam satisfeitos quando ocorrem algumas melhoras em resultado de aperfeiçoamentos técnicos no seu processo, lembrando os propósitos filosóficos. No entanto, isso significa tanto quanto colocar controles eletrônicos e órgãos sob seu comando num corpo sem vida.

Por fim, sem dúvida que o cidadão apto a decidir ou escolher o mandatário do Poder Executivo deverá indiscutivelmente estar no gozo pleno de seus direitos políticos e de sanidade mental, sem nenhuma condenação ou processo criminal. Havendo de se recorrer a exames médicos, apenas advirto que esses devem ser cuidadosamente estabelecidos de uma forma que visem transparência, exame coletivo de equipe especializada, apresentação pública de resultados, quando o interessado os requerer, e assim por diante.

O Sistema do Sorteio foi repensado por dois grandes humanistas da época do Iluminismo: Rousseau concordava que o sufrágio por sorteio era próprio da democracia. As eleições por sorteio, concluía o respeitável filósofo, constituíam uma verdadeira democracia. No entanto, o estudioso suíço se retraía quanto à sua aplicação ao estado de coisas em que estavam os governos naque-

---

177. Caso análogo pode ser rememorado com o que se passou com o condicionamento ao geocentrismo, que envolveu várias gerações de doutores em todos os grandes centros da civilização. Até mesmo o mais ferrenho adversário da prepotência da Igreja Romana se espantou e se aborreceu com aquele pobrezinho (Copérnico), que ousava contrariar as verdades do sistema astronômico prevalecente de Aristóteles e Ptolomeu, tão estudado, tão complementado, tão universalmente aceito, durante mais de 1300 anos; não havia contestações, a não ser a constatação de um pequeno atraso de 10 dias no calendário; e logo saiu-se com essa: "Esse tolo quer virar de cabeça para baixo toda a ciência da astronomia". Mais de meio século depois de sua morte, é que se começou a dar atenção à sua teoria, mesmo assim graças aos esforços e sacrifícios de outros filósofos, como Giordano Bruno e Galileu. Da mesma forma, a despeito de recheados de crueldade, iniquidade e insensatez, foi muito lento e difícil o convencimento dos letrados sobre a necessária extinção da Escravidão, Servidão, Tortura e Monarquia Absoluta. A Monarquia, na sua subespécie, de moderada, constitucional e figurativa, embora simbolizando a usurpação da soberania popular, persiste ainda hoje com toda força nos ensinamentos da intelectualidade dos principais países europeus.

la época. Na realidade, Rousseau, ao anunciar suas cautelas, estava impossibilitado de vislumbrar uma melhor perspectiva para a Democracia, pois que regurgitavam em sua volta, leis e jurisdições nas mãos dos poderosos (nobreza e alto clero), desigualdade formal e oficial de direitos e econômico, quanto à má distribuição da riqueza, com alguns possuindo o máximo e a maioria sofrendo privações, um feudalismo total e abrangente na quase totalidade das nações, com suas mesquinhas e iníquas leis e ordens hierárquicas, desrespeito total a direitos individuais, e negação da liberdade, sobretudo de expressão sobre anseios populares, inclusive sobre crenças religiosas. Conjuguem-se a tudo isso, os parcos e reduzidos meios técnicos, os quais dificultariam quaisquer pensamentos sobre possível aplicação de uma justa e racional utilização desse método democrático. Com certeza, todos esses percalços intimidaram a inteligência do grande filósofo, contudo, este teve a perspicácia de anunciar que o Sistema do Sorteio era o sistema indicado para uma "verdadeira democracia". Conseqüentemente, mais adiante, quando prosseguiu a análise dos estudos sobre a possibilidade de aplicação conjunta do sorteio e da eleição, a sua tranqüilidade e sensatez foram mais transparentes, arrematando que a eleição deveria cobrir os lugares que exijam aptidões especiais, como os campos militares (conclusão condizente ao estágio alcançado pela democracia ateniense), e quanto ao sorteio este conviria àqueles como os lugares na judicatura, porque, num Estado bem constituído, essas qualidades são comuns a todos os cidadãos. Neste ponto, incontestavelmente, Rousseau foi profundo e entendeu todo o valor do sorteio em face da natureza humana do cidadão comum.[178]

Montesquieu, em sua brilhante obra, *O Espírito das Leis*, tratou, entre outros, de três importantes assuntos na organização política das Nações: a Representação Parlamentar, a Divisão dos Poderes e o Sistema do Sorteio. Nascido um pouco antes do filósofo suíço, este pensador francês se via num mundo em que imperavam, em toda a parte, os reinados de famílias, ressalvadas as pequenas repúblicas na península itálica. Monarquias moderadas eram consideradas aquelas em que o soberano absorvia os poderes executivo e o legislativo, deixando o julgamento à magistratura, não obstante grande fosse ainda a constante ingerência das autoridades governamentais; nas monarquias em que o supremo chefe reunia esses três poderes nas mãos, como o caso da Turquia, com o sultão, e nações orientais e asiáticas, o próprio Montesquieu concebia um "horrível despotismo". De qualquer forma, diante de um cenário político tão tétrico, em que o maior objetivo dos humanistas naqueles tempos, era o de não mais verem tantos poderes em uma só pessoa, a qual sequer era do povo, mas imposta ao povo. Montesquieu optou por uma saída na adoção de uma Representação Política que comportasse uma Assembléia com maiores poderes perante o soberano. Durante seus estudos de dois anos na Inglaterra, ele se impressionou

---
178. ROUSSEAU, Jean Jacques, *O Contrato Social*, p. 126.

com os freios que as Câmaras Britânicas impunham ao rei. Ante a grande dimensão dos Estados, os quais não dispunham de nenhuma tecnologia e técnica de controle e acesso político, restou-lhe aceitar a viabilidade da representação, na hipótese de que os deputados fossem capazes. Na verdade, não fora feliz nessa indicação, tanto quanto a sua inclinação pelo senado nobre e hereditário e representação censitária.[179] De outra parte, a divisão dos Poderes logo mereceu a atenção do meio intelectual e sua aceitação nas novas instituições dos estados modernos, a maioria aplicando-a alguns anos mais tarde ao livrar-se do absolutismo real. A humanidade, por sinal, era agraciada com a saudável notícia de sua implantação no Novo Mundo pela então recente República norte-americana, que inaugurava o novo processo. Com efeito, a seguir iriam se originar os estudos sobre o último tema – O Sistema de Sorteio, e possivelmente a sua consagração nos países. Em tese. A preferência pela representação era de muito valor para poderosos, conforme estudamos atrás.

Por outro lado, a divisão dos poderes interessava aos nobres e aos burgueses, visto que o despotismo dos chefes do Poder Executivo era perigoso aos seus privilégios, podendo afetar suas posições políticas, seus direitos adquiridos, suas propriedades, suas liberdades, suas vantagens. Tudo isso poderia realmente ser contido com a criação da autonomia do Poder Judiciário, que salvaguardaria o Princípio da Legitimidade – em especial, leis que lhe garantiriam as prerrogativas. Não haveria ensejos para o surgimento da autocracia, que assim se curvaria diante das leis geradas pela influência da própria classe dominante. Entrementes, o contrário se passaria em se instituir o Sistema do Sorteio. Antes de mais nada, cabe indagar que benefícios traria tal estrutura à casta favorecida? Temos de concordar com os poderosos, o Sistema do Sorteio somente vinha contra seus desditosos interesses. Em primeiro lugar, a classe dominante perderia o Poder: sairia de suas mãos e democraticamente estaria à disposição do povo. Membros deste, pelo sorteio, seriam os titulares para estudar, preparar, elaborar e aprovar as regras da Nação, sem pressão, sem favorecimentos, muito embora, com igualdade e liberdade. Não seria, verdadeiramente, o que interessaria aos magnatas, aos demagogos, aos parasitas. Esta é a razão fundamental por que propositadamente não tocaram, nem levemente, nas referências de Montesquieu sobre o Sistema do Sorteio. Esqueceram-no com todas as suas forças, e fizeram com que o mundo todo também não mais se lembrasse dessa solução racional. A despeito de o grande pensador francês enfatizar que:

---

179. O emérito escritor francês também era um nobre, da classe do baronato, todavia devemos reconhecer o seu humanitarismo, virtudes, inteligência e amor à verdade. De qualquer modo, as pressões em seus dias eram terríveis e perigosas e ele próprio sentiu bastante por não poder evidenciar a usurpação de uma Monarquia, daí talvez ter aceito o veto do monarca sobre as deliberações do Legislativo e o julgamento de nobres, jamais por magistrados populares. O seu avanço, porém, já merece o aplauso da civilização.

"O sufrágio pelo sorteio é da natureza da democracia, o sufrágio pela escolha é da natureza da aristocracia".

Completou o seu pensamento, com os seguintes dizeres:

"O sorteio é uma maneira de eleger que não aflige ninguém; deixa a cada cidadão uma esperança razoável de servir à pátria".

Montesquieu foi até bastante inteligente nesse pensamento, pois percebeu que a expectativa permitida pelo instrumento democrático do sorteio, que permitia ao cidadão sentir como *real, possível*, era benéfico à Nação, à Comunidade, porquanto deixava-o *psicologicamente* pronto para servir à Nação.[180]

Observando alguns povos desenvolvidos, com refinada cultura e razoável nível educacional, constatamos comportamentos de muitos indivíduos públicos que cuidam do respeito aos bens públicos de uma forma desejável aos propósitos democráticos. São criaturas que primam em obedecer às leis e costumes da comunidade e executam seus ofícios com zelo e modéstia. Apressam-se alguns, porém, em apontar esses casos como exemplos da exatidão do regime de representação política, debitando à sofrível graduação educacional de um povo e ao seu baixo conteúdo cultural, os erros e absurdos que acontecem na democracia representativa dos países não desenvolvidos. Mas esse argumento não está correto: trata-se de mais outro mito imposto à humanidade. Em princípio, esse pressuposto é tão verdadeiro como se chegar por acaso a um destino, através de curvas e subidas íngremes, quando se poderia tê-lo feito em linha reta como a menor distância entre dois pontos. Concomitantemente, algumas nações, expondo estágios satisfatórios educacionais e culturais, gozando de estabilidade social e econômica, sem questiúnculas raciais, religiosas e nacionalistas, tendem a manter os seus cidadãos comuns, mesmo num sistema político impróprio e irracional, nos padrões de conduta que impeçam ao máximo atitudes que possam contrariar as leis e costumes vigentes, e conservando-os em respeito aos direitos dos demais; os cidadãos podem, por sinal, estar convivendo com regime e forma de governo bastante primários e antidemocráticos, não obstante ajudem também nesse comportamento o condicionamento social, a propaganda e relativa liberdade e igualdade social, econômica e política.

Em todo o caso, esses cidadãos podem ser os habitantes de uma monarquia constitucional, de uma oligarquia moderada, de uma aristocracia suave. Basta que haja, todavia, uma crise política, econômica ou social, problemas raciais e nacionalistas, e o sistema estará propício ao ambiente de comando e exploração de demagogos, oligarcas, através dos monarcas adormecidos, dos organizados partidos políticos e dos parlamentares mais individualistas e ambiciosos, po-

---

180. MONTESQUIEU, *op. cit.*, Livro 2º, Cap. II, p. 22.

dendo, assim, de uma hora para outra promover-se uma virada de 180 graus na vida desses povos. Temos exemplos relativamente recentes – a Alemanha da década de 1930. O povo germânico, àquela época, apresentava um nível educacional e técnico dos melhores do mundo, a sua cultura era elevada, o comportamento urbano da população e o seu respeito às coisas públicas, era exemplar, sua dedicação no serviço público de satisfatória qualidade! A sua Constituição Federal era bastante desenvolvida e abrangia avanços impressionantes nos direitos individuais e sociais. Entretanto, o que aconteceu quando advieram àquela nação, a escassez e o desemprego? O seu regime era de representação política. Chegadas as crises sociais e econômicas, o caminho político estava fácil à ascensão de qualquer partido político com idéias milagrosas e mirabolantes no contexto nacionalista, levando os seus líderes demagógicos, a deflagrar posteriormente a tragédia que a História nos relata. Esse fato, porém, jamais aconteceria num sistema racional de escolha como o do Sistema Conjugado. Partido Político não teria vez, demagogo ou ambicioso, na qualidade de parlamentar ou monarca ou líder religioso ou popular, não encontraria os instrumentos necessários para chegar ao Poder. Afinal, numa situação dessa, mas com uma organização racional que compusesse os setores políticos e administrativos da Nação, sem imposições nem pressões, de correntes ou de partidos, de religiões ou de tendências econômicas, tudo convergindo para resoluções à base da razão e do bom senso. E se estamos pensando num povo de alto nível educacional e cultural, as coisas fluiriam ainda nas melhores bases possíveis, rastreando a perfeição. Conceba-se, por exemplo, como seria adequada uma sociedade, como a Suécia, a Noruega, a Nova Zelândia, com uma forma de governo racional, em que houvesse o Sistema Conjugado na sua organização política, sem oligarquias nem monarquias, mas num plano puramente democrático, em que os seus educados e cultos cidadãos pudessem ser contemplados democraticamente para, periodicamente, se revezarem no autogoverno mediante essa salutar medida.

Vejamos em particular o caso da Grã-Bretanha. O povo inglês, por exemplo, não precisa da Representação Política para justificar sua consciência democrática e amor à liberdade, nem tão pouco a Monarquia para o manter pacífico e amante de sua pátria, como que guardando um amuleto ou venerando um mito sagrado. É menosprezar muito a inteligência do cidadão inglês. Tentam tratá-lo como uma criança rebelde e violenta, que necessita de um pajem, do contrário todos os britânicos se desunirão e destruirão a unidade de sua pequena ilha. Para tanto, para conservá-los obedientes e calmos, mantêm uma custosa família de nababos, como parasitas e plena de privilégios, para ser venerada e permanentemente admirada.[181] Chamam isso de tradição oportuna nos

---

181. Por sinal, a rainha Elisabeth comemorou desolada os seus 75 anos em 2001, sozinha, porque os parasitas da família real estavam ocupadíssimos em suas férias permanentes ao redor do mundo paradisíaco; à custa, é claro, do povo britânico.

momentos em que urgem união e luta contra o inimigo ou uma crise atroz, como se o inglês não pudesse pensar como indivíduo e não fosse tão patriota como é. Se isso fosse verdade, outros povos sem reis e com menos cultura refinada estariam absolutamente perdidos, desunidos e se devorando entre si. Um pensador daquele país, falou melhor: – *Sei que o povo gosta de circo, mas não precisa pagar tão caro os seus palhaços*. Ademais, se houvesse conveniência de se reservar alguma alegoria e algo cerimonioso e festivo, em atenção ao prazer sobre costumes tradicionais, que se fizesse sobre qualquer coisa, menos sobre a *soberania do povo inglês*; esta estaria acima de qualquer apresentação fantasiosa e deveria ser, antes de tudo, respeitada e liberta de embustes.

A obstinação, o fervor patriótico e a sagacidade de Winston Churchill, conduziram o povo inglês à bravura, ao destemor e à salvação de sua pátria na Segunda Guerra Mundial, do mesmo modo como outros povos se comportaram com infatigável resistência e espírito patriótico, como o povo russo, norte-americado, francês e polonês, sem recorrer a fetiches, cálice sagrado ou mágica de xamãs. A formação cultural dos britânicos é mais profunda e racional. A luta entre o protestantismo e catolicismo dos Papas havia liberado naquela nação os estudos e trabalhos científicos. Enquanto potências riquíssimas no século XVI, como a Espanha, se preocupavam em perseguir e queimar filósofos e simpatizantes dos conhecimentos científicos, e se afundavam na ignorância, no absolutismo e no atraso, a Inglaterra desabrochava à pesquisa científica e às indagações filosóficas, estimulada pelos gênios brilhantes de Thomas Hill, Robert Norman, Thomas Penney, John Halle, William Fulke, Francis Bacon, e tantos outros. Com a adoção da língua inglesa nos livros científicos ao invés do latim, o conhecimento rapidamente despertou o povo. Naquele tempo, tão impróprio às coisas novas e ousadas, as edições de livros científicos na Inglaterra eram esgotadas em pouco tempo. "Mais de dez por cento dos livros relacionados no *Short Title Catalogue* entre 1476 e 1640 dizem respeito às ciências naturais.(...) No *Catalogue of the Most Vendible Books in England* de William London (1657), que tinha por objetivo levar a civilização de Londres para os quatro condados no Norte, um em cada seis livros abordava questões científicas".[182] O livro deThomas Digges, *Parfit Description of the Celestial Orbes*, em que ele anunciava que a explicação do Universo somente poderia ser feita pela teoria de Copérnico, teve nada menos do que sete edições entre 1576 e 1605. Houve até um momento, em que alguém falou naquela época: – Precisamos trazer para nosso país todos os livros inscritos no *Index Librorum Prohibitorum*. Grande parte dessas obras, proibidas pela Igreja e levadas para os ingleses, era fundamental ao conhecimento humano. O resultado de toda essa divulgação científica, foi um primoroso avanço da Inglaterra em vários ramos da Ciência, como na Cosmografia, na Matemática, na Navegação, na

---

182. HILL, Christopher, *Origens Intelectuais da Revolução Inglesa*, p. 28.

Medicina; enfim, foi engendrando-se na mente inglesa um preparo ao racionalismo em todos os graus de conhecimentos. Imagine se a Inglaterra, com um povo consciente de seus direitos, perspicaz nos assuntos científicos e média elogiável de instrução, fosse contemplada por uma organização política no Sistema Conjugado, despojando-se, assim, das maquinações e interesses escusos dos grupos partidários, desfazendo-se do egoísmo e das ambições dos políticos, da gastança, veleidade, inutilidade e privilégios de uma família monárquica. Esse país, com certeza, conseguiria demonstrar ao mundo o exemplo de uma democracia pura.

De outra parte, a estrutura disfarçada da Representação Política tem sido pouco percebida, ou até mesmo relevada, pelos cidadãos, nas nações desenvolvidas, não somente influenciados pelos fatores do condicionamento cultural e da propaganda, como pela satisfação dos seus padrões econômicos, a despeito de claramente se observar o poder canalizado a chefias de partido e a magnatas, como é patente nos Estados Unidos e a existência de castas privilegiadas e famílias reinantes em alguns países da Europa, em afronta total aos princípios elementares de uma Democracia. Todavia, cumpre reconhecer que o estado econômico das nações industrializadas contribuindo a que os cidadãos tenham razoável consumo de bens e conforto material, possibilitando-lhes inclusive, a gozar férias a preços módicos em lugares tropicais, é de certo modo concretizado artificialmente, pois muito se opera à custa dos milhões de habitantes dos países em condições inferiores, tal como o povo romano, no auge do Império, se sentia, de algum modo, satisfeito com suas instituições, com seus soberanos e os sistemas de tributação sobre todas as regiões dominadas. Se a situação se reverte, no sentido de todos os povos se ajustarem a um outro modelo de mercado, a escassez e as dificuldades podem atingir a todos e, sendo assim, os elementos das classes privilegiadas dos países do primeiro mundo não soltariam as rédeas tão frouxamente como hoje, e logo os cidadãos dessas nações passariam a sentir e a reclamar dos efeitos desse falso sistema.

Países que provaram a implantação do regime comunista no século XX, no esforço e entusiasmo de concentrar-se na produção e distribuição da riqueza pelo Estado com a finalidade da destruição da injustiça social, em face do determinismo econômico, não lograram êxito em seus governos, sob o ponto de vista dos Princípios da Democracia. Isso se deve ao fato de que os revolucionários se descuidaram da organização política e copiaram de bom grado todas as experiências burguesas da representação política, sobretudo sua forma de governo. Na História constata-se o fracasso desse erro, porquanto o esfacelamento político foi total e universal: em nenhuma dessas nações sobreviveu a democracia; o sistema municiou-se de amplos recursos favoráveis à ascensão de demagogos, de ambiciosos, de paranóicos, de egoístas, de grupelhos mesquinhos, de politiqueiros antipovo, a ponto de tudo se resumir, na vontade do todo-poderoso chefe de Estado, o tirano, ou dos donos do partido único, enfim, resultando no desrespeito total aos direitos mais elementares dos cidadãos, que passaram a viver sob ameaça e pressão. Calcula-se que mais de 30 milhões de pessoas sofreram torturas, prisões horríveis e execuções no Leste europeu.

Alguns países, se não houvesse ocorrido a queda do governo vermelho, logo se transformariam em monarquias hereditárias e absolutas, visto que as famílias dos líderes governantes, muitos com décadas e décadas nas costas, estavam acima de qualquer cidadão na sucessão da liderança nacional. Aquelas formas burguesas e irracionais de governo, baseadas na fictícia representação dos cidadãos, mas totalmente proclamadas ao mundo, os Parlamentos Democráticos, somente ensejavam tristes e irracionais porta-vozes dos poderosos, dos grupelhos dominantes, jamais do povo, do cidadão comum, do operário laborioso e anônimo, muito menos da democracia, todavia convergindo, aos olhos de todos, como uma luta de poder! Se, ao contrário, os revolucionários autênticos, os idealistas de primeira linha, tivessem fomentado melhores ensinamentos, iniciando a organização democrática do Poder através de um dos Sistemas democráticos, ou propriamente do Sistema Conjugado, nada disso seguramente teria acontecido. Não havia como assegurar meios para que grupos e poderosos gerenciassem perpetuamente o Poder. Este estaria inquestionavelmente sempre sendo renovado pelo povo. Não esqueçamos que algumas nações comunistas demonstraram avanços formidáveis na educação da população, na assistência médica ampla, no igualitarismo econômico e de oportunidades. Faltava, como se pode inferir, uma forma democrática de governo, em que cada um do povo pudesse efetivamente estar renovando periodicamente o mando do Governo, sem precisar recorrer à destruição de adversários, sem transmitir imagens falsas de suas pessoas, sem corrompê-las, ameaçá-las ou exterminá-las.

Quando um governo sério pretende outorgar benefícios ou bens a um setor da comunidade e não consegue proporcioná-lo a todos por motivo do maior número de pessoas em relação das benesses a serem distribuídas, em que todos se apresentam numa mesma situação, a solução eleita para atender os parâmetros de justiça e democracia, tem sido o sorteio. E todos resignados, os agraciados e aqueles que não tiveram ainda o nome afortunado, se sentem que foram tratados justamente. Se nesses casos, consideram democrático esse processo, por que não o aplicam na escolha dos legisladores, circunstância que se afigura em idênticas condições? É, pois, um contra-senso não o fazer. Convenciona-se que somente ao povo cabe o direito de legislar, mas como se invoca a razão do número, diz-se ser possível uma representação do mesmo, ou melhor que os cidadãos indiquem seus representantes.

No entanto, havemos de entender, pelo bom senso, que todos os cidadãos devem estar potencialmente habilitados a serem escolhidos. Se a escolha é feita pelo critério dos mais capazes, isto é elitismo; uma grande parte estará automaticamente excluída, e isto é antidemocrático. A idéia é ouvir a todos, pelo menos é o que proclamam as Cartas da Representação Política. Se a coisa é feita para ser assim, trata-se novamente de outro engodo desse regime. Se, por outro lado, a escolha é feita pelo critério da riqueza, é aristocrático, da mesma forma antidemocrático. Se, por experiência e exercício passado da mesma função, é oligarquia, também antidemocrática. Se, por ser do bairro ou região, é bairrista ou regionalista, igualmente um proceder antidemocrático. Se, por crenças religiosas ou correntes ideológicas, é faccioso, antidemocrático. O cidadão não pode, assim, estar à mercê da vontade do outro. A vontade exprime desejos, desejos expressam correlações as mais variadas e não muito convincentes, quando se trata de desejo relacionado a pessoas. O certo, portanto, é o cidadão ser convidado a participar da legislação de sua Nação por um processo que não envolva vontade, mas algo impessoal. O cidadão poderá ter idéias próprias e diversas, mas em princípio, é escolhido apenas por ser um cidadão, alguém do povo, e como tal entrará livre, desimpedido, sem compromissos, sem pressões, com maiores chances de poder raciocinar e pensar em função de toda a comunidade, e não apenas de uma parcela, de alguns, de idéias e doutrinas empacotadas.

Quando num determinado momento se joga para o povo uma enxurrada de candidatos, prometendo mil coisas, anunciando programinhas com cores diferentes, porém, disfarçadamente de conteúdos semelhantes, tratando confusamente de alguns assuntos da Nação, configura-se um procedimento irracional e impreciso, haja vista que o povo em geral não está suficientemente informado. Acresce ainda o fator propaganda, que, como estudamos atrás, a tudo inverte e se utiliza de poderosas armas psicológicas. É natural que a maioria dos cidadãos, em nossas sociedades diversificadas e com inúmeros problemas, propósitos e pressões, não manifeste maior dedicação de tempo e interesse a matérias complexas e longas, do ponto de vista político e jurídico, retendo mais os *slogans*.[183] Para o povo decidir, com consciência e sensatamente, mediante o Sistema por Participação Global, de acordo com o analisado no capítulo que se reporta à Democracia Direta neste livro, vale a repetição:

- não pode haver propaganda de espécie alguma;
- deve haver debates públicos em igualdade de condições para as partes envolvidas;

---

183. Conforme Manoel Gonçalves Ferreira Filho, pesquisa feita nos Estados Unidos demonstrou que "um terço dos cidadãos não vota. Dos que o fazem, apenas 15,5% vota levando em conta um conjunto de idéias, 45% segundo interesses do grupo, 23% segundo a 'moda' (*nature of the times*) e 17,5% por outras razões, sem qualquer relação com os negócios públicos. Mais, dos dois terços de cidadãos que votam, 69% lêem acerca da política o que é estampado nos jornais, 45% o que transmite o rádio, 74% o que aparece na televisão, 31% o que publicam as revistas".(*A Democracia no Limiar do Século XXI*, p. 56.)

- o assunto seja apresentado de uma forma a estimular o interesse de cada cidadão;
- forma simples e detalhada de cada assunto;
- origem dos candidatos por vias democráticas;
- impedimento a manifestações de grupos ideológicos, religiosos e doutrinários em geral.

Se isto não é possível na representação política, nada mais racional e simples do que abolir toda essa encenação e adotar a recepção de parte do povo mediante o sorteio, compreendendo aqueles que se interessam pelos assuntos nacionais e queiram decidir sobre eles. No entanto, forçoso é insistir que muitos assuntos podem ser decididos através do Sistema por Participação Global, com o estágio tecnológico de que dispomos atualmente.

Poderes

Deve haver quatro Poderes que constituirão as decisões e execuções nacionais, independentes entre si e autônomos, todavia regulados e sob permanente e estrito controle e fiscalização, inclusive do poder fiscalizador.

Nenhum poder contará com membros que disporão de vitaliciedade e inamovibilidade e autonomia sobre remunerações ou ganhos de qualquer natureza e auto-regulamentação sobre pensões e seguros sociais e outros privilégios, acima do que recebem os demais cidadãos da Nação.

São considerados os seguintes Poderes:

a) Poder Legislativo;

b) Poder Executivo;

c) Poder Judiciário;

d) Poder Tutelar.

a) PODER LEGISLATIVO

O Poder Legislativo é o órgão de maior envergadura no contexto democrático de uma Nação. Encerra a voz do povo sobre tudo e que deva ser considerado e realizado. Com propriedade se expressou Locke ao dizer que o Poder Legislativo é aquele que tem o direito de estabelecer como se deverá utilizar a força da comunidade no sentido da preservação dela própria e dos seus membros. Esse esforço necessariamente conduz a que legisladores desenvolvam pensamentos e trabalhos de alto nível, com amplos conhecimentos e interesses

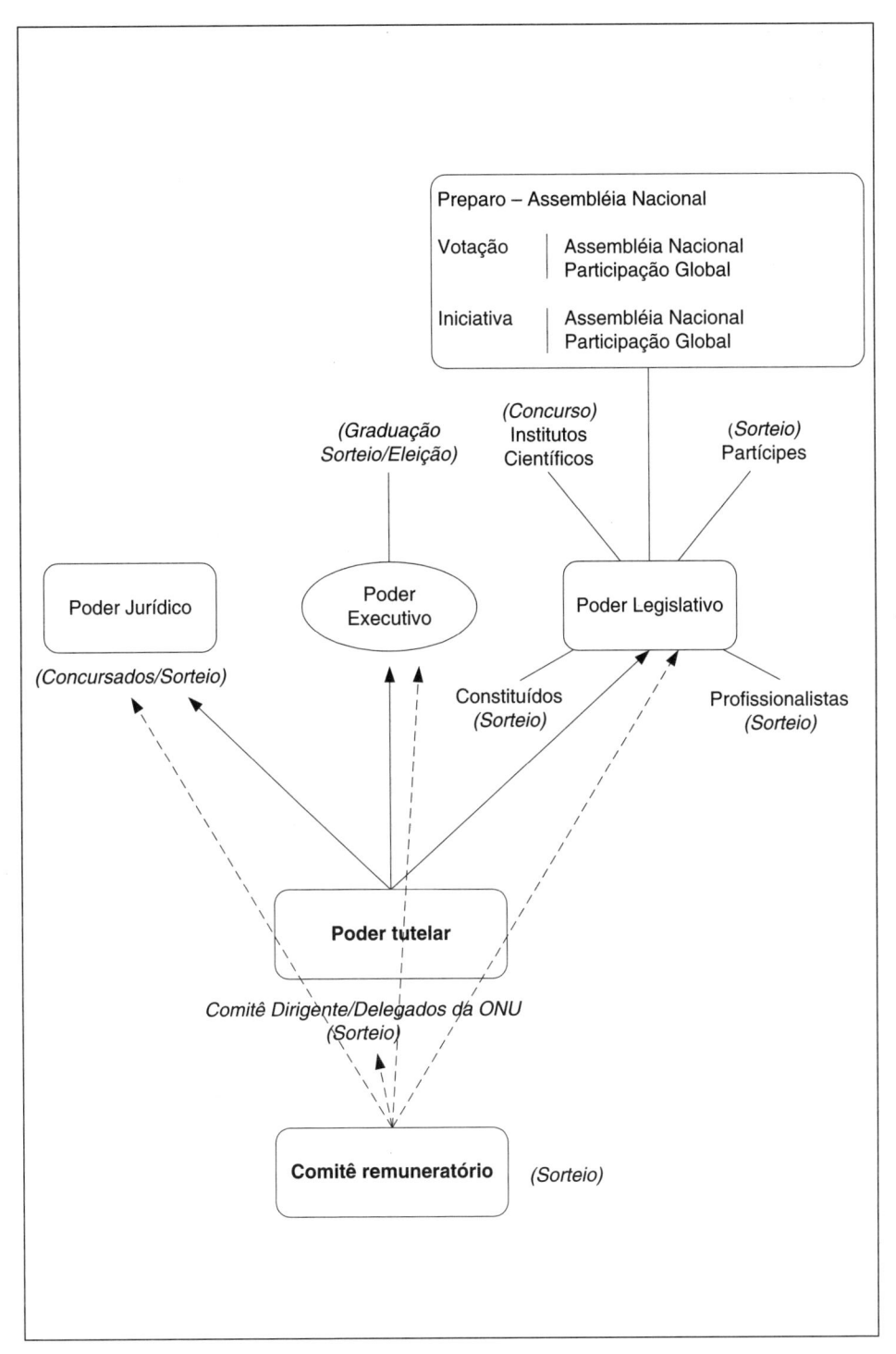

Figura 1 – Estrutura do Poder Decisório no sistema conjugado.

exclusivos em prol da comunidade. Esta é a maior razão por que o seu corpo deve ser constituído genuinamente por pessoas do povo, livres, sem vinculações, sem pressões, sem idéias fixas, sem radicalismos, sem correntes ideológicas ou religiosas, convocadas por um processo democrático, despido de maquinações, estratégias e favorecimentos.

Um poder dessa natureza jamais pode ser entregue a elementos que venham sendo impulsionados por ambições e vaidades, e acobertados por interesses de grupos, e ainda se denominando astuciosamente como "representantes" do povo; nem pensar. Afinal, as suas resoluções podem significar regras e conceitos sobre as relações totais da sociedade, implicando atitudes dos cidadãos com respeito às suas interações, seus direitos, os benefícios, a sua felicidade, a sua liberdade e igualdade em todos os sentidos, perante a lei, a sua proteção social, a distribuição da riqueza, seus desejos, anseios e condições, a Natureza, o Planeta. Na realidade, o campo é vasto e de certo modo imprevisível e sem limites. No entanto, para que tudo possa fluir buscando o bem-estar de todos em função dos alicerces naturais das formações individuais e sociais de cada um dos cidadãos, com certeza haverá urgência que se estabeleça uma estrutura em que possam germinar determinações com base nos conhecimentos científicos, pelo menos suprindo as necessidades em atenção aos mínimos princípios da Ciência em seus mais vastos e complexos domínios. O Poder Legislativo não pode ser entendido como uma casa para fazer leis. Isto não seria sensato, além de perigoso. Lei é algo que pode normatizar a vida de uma nacionalidade, encerrando sua natureza sexual, social, econômica, política, ambiental e psicológica. Logo, não é algo para ser manipulado aleatoriamente, nem fabricado, nem inventado. A ponderação nos ensina auscultar a Ciência, a fim de estipular normas e conceituações para uma população. Aflorando conhecimentos sobre Princípios e leis naturais, a sua adoção e adequação vem mais em forma de aceitação do que de imposição. Mister se faz que o Corpo Legislativo se compenetre de que sua função é importantíssima e fundamental ao cidadão, estando longe de simples aprovação de um projeto nascido do desejo de um de seus pares, que esteja relacionado apenas a implicações pessoais, regionais, raciais, culturais, políticas e casuísticas, sem se falar de coisas da ordem de oposição ou de proteção de propósitos de enriquecimento ou de privilégios. O projeto de lei deve significar o resultado de um estudo, mesmo que originariamente por intuição, que se apóie em princípios científicos. Essa antevisão teve o filósofo Locke, ao recomendar que a Assembléia não fosse permanente, mas temporária, de acordo com as necessidades emergentes.

Nos nossos dias, com a diversificação dos temas e com as mutações em velocidade incrível, convém uma Assembléia permanente, porém, com renovações constantes de partes da mesma, e o exercício de apenas um mandato, sem continuísmos. Todavia, isso não deve querer significar que por estarem reunidos permanentemente, os congressistas devam se preocupar em confeccionar leis de cunho não científico. Sua missão é fiscalizar tudo e a todos, em função da defesa do patrimônio e dos direitos do povo, requerendo explicações dos órgãos públicos, e sempre que necessário, sugerir resoluções e estudos de projetos, que sempre obedecerão ao caminho da investigação científica pelos Institutos Científicos credenciados, que serão descritos mais adiante. Entretanto, cumpre ressalvar que os Institutos Científicos não devem ter poderes suficientes para bloquear um projeto. Podem analisá-lo e dar seu parecer, que, no final, deverá prevalecer o bom senso, pois devemos evitar que alguma burocracia nos Institutos ou a vaidade e prepotência de graduados, intitulando-se cientistas, impeçam que um projeto de um homem do povo seja prejudicado e obstaculado, por ferir "teorias e conceitos" vigentes e condicionados,[184] de modo que, se algum impasse ocorrer quanto a um projeto, esse deverá ser posto em discussão e votação, e então a participação de todos resolverá o assunto. Esse exemplo processual do projeto serve para reafirmar que a Assembléia Nacional é um órgão do povo, e como tal, é supremo; o que predomina é a voz do povo, que, nesse caso, age através de suas parcelas sorteadas. Nas condições em que a Assembléia está estruturada, o erro é mínimo, mas se houver, certamente será consertado nas ações posteriores. Como Poder supremo e soberano do povo, deve ser limpo, puro, sem privilégios, agir igual para igual com o povo, preparado, municiado de conhecimentos científicos e gerais, aberto à população, transparente, totalmente público no seu mais superdimensionado sentido.

A Assembléia Nacional deve dispor de uma organização que permita que um projeto de lei seja pesquisado, analisado e indicado, dentro de estudos e exames de comissões integradas por profissionais de elevado nível, para, inclusive, assessorar a todos os integrantes. As comissões devem ser desmembradas em tantas quantas forem necessárias as subcategorias para os assuntos especializados. Os projetos de lei devem receber os pareceres das comissões e subcomissões inerentes ao assunto veiculado. As subcomissões serão autônomas em emissão das sua opiniões, reservando a soberania ao plenário. Na Representação Política, comissões e assessorias, à custa dos contribuintes, são utilizadas para auxiliar os autores dos projetos visando os seus interesses, enquanto que neste sistema, as comissões e subcomissões deverão agir independentemente e objetivando o bem-estar da Comunidade e os Princípios Científicos e Filosóficos.

O Poder Legislativo deve ser exercido por apenas um órgão, denominado Assembléia Nacional. Em princípio, suas atribuições organizacionais no Estado devem ser:

---

184. Não esqueçamos quantas teorias e descobertas científicas foram de início rejeitadas pela Royal Society da Inglaterra.

- legislar;

- apreciar leis do Primeiro Mandatário do Executivo e dos Institutos Científicos credenciados;

- apreciar pontos discordantes do Orçamento, Diretrizes Orçamentárias e Planos Plurianuais;

- solicitar ao Poder Tutelar investigação sobre irregularidades nas administrações dos Poderes, e quando o caso for no Poder Tutelar, contratar empresas de auditoria para investigação.

O Governo deve apresentar o seu Orçamento e previsões plurianuais alicerçadas no programa que ofereceu à Nação e pelo qual foi eleito pelo povo. Logicamente deverá ser encaminhado a um setor neutro e especializado, que será o Poder Tutelar, mesmo porque, esse Poder, como estudaremos a seguir, será o que fará a auditoria do executivo, de seus orçamentos e contas. Colocar o Orçamento ao dispor de emendas e apreciações da Assembléia Nacional, não é racional nem resulta em benefício à Nação, e pode suceder como na democracia representativa, um empecilho à execução de grandes projetos de interesse da Nação, bem como um meio indireto de locupletação ilegal de alguns congressistas, além de perda de tempo e gastos, que, no final, de importante é pouco verificado.

O Poder Tutelar recebe o Orçamento, planos plurianuais e diretrizes orçamentárias, e fará os exames técnicos. Se estiver de acordo com o programa de Governo aprovado pelo povo nas eleições, com as leis aprovadas pela Assembléia Nacional, com os objetivos relacionados às necessidades naturais do cidadão, e houver equilíbrio entre receita e despesa ou superávit, deverá considerar aprovado.

Se, entretanto, surgir qualquer ponto em que não se una harmonicamente nas bases acima descritas, o Poder Tutelar solicitará justificações e/ou retificações ao Poder Executivo. Se persistirem grandes disparidades, o Poder Tutelar enviará os elementos discordantes para apreciação da Assembléia Nacional. Aprovados por esta, retornam ao Poder Tutelar. Emendados ou desaprovados, seguem para o Poder Executivo. Se este concordar com as emendas e/ou desaprovações, integra-se no Orçamento. Se o Poder Executivo não concordar, este poderá pedir um plebiscito à Nação. Se não o fizer, será considerado aprovado.

Não haverá Senado, Assembléias Regionais nem Câmara Municipal.

O Poder Legislativo deve ser, portanto, exercido por apenas um órgão, sendo unicameral.

A origem da proposta de se fazer duas Câmaras no regime de Representação Política se prendeu a razões técnicas dos conservadores para preservar os seus privilégios. Eles tinham o domínio da Assembléia, após a época revolucionária francesa, através dos nobres liberais e dos burgueses ricos. Isso lhes garantia uma certa segurança, todavia as idéias filosóficas poderiam entusiasmar as cabeças dos mais jovens, causando talvez inesperadas resoluções que vazassem algumas leis ou normas confrontadoras aos "bons costumes" e aos "seus direitos adquiridos", e, por fim, não atenderiam aos anseios do princípio da monarquia, das famílias destinadas a reinar sobre o povo. Não custava muito, por conseqüência, inventar mais um freio a qualquer iniciativa que não lhes parecesse favorável. Melhor então seria criar mais um impedimento, surgindo assim a idéia de mais uma Câmara, esta com a missão de conter ímpetos renovadores da outra Câmara. Para tanto, sua composição seria de indivíduos mais ricos e mais nobres, e mais velhos para assegurar sólido conservadorismo. De modo que, a Câmara Superior se caracterizaria por seu reacionarismo, devido aos seus membros diante de seus *status*, idade, riqueza, prerrogativas e velhas idéias. Essa regra foi aplicada universalmente. Aos poucos, os nobres e aristocratas, foram substituídos por burgueses magnatas, mas até 1999, a Inglaterra ainda mantinha a sua Câmara de Lordes, somente com indivíduos nobres do clero e da alta magistratura, e eram vitalícios. Mesmo, porém, tendo ocorrido a substituição de nobres por burgueses ricos, a função praticamente continuou a mesma, e permaneceu também a inviabilidade do ingresso de qualquer um do povo e de alguém jovem. De fato, não se falou mais em classe especial, vitaliciedade e hereditariedade, na Câmara Alta, mas se precaveram com o estabelecimento de um mínimo de idade – que varia de 30 a 40 anos – para que fosse composta por pessoas com experiência e anos de vivência na política profissional, e certamente já grandes proprietários.

Destarte, deduz-se claramente que não há nenhuma razão científica para haver duas Assembléias. Alguns países falam em suas Constituições, hoje, que a Câmara Alta representa os Estados, Províncias, Regiões. Essa é outra idéia sem base e antidemocrática. Se existe a Assembléia do Povo, é porque é do Povo e este é soberano, sendo sua decisão soberana, não necessitando ser revista por outro tipo de representação. A proporcionalidade por regiões não é fundamento para se constituir outra Assembléia, pois na do povo pode ser viabilizado um sistema de presença dos cidadãos de cada região. Antes de qualquer coisa, o que tem sentido de existir é a Assembléia do Povo, e esta é única. É o local em que o povo deve atuar, fazer valer a sua opinião e as suas decisões. Ora, o que o povo resolve, não pode ser revisto, alterado e impedido, e muito menos por quem possa indiretamente estar predisposto, psicológica e materialmente, destinado a sustentar o ultraconservadorismo, o ultra-antireformismo, e ultra-antissocialismo, e assim por diante, e no final, os seus próprios interesses egoístas em detrimento do bem comum da coletividade. Se existirem duas Câmaras, a primeira Assembléia não seria literalmente uma Assembléia do povo: seria esboçada como um ensaio, um arremedo, um espelho dos erros das emoções populares, e isto, no fundo, é incoerente com a democracia.

Costa Rica dispensou esse instrumento aristocratizante – o Senado – da sua Constituição. Naquela conturbada região da América Central, esse país destaca-se pela sua estabilidade política e pela inexistência de Forças Armadas; nesse subcontinente, é detentor dos maiores índices de desenvolvimento humano (IDH). É certo que outros elementos antidemocráticos da Representação Política foram abolidos pelos costarriquenhos, os quais seguramente também contribuíram para esse direcionamento humano e racional, tal como a proibição da reeleição dos representantes após findos os seus mandatos; posto que possam os políticos profissionais ter condições de constituir uma classe oligárquica, todavia dificulta-se-lhes a instituição de uma casta, mesmo que venham a dispor de artifícios para favorecer a eleição de parentes e amigos, como sói acontecer nas demais nações.

Em algumas nações que adotam o esquema assimétrico nas fontes legislativas em sua estrutura de Federação, além da figura inútil, dispendiosa e perniciosa, de um Senado, contam ainda, em suas unidades regionais, com Assembléias para deliberarem sobre questões específicas de cada membro considerado autônomo ou semi-autônomo da União. O feitio que dão a essas instituições é o de Parlamentos secundários, contando, assim, com "representantes", autonomias administrativas e financeiras, unidades e demais vantagens dos seus pares do Parlamento nacional.

Devemos pensar no Homem, como uma espécie única, e logicamente leis nacionais não deveriam coexistir com leis estaduais, diferenciando-se para cada cidadão de outros Estados-membros. Em casos excepcionais, sobressaem apenas aspectos culturais que podem ser tratados por leis e regulamentos provenientes da própria Assembléia Nacional. Quando esta legisla, certamente obtém a ação de todos os Estados-membros, cujas partes a compõem. Desse modo essas assembléias dos Estados-membros são criadas para legislar sobre o quê? A prática nos ensina o pouco de útil que se produz em face de seu custoso sustento e ocupação infrutífera de tempo e de pessoas. Algumas de suas atribuições podem muito bem, sem maiores custos e ineficácias, ser realizadas por Conselhos de cidadãos, a curto mandato, sem renovação, pelo Ministério Público e por um poder neutro adaptado à vigilância e proteção do erário público e dos direitos civis e políticos do povo (Poder Tutelar).

Tem-se observado que a tendência é a unificação de leis previdenciárias, civis, comerciais, criminais, trabalhistas e processualísticas em toda a União, mesmo concernentes àqueles Estados-membros que, antes da Federação, gozavam de vigorosa autonomia como as 13 colônias norte-americanas.

Nas Federações por segregação, maior razão persiste para que os Estados-membros mantenham tratamentos iguais na área legislativa, ressalvados os casos de incentivos financeiros e fiscais, e desenvolvimentos de regiões, que somente são determinados pela legislação da União.

Observa-se, por exemplo, que nas competências legislativas que cabem aos

Estados-membros, no Brasil, as normas se repetem entre si nos assuntos mais importantes, sobretudo tributários e financeiros.

Atentemos para os assuntos tributários de competência dos Estados-membros, que decorrem de princípios e limites estabelecidos pela União, cabendo mais aos Estados-membros uma complementação simples e própria da execução pelo Poder Executivo.

Vejamos, por exemplo, o caso específico das atribuições legislativas do Estado de São Paulo, a maior e mais desenvolvida unidade da Federação, estabelecidas em sua Constituição de 5 de outubro de 1989,

"art. 19 – Compete à Assembléia Legislativa, com a sanção do Governador, dispor sobre todas as matérias de competência do Estado, ressalvadas as especificadas no artigo 20, e especialmente sobre:

I – Sistema Tributário Estadual, instituição de impostos, taxas, contribuições de melhoria e contribuição social;
(Comentário: Corporificação já totalmente tratada pela Constituição e Código Tributário Nacional. Aos Estados-membros competeriam regulamentações. As leis, que têm sido formuladas são de elaboração do executivo e são similares entre os Estados-membros);

II – Plano plurianual, diretrizes orçamentárias, orçamento anual, operações de crédito, dívida pública e empréstimos externos, a qualquer título, pelo Poder Executivo;
(Comentário: Atos que poderiam muito bem ser executados pelo Poder Executivo do Estado-membro, acompanhados, evidentemente, por todos os adequados recursos de vigilância e fiscalização, sobretudo de um Conselho e de um Tribunal de Contas do Ministério Público e de um Poder específico para tal finalidade em âmbito nacional – Poder Tutelar; algo de proveito que surja das verificações orçamentárias e de verbas adicionais, decorrem não do trabalho de deputados, mas de especialistas contratados e pagos pelo erário público. Ora, esses analistas podem muito bem trabalhar a serviço de outros departamentos e de forma libertos dos interesses mesquinhos dos "representantes" e realizando seus serviços em prol do Estado-membro);

III – Criação e extinção de cargos públicos e fixação de vencimentos e vantagens;
(Comentário: Atos específicos do Poder Executivo do Estado-membro, cuja interferência da Assembléia somente incentiva a corrupção, podendo ser fiscalizados pelo Conselho, Promotoria e Tribunal de Contas, Ministério Público e Poder Tutelar);

IV – Autorização para a alienação de bens imóveis do Estado ou a cessão de direitos reais a eles relativos, bem como o recebimento pelo Estado de doa-

ções como encargo, não se considerando como tal a simples destinação específica do bem;
(Comentário: idem ao item anterior);

V – Criação e extinção de secretarias de Estado;
(Comentário: idem do item anterior);

VI – Bens do domínio do Estado e proteção do patrimônio público;
(Comentário: idem ao item anterior);

VII – Organização administrativa, judiciária, do Ministério Público, da Defensoria Pública e da Procuradoria Geral do Estado;
(Comentário: Atos específicos do Poder Executivo do Estado-membro);

VIII – Normas de direito financeiro;
(Comentário: Podem seguir regras da própria União).

Por outro lado, no que diz respeito às competências comuns e concorrentes valem também algumas ressalvas.

O artigo 23 da Constituição Federal elenca os tipos de competências comuns à União, aos Estados-membros, ao Distrito Federal e aos municípios.

As atribuições, entretanto, cabem mais à competência do Poder Executivo dos Estados-membros do que ao seu Poder Legislativo.

De outra parte, o artigo 24 dispõe sobre as competências concorrentes, e pode se notar que trata de assuntos de legislação tipicamente da União (direito tributário, financeiro, penitenciário, econômico, inciso I), (juntas comerciais, defesa do solo e dos recursos naturais, proteção do meio ambiente, inciso VI), (educação, ensino e desporto, inciso IX), (procedimentos em matéria processual, inciso XI), (previdência social, proteção e defesa da saúde, inciso XII), (organização, garantias, direitos e deveres das polícias civis, inciso XVI), de assuntos próprios do Poder Executivo dos Estados-membros (orçamento, custas dos serviços forenses, florestas, caça, pesca, fauna, proteção ao patrimônio histórico, cultural, artístico, turístico e paisagístico, responsabilidade por dano ao meio ambiente, incisos I, II, IV, VI, VII, VIII), e de assuntos típicos da União, como o inciso V – produção e consumo e misto entre a União e Poder Executivo dos Estados-membros, como os incisos X – criação, funcionamento e processo do juizado de pequenas causas, XIII – assistência jurídica e defensoria pública, XIV – proteção e integração social das pessoas portadoras de deficiência e XV – proteção à infância e à juventude.

Em suma, essas exuberantes e inoperantes assembléias regionais de nada adiantam e não têm nenhuma valia. Servem apenas de ajuntamento de políticos profissionais em um degrau do seu *status* da neonobreza máxima, que é o Parlamento da nação. Ficam dias e dias pensando em seus interesses e aumentando seus privilégios à custa do povo e empobrecendo o Estado, além de, em muitos casos, emperrar as atividades administrativas nas soluções de problemas públicos. A todo o momento, constatam-se absurdos sobre vantagens pessoais. Numa Assembléia de um grande Estado brasileiro (Minas Gerais), apurou-se que somando suas remunerações, verbas de gabinete, auxílios diversos e outras disfarçadas nomenclaturas, os políticos profissionais, ganhavam por mês de 15 a 30 mil dólares, numa região em que mais de 1/3 não auferia sequer 200 dólares. Preocupam-se em despedaçar os orçamentos regionais com emendas demagógicas ou de favorecimentos; nos anos pré-eleitorais, essas emendas podem ser milhares, desvirtuando os vitais investimentos do governo em prol da sociedade.

A coisa não pára por aí. Maior disparate ainda é transplantar a todos os municípios esse modelo de "pequeno parlamento" (as Câmaras Municipais). A um custo altíssimo para as comunidades, os "representantes" passam os anos de seu mandato, alterando nomes de ruas, outorgando títulos de cidadãos a este ou aquele, quando não estão "negociando" cargos, favorecimentos e falcatruas ou legislando em causa própria. Os vereadores da cidade de São Paulo gastaram no ano 2000, em média, 70 mil dólares com o pagamento de funcionários de seus gabinetes;[185] no ano seguinte, os gastos totais dessa futilidade nessa capital eqüivaliam a 2,5 vezes o orçamento da Secretaria de Esportes, a 4,9 vezes o do Meio Ambiente, a 21 vezes o do Planejamento Urbano e da Comunicação, e 20% da Educação e da Saúde e quase se iguala aos valores destinados à habitação, numa cidade com mais de 2 milhões de famílias morando miseravelmente em favelas. Contando o Brasil naquela época com 5.559 municípios, podemos calcular o quanto está sendo desperdiçado, em termos de valor, pessoal e tempo. Imagine se todos esses e mais outros gastos que atentam contra os cofres públicos fossem aplicados na educação, na erradicação dos abandonados nas ruas, na adolescência perdida da cidade e na geração de atividades úteis. Enfim, a relação custo-benefício dessas arrumações é simplesmente apavorante. Muitos são os municípios pobres em arrecadação que estão com os seus orçamentos comprometidos pelos gastos com essas inúteis e pitorescas miniassembléias; outros se encontram impossibilitados de realizar investimentos em setores básicos à população. Enquanto esses improdutivos clubinhos da gastança atormentam os orçamentos municipais, espalham-se pelas comunidades os mais de 20 milhões de indigentes (pessoas abaixo da linha da pobreza) incapazes de comprar uma cesta básica (dados atualizados até 2001 do *Mapa da Fome*, pelo IPEA).

Retornando ao Poder Legislativo, é patente que nesse Poder, o povo deve fazer valer a sua soberania estabelecendo os desígnios nacionais. O povo pode

---

185. Nessa metrópole, dos 688 projetos apresentados em dez meses, (janeiro a outubro de 2001), 128 foram aprovados pelos parlamentares. Desses, 30 referem-se a nomes de ruas e 27 são honrarias, representando 44,5% de todos os projetos aprovados; além disso, 22 projetos aprovados foram enviados pelo Poder Executivo e os outros tratam de questões internas.

usar do seu direito em preparando o ordenamento de normas e preceitos para determinados assuntos. De outra parte, ao rejeitá-lo ou aprová-lo, estará usando do direito de votá-lo.

Quanto à configuração do Poder como destinado a criar leis, surgem algumas ponderações. Lei, como norma que irá regrar a vida em seus vários aspectos, familiar, econômico, biológico, sexual, reprodutivo, saúde, lazer, segurança, relacionamentos e assim por diante, tal como antes deixou-se patente, é, na realidade, algo muito sério e profundo, abrangendo o campo das Ciências, e não pode ser concebido como receita ou modelo que possa suceder-se aleatoriamente, de um momento a outro, da emoção, de indivíduos e de interesses. Por isso que a nomenclatura Poder Legislativo talvez não esteja muito correta, e futuramente poderá se conciliar melhor com a denominação de Poder de Análises e de Resoluções, em que o povo apreciaria normas tributárias, financeiras, econômicas e administrativas e em que houvesse uma forma especial de apresentação para estudo e apreciação de leis oriundas de órgãos científicos como, para exemplificar, a lei da sobrevivência social em face da superpopulação. O inteligente e democrata Thomas Jefferson, contribuinte importante dos princípios democráticos dos Estados Unidos, já naquela época, da instituição da Constituição norte-americana, em carta à Madison, em 20 de dezembro de 1787, aconselhava sobre a necessidade de uma lei originar-se de fundamentos sólidos para evitar-se a sua instabilidade, conveniente, então, deixar "sempre um ano inteiro passar entre a apresentação de um projeto e a sua aprovação final. Depois disso, ele seria discutido e submetido ao voto (...)".

Esta é a razão por que recomendo que o Poder Legislativo deva ter por preocupações, a apreciação dos projetos emanados do Executivo, que tem maiores fontes de vivenciamento com o povo, mesmo assim, com o cuidado de que o executivo se restrinja a legislar sobre matérias concernentes à produção e distribuição, o acompanhamento e investigação dos atos de todos os demais Poderes e concernentes ao estudo das necessidades dos habitantes da Nação, podendo converter em leis regras que os beneficiem.

No entanto, deixo bem claro, que neste projeto que apresento, é evidente que o povo na Assembléia poderá legislar tanto quanto queira se aprovado por seus pares. O que antes foi falado se resume a orientações e ponderações e à concepção exata do que representa uma lei à Nação. Portanto, a lei deve vir do Povo e por este ser aprovada.

Jamais se deve estabelecer limites à Assembléia Nacional, nem funções predeterminadas em termos absolutos e irrevogáveis.

Em se tratando de uma Assembléia genuinamente do povo, ela é soberana e pode, atendendo ao Princípio da Razoabilidade, deliberar sobre tudo e exercer fiscalização sobre qualquer órgão público e outros Poderes, para concretizar o bem comum da Nação.

A Assembléia Nacional se comporá dos seguintes membros, em número total de mil, assim divididos:

    250 – partícipes;
    250 – profissionalistas;
    250 – constituídos;
    250 – unidades dos institutos científicos.

Esse número não é técnico nem científico. Resulta das experiências com algumas aglomerações de pessoas, opinando e votando. No entanto, pode ser melhor estudado, quanto a razões estatísticas, psicológicas e decorrentes de outros fundamentos técnicos e científicos, para que produza a melhor opção em termos de fidedignas amostragens estreitamente próximas da vontade do povo como um todo.

Partícipes

O povo deve participar diretamente. Com certeza, não o poderá fazer toda a população. Todavia, todos estão capacitados a ser um legislador, bastando ser maior de idade e querer. Pretendendo exercer o cargo, poderá se habilitar.

Solicita-se à ONU indicação de juízes internacionais, não necessariamente funcionários da ONU, para sistematizar e proceder o sorteio dos candidatos a ingressar como membros do Congresso, assistidos pelo Comitê Dirigente do Poder Tutelar. Entre todos os cidadãos candidatos, serão sorteados 250, os quais serão qualificados como partícipes. Considerando o aspecto psicológico, muitos se recusam a se expor a uma disputa, mas escolhidos democraticamente pelo Sistema do Sorteio, a Sociedade obterá uma amostragem do povo – pelo menos em sua quase totalidade séria, correta e com alguns de inestimável valor, à cooperação nas decisões nacionais. Indubitavelmente se torna construtivo usar o sistema de convocação dos cidadãos, pelo qual se pode obter talentos e profundas cooperações que jamais emergiriam sob outra condição. Ademais, em se tratando de ocupar funções para *trabalhar* pela comunidade, e não de se enriquecer ou adquirir privilégios como sói acontecer na democracia representativa, os candidatos, em grande parte, certamente são idealistas, humanitários, benevolentes, filantropos e preservadores das virtudes da comunidade.

O mandato dos partícipes é de 5 anos, sendo que 2 anos serão absorvidos num curso especial no Liceu da Nação, antes de efetivamente ocupar o cargo legislativo, para o devido preparo no exercício legiferante. Durante esse curso, que será mantido gratuitamente pelo Estado, os convocados receberão soldos e moradia.

O número de partícipes deve ser igual em cada região. Se a divisão exigir mais convocados para obter a igualdade, isto será feito.

O cidadão convocado não assumirá a figura de um representante, mesmo porque tecnicamente não se consubstancia como preposto de qualquer coisa. Trata-se de um membro do povo que com sua presença está materializando a participação da coletividade. Se uma parte do povo pretende ir a uma assembléia e decidir sobre um assunto que lhe diz respeito, não podemos afirmar que é *todo* o povo que participa, contudo teremos de convir que é o *povo que decidirá*, porque são os membros do povo, embora não todos, que participam, e porque querem participar, não como representantes, mas como o próprio povo. De modo que o cidadão atuará como um do povo e, consoante sua própria consciência, em benefício da comunidade. Enquanto o representante político na democracia representativa não tem outra alternativa senão de se conduzir em favor dos interesses dos grupos que lhe foram favoráveis na eleição, o cidadão convocado, não tendo tais pressões e origens, nem direcionamento fixo, tenderá a proceder perante cada assunto em questão, *livremente*, podendo, por conseguinte, ter a oportunidade de pensar no bem comum da Nação em cada caso que merecer a sua apreciação.

Profissionalistas

Entre os candidatos não sorteados, como convocados, será procedido novo sorteio em que serão classificados, de acordo com profissões que exerçam, até o número de 250, compreendendo empresários, empregados administrativos, autônomos, servidores públicos, operários, profissionais liberais, que se habilitarem ao cargo de legislador. É importante que a Assembléia Nacional tenha uma vasta gama de todas as profissões.

Da mesma forma, terão um mandato de 5 anos, incluindo 2 anos de preparo no Liceu da Nação, gratuitamente recebendo soldos e moradia.

Os números serão iguais para cada região. Se houver candidatos sorteados de uma mesma profissão, cabe sorteio entre eles para obter-se apenas um profissional da área. O número de 250 oscilará em torno das profissões dos candidatos; poderá haver, inclusive, dois candidatos por profissão, obedecendo sempre o limite máximo de 250.

Se há de confundir o profissionalista com o corporativo. Este é um representante de sua categoria, associação profissional e de classe produtiva; a sua atuação se vincula aos interesses de sua profissão. O profissionalista na democracia estrutural está na Assembléia Nacional para usar do conhecimento de sua classe produtiva para cooperar nas decisões com o único objetivo de resguardar o interesse comum.

Constituídos

Os graduados do Liceu da Nação podem se habilitar para concorrer aos cargos de legisladores através de sorteio. Os constituídos, elementos formados pelo Liceu da Nação – Conhecimentos e Administração Pública serão legiferantes importantes, pelo conhecimento de nível elevado como especialistas nos assuntos legislativos e de governo. Como fator importante é que o percentual de constituídos sorteados assegurará sempre um mínimo de nível técnico competente para elaboração dos trabalhos de natureza legiferante, ajudando os demais colegas da Assembléia, visto que se não fossem os mesmos reservados, num sistema de sorteio, embora a probabilidade fosse remota, contudo poderia ocorrer ausência de pessoas capazes de prosseguir nos trabalhos de uma forma com mais profundeza e visão das coisas, pois não esqueçamos que os partícipes são instruídos nos conhecimentos e processos durante dois anos, mas sem talvez ter cursos universitários que dariam maior amplitude na compreensão e conceituação geral. Esse cuidado, parece-me, atenderia ao conceito do filósofo Sócrates, receoso da ignorância dominante nos legisladores, o que provocaria irreversivelmente as imperfeições na sociedade humana. De fato, com o sistema democrático do sorteio há a possibilidade de a Assembléia Nacional poder se compor de pisoeiros, de sapateiros, de pedreiros, de metalúrgicos, de revendedores, de pescadores etc. e dessa base popular somente terá seguramente boas e saudáveis contribuições, quando ao seu lado, os seus parceiros, os constituídos, oriundos, quem sabe, talvez de pais pisoeiros, sapateiros, pedreiros, ou de elementos mais estudados, contudo tais colegas mais preparados profissionalmente e com nível de conhecimentos científicos e gerais numa amplitude desenvolvida e com instruções adequadas, lhes serão úteis nas contribuições técnicas e de informações, em que houver necessidade, sem, porém, haver necessidade de lesão da consciência dos pares mais modestos, porquanto não se pode duvidar da inteligência e virtude de um cidadão com menores instruções, quando especialmente se está num ambiente sem a propaganda, o discurso demagogo, a pressão do dinheiro e dos partidos políticos, e havendo tão apenas uma preocupação de soluções para o bem comum da sociedade como um todo. Em adição, não se pode esquecer, que ainda a Assembléia Nacional recebe o amparo substancial dos Institutos Científicos, que se fundam em fontes da mais pura e alta ciência humana. Por fim, no Sistema Conjugado, mesmo que ecluda uma soma razoável de convocados de pouca instrução, a probabilidade nos ensina que sempre haverá a ocorrência de serem sorteados também pessoas, embora em número insignificante, de profundas agudezas de espírito e experiências. No cômputo total, sobressai, sem sombra de dúvida, uma composição democrática com suportes técnicos e de apropriadas informações em benefício da sociedade.

Não há necessidade de o número abranger igualdade para cada região.

Os constituídos terão um mandato de 3 anos.

O sorteio segue o mesmo processo previsto para os convocados.

Convém esclarecer que, como veremos adiante, ao povo é facilitado, por todos os meios, o ingresso ao Liceu da Nação e o sistema deve ser esquematizado para que permita atender todas as classes de renda da população, para evitar todo e qualquer elitismo e formação de castas.

O presidente da Assembléia Nacional exercerá um mandato de 180 dias. Haverá dois períodos distintos que compreenderão 360 dias. Em um período, a renovação será feita através de sorteio entre os legisladores. No período seguinte, a presidência será ocupada por um graduado sorteado, entre aqueles de sua condição, que se habilitarem e que não estejam exercendo nenhum mandato. Esse processo visa a evitar corporativismo e vícios, colocando a Assembléia sempre transparente, livre e democrática. E assim seguirá essa ordem de alternância.

As convocações por categorias devem ser feitas em períodos diferentes entre si (em torno de 12 meses) para evitar solução de continuidade nos trabalhos da Assembléia, uma vez que a renovação será total.

Institutos Científicos

Na votação de cada projeto se requererá a participação dos Institutos Científicos credenciados pelo Comitê Dirigente do Poder Tutelar. Essa participação se realizará através da aceitação (voto a favor) ou rejeição (voto contra), ou emenda (sugestão) que cada instituto elaborará. Os Institutos Científicos devem somente se preocupar em votar sobre assuntos que impliquem relevância com reflexos sobre os desígnios da Nação, na natureza humana, no comportamento do cidadão, nas suas necessidades, no seu desenvolvimento, devendo sempre dispensar-se a participar de votação quando o assunto se afastar dessa grandeza e for apenas técnico e localizado.

Os institutos atuarão sobre as decisões da Assembléia Nacional, valendo sempre um determinado número de votos por cada instituto, e que deve na soma total resultar em 250 votos. O voto do instituto é o resultado da votação interna e que expressa a vontade da maioria simples de todos os pesquisadores e professores da entidade que pretendam exercer o seu direito de voto. O delegado do Instituto será indicado a cada 180 dias, uma vez pelo sorteio entre os cientistas, e a seguinte pela votação e sempre ocorrendo essa reversão. Esse esquema permite que haja possibilidade de valiosas revelações pessoais e, de outro lado, que haja uma quebra de qualquer situação ortodoxa.

Propomos que os Institutos participantes do Poder Legislativo sejam os seguintes:

Instituto do Planeta

É o complexo científico dedicado ao estudo, a pesquisas e ensino com objetivos de defesa do nosso Planeta. Compreende a Ecologia, Demografia, Controle Populacional, Geografia, Geologia, Proteção e Desenvolvimento de todas as espécies animais e vegetais, contornos geográficos, pântanos, vales, montanhas, mares, rios, crosta, recursos minerais, elementos como areia, pedra etc. Reciclagem. Centros de Estudos sobre efeitos industriais, populacionais e outros sobre as camadas atmosféricas e estratosféricas, aquecimento ou resfriamento do planeta, estações climáticas, alterações ambientais etc.

Instituto Psicológico

Compreende o complexo científico dedicado ao estudo, pesquisas e ensino, com vistas ao conhecimento da psique humana e do comportamento humano e animal. Abrange a Psicologia Geral, Psicologia Comparada, Psicanálise, Parapsicologia, Energias Psíquica e Cósmica.

Instituto das Necessidades

É o complexo científico dedicado ao estudo, pesquisas e ensino das necessidades humanas e os meios pelos quais possa se conseguir a satisfação efetiva das necessidades humanas em relação a cada criança, a cada adulto, a cada ancião. Compreende os campos da Biologia, Antropologia Filosófica, Cultural e Psicossomática, Medicina Preventiva (nascimento, crescimento, desenvolvimento físico e mental, alimentação, habitação, ambiente, brinquedos educativos etc.), Medicina Terapêutica, Medicina de Engenharia (Engenharia Genética, Engenharia de Órgãos Artificiais, Transplantes, Imunologia, Mecânica Humana, Biotecnologia), Sexologia, Informática, Eletrônica e Longevidade (Pesquisas biológicas e medicinais, e com essa finalidade, pesquisas sobre lazer e esportes).

Instituto Sociológico

É o complexo científico dedicado ao estudo, a pesquisas e ensino dos fatos sociais em face da solidariedade, da cooperação entre os membros nacionais. Compreende a Sociologia propriamente dita, a Psicologia Social, a Psicozoologia Social, a Metodologia Educacional, Filosofia, História, Etnologia.

Instituto da Evolução

É o complexo científico dedicado ao estudo, a pesquisas e ensino da Evolução. Compreende a Evolucionologia, a Futurologia (Projeções das cidades, do consumo, do desenvolvimento, das condições materiais, do transporte, da comunicação etc.), a Cosmologia e o estudo da Tecnologia (princípios, métodos e projeções).

Instituto do Lazer

É o complexo científico dedicado ao estudo, pesquisas e ensino das motivações e dos meios de proporcionar interesse à vida, ao trabalho, a pesquisas, ao desenvolvimento técnico e cultural da sociedade e aos esportes. Compreende Anatomia, Psicologia do Tédio, Estudo dos Esportes, Estudo do Desenvolvimento e Funcionalidade Corporal, Artes, Música, Literatura e Estudo de Aplicação e Desenvolvimento da Bricolagem.

Instituto das Ciências Exatas e Assemelhadas

É o complexo científico dedicado ao estudo, a pesquisas e ensino da Física, Química, Matemática e Astronomia.

Os Institutos Científicos serão regrados administrativamente por um centro de segmento, que se encarregará da sua administração e dos processos junto à Assembléia Nacional.

Votação na Assembléia Nacional

As decisões serão aprovadas por maioria de dois terços dos congressistas, qualquer que seja sua natureza. Seguem ao Presidente para sua sanção. Se ele vetar o projeto, este retorna à Assembléia Nacional para nova votação. Se rejeitado o veto, a Assembléia Nacional poderá colocar o projeto em *Referendum* popular.

No caso de a iniciativa ser do Presidente (Primeiro Mandatário Executivo), se aprovada pela Assembléia Nacional segue à Promulgação. Se rejeitado, o Presidente poderá solicitar um Plebiscito popular.

Em todas essas manifestações diretas do Povo, por força de *Referendum* ou Plebiscito, não pode haver propaganda nem publicidade, e somente votará quem estiver interessado no assunto. Tanto o Presidente e a Assembléia Nacional, exporão as vantagens e desvantagens do Projeto, em horários e dias e veiculação determinados pelo Judiciário Eleitoral, por um certo período, e haverá debates sobre os temas do ponto de vista técnico, científico e filosófico; são vedadas menções pessoais.

Diante do que se observa em geral, o Congresso exerce extensiva atividade votando os projetos do Poder Executivo, referendando-os ou rejeitando-os. Em todas as Nações tem-se verificado que mais de 90% da legislação é de origem governamental. De fato, a execução dos planos estatais, das ações administrativas do Executivo, dos seus órgãos na execução dos serviços e projetos, tudo resulta num contato com a realidade, e encontrando caminhos.

Todavia, a Assembléia da forma como estará formada e estruturada, terá meios a oferecer novas e essenciais soluções às necessidades da sociedade. De qualquer forma, a sua preocupação, como já foi postulado anteriormente, não deverá ser de assumir ansiedade de apresentar projetos e fazer leis. A presença da Assembléia, como povo, é bastante significativa. Qualquer projeto de lei deverá ser-lhe submetido à apreciação e votação. Seu interesse deverá ser geral e seu cuidado poderá estar em todos os assuntos, lugares e setores: suas solicitações de explicações sobre os serviços e órgãos públicos deverão ter um respaldo total das autoridades, que responderão por quaisquer irregularidades apontadas pela Assembléia, que possam prejudicar o povo, cujas punições serão determinadas por esta, de acordo com o estipulado na Constituição.

Aspectos favoráveis do Sistema Legiferante na Democracia Estruturada com base nos conhecimentos científicos do homem

- Impedimento da ditadura da maioria sobre a minoria. Não havendo grupos nem partidos, sem Situação nem Oposição, sem maioria nem minoria fixas, as decisões fluem livres e conscientes concernentes a cada assunto, objetivando apenas o interesse público, desfalecendo para sempre posições esdrúxulas e irracionais atuando sistematicamente;
- o legislador atua sem pressão, utilizando-se do seu preparo e consciência, visando o bem à Nação. Liberto de cobranças, interesses pessoais, de partidos políticos e de grupos econômicos, ideológicos e religiosos, e de reações emocionais (a propaganda é ingrediente poderoso nesse caso), acorre-se, em última análise, ao livre debate e ao culto da verdade; o bem comum é buscado com o fortalecimento decorrente da inspiração da razão e o princípio de justiça;[186]
- favorece a todos os cidadãos, a todos os talentos, que, na democracia representativa não têm chances de ser ouvido, por motivos alheios às suas capacidades, ideais e amor à Nação;
- recebe as importantes verificações científicas, que na democracia representativa, são totalmente banidas das decisões de interesse dos seres humanos. As construções de leis se fundamentariam em bases racionais e com propósitos transparentes e sinceros em prol de todos.[187]

---

186. Tal ou qual um jurado age para se chegar a um veredicto.
187. Para se ter uma noção da conjunção de interesses diversos e a parte do povo na elaboração de uma "lei" na Representação Política, notadamente pelo seu aspecto irracional e contra-senso à Ciência e à Filosofia, à Justiça Social e ao bem da Comunidade, revelando como atuam as interferências partidárias, pode ser mencionado o que aconteceu a um dispositivo constitucional, da última Constituição do Brasil, em 1988. Havia partidos em que alguns usavam a bandeira que lembrasse coisas do proletariado, independente de qualquer fundamento racional, outros por interesses demagógicos e negociais, propuseram algo em torno de estabilidade do emprego nas empresas privadas. Partidos, de ligação maior junto ao empresariado se opuseram a tal pretensão. Houve, assim, um impasse, que na época ficou caracterizado como um "buraco negro", porque não havia como avançar nas demais normas sobre direitos sociais sem um acordo sobre essa resolu-

Estados/Províncias

Nas unidades regionais, juridicamente consideradas como Estados Federados ou Províncias de Estado Unitário, haverá Conselhos de Cidadãos, integrados por residentes da região para exercer um mandato por um determinado período. Para a sua habilitação como Conselheiros, terão de se candidatar. É procedido o sorteio pelo Poder Tutelar atingindo um número de Conselheiros em proporção à população e convenientemente técnico a cumprir as tarefas que houver para desempenhar.

O tempo do mandato dos Conselheiros preferencialmente deve ter os mesmos anos do exercício mandatário do executivo, contudo, não necessariamente a coincidência dos períodos. Recomendo, inclusive, que cada Conselho seja composto durante a metade do mandato de cada mandatário executivo, porquanto quebra qualquer vinculação não meritória e os assuntos e vigilâncias seriam mais transparentes e mais bem analisados.

O Conselho dos Cidadãos não deve ter função legislativa, a não ser através de requerimento à Assembléia Nacional que poderá colocá-lo em discussão, obedecendo a um dispositivo regulamentador e que abranja toda a Nação.

A sua função primordial é a de:

A. Proteção e Defesa do Patrimônio Público, do Ambiente e dos Recursos Naturais do Estado (ou Província);

B. Vigilância sobre todos os atos públicos e empresariais que atinjam os direitos individuais dos cidadãos, abrangendo qualquer órgão dos poderes públicos (executivo, judiciário etc.) do Estado (ou Província);

C. Apreciação e votação dos Projetos Tributários, Financeiros, Econômicos e Administrativos de qualquer Poder do Estado (ou Província).

ção, somente, afinal resolvido com uma solução de um partido neutro, que não assumia nenhuma posição ortodoxa nessa questão. O acordo foi selado na redação da lei, cujo texto prima pela sua ineficácia. Trata-se do artigo 7°, que estabeleceu entre os direitos dos trabalhadores, o seguinte:

"I – relação de emprego protegida contra despedida arbitrária, ou sem justa causa, (*redação dos grupos propugnadores da estabilidade*), nos termos de lei complementar (*redação dos contrários à estabilidade*), que preverá indenização compensatória (*redação dos mediadores*), dentre outros direitos (*redação dos mediadores*).

Final da história: fizeram uma lei com uma redação, entre puxões e empurrões para não servir para nada, com o intuito apenas de apor em suas campanhas, propagandas de atitudes e proposições, o que demonstra o modo absurdo de se tratar de normas sobre as relações humanas, donde patenteia como a Representação Política é totalmente espúria, inabilitada e incompetente para legislar sobre a Nação e seu povo. As demais leis seguem o mesmo critério, quando não fixam meios de privilégios e favorecimentos a grupos.

Municípios

Nos municípios, haverá Conselhos da Comunidade, formados por residentes do município para exercer um mandato por um certo período. Para a sua habilitação como membros do Conselho, os interessados devem se oferecer como candidatos, os quais serão sorteados, sob a administração do Poder Tutelar.

Os mandatos dos integrantes dos Conselhos da Comunidade serão coincidentes ou não com o dos mandatos do executivo dependendo do resultado dos estudos que os estabelecer ou melhores conveniências às comunidades.

Esses Conselhos não têm função legislativa. Qualquer iniciativa de lei será encaminhada, quando aprovada pelo Conselho, para a Assembléia Nacional, para estudo e/ou discussão que abranja assunto nacional.

Sua função primordial é a de:

A. Proteção e Defesa do Patrimônio Público do Município, da Manutenção de Parques Municipais de Áreas Verdes e Nativas;

B. Proteção e Defesa das Diretrizes Urbanas e Ambientais do Município;

C. Vigilância sobre os atos de todos os órgãos públicos do Executivo em função da defesa do bem público e dos direitos dos cidadãos (da sua saúde, do seu lazer, da sua segurança, do seu transporte urbano etc.), podendo solicitar esclarecimentos aos responsáveis e requerer processos de averiguações pelo Poder Tutelar;

D. Apreciação e aprovação dos projetos tributários, financeiros, econômicos e administrativos do Executivo referentes ao Município.

b) PODER EXECUTIVO

O Poder Executivo tem a missão de administrar os serviços destinados aos cidadãos, de executar as metas de governo, anteriores e do exercício do mandato passado, e de cumprir as determinações aprovadas pelo Poder Legislativo.

Não deve se preocupar em legislar. Jamais deve aprovar uma lei, ou pôr em vigência normas, mesmo que provisoriamente. Não é um mandatário do povo para fazer leis, e sim para executá-las.

Tendo, porém, vivência cotidiana, constante com os problemas do povo e necessidades para cumprir metas e leis, outorga-se-lhe o poder da iniciativa.

Se o seu projeto de lei for rejeitado pelo Poder Legislativo e houver insistência do Primeiro Mandatário em fazê-lo ser norma à comunidade, este poderá solicitar ao Poder Tutelar a convocação de um Plebiscito. Para a sua realização, é essencial que o Poder Tutelar promova durante 20 dias, ou prazo maior se o assunto exigir, debates públicos (televisionados), mas não haverá nenhuma propaganda. Para os debates, o Poder Executivo e o Poder Legislativo indicarão, cada um, três pessoas, e o Poder Tutelar fará o sorteio para três constituídos sobre aqueles que se candidataram ao debate. Essas nove pessoas debaterão em forma de exposições e respostas a perguntas de jornalistas sorteados e de pessoas do povo sorteadas.

Esse Poder deve ser exercido por um constituído, pelo período de 6 anos sem direito a novo mandato seguido. Pode ser reconduzido a essa função após o mandato de outro. O conceito de constituído nesse estudo, compreende o cidadão que tenha sido diplomado no curso do Liceu da Nação – Conhecimentos e Administração Pública, o qual será definido posteriormente.

A sua função formal deve ser:

- execução administrativa dos projetos e leis visando atender as necessidades básicas do cidadão, relacionadas no Capítulo I;
- constituição do ministério;
- elaboração do plano de metas;
- iniciativa de legislação;
- direito de veto.

Denomina-se esse executivo de Presidente. Este deve ter uma cultura compreensiva e ampla, a que os gregos já chamavam de "Enkyklios Paideia".

Tornam-se, assim, primordiais:

- formação;
- preparo;
- experiência;
- integridade;
- requisitos pessoais.

Formação

Imperioso se faz que tenha o curso do Liceu da Nação, donde terá ampla visão dos objetivos nacionais e mundiais, e de uma compreensão científica da vida, das condutas, da História, das pessoas, dos demais seres, além de conhecimentos gerais necessários sobre as coisas, a Humanidade, os povos, a Ciência, a Filosofia, os limites humanos e sua potencialidade, os recursos do Planeta Terra, seus limites e meios de preservação, o ambiente, a Evolução, perspectivas futuras.

Preparo

Para exercer uma função de tamanha complexidade e responsabilidade, a sociedade deve prepará-lo com essa finalidade tanto na teoria como na prática, através do curso do Liceu da Nação, sobre os procedimentos administrativos, legislativos e judiciários e de controladoria e auditoria.

Experiência

É necessário que o candidato a Primeiro Mandatário Executivo do país tenha tido experiência como executivo em governos nos Estados ou Províncias.

Integridade

As verificações efetuadas sobre o procedimento do candidato a Presidente em todas as funções públicas exercidas devem demonstrar a sua integridade.

Requisitos Pessoais

O candidato deverá preencher ainda os seguintes requisitos pessoais:

- Nacionalidade do país, todavia não necessariamente que seja natural;
- Resida efetivamente no país, por pelo menos 20 anos;
- Idade mínima de 35 anos;
- Diplomado no Liceu da Nação;
- Tenha experiência de ter exercido o cargo de executivo em algum Estado ou Província, ou ter exercido cargo de Prefeito em cidade com mais de 250.000 habitantes ou que também tenha funcionado como legislador na Assembléia Nacional.

Escolha

O Presidente será escolhido por eleição direta do povo. Para tanto, todos aqueles diplomados pelo Liceu da Nação e que disponham dos requisitos pessoais necessários, poderão se candidatar. Com base, então, na lista dos candidatos, é realizado pelo Comitê Dirigente do Poder Tutelar, sob a supervisão de três delegados da ONU, um sorteio em público de 10 candidatos.

Cada candidato apresentará o seu programa, e recursos para cumpri-lo, através da imprensa escrita e falada, em horários e órgãos determinados igualmente pelo Poder Judiciário Eleitoral e gratuitamente.

Não poderá haver propaganda e publicidade de espécie alguma.

Após um certo período, em que haja suficiente divulgação dos programas e debates públicos entre os candidatos sobre os seus projetos e suas realizações pregressas, é marcada a eleição direta para todo o povo, em que cada cidadão deverá ter a idade acima de 18 anos.

Liceu da Nação – Conhecimentos, Administração Pública

Os defensores da Democracia Representativa sempre envidaram esforços no sentido de esconder o elitismo que esse regime estimula, mantém e solidifica. Subrepticiamente, vez por outra, confessam que os governantes e legisladores devem ser capazes, hábeis e inteligentes, sendo uma insensatez entregar os destinos de uma Nação às emoções e ignorâncias de uma multidão. Esses ocultamentos e disfarces somente têm fomentado a geração de castas e o povo jamais tem oportunidade de decidir ou ter a possibilidade de se capacitar a decidir. A verdadeira versão é a de que a democracia representativa surgiu com a idéia teórica de apenas poder deixar governar uma minoria dos mais capazes, e no transcorrer dos tempos, essa minoria sempre se afigurou como um conjunto de alguns espertos, demagogos, privilegiados.

A classe julgada apta na democracia representativa se compõe, no fundo, de indivíduos que na sua maioria se especializaram na demagogia, dispondo apenas de um curso em universidade e nenhuma preparação precisa e ampla, sem nenhuma visão científica e solidária do povo e da Nação, do próprio Planeta que habitam, e da Ciência e da Filosofia, numa forma mais profunda. É a razão de termos tantas figuras bizarras, desonestas e desequilibradas à frente da chefia da Nação e das casas legislativas; são penumbras da grandeza dos cargos que exercem. Não é por acaso que ocorrem tantas guerras estúpidas e horrendas e que, a cada segundo, se destrua, em algum lugar, a Natureza, prejudicando o Planeta, sob o mando ou omissão dos governos da Representação Política.

Nem por sombras, relegamos a indispensabilidade de os atos dos governantes, além de serem executados com objetivos em benefício do bem comum, promanem de mãos profissionais, técnicas e sapientes.

Entrementes, o povo deve ser esse elemento competente, e se não o é, a sociedade deve gerar meios para o fazer ser.

Donde, a proposta mais sensata é de que se instituam condições de preparar o povo de modo que possa reger os seus próprios desígnios, de uma maneira certa, humana e universal.

Pode-se, pois, pensar em idealizar uma Instituição para poder fornecer as ferramentas intelectuais para o desempenho desejado dos cidadãos, nas resoluções nacionais, indiscriminadamente.

Nesse complexo científico, que denominamos Liceu da Nação, devem ser ministrados cursos de formação para o exercício de ações governamentais e legiferantes.

Para o seu ingresso, devem ser feitos concursos para preenchimento de suas vagas. No entanto, os concursos serão disponibilizados aos cidadãos de uma forma que *realmente todo o povo possa, em circunstâncias honestamente viáveis, concorrer* e que se evite que a coisa fique sempre fluindo de determinadas classes.

Aos desiguais, tratamentos desiguais, e, assim, os concursos obedecerão a regras para alcançar todos os segmentos sociais. E assim será, aplicando-se por divisões proporcionais de acordo com as rendas familiares de onde procedem os candidatos. Em outros termos, a cada patamar de classes sociais com determinada renda econômica, será concedido igual número de vagas.

Isto quer dizer que os candidatos que tiveram menos possibilidades de obter amplos conhecimentos e reflexões refinadas, por causa de sua vida familiar não lhes ter podido oferecer condições econômicas suficientes que lhes possibilitassem tempo e materiais (livros, instrumentos, viagens culturais e científicas etc.) *também* teriam a oportunidade de receber as instruções do Liceu da Nação, e posteriormente atuar como governantes e legisladores, do contrário sempre estariam banidos, como ocorre na Democracia Representativa.

O que talvez o candidato antes não tenha tido à sua disposição, quanto a tempo e recursos, no curso do Liceu da Nação, nada deve ser-lhe onerado e, pelo contrário, o Governo deve fornecer-lhe todas as condições econômicas, como moradia, refeições, materiais e um soldo. Todos os alunos, indistintamente, devem estudar em igualdade de oportunidades e ter tempo destinado exclusivamente a se habilitar a eventualmente poder dirigir um governo ou poder legislar.

Como única exigência que deve ser feita, sugerimos que o candidato antes tenha feito um curso superior, seja de que especialidade for. Com certeza, um estudo em qualquer Universidade predispõe o candidato a uma rápida e eficaz modelagem intelectual. A Nação deve, portanto, por força desse requisito, proporcionar universidades gratuitas em todas as cidades consideradas importantes e com determinado número de habitantes, para que qualquer um do povo que pretenda fazer o curso do Liceu da Nação, possa efetivamente fazê-lo, dependendo exclusivamente de seu próprio esforço.

A Sociedade, em suma, deve oferecer a todos os cidadãos, indistintamente, de sexo, profissão, cor, idade, origem nacional, crenças etc., um curso do Liceu da Nação, para poderem exercer, eventualmente, funções de governantes e legisladores.

O curso do Liceu da Nação deve servir para formar e preparar o cidadão para o exercício de cargo público, como primeiro mandatário, no Município, Estado/Província, União e no Poder Legislativo como *partícipe*.

O concurso deve ser administrado pelo Poder Tutelar e supervisionado por 3 delegados da ONU, os quais inclusive devem compor as questões, que recomendamos versar sobre os seguintes temas:

- Conhecimentos Gerais;
- Direito;
- História Nacional;
- História Universal;
- História da Ciência;
- História das Invenções;
- Geografia Mundial;
- Idioma Estrangeiro de freqüente uso internacional;
- Administração Pública;
- Economia Pública.

O curso deve compreender 5 anos, cujas matérias seriam distribuídas da seguinte forma:

A. Um ano de estudos da História da Ciência, História da Filosofia, História Universal, Geografia Universal e Antropologia, e Conhecimento do Desenvolvimento Tecnológico em geração de energia, transporte urbano e interurbano, atendimento hospitalar etc.;

B. um ano de estudos dos Recursos Profissionais, Recursos Minerais, Recursos Marítimos, Recursos Alimentares, Recursos Espaciais, Recursos Energéticos, Ambiente, Ecologia, Preservação da Flora e da Fauna, Proteção do Planeta, Demografia, Economia, Produção e Distribuição e Reciclagem de bens e mercadorias.;

C. – três meses de estágio em laboratório de Física;
- três meses de estágio em laboratório de Biologia;
- três meses de estágio em laboratório de Química;
- três meses de estágio em propriedades de produção agrícola e agro-industrial;
- três meses de estágio em centros de pesquisas de Informática;
- três meses de estágio em institutos de pesquisas médicas;

D. seis meses de viagens pelo mundo, visitando Reservas ambientais, Laboratórios, Bibliotecas, Minas de Energia, fábricas diversas, ONU e outros órgãos;

E. um ano de estudo sobre Administração Pública, Planejamento Global, Orçamentos; sobre os Poderes legislativo, executivo, judiciário e tutelar, e os fluxos dos processos, arquivamentos e melhoria; Estatística; Economia Mundial relacionada exclusivamente a conhecimentos sobre níveis de produção e serviços em geral (Produto Interno Bruto) e suas respectivas projeções.

Cada cursista terá uma ficha controlada pela Universidade, demonstrando todo o desempenho do candidato, que servirá de base para informação nos momentos em que pleiteie um cargo de primeiro mandatário.

Os responsáveis pelos setores de estágio, farão anotações em suas respectivas fichas. As anotações serão respostas sobre pontualidade, assiduidade, interesse, seriedade, sinceridade, competência, iniciativa e inteligência. Após três meses do término do curso, o constituído apresentará uma tese sobre qualquer assunto de natureza sociológica, política, de desenvolvimento, ou administrativa (de desburocratização, agilização dos atos e processos, de distribuição de bens, meios de incentivo à produção, consumo, e sobre motivação social ao trabalho e concernente à justiça social).

De qualquer forma, todos os diplomados no Liceu da Nação estarão habilitados a se candidatarem a Prefeitos, Governadores e à Assembléia Nacional.

Paralelamente, enquanto não estiverem ocupando os cargos acima relacionados, os graduados no Liceu da Nação terão sua vida profissional como qualquer outro cidadão, concorrendo com o mesmo em igualdade de condições e requisitos nas atividades particulares e concursos públicos.

Nas candidaturas a Prefeitos e a Governadores, o processo será igual ao que descrevemos para o cargo de Presidente, não constando porém quaisquer exigências, ressalvado apenas o limite mínimo de idade:

- para Prefeito, acima de 28 anos;
- para Governador, acima de 30 anos.

Outra diferença, é que no caso do sorteio, o mesmo será realizado sem a necessidade de representantes da ONU, apenas cabendo ser esse evento auditado posteriormente, sob a supervisão dos delegados das Nações Unidas.

Os formandos no curso do Liceu da Nação – Conhecimentos e Administração Pública, serão denominados "constituídos".

c) PODER JUDICIÁRIO

É o Poder planejado com a missão de administrar a Justiça, visando aplicar a lei nos dissídios que possam ocorrer entre os cidadãos ou entre os Poderes Públicos e os cidadãos. São vedadas a extrapolação da Lei criada pelo Povo e interpretações desvirtuosas, fatos esses que devem ser verificados periodicamente pelo Poder Tutelar.

Suas funções e processos seguem os padrões normais, com exceção de três sugestões:

- Modificações de sua autonomia sobre remunerações, regimentos internos e privilégios;
- A composição dos membros da Corte Suprema será através de sorteio;
- O Poder Judiciário é auditado de seis em seis anos.

O Poder Judiciário para ser Poder cumpre que promane do povo, logo deverá ter os seus membros compostos por processo democrático, através da votação ou do sorteio. Uma vez que, nesse caso, é muito mais simples e democrático, efetuar-se o mecanismo da escolha mediante o sorteio, este método é o melhor sugerido. Está-se aqui fazendo referência, naturalmente, à Corte Máxima, aquela que dispõe sobre a organização judiciária, que tem o comando hierárquico sobre a sua administração e que julga, entre outras matérias, a inconstitucionalidade das leis e as decisões dos outros poderes contrários à Constituição. Os componentes que integrarão o Tribunal Supremo e os demais Tribunais deverão ter mandatos de 10 anos. A renovação periódica do colégio desse Poder deverá ser proporcionalmente alternada na base de um mínimo fixado a cada dois anos para não haver solução de continuidade nos trabalhos e prejuízos às diretrizes do órgão. Recomendo que a sua formação se opere em proporção aos que se habilitarem, concernente às seguintes categorias:

– magistrados judiciais com mais de 15 anos de atividade no ofício;

– advogados, acima de 35 anos, com mais de 15 anos de experiência profissional, trabalhando como autônomos ou como empregados de empresas;

– constituídos, acima de 35 anos, que tenham exercido as funções de executivos municipais, ou estaduais, ou no âmbito federal, ou de conselheiros municipais ou estaduais ou congressistas nacionais, e que tenham a graduação universitária em Ciências Jurídicas;

– membros do Ministério Público, acima de 35 anos, com o mínimo de 15 anos de exercício no cargo;

– juristas, acima de 35 anos de idade, com um mínimo de três obras publicadas sobre Direito;

– professores universitários de Ciências Jurídicas, acima de 35 anos, com mais de 10 anos no exercício da profissão.

Essa composição é fundamental à democratização do Judiciário, e a possibilidade de um vislumbre mais filosófico e de mais amplo conhecimento dos assuntos em geral.

Por meio desse processo, além de legitimar o Poder Judiciário, afasta-se o abuso do poder, tão comum na Representação Política, em que o sistema costuma tratar o Judiciário como corporação aristocrática, fechada ao povo, superior a todos, intocável, motivando infindáveis lesões ao direito, fomentando ambiente propício ao corporativismo, nepotismo, clientelismo e corrupção.[188]

Entrementes, numa organização política e social planejada para o povo, não se pode conceber um Poder Judiciário aristocrático e distante do povo. Ele tem de ser uma Instituição mais democrática possível, com o que os cidadãos se sentirão mais seguros e o respeitarão condignamente.

O Poder Judiciário é o instrumento de essencial valor para garantir os direitos dos cidadãos. Desde que dispostos constitucionalmente, esses direitos devem ser respeitados e deve ser construído o mecanismo de melhor alcance e aplicação para sua defesa. Para alguns autores, esses direitos no contexto moderno das Cartas Magnas, definem-se como:

a) os direitos civis (à vida, à liberdade, à igualdade, à segurança e à propriedade);

b) os direitos políticos (possibilidade efetiva de participação no poder político);

c) os direitos sociais (segurança mínima do bem-estar econômico e poder partilhar da riqueza nacional).

Por ter essa missão, o Poder Judiciário deve ser planejado de uma forma que realmente ofereça ao povo, em sentido maior, afora outras tutelas constitucionais para garantir os direitos do cidadão:

– Imparcialidade;

– Acesso de todos à Jurisdição.

A Declaração Universal dos Direitos do Homem, solenemente proclamada pela Organização das Nações Unidas, em 10 de dezembro de 1948, em seu artigo 10, estipula:

---

188. O Poder Judiciário brasileiro, por exemplo, é de uma estruturação à parte do povo. Os seus integrantes máximos derivam de nomeação e gozam de vitaliciedade. A sua composição é, conseqüentemente, antidemocrática, afrontando a soberania popular; vale acrescer que o seu funcionamento é ainda de irresponsabilidade perante o povo; de certo, tal como um ramo nobre, se perpetua no Poder, e dispensa, pois, qualquer fiscalização e controle de outro Poder ou diretamente do povo. Talvez pareça querer justificar essa usurpadora situação se esmerando na instituição francesa, um país de primeiro mundo. Acontece que nos países desenvolvidos o controle sobre esse Poder é intenso, posto que mesmo assim afloram ainda casos graves de corrupção. Não é outro, entretanto, o desastre desse tipo de organização. Pode-se observar, em alguns casos, julgamentos e decisões na administração judiciária em causa própria. No Brasil, é memorável, como o Supremo Tribunal Federal se reportou à emenda constitucional de nº 19, de 4.6.98 quando de sua aplicação entre os seus pares, sem se falar no uso que faz da autonomia administrativa e financeira nas construções, reformas e sedes luxuosas, num país de 53 milhões de miseráveis.

"Toda pessoa tem direito em condições de plena igualdade, de ser ouvida publicamente e com eqüidade, por um tribunal independente e imparcial, para a determinação de seus direitos e obrigações, ou para exame de qualquer acusação contra ela dirigida, em matéria penal".

Coerente com esses propósitos, convém tratar da sua organização, assegurando independência em relação aos outros poderes. Conforme consenso geral, quanto maior a autonomia administrativa e financeira do Poder Judiciário, mais imparciais serão os seus julgamentos e maior será a sua força para conferir eficácia aos seus atos, desde que esse Poder receba o devido controle e fiscalização de outro poder ou diretamente do povo.

Seguindo os padrões consagrados nos Estados modernos, os magistrados compreendidos como Juizes singulares, teriam sua independência de julgamento concretizada na garantia à inamovibilidade, vitaliciedade e irredutibilidade dos vencimentos.

No entanto, nada disso impede que outro problema surja, como reportado a respeito de algumas nações: o julgamento em causa própria (sobre casos análogos que beneficiam os magistrados indiretamente) em conluio com outros poderes. Para evitar esse absurdo, imperioso é que esse Poder seja devidamente controlado e fiscalizado através de auditorias administradas pelo Poder Tutelar. Em se apurando irregularidade, jamais o magistrado deve justificar prerrogativa de função para beneficiar-se de um julgamento corporativo. O seu julgamento deverá ser democrático e igual aos de outros cidadãos. Uma Comissão Julgadora deverá ser instituída periodicamente, vigorando até a conclusão dos processos instaurados na determinada época. Essa Junta se comporá, através de Sorteio, entre os habilitados do povo em geral (em princípio, 7 pessoas), e constituídos (em princípio, 8 pessoas), totalizando 15 membros. Vale observar que a erros judiciais por fraude e dolo convém a exoneração e processo criminal.

O acesso à Justiça pelo cidadão comum deve ser universal e descomplicado, com uma conclusão do processo judicial, ágil, do contrário prevalecerá a premissa de que a Justiça é morosa, mas a injustiça é rápida.[189]

---

[189]. Serve de exemplo o que se passa no Judiciário do Brasil: "A Justiça brasileira é inacessível aos setores de baixa renda. São milhões de pessoas que preferem sofrer – sem nada reclamar – lesões aos seus direitos do que recorrer ao juiz, isso porque os litígios são caros e demorados. Honorários advocatícios, emolumentos cartoriais, dias de trabalho perdidos em audiências que afinal não se realizam, gastos devidos ou ilegalmente cobrados para citações, diligências e produção de provas são despesas que o nosso homem comum do povo não tem condições de sufragar. Até na Justiça Trabalhista, ramo criado precisamente para facilitar a defesa dos direitos dos trabalhadores, a demora estimula a aceitação de acordos a rigor lesivos, e, portanto lesivos, em substância denegatória da Justiça". (BARACHO, J. A., *Democracia e Poder Judiciário*, Belo Horizonte, Revista da Faculdade de Direito da UFMG, nº 32 – nova fase – 1989, pp. 53-54, constante do livro do professor Castro Júnior, Osvaldo Agripino, *A Democratização do Poder Judiciário*, Porto Alegre, pp. 95-96).

O livre acesso de qualquer cidadão à jurisdição deve ser efetivamente estabelecido. Não surte efeito, por exemplo, se as custas judiciais forem altas, a necessidade de contratação de advogados com honorários elevados e uma ampla possibilidade de recursos no devido processo legal (*due process of law*).

O Princípio da Isonomia não existe para essas pessoas que tenham de enfrentar esses obstáculos no exercício de seu direito ao acesso à Justiça. O cidadão pobre ou de classe média não tem meios de suportar um processo longo, com peritagens caras, onerosas despesas processuais e contratação de advogados para trabalhar em todos os estágios de julgamento; se tudo se lhe afigure dispendioso, aborrecido e inviável, o seu direito falece. Na realidade, a complexa via dos variadíssimos recursos processuais somente produz vantagens aos mais poderosos, pois que o cidadão sem lastro econômico suficiente tende a ficar sem amparo no prosseguimento do processo. A Justiça que o cidadão comum vê lavrada na primeira decisão – a sentença do juiz singular –, pode ser implodida posteriormente por um julgamento coletivo de outros magistrados motivado por um ardiloso instrumento recursal.

Por essa razão, o Governo deve dispor amplamente para o povo de juizados gratuitos, sem necessidade de advogados, em causas de razoável valor e limitar nos processos normais a faculdade de recorrer, dando sempre preferência, na estruturação processual, ao término do devido processo legal por apenas um julgamento. Havendo o controle e fiscalização do Poder Judiciário, cujos pressupostos evitam os vícios que ocorrem nos regimes da Representação Política, o erro judicial será mínimo; em compensação, milhões de cidadãos se sentirão mais seguros em seus direitos e obterão conseqüentemente o devido respeito dos iguais e do próprio Estado, e dessa maneira se cumpre a democratização do Poder Judiciário e com sua legitimidade fundada na soberania popular.

d) PODER TUTELAR

Com mais propriedade, o Poder Tutelar tem por princípio em sua função primordial proteger os cidadãos perante as leis, julgamentos e determinações judiciais e atos administrativos que possam prejudicar, direta ou indiretamente ou estimulem deterioração, a:

- Princípios e Direitos individuais estipulados na Constituição e Tratados Internacionais subscritos pela Nação;

Da forma como é regrada a assistência gratuita aos "necessitados", essa não contempla grande contingente de pessoas que dela necessitaria, incluídos os vários níveis da classe média, bem como considerando o atendimento amplo em todos os graus da jurisdição pelos quais tramita o processo até a sua conclusão.

- Preservação da Natureza, em seu sentido mais amplo, compreendendo seus elementos físicos, ambiente e organismos vivos;

- Integridade do Planeta;

- A igualdade entre os cidadãos e a sua Liberdade;

- A paz com as demais nações.

Os cuidados com a Constituição não devem assumir inexpugnáveis posições de construções acima da soberania do povo. Não haverá para o povo cláusulas pétreas nem sagração de conceitos e mitos. Tudo deve estar sujeito a análises, aperfeiçoamentos e satisfação das necessidades naturais dos cidadãos, amparado pelas novas revelações científicas que venham a ocorrer. Diferentemente, a Representação Política prima por esquematizar sólidos conservadorismos em suas organizações e preceitos, não deixando margem ao povo discuti-los, muito menos alterá-los. Por outro lado, a forma como se processa em alguns países é totalmente irracional. Assistem-se a casos em que o Poder Judiciário se arvora no direito de considerar, a seu critério, inconstitucionais leis do Poder Legislativo, e o faz de tal maneira que mais parece estar se ingerindo na competência de outro Poder, cujo exemplo pode ser citado com o que ocorre nos Estados Unidos. Configura-se num método indesejável, gerando um clima antiinovador e de desequilíbrio de Poderes. Correlata atitude inclusive sobra ao Poder Judiciário, seguindo-se a alcunha de "legislador negativo". Em paralelo, as recentes Cortes Constitucionais de algumas nações européias, concentram-se em consagrar como dogmas dispositivos constitucionais, à semelhança dos éditos inquisitoriais ou da convenção da Santa Aliança. De sorte que, o recurso racional de atuação do Poder Tutelar nesses casos é o de proteger os direitos e os princípios estatuídos na Carta Magna, porém, seguindo a sensatez e o bom senso para não entrar em rota de colisão com a renovação, a evolução. Para tanto, ao constatar a inconstitucionalidade, esse Poder deve pedir explicação ao Poder emitente. Caso as explicações não convençam, pode ser pedida a sua revogação. Não sendo atendido, convocará um *Referendum*. Um mês antes serão feitos debates públicos (televisionados) sobre o tema, sem propaganda de espécie alguma. Pelo Poder Tutelar, serão indicadas três pessoas e pelo Poder emitente, outras três. Serão sorteados três candidatos da categoria *constituídos* para compor o corpo de debatedores, que somará assim nove pessoas. Com perguntas feitas por jornalistas sorteados e proporcionalmente também por questões de populares sorteadas, e por determinado número de perguntas entre os próprios debatedores, terão de argumentar a respeito. Sendo negativo o resultado do *Referendum*, logicamente a lei, ou o julgamento e/ou determinação judicial, ou o ato administrativo, deve ser desfeito. Os demais casos serão resolvidos recorrendo-se à Suprema Corte do país. Havendo a hipótese de também se tratar de lesão inconstitucional, ficará ao critério do Poder Tutelar a preferência pelo processo anterior ou pelo último.

Esse Poder tem a finalidade de proteger a igualdade e respeito entre os Poderes, os direitos dos cidadãos em face dos atos dos Poderes, a liberdade civil, os Projetos aprovados e os Programas de Governo, a seriedade, a honestidade, o interesse comum, controlar e fiscalizar os outros Poderes e compor os seus membros.

Administrativamente, suas tarefas serão:
a. apreciar o Orçamento, Planos Plurianuais e Diretrizes Orçamentárias do Poder Executivo;
b. auditar as contas dos outros Poderes;
c. auditar os atos dos outros Poderes;
d. administrar a escolha do Primeiro Magistrado, dos Governadores e Prefeitos;
e. administrar a escolha dos membros da Assembléia Nacional;
f. administrar a escolha dos membros do Comitê Remuneratório;
g. administrar a escolha dos membros do Supremo Tribunal Federal;
h. administrar a escolha dos membros do Comitê Dirigente;
i. administrar a escolha dos membros da Comissão Julgadora do Poder Judiciário;
j. administrar a escolha dos membros da Comissão Julgadora do Poder Legislativo;
k. administrar a escolha dos membros do Comitê de Publicações dos Cidadãos.

Esse Poder será regido por um Comitê, denominado, Dirigente, o qual será integrado por 11 pessoas, seis das quais serão graduados sorteados e cinco promanarão de sorteio entre todos os cidadãos que se candidatarem. O Mandato será de 10 (dez) anos, a fim de que os membros do Poder Tutelar tenham tempo amplo nos processos que aplicarem nos demais poderes para verificação final.

As funções compreendidas nas letras *a*, *b* e *c* serão efetuadas pela administração interna do Poder Tutelar, subordinada ao Comitê Dirigente. Em quaisquer irregularidades, serão solicitadas explicações. Caso não haja justificação, serão informadas à Procuradoria Geral da República para instituição do processo.

As demais funções serão processadas diferentemente. O Comitê dos Dirigentes solicitará à ONU delegados e/ou juízes internacionais para participar e fiscalizar os sorteios.

As comissões internacionais terão a missão também de verificar:
- O estado de liberdade e igualdade dos cidadãos;
- o acesso e os processos de concursos aos cargos públicos, em função dos direitos iguais de cada cidadão, analisando-os em detalhes com relação a

candidatos de relacionamentos com pessoas ou parentes em relação aos cargos pleiteados, locais em que tenha havido maior número de aprovados, fases subjetivas que ficam mais ao critério dos examinadores do que da competência dos candidatos etc., evitando-se o mínimo vestígio de irregularidade e nepotismo, para não se transformar em estado feudal vislumbrado na democracia representativa;[190]

- os direitos ao trabalho, à educação, à saúde e à segurança;
- a satisfação das necessidades básicas dos cidadãos;
- o cumprimento pelo Primeiro Magistrado das leis aprovadas nos exercícios do período de seu mandato;
- o comportamento profissional dos legisladores, juízes, desembargadores e procuradores;
- privilégios, regalias, mordomias, férias, licenças, gratificações, aposentadorias, fundos de saúde, injustas, excessivas e desiguais em relação aos demais cidadãos.

Para tanto, e outros casos que julgue necessários, a Comissão Internacional poderá requerer ao Poder Tutelar, o contrato com empresas especializadas que designar ou que provenham de concorrência, independentemente de sua nacionalidade, para proceder as auditorias.

A periodicidade das verificações do Poder Tutelar será, a princípio, de três em três anos.

Verificações no Poder Executivo

A análise terá uma pontuação, levando-se em conta, os cumprimentos dos direitos dos cidadãos, metas estabelecidas em programas e leis, irregularidades, omissões e condições socioeconômicas da população, desenvolvimento educacional e científico e as decisões e obras que beneficiaram a população por iniciativa do próprio Primeiro Mandatário Executivo.

---

[190]. Forçoso esclarecer que nada de profícuo podemos esperar de belas expressões na Constituição em que se declara que os cargos públicos são acessíveis a todos os cidadãos, se, na prática, se observam esquemas dinásticos de uma forma que os grupos privilegiados passem seus cargos de pai para filho ou a outros parentes, e o povo seja discriminado. Em 1998, um órgão diretamente ligado à Presidência da República do Brasil promoveu um concurso para preenchimento de cargos de analista. Concorreram cidadãos de todo o país. Surpreendentemente a cidade de Brasília, que representa 2% da população, superou Estados como São Paulo e Rio de Janeiro, tendo os seus concursantes alcançado, por incrível que pareça, os 10 primeiros lugares. Inclusive, nesse país, há concursos em que nas fichas de inscrição pede-se indicação de relacionamento com funcionários das repartições (na verdade, buscam-se relacionamentos com altos funcionários).

O relatório final, quanto à pontuação, classificará o governo como:
- Satisfatório;
- Simples;
- Regular;
- Grave.

Satisfatório

- procedimentos que concorram à satisfação das necessidades naturais do todos os cidadãos, ou de parte;
- atitudes significativas à proteção da fauna, flora e ambiente em geral;
- investimentos razoáveis em pesquisa científica e no desenvolvimento tecnológico;
- realização de obras e serviços para cumprimento das metas programadas;
- execução e providências de meios para suprir as necessidades e desenvolvimento da Nação (exemplos: na infra-estrutura energética, abastecimento de água potável, fontes de reciclagem, transporte, comunicação etc.);
- racionalização e simplificação dos serviços públicos para facilitar a vida e atividades dos cidadãos;
- avanço na nivelação social em grau de melhoria para todos os cidadãos.

Simples

- Atrasos na execução de projetos da Nação (anteriores ou começados na gestão do Presidente);
- Não cumprimento das metas programadas por falhas administrativas;
- Desvio das diretrizes do Planejamento;
- Estagnação do índice de criminalidade por habitante.

Regular

- Conseqüências graves indiretas (fome, desemprego acima dos limites razoáveis, mortalidade crescente, medidas governamentais que implicaram mortes e deformações físicas e mentais em indivíduos);
- Decréscimo dos índices de educação, saúde e segurança;
- Decréscimo na proporção habitantes/transporte, energia, consumo doméstico etc.;
- Prejuízo e decréscimo nas pesquisas e desenvolvimentos científicos;
- Destruição de elementos úteis à Sociedade;

- Atrasos e descumprimentos nos Projetos com conseqüências danosas à população;
- Aumento do número de funcionários sem o correspondente aumento de serviços ou obras a que foram agregados;
- Burocratização dos serviços públicos exigindo dos habitantes da Nação, incluindo estrangeiros, e empresas industriais e comerciais, maiores esforços e perda de tempo e aborrecimentos, mesmo que esses procedimentos sejam ou não do conhecimento do Presidente (envolve a carteira de identidade, passaporte, licença de veículos, carteira de habilitação, licenças de produto, importação, exportação, fabricação, atendimento em hospitais, matrículas escolares, transferências escolares, aquisição de cartões de transporte, aposentadorias, abertura e encerramento de firmas comerciais e associações etc.);
- Aumento do índice de criminalidade por habitante.

Essa pontuação de regular, não deve permitir que o constituído desempenhe mais nenhum cargo de primeiro mandatário no Governo Federal, Estadual e Municipal, nem de membro da Assembléia Nacional, a menos que, a auditoria se reporte aos três primeiros anos, e que o Presidente desenvolva um governo que, nos seus últimos três anos, supere tais deficiências, e obtenha classificação simples ou satisfatória.

Grave

Além dos percalços anotados na classificação *regular*:
- Morte, tortura ou perturbações psíquicas em pessoas;
- Destruição de elementos úteis à Sociedade e ao Planeta, tais como ambiente, reservas naturais, flora e fauna, atmosfera, mar, rios, minérios etc.;
- Regressão social, econômica e científica;
- Desemprego acima dos índices do limite aceitável;
- Corrupção;
- Tolhimento da liberdade;
- Crescimento da Desigualdade Econômica;
- Má distribuição de renda;
- Seqüestro da economia popular;
- Nepotismo;
- Guerra.

Sendo a qualificação grave, o Primeiro Mandatário Executivo deve renunciar, se ainda tiver que cumprir 3 anos de mandato, e não poderá ocupar nem cargo de primeiro mandatário em nenhum poder executivo nem de membro da Assembléia Nacional. E dependendo dos casos, poderá ser processado.

Se, por ventura, o Presidente renegar o relatório, poderá pedir um Julgamento.

Na Assembléia Nacional e perante a Nação, o Presidente fará a sua defesa. O Poder Tutelar atuará, através de seus advogados, como a parte acusadora. Depois de 15 dias, em que a Nação esteja bem informada, é solicitado pelo Poder Tutelar que o Povo se manifeste diretamente sobre a seguinte qualificação:

1. Atuação satisfatória;

2. Atuação regular, mas justificável;

3. Atuação grave por decorrência de outras causas;

4. Atuação grave por atitudes do próprio Primeiro Magistrado ou de sua equipe ou de seus funcionários subalternos.

Se maior for o percentual do item 4, permanece a penalidade.

Verificações no Poder Legislativo

– Se se constatar qualquer irregularidade, como votação em causa própria, ou mesmo votação de leis que indiretamente venham a beneficiar os próprios legisladores, tal como a que possa beneficiar os membros de outros Poderes, para posteriormente também usufruírem os mesmos benefícios;

– se se verificarem leis que prejudiquem a população, em sua liberdade e igualdade política, ou que proporcionem incremento de suas desigualdades econômicas;

– se se averiguar que uma lei prejudica a economia popular, sem causar nenhum efeito positivo à Nação;

– se o legislador tiver comportamento indecoroso, faltoso e corrupto;

– se o legislador na parte administrativa que lhe couber no Congresso, usar de nepotismo e requisição inexplicável de funcionários ou de despesas excessivas identificando-se, portanto, os que assim procederam, devem renunciar e jamais participarão como membros da Assembléia Nacional e também como primeiro mandatário em governo federal, estadual e municipal. O legislador pode não aceitar o relatório, e assim formar-se um processo em que se lhe permita a defesa. O devido processo legal será administrado pelo Poder Tutelar. Vale a atenção para o fato de que nesse esquema não é permitido o voto secreto.

A Comissão que julgará os congressistas sob processos e os seus integrantes, seguirá o mesmo padrão aplicado aos magistrados do Poder Judiciário, que estará detalhado em páginas posteriores.

Verificações no Poder Judiciário[191]

Se se observar(em):

- improbidade, desleixo, irregularidade no trato dos processos e da parte administrativa do Judiciário de que for responsável;
- decisões beneficiando pessoas de outros Poderes, que indiretamente o agraciam com favores, convites a viagens luxuosas e inúteis e outros favores escusos;
- parcialidade em concursos públicos para benefício de parentes e amigos;

---

191. A Constituição Federal do Brasil de 1988, preceituou, a pretexto do conceito da Separação dos Poderes, a autonomia administrativa e financeira; a organização e o autocontrole do Poder Judiciário. Pois bem, a cada dia somam-se julgamentos e atos desse poder, merecedores de reparo, porém, sem correções nem sanções, em prejuízo da sociedade como um todo! Não é incomum surpreendermo-nos com o uso e abuso do Princípio da Autonomia e do Princípio da Isonomia para fins corporativos. Aos poucos essas atitudes levam infalivelmente a instituição de uma casta. Acórdãos sobre aumentos de remunerações, aposentadorias especiais, regalias de funcionários de outros poderes que são julgados de uma forma que podem reverter em favor dos próprios julgadores, afora outras decisões, que se desconhecem, sobre grupos de interesses. Há decisões mais conhecidas e de âmbito nacional que afrontam a mais insensível inteligência humana, como a que inocentou um ex-presidente da República, que havia se locupletado misteriosamente, ou sob uma lei constitucional (Emenda nº 19, de 4.6.98) que tratava, entre outras coisas, do sistema administrativo das remunerações dos servidores do Judiciário. Não é preciso rememorar outros casos. Para se ter uma idéia dessa gravidade e necessidade de outro Poder fiscalizar, basta acompanhar algum trecho do editorial do jornal *O Estado de São Paulo*, de 13 de maio de 2001, sob o título de "Mordomias do Supremo Tribunal Federal". Ao periódico causou surpresa e estupefação, "o fato de os ministros do Supremo terem se reunido, com a maior urgência, para deliberar – como o fizeram, por maioria de 7 votos a 3 – a *capitis diminutio* do presidente eleito da instituição, 22 dias de sua posse. Os ministros resolveram modificar o regimento interno do STF especialmente para reduzir o poder do futuro presidente ... E qual a razão de tão inusitada deliberação? Simplesmente esta: o ministro (*a ser empossado*) havia anunciado que exoneraria os servidores já aposentados, que exercem cargos de confiança no Tribunal. Essa medida, que parece própria de seu estilo de gestão – já que a adotara em 1996, quando presidiu o Superior Tribunal Eleitoral (STE), e sempre a defendera, desde que chegou ao Supremo, em 1990 –, teria dois motivos. Primeiro, evitar a duplicidade na folha de pagamentos – que mais onera os cofres públicos –, pois o servidor aposentado, ao exercer função em cargo de confiança, acumula vencimentos – já por si altos, no caso. Segundo, dar oportunidade aos servidores de carreira na ativa, para que possam ter acesso aos cargos de confiança – e aos melhores vencimentos (...). Na verdade, o que levou a tal deliberação, foi o risco de exoneração dos médicos pessoais dos ministros.

Na década de 1980, ao investigar o homicídio de um juiz, na Califórnia, o FBI foi levado à descoberta de uma grande rede criminosa de exploração de homossexuais e outros atos ilícitos, com a circulação de milhões de dólares, envolvendo o prefeito da cidade, comerciantes, presidiários e pessoas do judiciário, inclusive o magistrado assassinado. Outras organizações criminosas dessa natureza, sem apresentar circunstâncias trágicas, podem estar sob atuação desconhecida.

- constatação de que juízes, por incúria, não lavraram a soltura de condenados cujas penas tenham sido cumpridas. Esses procedimentos judiciais devem ser automáticos e dentro de 24 horas, após a data final da pena, e não à espera de pedidos advocatícios e no momento que interessar ao juiz;
- decisões judiciais, mesmo que provisórias como liminares, que tenham direta ou indiretamente provocado danos à Natureza, a segmentos da Nação, ao progresso científico e aos cidadãos;
- alterar, por qualquer forma, exceto pela via de recurso, a decisão ou voto já proferido em sessão do tribunal. Proferir julgamento quando seja suspeito na causa;
- proceder de modo incompatível com a honra, a dignidade e o decoro do cargo;
- desrespeitar regra de jurisdição ou de competência para favorecer uma das partes em processo judicial;
- desrespeitar qualquer disposição da Constituição ou Emenda, mesmo que, para tanto, recorra a procedimento hermenêutico, e que indiretamente favoreça partes ou a si próprio, ou que contenha prejuízo à Nação;
- exercer, ainda que em disponibilidade, outro cargo ou função, salvo de magistério;
- extraviar processo ou documento, substituir, juntar ou de qualquer forma inovar em processo judicial, com o fim de facilitar uma das partes em processo judicial;
- receber, a qualquer título, custas ou participação em processo. Receber ou solicitar, no exercício ou em razão da função jurisdicional, favores, presentes ou qualquer vantagem indevida, financeira ou patrimonial. Solicitar, exigir ou obter vantagem ou promessa de vantagem, a pretexto de influir em processo judicial;
- condenar Órgão Público em ação judicial ou pagamento de indenização flagrantemente desproporcional ao preço de mercado do bem objeto da ação, em afronta ao princípio constitucional da justa indenização;
- retardar, praticar indevidamente ou deixar de praticar ato de ofício em processo judicial, com ofensa à lei.

O Poder Tutelar deverá constituir processo administrativo, na versão acusatória. Se considerado culpado, o membro do Judiciário deve ser punido, inclusive, de acordo com a gravidade, exonerado, seja de que nível for.

Estados / Províncias e Municípios

O Poder Tutelar manterá em todas as unidades departamentos para proceder as verificações nas contas dos respectivos governos e demais órgãos públicos, e bem assim sobre seus atos em geral como sorteios e concursos públicos.

O Poder Tutelar participará dos sorteios dos dignatários e dos membros dos Conselhos dos Cidadãos e das Comunidades, e bem assim dos concursos públicos dos órgãos estaduais e municipais.

Comitê Remuneratório

Trata-se de uma comissão de cidadãos escolhidos por sorteio a que se candidatarem, para decidirem sobre remunerações e benefícios dos membros de primeiro escalão dos Poderes Executivo, Legislativo, Judiciário, Tutelar e o valor do salário mínimo nacional.

Esse Comitê é convocado de 5 em 5 anos para verificar se há necessidade de alterar, para mais ou para menos, o percentual de ganho. O percentual está vinculado ao salário mínimo da Nação, bem como quaisquer ganhos indiretos. O Comitê é formado por 51 cidadãos sorteados. Não é feito sorteio sobre aqueles que tenham curso no Liceu da Nação. A razão está em que o bacharel em política tem uma expectativa de cargo público, logo seu interesse em salários e benefícios altos.

O Comitê, após formado, estabelece grupos de trabalho para pesquisas e estudos sobre salário mínimo e condições econômicas.

Caso necessitem de informações, podem solicitar de qualquer Poder e até a execução de tarefas.

O Comitê é formado para existir por três meses, após o que é extinto. Recebem os membros as mesmas remunerações que antes recebiam em suas respectivas atividades. O número dos membros é propositadamente grande para evitar corrupção.

Esse Comitê determinará também os regimentos internos da Assembléia Nacional.

Se alguns cidadãos, em número nunca inferior a mil, considerar abusiva e desigual em relação às mesmas condições dos demais cidadãos, qualquer tipo de remuneração, aposentadoria, direitos, férias, licenças, privilégios, o caso deve ir a *referendum*, de forma clara e perguntas detalhadas, como consulta direta à toda a população, promovida pelo Poder Tutelar sob a supervisão e comando de um delegado da ONU.

A deliberação dos cidadãos sobre a remuneração e privilégios dos membros graduados dos Poderes poderá ser feita por um meio eletrônico confiável, de fácil acesso e manuseio, sem burocracia, podendo recorrer ao uso de senha, telefone, fax etc.

O Voto

O voto é uma manifestação da vontade de expor uma decisão, uma conclusão de idéias. Logo, é um ato sagrado e merecedor de amplo respeito. Percebe-se, portanto, ser inconseqüente torná-lo obrigatório, pois aflora um paradoxo aberrante. Se algum cidadão não tem uma opinião sobre algo e não tem interesse em se manifestar sobre um assunto, *ninguém neste mundo deve obrigá-lo a fazê-lo*. Para alguns pensadores, inclusive os dispositivos que obrigam um cidadão a votar pertencem ao campo do totalitarismo. Se o argumento é apatia política do cidadão, seu comodismo, ou qualquer outro motivo, então o que está errado é o sistema que se lhe impõe. Se se alega que isto é uma forma de educação política, não existe mais absurdo do que usar uma eleição quanto a quem vai comandar o destino da Nação, ou quanto aqueles que irão legislar, como escolhina.

O voto é inviolável e inerente à integridade pessoal, além de ser um direito do cidadão que o usará quando quiser e conscientemente.

Este ato pode ser ensinado no currículo educacional e através de orientação cultural.

Em alguns países costuma-se usar-se o voto secreto na votação dos eleitores sobre os candidatos e entre os "representantes" sobre alguns assuntos específicos.

O voto secreto é um instrumento somente adotado para evitar que o cidadão comum fique isento de eventuais pressões ou ameaças que poderia sofrer, em caso de derrota de seus candidatos. Nessas condições, votaria secretamente para não se ver constrangido a não poder expressar a sua vontade. São casos na verdade excepcionais e fora de cogitação num ambiente moderno em que se supõe a segurança dos direitos fundamentais dos indivíduos. Alguns defendem esse sistema para ser utilizado apenas pela classe dos funcionários públicos, assim mesmo naqueles países que não dispõem da necessária exeqüibilidade de defesa dos direitos humanos. Com certeza, numa situação normal o voto jamais pode ser uma ação oculta e cheia de mistério, senão invalida e desmente o próprio status de liberdade da sociedade. Além do mais, o cidadão deve ter o direito de publicamente externar a sua opinião sobre este ou aquele candidato, podendo validá-la através do voto aberto.

Quanto aos "representantes" separarem certos assuntos para somente votarem secretamente sobre os mesmos, isto é mais um artifício, um embuste, para encobrir seu caráter, sua corrupção, seus comprometimentos e suas mentiras. O voto secreto, em qualquer legislativo, falseia qualquer fundamento básico de democracia; na medida em que, como acentuou um articulista, ao oferecer camuflagem a quem se dispuser a usá-la, incentiva os comportamentos irresponsáveis e a traição à Nação.[192]

Candidatura

Cumpre lembrar que, em todos os casos, em que haja candidaturas dos cidadãos a campos executivos, legislativos e de proteção, ou temporário, o processo deve se constituir numa transparente simplicidade e sem burocracia, para oferecer a qualquer cidadão a forma rápida e desburocratizante para exercer o seu direito de candidato, se esse for o seu desejo.

Liberdade e igualdade

Conforme nossos estudos sobre as necessidades naturais do homem, no Capítulo 3 – letra A, a liberdade e a igualdade se consubstanciam como elementos-suporte da própria Democracia.

Liberdade

Vicejam nas Constituições modernas dispositivos sobre os direitos fundamentais do homem, sobressaindo como seus elementos basilares, a liberdade e a igualdade. Uma vez que a igualdade não se completa diante dos fatores econômicos e dos meandros sociais, a liberdade tem um sentido mais amplo e exeqüível. Contudo, está presente também nesses diplomas máximos, do princípio da legalidade geral, que expressa que ninguém está obrigado a fazer ou deixar de fazer alguma coisa senão em virtude de lei. A liberdade, em outras palavras, se realizaria atendendo esse alinhamento. Mas quem faz a lei? E se a lei não for apropriada, justa? Se o conjunto de todas as leis cria situações não propícias ao desempenho regular da liberdade por todos? A Representação Política tem resposta imediata: é o povo, ou explicando melhor, agindo em seu nome, é o legislador, ou, em alguns casos, o legislador e os juízes, ou, em outros, o legislador, os juízes e o mandatário do Poder Executivo.

Receios e mudanças de comportamento originaram-se, lentamente, porém, a partir de certo momento, profusamente, nas sociedades pré-históricas, por

---

192. Não votar, em certos países como a Áustria e a Austrália, implica multa imedita. Na Bolívia, os abstencionistas podem ser proibidos de utilizar bancos ou escolas até três meses. No Brasil, o eleitor que não votar deverá pagar uma multa cujo valor será decidido pelo juiz eleitoral e que varia de 3 a 10% do salário mínimo.

força de superstições face aos fenômenos naturais até então totalmente inexplicáveis, pelo menos de uma forma racional e científica. Com certeza, era a fase em que prevaleciam as abstenções e fugas voluntárias e as autopunições. Com a agregação de conceitos espirituais e mágicos, o surgimento de distinções sociais e o poder de um ou de alguns sobre os demais, logo começaram a nascer *proibições* e *castigos*. Sob melhor ordenamento estatal, em vista das classes dominantes, realeza e clero, eclodiram em toda parte, normas e penas, sempre tendo uma finalidade fundamental: servir amplamente aos interesses dos poderosos e manter os dominados obedientes e pacíficos. O direito de punir passou a ser preciosamente do Estado e sobre todos, restando ainda a alguns regimentos esse direito especificamente sobre algumas pessoas, como do senhor sobre os escravos, do suserano sobre os servos etc. No inter-regno histórico das Cidades-Estado da Grécia e da Magna Grécia e República Romana, algumas normas foram criadas e aplicadas visando a proteção das comunidades como um todo. O conceito, assim, da penalização assumiu outro aspecto. No entanto, com a Idade das Trevas e o advento das modernas Monarquias Absolutas, o totalitarismo religioso da Igreja Católica, e, depois, paralelamente, o islamismo, o feudalismo, e a Ordenação Penal convergiram a um regramento de proibições e penas para satisfazer os interesses dos dominadores.

Entretanto, algo extraordinário estaria por surgir. Como relatado no Capítulo 2, os filósofos dos séculos XVII e XVIII estavam revolucionando as sociedades com suas idéias. Se o homem é produto do meio e se a sociedade lhe deve respeito e proteção, como conceituar o Direito Penal?

Chegaram à conclusão, então, no século XIX, de que o direito penal não somente consistiria na proteção social, como teria uma função mais digna e adequada aos direitos dos indivíduos: frutificou o conceito de bem jurídico como objeto de tutela penal. O Direito Penal compreenderia um laboratório de estudos e aplicações, somente objetivando a salvaguarda dos bens jurídico-penais. Essa nova acepção, incontestavelmente, era uma grande virada na concepção do Direito Penal, e indiscutivelmente a sua posição perante a consciência humana. Nessas bases, se preocuparia, antes de mais nada, do conhecimento dos bens jurídicos penais nos próprios direitos fundamentais do indivíduo: vida, liberdade (de expressão, de locomoção de ir e vir, de escolher sua profissão, e assim por diante), integridade, intimidade, segurança, saúde, autogovernabilidade etc.

Todavia, nesse cenário de atuação da Representação Política, quem esclarece o que seja um bem jurídico penal? Novamente a questão está aberta, pois o legislador, juízes e mandatários executivos, que o determinam, comumente não estão buscando a sua razão na Ciência, e tudo pode provir de tecnicismo, interesses injustos ou casuísticos, como sói acontecer. Binding, citado por Lopes, "considera que o bem jurídico é uma criação do Direito, que elege aqueles bens que na opinião do legislador são merecedores de proteção (o direito consiste na lesão de um direito subjetivo do Estado). Identifica, ou melhor, associa o bem jurídico ao conceito de norma jurídica, mantendo com ele uma concepção de Direito Penal extremamente formalista, na qual o delito aparece definido como oposição a uma norma penal sem nenhum tipo de conotação metajurídica".[193]

Enquanto a Sociedade Humana necessitar do uso da penalização, que, no meu conceito, deve se tratar de uma fase histórica temporária e não autêntica da natureza humana, o bem jurídico–penal deve ter como função o interesse vital do indivíduo ou da comunidade. O seu encurtamento e pouco intervencionismo espelharão progresso: quanto maiores os limites à formulação da tipologia criminal, maior efetivação da liberdade. Concordo com a linha do Professor Lopes, quando argue: "A concreção do conceito de bem jurídico com função limitadora do poder primitivo não pode ser indiferente à passagem de um Estado de Direito Formal, mero garantidor (formal) das liberdades, não intervencionista, para um Estado de Direito material, democrático e social. Assim, a nova concepção de Estado e as novas realidades sociais deverão exercer influência determinante na definição dos bens jurídicos, a serem tutelados pelo Direito Penal (...). A pena deve representar, igualmente, a mínima intervenção do Estado na esfera da liberdade do indivíduo para atender aos fins gerais de prevenção e repressão".[194] Em apoio a esse conceito, já asseverava esse mestre, nesta proposição:

> que, em respeito ao postulado da liberdade, por exemplo, que todas as medidas de vigilância, de policiamento, de restrição ou privação de direitos, numa palavra, de coerção, somente poderão ser toleradas em situações excepcionais, em nome dessa mesma Liberdade, pois se trata, afinal, de contemplar, nesses casos, não a regra mas a exceção, a não-liberdade, por meio de medidas de constrição.[195]

A liberdade individual deve ser concebida no seu mais amplo sentido, de acordo com as necessidades básicas do homem, conhecidas cientificamente, limitadas apenas no respeito à liberdade dos outros membros, também compreendidas evidentemente as precauções para evitar prejuízos à Sociedade e ao Planeta.

Quanto à liberdade de expressão, autores costumam seguir uns aos outros em se estreitar na liberdade de crença e idéias, inserindo-as nas Cartas Magnas, esquecendo sempre que a liberdade abrange também a discussão e contestação de crenças e ideologias, vigentes ou não na cultura da coletividade. Embora falem em liberdade de crenças e de expressão da atividade intelectual, compõem um sistema que impede os estudos e esclarecimentos dos órgãos e ideais do condicionamento cultural. E essas análises são essenciais, pois que com elas

---

193. *Apud* LOPES, Maurício Antonio Ribeiro, *Teoria Constitucional do Direito Penal*, p. 297
194. LOPES, Maurício Antonio Ribeiro, *op. cit.*, pp. 328 e 476.
195. *Idem, ibidem*, p. 473..

afloram conhecimentos sobre explorações psicológicas, mistificações, apelos demagógicos e desumanos. A conduta desses publicistas tem influenciado até mesmo a criação de tabus sobre religiões e organizações sociais e políticas, sob o pretexto de respeito à liberdade de crenças e do Estado; o que contribui com esse comportamento a convergirmos a efeitos antinômicos, não compatíveis com a Democracia, gerando não exatamente respeito, contudo veneração a ficções e desnaturadas e ineficientes estruturas sociais e políticas. Até mesmo há o caso de reportar-se a erros e necessidades de extinção organizacional da democracia representativa, ou outros órgãos institucionais que estimulem privilégios e explorações dos cidadãos, que pode ser interpretada como crime.

Em outras palavras, percebemos então que paradoxalmente o direito à liberdade do povo é estorvado pelo regime de Representação Política para resguardar os seus mitos, de natureza política, social, econômica e religiosa.

Quando circunstâncias diversas, tais como superpopulação, graves fenômenos nos organismos vivos, má distribuição do consumo, destruição do ambiente, rumos sociais e políticos, engendrando injustiças, desigualdades e procedimentos antidemocráticos, poderão convir à Nação certos controles e reciclagens. Algumas medidas poderão resultar em obras profundas de infra-estrutura em múltiplas áreas, exigindo um Planejamento que implique novos sistemas de distribuição da riqueza, no deslocamento populacional, em alguns regramentos na vida sexual, na modificação das diretrizes educacionais, nos relacionamentos com as profissões, isto tudo pode ferir a liberdade dos cidadãos. Cabe neste caso ponderação e estudo científico. E todo Plano deve ser curto e com prolongação restrita, se houver lesão na liberdade dos cidadãos. É o tipo de assunto que requer muito cuidado, pois, além de prejuízo à liberdade, poderá converter os seus planejadores em déspotas. Um planejamento dessa natureza, em que haja a opção pela Sociedade face ao indivíduo, não deve jamais passar de uma geração.

Com muita propriedade, se expressou o filósofo inglês, John Stuart Mill: "Existe a maior diferença entre presumir a verdade de uma opinião que não foi refutada apesar de existirem todas as oportunidades para a contestar, e presumir a sua verdade com o propósito de não permitir a sua refutação. A completa liberdade de contestar e refutar a nossa opinião, é o que verdadeiramente nos justifica de presumir a sua verdade para os propósitos práticos, e só nesses termos pode o homem, com as faculdades que tem, possuir uma segurança racional de estar certo. Quando consideramos quer a história da opinião, quer a conduta ordinária da vida humana, ao que deve atribuir não serem uma e outra piores do que são? Não será, sem dúvida, à força inerente ao entendimento humano. Pois que, em qualquer matéria não evidente por si, noventa e nove pessoas em cem se revelam totalmente incapazes de julgá-la. E mesmo a capacidade da centésima pessoa é apenas comparativa. A maioria dos homens eminentes de cada geração passada esposaram muitas opiniões hoje reconhecidas errôneas, e fizeram e aprovaram inúmeras coisas que hoje ninguém justificará. Como então preponderam entre os homens, em geral, opiniões racionais e uma conduta racional? Se realmente existe essa preponderância – e deve existir, a menos que os negócios humanos estejam, e sempre tenham estado, numa condição desesperada –, isso é devido a uma qualidade do espírito humano, fonte de tudo que é respeitável no homem, como ser intelectual e como ser moral – a saber, a corrigibilidade dos seus erros Ele é capaz de retificar os seus enganos pela discussão e pela experiência. Não pela experiência apenas. Deve haver discussão, para mostrar como se há de interpretar a experiência. As opiniões e práticas erradas se submetem gradualmente ao fato e ao argumento, mas fatos e argumentos para produzirem algum efeito no espírito, devem ser trazidos diante dele. Poucos fatos são eloquentes por si dispensando comentários que lhes revelem o significado. Nessas condições, dependendo toda a força e todo o valor do entendimento humano dessa propriedade de poder ele, se se achar no erro, atingir o certo, só se lhe pode dispensar confiança quando os meios de consecução da certeza são mantidos em mão com constância. Como consegue alguém que o seu juízo mereça realmente confiança? Conservando o espírito aberto às críticas de suas opiniões e da sua conduta, atendendo a tudo quanto se tenha dito em contrário, aproveitando essa crítica na medida da sua justeza, e reconhecendo ante si mesmo, e ocasionalmente ante outros, a falácia do que era falacioso. E sentindo que o único meio de um ser humano aproximar-se do conhecimento completo de um assunto é ouvir o que sobre ele digam representantes de cada variedade de opinião, e considerar todas as formas por que cada classe de espíritos o possa encarar. Jamais qualquer homem sábio adquiriu a sua sabedoria por outro método que não esse, nem está na natureza do intelecto humano chegar à sabedoria de outra maneira. O hábito firme de corrigir e completar a própria opinião pelo confronto com a dos outros, muito ao contrário de causar dúvida e hesitação em levá-la à prática, constitui o único fundamento estável de uma justa confiança nela.(...) As crenças em que mais confiamos, não repousam numa espécie de salvaguarda, e sim num convite constante a todo o mundo para provar-lhes a improcedência. Se não é aceito o desafio, ou se é, mas a crença admitida triunfa, ainda assim nos achamos bem longe da certeza.(...) Chamar de certa alguma proposição enquanto haja alguém que, se fosse permitido, a negaria, mas a quem tal não se permite, é presumir que nós, e os que conosco concordam, somos juízes da certeza, e juízes que dispensam a audiência da outra parte.(...) A utilidade de uma opinião é ela própria matéria de opinião: tão disputável, tão aberta a debate, exigindo tanto debate, como a própria opinião. Falta um juiz infalível de opiniões para decidir se a opinião é nociva da mesma forma que para decidir se é falsa, a menos que a opinião considerada tenha ampla oportunidade de se defender. E não é bastante dizer que se concederá aos heréticos defender a utilidade ou a inocência da sua opinião, embora se vejam proibidos de defender-lhe a verdade. A verdade de uma opinião faz parte da sua utilidade.(...) Não pode haver discussão leal da questão da utilidade, se apenas se permite o emprego de tão vital argumento a uma das partes. E, de fato, quando a lei ou o sentimento público interdizem a disputa sobre a verdade de uma opinião, mostram precisamente a mesma intolerância para com a negativa da sua utilidade.(...) São essas, exatamente as ocasiões em que uma geração comete aqueles terríveis erros que provocam o espanto e o horror da posteridade. Entre eles deparamos os memoráveis exemplos históricos em que o braço da lei foi empregado para extirpar os melhores homens e as mais nobres doutrinas.(...) Não será demais recordar à humanidade que houve, uma vez, um homem chamado Sócrates entre quem e as autoridades legais, e mais a opinião pública do seu tempo, se verificou uma colisão memorável.(...) Esse mestre reconhecido de todos os pensadores que se lhe seguiram – esse homem cuja fama, ainda viajante mais de dois mil anos passados, quase que excede a de todos os demais nomes que fazem ilustre a sua cidade natal, foi condenado à morte pelos seus concidadãos, como desfecho de um processo judicial, sob a acusação de impiedade e imoralidade. Impiedade consistente em repudiar os deuses reconhecidos pelo Estado; na verdade, o seu acusador sustentou (veja a 'Apologia') que ele não acreditava em deus nenhum. Imoralidade, visto ser, por suas doutrinas e ensinamentos, um 'corruptor da juventude'. Há todo o fundamento para crer que dessas acusações o tribunal honestamente o reconheceu culpado".[196]

A liberdade de expressão, que abrange a livre manifestação de pensamento, deve ocupar, portanto, todos os ângulos. E a sociedade deve oferecer o máximo para que se saiba da opinião do cidadão. Isto se consuma exatamente pelo fato de que a humanidade evolui através dos conhecimentos científicos que vão sendo obtidos; a transmissão dessas revelações científicas entre o povo é sagrada e o povo é soberano em fazê-la efetiva e se for o caso, por força da mesma desmitificar dogmas e instituições imperantes por longos anos na sociedade.

Consideramos realmente indispensável que o cidadão tenha oportunidade de expressar as suas opiniões, não somente em recintos restritos e conferências, como através da imprensa escrita, falada e televisionada. O direito universal de falar na Assembléia de Atenas – a Isegoria – era algumas vezes empregado pelos escritores gregos como sinônimo de "democracia".

Para tanto, a democracia estrutural requer um Comitê (Comitê de Publicação dos Cidadãos) de 11 cidadãos que se candidatem e de 10 jornalistas, todos sorteados anualmente, remunerados conforme o determinado pelo Comitê Remuneratório. A sua função será escolher escritos e mensagens provenientes dos cidadãos indiscriminadamente. Sorteia-se um certo número de artigos e comunicações, para ser encaminhado aos órgãos de imprensa, que veicularão

---

196. MILL, John Stuart, *Sobre a Liberdade*, pp. 47-55.

as matérias no mesmo horário e destaques de seus artigos e comentários próprios e de realce nobre.

Acresce ainda dizer que desigualdade econômica acentuada não permite haver liberdade; esta se torna uma falácia. Alguém falou com exatidão: "quem exerce o controle das condições econômicas da liberdade, controla a própria liberdade" (Ramsay MacDonald). Cogliolo indagou a respeito da liberdade dos colonos proclamada pela legislação de Constantino e seus sucessores – "para que poderia servir uma formal e oca liberdade, quando as condições econômicas eram tão precárias que o colono morreria de febre e fome se, usando da sua liberdade, deixasse o campo e o senhor?" De sorte que, querer cumprir as liberdades que as necessidades naturais contemplam aos homens, a Sociedade não pode ter um sistema econômico que permita a alguns terem muito e a outros pouco ou nada.

Igualdade

A má distribuição de rendas, a distinção entre classes, a diferenciação entre servidores públicos e demais cidadãos em relação a benefícios e direitos (civis, trabalhistas, previdenciários e securitários), também ocorrendo dentro do próprio quadro de prestadores de serviço público, com maior favorecimento a certas categorias e graduações (diplomatas, militares, magistrados, procuradores, comissionados, congressistas), a existência de latifúndios improdutivos e sem finalidade de preservação e pesquisa ecológica, tudo isso se traduz em oligarquias e plutocracias, e jamais em uma Democracia. São desigualdades afrontosas, desnaturadas, contra a maioria, ou grande parte dos habitantes. Essas aberrações descaracterizam uma nação. Esta passa a ser uma aglomeração estatizada em que alguns se apoderam do Poder e vivem a criar leis e normas que os beneficiam em detrimento dos outros. O povo tem absoluto direito de destruir essa discriminação e extinguir toda e qualquer usurpação.[197]

---

197. Em alguns países, tamanho é o absurdo das prerrogativas de certas classes e indivíduos, que, embora não por lei mas de fato, chegam a ter preferência até mesmo no uso de ruas e logradouros, para trânsito e estacionamento; outros, têm direito até a foro (competência) especial, sobretudo corporativo, para ser julgado por crime comum. No Estado brasileiro, mesmo para ex-funcionários do Ministério Público, que tenham sido demitidos, aposentados ou exonerados, subsiste a prerrogativa de foro (súmula 394 do SFF, RT 461/460), juiz que comete crime em concurso com particular é julgado por seus colegas e o outro é levado a julgamento comum (STF, HC 69.807, 2ª turma, DJU 12.2.93, p. 1453) e bem como conselheiro do Tribunal de Contas que cometa crime comum conjuntamente com um particular (STF, HC 69.325, Plenário 17.6.92, DJU 4.12.92, p. 23.058). Por sua vez, a burocracia em geral exige um inferno de papelada e procedimentos ao povo, porém, as classes dominantes e de *status* sempre têm meios de escapar desse sufoco. Quem percorrer a costa do Brasil pode ter uma noção da desigualdade ignominiosa de sua sociedade, onde pode ser observada nas ilhas e "praias particulares" a opulência e suntuosidade dos magnatas enobrecidos em suas mansões e equipamentos náuticos, num país que conta com mais de 50

É consenso geral partir do princípio de que todos são iguais perante a lei e que esta igualdade se desiguala na proporção em que as pessoas se desigualam entre si.

Entrementes, além de a sociedade forçosamente dever assistir integralmente aos seus cidadãos nas necessidades mínimas, como saúde, habitação, educação e segurança, não se podem permitir acentuadas diferenças sociais e econômicas entre os membros sociais. Soluções podem ser encontradas sem prejudicar a motivação à iniciativa e desenvolvimento tecnológico e científico, fatores esses que têm intimidado avanços nos sistemas atuais, sobretudo pelo entorpecimento e imobilismo funcional revelado nos regimes socialistas do leste europeu, em 1989. Se o espírito feudalista da democracia representativa for suprimido, e sem dúvida o será, podemos vaticinar que no futuro essas diferenças serão exíguas, não prejudicando nenhuma parcela da população, pois a tendência histórica se inclina nesse sentido, o controle populacional com certeza será efetuado certo dia por todas as Nações, o desenvolvimento tecnológico oferecerá uma variedade imensa de benefícios praticamente a custo zero a toda a coletividade, e a nivelação da riqueza se servirá de precisos suportes.

De uma forma precisa e oportuna foi formulado o Artigo XXII da Declaração Universal dos Direitos Humanos, e que deve servir de diretriz a todas as nações, operando-se, sob qualquer hipótese, a sua real concretização.

"Artigo XXII – Toda pessoa, como membro da sociedade, tem direito à segurança social e à realização, pelo esforço nacional, pela cooperação internacional e de acordo com a organização e recursos de cada Estado, dos direitos econômicos, sociais e culturais indispensáveis à sua dignidade e ao livre desenvolvimento de sua personalidade".
Resolução 217-A (III) da Assembléia Geral das Nações Unidas, em 10 de dezembro de 1948.

O Estado é obrigado a dar a proteção social ao cidadão. A qualidade de vida é objetivo da sociedade, tanto para o indivíduo em atividade produtiva, como

---

milhões de miseráveis. Alguns desses absurdos são sobremodo infames, tal como a ocupação de regiões consideradas de "segurança militar", por familiares dos oficiais, servidas gratuitamente, por pessoas pagas pelo povo e que são proibidas inclusive de se banharem nessas praias públicas. Mais estranho é que a Constituição Federal do Brasil de 1988, se esmerou sobremaneira no seu início (arts. 3º e 5º), até de forma repetitiva, de declarar os direitos fundamentais do cidadão sempre em atenção à Igualdade, e no entanto, em outros dispositivos facilitaram desigualdades, e que, na prática, são até algo abjeto (art. 40). É o caso de se perguntar se os representantes quando fazem hoje em dia as Constituições de seus países, estão realmente sendo sinceros com o Povo, quando pressionados pelas revelações filosóficas, estabelecem disposições humanitárias e deixam nas entrelinhas outras possibilidades de enganar o Povo, como estabelecendo discriminações de aposentadorias, possibilidade de utilizar-se do orçamento, de apresentar legislações em causa própria sem nenhuma penalidade, e assim por diante.

àquele que tenha esvaído sua capacidade laborativa. A Nação não tem de se limitar a jorrar rosários de fascinante literatura sobre os direitos do cidadão em sua Carta Magna, quando na prática vagueiam desigualdades e desamparo aos cidadãos, mormente a quem necessita, por razões de desemprego, por doença, por deficiência física e mental, por velhice. É dever dos governantes construírem uma Seguridade Social que efetivamente garanta aos integrantes sociais, ativos e inativos, profundamente igualitária, em todas as condições, o Estado do Bem-Estar Social (*Welfare State*). Tal como a Organização Internacional do Trabalho (OIT) conceitua, tem de ser "a proteção que a sociedade deve proporcionar aos seus membros, mediante uma série de medidas públicas, contra as privações econômicas e sociais que de outra forma derivariam no desaparecimento ou em forte redução de sua subsistência como conseqüência de enfermidade, maternidade, acidente de trabalho ou enfermidade profissional e desemprego, invalidez, velhice e morte, e, também, a proteção em forma de assistência médica e de ajuda às famílias com filhos". E isto deve ser feito sob o Princípio da Isonomia, delineando um sistema único de seguridade social, a todos os indivíduos, de atividades privadas ou públicas, ou egressos das mesmas, militares ou civis, nunca alguém com proteções diferenciadas ou especiais, ou maiores, mas a inteira coletividade num mesmo patamar de valores de aposentadoria e de cuidados à saúde e assistência social.[198]

Não é certo o Estado assinar declarações internacionais, sobretudo da ONU, e simplesmente se omitir ou aplicar um sistema deficiente e às vezes injusto e desigual. Os governantes têm de se empenhar em apresentar progressos para obter a justiça social aos necessitados, se ainda não foi possível alcançar todas as metas, e se os serviços de proteção social estão estagnados ou regredirem, devem ser exonerados. O que importa é que, se a Nação tem o compromisso com o respeito aos direitos dos necessitados, isto deve ser feito.

---

198. Se registramos na Inglaterra, um sistema previdenciário que a todos os homens somente é permitida a aposentadoria aos 65 anos, todavia paralelamente um regime especial outorga aos bancários e funcionários públicos aposentadoria aos 60 anos, ou que na França haja regimes diferenciados para os assalariados do setor privado, os assalariados agrícolas, os trabalhadores não assalariados e especialmente para os funcionários públicos civis e militares e de empresas estatais, ou que no México, o sistema previdenciário para os funcionários públicos (ISSTE) e os sistemas próprios para os militares e os empregados da Petróleos Mexicanos oferecem melhores condições em relação ao aplicado à grande maioria da população, podemos considerar esse tipo de seguridade social como irregular, falso, discriminatório e antidemocrático, o qual deve ser abolido da face da terra. A sociedade brasileira no ano 2000 pagava por ano, mediante cada cidadão economicamente ativo US$ 11.950,00 para sustentar cada aposentado do setor público federal. O valor correspondia a 40 vezes o custo de um aposentado do sistema básico que é destinado aos demais da população (INSS); esse sistema gastou num período de 12 meses encerrados em julho do ano 2000, 39,5 bilhões de dólares para pagar as aposentadorias e pensões de 8,5 milhões de segurados; no mesmo período a União gastou 12,5 bilhões de dólares para custear a aposentadoria de menos de um milhão de pessoas. Um país que apresenta semelhante discriminação jamais pode anunciar que mantém uma Democracia, a não ser no papel.

Observe-se o que preceitua o Artigo 85 da Declaração Universal dos Direitos do Homem, determinando que:

"todo homem tem direito a um padrão de vida capaz de assegurar a si e a sua família saúde e bem-estar, inclusive alimentação, vestuário, habitação, cuidados médicos e os serviços sociais indispensáveis, o direito à seguridade no caso de desemprego, doença, invalidez, viuvez, velhice, ou outros casos de perda dos meios de subsistência em circunstâncias fora de seu controle".

A finalidade é, em síntese, alcançar a justiça social para todos os membros da Nação. Os vários e múltiplos caminhos nesse sentido são válidos, sobretudo quando cada qual se comportar na mais pura eqüidade.

Inicialmente, a Sociedade era verdadeiramente humana, todos com direitos iguais e comunhão dos bens e do alimento.

Com o advento da artificialização das comunidades humanas, a Civilização já apresentou, na Antigüidade, com relação à riqueza e ao domínio a seguinte classificação:

Com todos os direitos de posse e domínio
Monarcas, Nobres, Clero e Guerreiros

Com alguma coisa, mas muito abaixo
Comerciantes, artesãos, e em alguns países, os estrangeiros

Com um mínimo de algo
Os pobres

Sem nada
– Os miseráveis
– Os escravos
– Os mendigos

Na França do Século XVIII, a situação teve uma ínfima melhora: desapareceram os escravos, mas vieram os servos, e as bases da riqueza continuaram quase as mesmas. Para se ter uma idéia da grandiosidade dos sem-nada, entre a ralé e o povo propriamente dito, contavam-se as seguintes categorias: os trabalhadores dos portos e das indústrias, os operários especializados (marceneiros, carpinteiros, estucadores, pedreiros, serralheiros, peleteiros, encadernadores, pergaminheiros, alfaiates, funileiros ...), provincianos apegados aos ofícios tradicionais (aguadeiros, carvoeiros, os empregados, entre os quais a distinguir ainda: lacaios, escudeiros, pagens, mensageiros, espiões, batedores, guardas de cães, ajudantes de cozinheiro, palafreneiros ...). A ralé compunha os escroques de ladrões, de trapaceiros, de prostitutas, de mendigos, bem como "o enorme batalhão de indigentes, a saber, cerca de um décimo da população parisiense. De onde vêm? São os derrotados pela doença, as vítimas de acidentes e do desemprego, os encalhes da agricultura ou de profissões um pouco especializadas".[199]

Na época contemporânea, com maior penetração das filosofias a partir do Século XVII com John Locke, da Revolução Industrial, do fortalecimento da burguesia, do crescimento da classe média, da abolição de grande parte das monarquias absolutas, da nobreza, do aparecimento das idéias socialistas, provocaram uma melhoria das condições sociais e econômicas das populações, todavia não podemos esquecer que a democracia representativa, consagrada nos mais importantes países, configura-se em um sistema com arestas ainda feudais. A Nobreza, por exemplo, foi substituída pelos políticos profissionais, seus parentes e amigos e por seus parceiros próximos, os funcionários graduados de todos os Poderes, bem como os burgueses magnatas. Como ficamos a conhecer em páginas anteriores, os políticos profissionais e demagogos criam privilégios e riquezas para si e seus assemelhados, os altos servidores do Poder Judiciário e do Poder Executivo. E com o acúmulo de bens e prerrogativas apóiam cada vez mais leis que preservem essas vantagens imorais e antidemocráticas.[200]

---

199. LECHERBONNIER, Bernard, *Bourreaux de Père en Fils les Sanson*, p. 47.
200. No Brasil, por exemplo, a legislação em causa própria engorda incomensuravelmente as posses dos políticos, a cada dia, enquanto cresce assombrosamente o número dos sem-nada, como os desempregados, os novos elementos da população ativa, nas cidades e no campo, os mendigos, os flagelados da seca etc. Desembargadores, juízes, procuradores da justiça e integrantes da elite do funcionalismo do Estado do Rio, podem, ao morrer, deixar para seus dependentes duas pensões: uma para um parente, outra para quem quiserem. Essas pensões correspondem em média a US$ 10,000.00 enquanto a grande massa da Nação pode apenas deixar algo em torno de US$ 400.00. O contribuinte brasileiro sustentava até 1995, 3.543 aposentadorias especiais de políticos ao custo de 6,5 milhões de dólares; essas aposentadorias se referem ao período em que exerceram cargos eletivos, podendo os mesmos ainda gozar outros tipos de aposentadorias; nas aposentadorias especiais, há indivíduos recebendo-as com idade de 32 anos, enquanto a quase totalidade da população idosa do país recebe um valor irrisório que mal contribui para a sua sobrevivência. Os deputados estaduais do Estado de São Paulo, obtiveram de 1995 a 1998, benefícios extras de cerca de 25 milhões de dólares, que dariam para construir 14 creches, 13 escolas e 358 apartamentos. O Superior Tribunal de Justiça gasta com seus funcionários mensalmente, a verba de 10 milhões de dólares a pretexto do ridículo "auxílio-paletó", para que os servidores se vistam com "decoro", enquanto mais de 30 milhões de pessoas padecem de fome numa região seca do país, não tendo quase nada para se alimentar, alguns ganhando 20 dólares ao mês; e o pior é que os aposentados dessa categoria privilegiada *também* recebem essa vergonhosa remuneração. O Senado, em 1997, para ajudar ao Poder Judiciário, bondosamente, decidiu que os ministros dos tribunais superiores, juízes, desembargadores, procuradores e ministros dos tribunais de contas, quando deixassem os cargos, teriam direito a regras próprias de aposentadoria. Enfim, os gastos gerais do Poder Judiciário, com o apoio dos demais Poderes tiveram um aumento real (descontada a inflação) de 461%, entre 1987 e 1997, passando de 700 milhões para 3 bilhões de dólares. O conluio entre os poderes é tamanho que o Poder Legislativo do Estado de São Paulo expediu uma norma que obriga cada cidadão pagar uma taxa a um clube esportivo de magistrados quando necessitar dos serviços de cartório, e isto abrange uma infinidade de inutilidades, como reconhecimento de assinaturas, averbações etc. O caso é que todo cidadão tem de contribuir compulsoriamente com 1% sobre o lucro dos cartórios que é revertido aos cofres da Associação Paulista dos Magistrados (APAMAGIS),

A organização não-governamental *Population Action International* (PAI), em Washington, alertou ao mundo, em 1995, que em 2025 o mundo pode ter 2,5 bilhões de famintos; um em cada três habitantes do planeta estará ameaçado pela fome.

Com certeza, as nações precisam se livrar dessa fantasiosa democracia representativa e todas as ficções que ela protege, e começar seriamente a se preocupar com uma estrutura científica de forma de governo, com o fim de evitar resquícios feudais e exploradores.

A Democracia seguramente não pode contar com grande desnível de renda entre os seus cidadãos. Isto é um meio de fomentar castas e grupos oligárquicos, construindo-se privilégios e indiretamente gerando artifícios para burlar o sistema democrático e favorecer os mais poderosos.

Desse modo, creio que se deva estudar um mínimo em que deva ser mantida a nivelação social e o bem-estar de todos. Minha sugestão, *a priori*, é que deve ter como princípios básicos, o seguinte:

---

fato tão vergonhoso que recentemente o Ministério Público iniciou um movimento para extingui-lo através de um inquérito civil, em outubro de 2000, após já contar 7 anos desse abuso, sem nenhuma atitude do Judiciário a respeito. O Congresso, por seu turno, no período de 11 meses (dezembro de 1995 a novembro de 1996) dobrou o número de funcionários (seus parentes e amigos). Foram 14 admissões por dia – o equivalente a um novo empregado público a cada duas horas e meia. O jornal "O Estado de São Paulo", numa pesquisa sobre os gastos do Congresso, em 1995, concluiu que *cada gabinete de um parlamentar gasta tanto quanto uma grande empresa*. No Senado, a soma das despesas de cada gabinete alcança 685 mil dólares (câmbio da época) por mês. Este valor, multiplicado pelos 81 gabinetes e pelo número de meses do ano resulta em 666,4 milhões de dólares. Na Câmara, um gabinete de deputado custa 82,4 mil dólares ao mês; ao ano, multiplicado por 513 parlamentares, 507,4 milhões de dólares. No ano, as despesas do Congresso ultrapassam 1,17 bilhão de dólares. Cada parlamentar tem 15 salários anuais, apartamentos com direito a reformas luxuosas (as de 1995 gastaram 10 milhões de dólares com decoração), tem passagens aéreas grátis, franquia de correios, importâncias para publicação, impressos e para telefones, dispondo de hospital próprio, além de poder empregar 16 pessoas, independente se for a mãe, esposa e filhos, os quais podem ainda "trabalhar" no Estado de origem do parlamentar e ser pagos por procuração, enquanto isso milhões e milhões de pessoas padecem na subnutrição (em um levantamento efetuado em 1998, na zona rural do Nordeste num universo de 10 milhões de criaturas uma em cada quatro crianças é desnutrida; entre os adultos, o índice é de 10%), constatou-se, em 1999, que dezenas de famílias estavam se alimentando de dois em dois dias, apenas com pão e açúcar, outros habitam córregos pútridos sem a mínima condição de higiene e saneamento e não têm nem como adquirir medicamentos. Nas capitais da região seca dessa Nação, famílias inteiras, dos avós às crianças, disputam no lixo, restos de alimentos. Em 1995, o jornal "Folha da Tarde" fez um cálculo sobre a "ilha dos privilegiados", e verificou que só em incentivos, isenções, deduções e imunidades fiscais concedidas a empresas, pessoas físicas, entidades "filantrópicas", partidos políticos e igrejas, a União perde mais de 7 milhões de dólares por ano, que o povo terá de cobrir com aumento de impostos. Em 1997, o Estado de São Paulo, tinha cerca de 5 mil funcionários graduados, ganhando cada um 15 vezes mais do que um operário especializado, em média, recebia na indústria automobilística; um procurador, em 1995, já ganhava por até 150 professores. Em 2001, um procurador de Justiça em São Paulo ganhava 200% a mais em rendimento que cada um de 50 milhões de pessoas no país. E esse absurdo imoral e revoltante, lembrando o Estado francês pré-revolucionário, ele o obteve sagradamente por "decisão judicial". Em um dos Estados mais pobre do Brasil, Alagoas, cada deputado (em número de 27) recebeu no primeiro mês da legislatura, em 1999, cerca de 12 mil dólares. E como absurdo, mais 3 mil dólares para comprar

– Não pode haver, sob nenhuma hipótese, classe ou indivíduos, com privilégios em relação aos demais com respeito a qualquer coisa, sobretudo provindo de um órgão público (aposentadoria, remuneração, mordomias, direitos etc., seja militar, procuradoria geral, desembargador, congressista, comissionado do Presidente etc.);

– ganhos totais (salários, gratificações e benefícios adicionais) dos servidores públicos estatutários (Ministros de Tribunais Judiciais, Desembargadores, Juízes, Procuradores e demais), agentes políticos (Presidente da República, Governadores, Prefeitos, Congressistas, Conselheiros Federais, Estaduais e Municipais) e os agentes político-administrativos (Ministros e Secretários de Estado e Procuradores Gerais), devem ser limitados percentualmente ao salário mínimo nacional, que, como vimos anteriormente, seria fixado pelo Comitê Remuneratório;

– a classe média deve representar no mínimo um percentual da renda nacional estabelecido por um estudo que com este índice praticamente elimine a miséria e reduza a pobreza a algo insignificante;

– rendas mensais individuais acima de 20 salários mínimos, com taxação do imposto de renda acima de 60%;

– proibição de mordomias e salários indiretos das empresas a seus empregados e diretores (evita a desigualdade e o aumento de preço). O meio seria a alta taxação e pesadas multas tornando inviáveis os repasses aos consumidores, e a suspensão temporária do funcionamento da empresa;

– salário mínimo que represente efetivamente o mínimo indispensável para alimentação, aluguel, transporte, de uma família de quatro pessoas;

– seguridade Social universal e única a todos os residentes no país, nacionais ou estrangeiros, garantindo sobrevivência na velhice, na invalidez, no desemprego, assistência à saúde e assistência social;

– renda mínima a qualquer residente no país, nacional ou estrangeiro;

– multas em geral por infrações fiscais, ambientais, de trânsito etc., com valores proporcionais aos rendimentos dos indivíduos; quanto maior renda aufira, maior será a multa a pagar;

---

roupas, verba esta que recebeu o ridículo nome de "verba de enxoval". Isto ocorreu num Estado que enfrenta dificuldades de pagar os seus policiais e professores, atrasando sempre as suas remunerações que não passam de 500 dólares. Os 21 vereadores de Maceió também receberam essa vergonhosa verba, na base de 2 mil dólares. Deputados no Estado de Minas Gerais auferiam ganhos entre 60 a 90 mil reais num país com o salário-mínimo fixado em 180 reais. Em divulgação feita pelo Instituto Brasileiro de Geografia e Estatística, em março de 1999, constatou-se que a renda média de 10% dos brasileiros mais ricos é quase 21 vezes superior a toda a renda dos 40% mais pobres; donde o presidente dessa instituição, Sr. Sérgio Besserman declarou que o Brasil é um país injusto, com péssima distribuição de renda.

– imposto altamente progressivo sobre heranças e doações de grandes fortunas a pessoas físicas ou a entidades não científicas. Esse fato exerce um efeito poderoso e positivo, ao estimular doações às organizações sem fins lucrativos, como é verificado nos países que o adotam, além de auxiliar na redução das desigualdades econômicas da sociedade. O produto de sua arrecadação deveria ter um destino específico: aos institutos e órgãos de pesquisas científicas e a parques de preservação ambiental, devidamente credenciados pelos órgãos oficiais e universitários. O cuidado quanto a qualquer associação, é que podem ser formadas sociedades falsamente filantrópicas para benefício dos herdeiros dos milionários;

– tributação progressiva das grandes fortunas, compreendendo bens, títulos e participação de capitais, dentro e fora do país. Residências, veículos e locais de lazer, de propriedade de empresas comerciais que não correspondam diretamente aos seus objetos sociais deveriam ter os seus valores incluídos ao patrimônio dos sócios das empresas proporcionalmente aos valores de seus capitais (nos casos de sociedades limitadas e anônimas de capital fechado), para efeito de mensuração e base de cálculo de suas fortunas; estando diretores ou outros utilizando esses tipos de bens, diretores, quaisquer empregados ou outros, de empresas, entidades civis, inclusive beneficentes ou de natureza pública, as propriedades serão despersonalizadas e integrarão o patrimônio dos usuários para efeito de cálculo do tributo;

– em conclusão, proteção social a todos os habitantes, nacionais ou estrangeiros, ativos e inativos, em saúde, renda mínima, segurança, lazer e transporte, assegurando próspero status social e econômico a todos, extinção de discriminação e privilégios sociais e econômicos.

Nenhuma sociedade deve existir no mundo que estimule em sua organização a desigualdade política, econômica e social. Até hoje, nunca foi apresentada uma razão humana ou científica que justificasse a criação e manutenção por séculos de instituições como a *Escravidão*, a *Servidão*, a *Monarquia Absoluta* e a *Representação Política*.

Se essas degradantes construções perduraram por longo tempo, o principal motivo foi o condicionamento cultural, ancorado pela força bruta e pela propaganda. A pior delas, a escravidão, durou por mais de 50 séculos na Civilização (encontram-se traços da escravidão desde o quarto milênio a.C. na legislação dos sumérios e o tráfico de escravos persistiu até o Século XIX d.C.); o povo pouco questionou seu estado de dominado psicologicamente. A desigualdade foi às raias do absurdo inimaginável: indivíduos e grupos passaram a ter tanto de propriedades e direitos em relação a outros que nada possuíam, que também tinham a propriedade sobre a vida e a morte desses que estavam reduzidos a zero. A usurpação dos direitos chegou, portanto, ao cúmulo de ultrapassar bens materiais, alcançando a própria pessoa, na sua vontade, no seu trabalho, no seu prazer e no seu organismo, como se fosse uma mercadoria ou animal de carga. Se a exploração do homem pelo homem pode ser considerada uma aberração à Natureza, no caso da escravidão havia-se extrapolado o máximo da desigualdade entre os membros de uma mesma sociedade, em que indivíduos e grupos ostentavam todos os direitos, sobrepunham-se aos direitos da maioria e os miseráveis não dispunham sequer do direito à sua sobrevivência. Na época da República romana, muitas eram as famílias abastadas que possuíam, cada uma, milhares de escravos; um nobre (Cláudio Isidoro) queixou-se de que somente herdara 4.156 escravos. Isto era o máximo de contradição social e sua completa desnaturalização. Uma sociedade que tenha alguém escravo de outro já é um absurdo inconcebível; imagine-se: milhares dispondo de seu trabalho, destino e vida aos desejos e caprichos de um grupo familiar. Malgrado que, nos nossos dias, incontáveis criaturas humanas, quando ardorosamente participam de militâncias ideológicas e sobretudo de crenças religiosas, se vertem psicologicamente em autênticos escravos de suas lideranças, às quais entregam seus bens, trabalhos e vidas. Na servidão, os senhores feudais eram donos de propriedades latifundiárias, em que habitavam famílias de trabalhadores, que pagavam pesados tributos e lhes deviam obrigações e deveres. Inclusive, a vida do servo era devida ao proprietário em caso de guerras entre os nobres, em defesa de interesses mesquinhos destes. E os servos ficavam ainda sujeitos à jurisdição dos seus respectivos suseranos. Das terras que lavravam arduamente, dia após dia, de janeiro a dezembro, apenas contavam com pequenos direitos de subsistência, contudo até a sua intimidade familiar era, às vezes, ferida pela usurpação dos senhores feudais nos casos em que os senhores se dispunham a serem os primeiros da noite nupcial das noivas dos humilhados servos. A despeito de trabalhar de sol a sol, se a colheita fosse insuficiente, o camponês, na qualidade de sub-homem, poderia morrer de inanição. Explorado, analfabeto, vítima de temores supersticiosos e à mercê das arbitrariedades dos mais ricos e fortes, poucas formas tinha o camponês de alterar o seu destino. Uma delas era contrair uma moléstia contagiosa e repugnante, como a lepra. Então, deveria abandonar tudo e se unir aos companheiros de sina. Reunidos em cortejo, passariam o resto da vida a percorrer as estradas a agitar guizos que anunciavam a aproximação do tétrico desfile. Do contrário, eram proibidos de saírem até de seus locais. Mas tudo era grandioso, sagrado e certo para os nobres e o clero. E essa desigualdade e injustiça persistiu como verdade por cerca de mil anos; e em alguns países até por muito mais.

Em geral, portanto, os senhores feudais tinham direito às terras, direito à participação dos trabalhos dos servos, direito de fazer as regras para seus servos e direito de julgá-los, e aos servos restava-lhes o direito do pão que lhes sobrava. Com a Monarquia Absoluta, Deus outorgara a origem do Poder e direito do Reinado a uma família, sendo o povo e o país apenas propriedade do soberano. De sorte que, o rei estava acima de leis, da moral, do bom senso, dos direitos naturais dos cidadãos, da sociedade, e, na verdade, o cidadão, perante o monarca era apenas um nada. Esse nada era impotente numa submissão sem apelação ao arbítrio da Casa Reinante, donde jorravam atos provindos dos caprichos e das ambições, não somente do soberano, mas de seus cônjuges, parentes e dos piores asseclas. Daí porque, ao gosto deste, poderia ser cegado, mutilado, castrado, tirado dele qualquer direito, preso ou mandado ser morto. Poderia ser um exagero, mas não passaria de um exagero, como relatariam as páginas da História; era, porém, um direito do monarca absoluto fazer isto ou aquilo com qualquer um do povo.

Novamente, temos de um lado um indivíduo, sua família, um grupo de nobres que o cercavam, o clero, com tudo e todos os direitos e do outro o cidadão comum, perante os mesmos com sobrevivência minguada, sem direitos e à mercê das vontades e interesses egoísticos daqueles. Das mais antigas monarquias às modernas sempre as coisas vigoram de maneiras muito semelhantes. No império selêucida, no século IV a.C., para exemplificar, nas satrapias, encontramos a existência de um sumo sacerdote encarregado da administração dos santuários e do culto aos soberanos divinizados, inclusive o monarca reinante, tudo se resumindo na vontade do rei, que era o Estado e a Lei, sendo o povo o seu simples vassalo para obedecer-lhe com o trabalho e a vida, pois esses únicos bens também pertenciam ao monarca endeusado. No primeiro império da China, o povo não passava de um objeto descartável no conceito da casa reinante; na construção da grande muralha, freqüentemente matavam-se os trabalhadores para que não se revelasse o segredo de seus labirintos. No século XIX, a monarquia absoluta dos Romanov da Rússia, com os seus autocratas reinantes a tudo suplantavam, e a Cúria Metropolitana cuidava com carinho para que o povo entendesse que o czar era senhor legítimo de todos os bens por graça divina. Um culto que procurava se manter com base na posição religiosa que o czar ocupava na consciência popular. Na Representação Política, através da sua subcategorização em Democracia Representativa, os políticos profissionais a si outorgam direitos acima dos cidadãos comuns, podendo criar privilégios, remunerações diferenciadas, formas fáceis de aquisição de fortunas, meios possíveis de reeleições a cargos eletivos, imunidade, e passar a filhos e amigos suas prerrogativas. Falam teoricamente em separação de poderes, mas na prática, ocultamente, fazem conluios entre si, e favorecem indiretamente criação de leis, julgamentos e remunerações e pensões especiais, e assim, no final, podemos notar que sobreexiste uma casta de privilegiados, beneficiando-se reciprocamente, os congressistas, juristas e funcionários graduados do Executivo, com direitos e bens cada vez mais acima dos cidadãos comuns. E o pior ocorre: para sustentar seus cargos eletivos, os políticos profissionais geram favorecimentos diretos e indiretos a interesses e grupos econômicos e financeiros provocando o desnivelamento social e incrementando a desigualdade ou impedindo que haja recursos para minimizá-la e promover a distribuição eqüitativa da riqueza nacional.

Essas desigualdades não podem mais prosperar no novo milênio, e têm de ser extintas. Devemos retirar essa última Instituição arcaica e prejudicial (Representação Política) do comando das Sociedades Humanas. Através da estrutura proposta neste trabalho, a tendência é a busca da igualdade plena dos direitos e distribuição justa das condições econômicas e sociais e abolição de quaisquer privilégios para indivíduos ou grupos em prejuízo dos cidadãos comuns.

Advém uma advertência importante. No início das comunidades humanas, o membro social sentia os seus direitos por intuição e os exercia sob o respeito dos demais. Com a Civilização, em que as Sociedades foram desnaturadas e tiveram adulterados os princípios e procedimentos congênitos, os cidadãos somente podem adquirir a consciência de seus direitos e da usurpação dos mesmos por intermédio das revelações científicas e filosóficas. Esta é a razão por que milhões de criaturas permaneceram por muito tempo sendo lesadas, estancadas nas mais humilhantes e abjetas situações sem questionarem suas condições e direitos e da exploração de seus fraudadores, aceitando-as, inclusive como lógicas e legais, e, em certos casos, glorificando-as. Um exemplo de hoje bem saliente é a Representação Política, que modernamente abrange quase todos os países. As nações de maior desenvolvimento e melhor nível cultural adotam com galhardia essa forma esdrúxula de governo. E um mundo de complexidades se envolve com estudos sobre seu funcionamento, seu sistema eleitoral, suas regras fundamentais etc., e como analisamos atrás, não se trata coisa nenhuma de Democracia, tudo não passando de uma burla encobrindo grupos oligarcas, fomentando desigualdade, com privilégio e riqueza a uns poucos. Tudo, porém, afigura-se ao cidadão comum como algo tão solene, tão grandioso, tão imponente, tão verdadeiro, tão atrativo, que o confunde com Democracia; no entanto, trata-se efetivamente de uma forma de governo com origens corporativas e bases espoliadoras, que, como vimos, se entranhou nos progressos dos direitos individuais, de liberdade e igualdade que caminhavam nas sociedades adiantadas da Europa, por influência das revelações dos filósofos; revelações essas que poderiam se consumar numa forma autêntica de Democracia, sem cair na armadilha da Representação Política, acometendo até mesmo a jovem república norte-americana criada por um conjunto de idealistas e patriotas.

Apêndice

Constituição
Norte-Americana
Elaborada na
Convenção de Filadélfia,
em 1787

*Primeira Constituição
com adoção do
Sistema Representativo*

Constitution of United States of America

We the people of the United States, in order to form a more perfect union, establish justice, insure domestic tranquility, provide for the common defense, promote the general welfare, and secure the blessings of liberty to ourselves and our posterity, do ordain and establish this Constitution for the United States of America.

- ARTICLE I

Section 1

All legislative powers herein granted shall be vested in a Congress of the United States, which shall consist of a Senate and House of Representatives.

Section 2

The House of Representatives shall be composed of members chosen every second year by the people of the several states, and the electors in each state shall have the qualifications requisite for electors of the most numerous branch of the state legislature.

No person shall be a Representative who shall not have attained to the age of twenty five years, and been seven years a citizen of the United States, and who shall not, when elected, be an inhabitant of that state in which he shall be chosen.

Representatives and direct taxes shall be apportioned among the several states which may be included within this union, according to their respective numbers, which shall be determined by adding to the whole number of free persons, including those bound to service for a term of years, and excluding Indians not taxed, three fifths of all other Persons. The actual Enumeration shall be made within three years after the first meeting of the Congress of the United States, and within every subsequent term of ten years, in such manner as they shall by law direct. The number of Representatives shall not exceed one for every thirty thousand, but each state shall have at least one Representative; and until such enumeration shall be made, the state of New

Hampshire shall be entitled to chuse three, Massachusetts eight, Rhode Island and Providence Plantations one, Connecticut five, New York six, New Jersey four, Pennsylvania eight, Delaware one, Maryland six, Virginia ten, North Carolina five, South Carolina five, and Georgia three.

When vacancies happen in the Representation from any state, the executive authority thereof shall issue writs of election to fill such vacancies.

The House of Representatives shall choose their speaker and other officers; and shall have the sole power of impeachment.

Section 3

The Senate of the United States shall be composed of two Senators from each state, chosen by the legislature thereof, for six years; and each Senator shall have one vote.

Immediately after they shall be assembled in consequence of the first election, they shall be divided as equally as may be into three classes. The seats of the Senators of the first class shall be vacated at the expiration of the second year, of the second class at the expiration of the fourth year, and the third class at the expiration of the sixth year, so that one third may be chosen every second year; and if vacancies happen by resignation, or otherwise, during the recess of the legislature of any state, the executive thereof may make temporary appointments until the next meeting of the legislature, which shall then fill such vacancies.

No person shall be a Senator who shall not have attained to the age of thirty years, and been nine years a citizen of the United States and who shall not, when elected, be an inhabitant of that state for which he shall be chosen.

The Vice President of the United States shall be President of the Senate, but shall have no vote, unless they be equally divided.

The Senate shall choose their other officers, and also a President pro tempore, in the absence of the Vice President, or when he shall exercise the office of President of the United States.

The Senate shall have the sole power to try all impeachments. When sitting for that purpose, they shall be on oath or affirmation. When the President of the United States is tried, the Chief Justice shall preside: And no person shall be convicted without the concurrence of two thirds of the members present.

Judgment in cases of impeachment shall not extend further than to removal from office, and disqualification to hold and enjoy any office of honor, trust or profit under the United States: but the party convicted shall nevertheless be liable and subject to indictment, trial, judgment and punishment, according to law.

Section 4

The times, places and manner of holding elections for Senators and Representatives, shall be prescribed in each state by the legislature thereof;

but the Congress may at any time by law make or alter such regulations, except as to the places of choosing Senators.

The Congress shall assemble at least once in every year, and such meeting shall be on the first Monday in December, unless they shall by law appoint a different day.

Section 5

Each House shall be the judge of the elections, returns and qualifications of its own members, and a majority of each shall constitute a quorum to do business; but a smaller number may adjourn from day to day, and may be authorized to compel the attendance of absent members, in such manner, and under such penalties as each House may provide.

Each House may determine the rules of its proceedings, punish its members for disorderly behavior, and, with the concurrence of two thirds, expel a member.

Each House shall keep a journal of its proceedings, and from time to time publish the same, excepting such parts as may in their judgment require secrecy; and the yeas and nays of the members of either House on any question shall, at the desire of one fifth of those present, be entered on the journal.

Neither House, during the session of Congress, shall, without the consent of the other, adjourn for more than three days, nor to any other place than that in which the two Houses shall be sitting.

Section 6

The Senators and Representatives shall receive a compensation for their services, to be ascertained by law, and paid out of the treasury of the United States. They shall in all cases, except treason, felony and breach of the peace, be privileged from arrest during their attendance at the session of their respective Houses, and in going to and returning from the same; and for any speech or debate in either House, they shall not be questioned in any other place.

No Senator or Representative shall, during the time for which he was elected, be appointed to any civil office under the authority of the United States, which shall have been created, or the emoluments whereof shall have been increased during such time: and no person holding any office under the United States, shall be a member of either House during his continuance in office.

Section 7

All bills for raising revenue shall originate in the House of Representatives; but the Senate may propose or concur with amendments as on other Bills.

Every bill which shall have passed the House of Representatives and the Senate, shall, before it become a law, be presented to the President of the United States; if he approve he shall sign it, but if not he shall return it, with his objections to that House in which it shall have originated, who shall enter the objections at large on their journal, and proceed to reconsider it. If after such reconsideration two thirds of that House shall agree to pass the bill, it shall be sent, together with the objections, to the other House, by which it shall likewise be reconsidered, and if approved by two thirds of that House, it shall become a law. But in all such cases the votes of both Houses shall be determined by yeas and nays, and the names of the persons voting for and against the bill shall be entered on the journal of each House respectively. If any bill shall not be returned by the President within ten days (Sundays excepted) after it shall have been presented to him, the same shall be a law, in like manner as if he had signed it, unless the Congress by their adjournment prevent its return, in which case it shall not be a law.

Every order, resolution, or vote to which the concurrence of the Senate and House of Representatives may be necessary (except on a question of adjournment) shall be presented to the President of the United States; and before the same shall take effect, shall be approved by him, or being disapproved by him, shall be repassed by two thirds of the Senate and House of Representatives, according to the rules and limitations prescribed in the case of a bill.

Section 8

The Congress shall have power to lay and collect taxes, duties, imposts and excises, to pay the debts and provide for the common defense and general welfare of the United States; but all duties, imposts and excises shall be uniform throughout the United States;

To borrow money on the credit of the United States;

To regulate commerce with foreign nations, and among the several states, and with the Indian tribes;

To establish a uniform rule of naturalization, and uniform laws on the subject of bankruptcies throughout the United States;

To coin money, regulate the value thereof, and of foreign coin, and fix the standard of weights and measures;

To provide for the punishment of counterfeiting the securities and current coin of the United States;

To establish post offices and post roads;

To promote the progress of science and useful arts, by securing for limited times to authors and inventors the exclusive right to their respective writings and discoveries;

To constitute tribunals inferior to the Supreme Court;

To define and punish piracies and felonies committed on the high seas, and offenses against the law of nations;

To declare war, grant letters of marque and reprisal, and make rules concerning captures on land and water;

To raise and support armies, but no appropriation of money to that use shall be for a longer term than two years;

To provide and maintain a navy;

To make rules for the government and regulation of the land and naval forces;

To provide for calling forth the militia to execute the laws of the union, suppress insurrections and repel invasions;

To provide for organizing, arming, and disciplining, the militia, and for governing such part of them as may be employed in the service of the United States, reserving to the states respectively, the appointment of the officers, and the authority of training the militia according to the discipline prescribed by Congress;

To exercise exclusive legislation in all cases whatsoever, over such District (not exceeding ten miles square) as may, by cession of particular states, and the acceptance of Congress, become the seat of the government of the United States, and to exercise like authority over all places purchased by the consent of the legislature of the state in which the same shall be, for the erection of forts, magazines, arsenals, dockyards, and other needful buildings;—And

To make all laws which shall be necessary and proper for carrying into execution the foregoing powers, and all other powers vested by this Constitution in the government of the United States, or in any department or officer thereof.

Section 9

The migration or importation of such persons as any of the states now existing shall think proper to admit, shall not be prohibited by the Congress prior to the year one thousand eight hundred and eight, but a tax or duty may be imposed on such importation, not exceeding ten dollars for each person.

The privilege of the writ of habeas corpus shall not be suspended, unless when in cases of rebellion or invasion the public safety may require it.

No bill of attainder or ex post facto Law shall be passed.

No capitation, or other direct, tax shall be laid, unless in proportion to the census or enumeration herein before directed to be taken.

No tax or duty shall be laid on articles exported from any state.

No preference shall be given by any regulation of commerce or revenue to the ports of one state over those of another: nor shall vessels bound to, or from, one state, be obliged to enter, clear or pay duties in another.

No money shall be drawn from the treasury, but in consequence of appropriations made by law; and a regular statement and account of receipts and expenditures of all public money shall be published from time to time.

No title of nobility shall be granted by the United States: and no person holding any office of profit or trust under them, shall, without the consent of the Congress, accept of any present, emolument, office, or title, of any kind whatever, from any king, prince, or foreign state.

Section 10

No state shall enter into any treaty, alliance, or confederation; grant letters of marque and reprisal; coin money; emit bills of credit; make anything but gold and silver coin a tender in payment of debts; pass any bill of attainder, ex post facto law, or law impairing the obligation of contracts, or grant any title of nobility.

No state shall, without the consent of the Congress, lay any imposts or duties on imports or exports, except what may be absolutely necessary for executing it's inspection laws: and the net produce of all duties and imposts, laid by any state on imports or exports, shall be for the use of the treasury of the United States; and all such laws shall be subject to the revision and control of the Congress.

No state shall, without the consent of Congress, lay any duty of tonnage, keep troops, or ships of war in time of peace, enter into any agreement or compact with another state, or with a foreign power, or engage in war, unless actually invaded, or in such imminent danger as will not admit of delay.

- ARTICLE II

Section 1

The executive power shall be vested in a President of the United States of America. He shall hold his office during the term of four years, and, together with the Vice President, chosen for the same term, be elected, as follows:

Each state shall appoint, in such manner as the Legislature thereof may direct, a number of electors, equal to the whole number of Senators and Representatives to which the State may be entitled in the Congress: but no Senator or Representative, or person holding an office of trust or profit under the United States, shall be appointed an elector. The electors shall meet in their respective states, and vote by ballot for two persons, of whom one at least shall not be an inhabitant of the same state with themselves. And they shall make a list of all the persons voted for, and of the number of votes for each; which list they shall sign and certify, and transmit sealed to the seat of the government of the United States, directed to the President of the Senate. The President of the Senate shall, in the presence of the Senate and House of Representatives, open all the certificates, and the votes shall then be counted. The person having the greatest number of votes shall be the President, if such number be a majority of the whole number of electors appointed; and if there be more than one who have such majority, and have an equal number of votes, then the House of

Representatives shall immediately choose by ballot one of them for President; and if no person have a majority, then from the five highest on the list the said House shall in like manner choose the President. But in choosing the President, the votes shall be taken by States, the representation from each state having one vote; A quorum for this purpose shall consist of a member or members from two thirds of the states, and a majority of all the states shall be necessary to a choice. In every case, after the choice of the President, the person having the greatest number of votes of the electors shall be the Vice President. But if there should remain two or more who have equal votes, the Senate shall choose from them by ballot the Vice President.

The Congress may determine the time of choosing the electors, and the day on which they shall give their votes; which day shall be the same throughout the United States.

No person except a natural born citizen, or a citizen of the United States, at the time of the adoption of this Constitution, shall be eligible to the office of President; neither shall any person be eligible to that office who shall not have attained to the age of thirty five years, and been fourteen Years a resident within the United States.

In case of the removal of the President from office, or of his death, resignation, or inability to discharge the powers and duties of the said office, the same shall devolve on the Vice President, and the Congress may by law provide for the case of removal, death, resignation or inability, both of the President and Vice President, declaring what officer shall then act as President, and such officer shall act accordingly, until the disability be removed, or a President shall be elected.

The President shall, at stated times, receive for his services, a compensation, which shall neither be increased nor diminished during the period for which he shall have been elected, and he shall not receive within that period any other emolument from the United States, or any of them.

Before he enter on the execution of his office, he shall take the following oath or affirmation:—"I do solemnly swear (or affirm) that I will faithfully execute the office of President of the United States, and will to the best of my ability, preserve, protect and defend the Constitution of the United States."

Section 2

The President shall be commander in chief of the Army and Navy of the United States, and of the militia of the several states, when called into the actual service of the United States; he may require the opinion, in writing, of the principal officer in each of the executive departments, upon any subject relating to the duties of their respective offices, and he shall have power to grant reprieves and pardons for offenses against the United States, except in cases of impeachment.

He shall have power, by and with the advice and consent of the Senate, to make treaties, provided two thirds of the Senators present concur; and he shall nominate, and by and with the advice and consent of the Senate, shall appoint ambassadors, other public ministers and consuls, judges of the Supreme Court, and all other officers of the United States, whose appointments are not herein otherwise provided for, and which shall be established by law: but the Congress may by law vest the appointment of such inferior officers, as they think proper, in the President alone, in the courts of law, or in the heads of departments.

The President shall have power to fill up all vacancies that may happen during the recess of the Senate, by granting commissions which shall expire at the end of their next session.

Section 3

He shall from time to time give to the Congress information of the state of the union, and recommend to their consideration such measures as he shall judge necessary and expedient; he may, on extraordinary occasions, convene both Houses, or either of them, and in case of disagreement between them, with respect to the time of adjournment, he may adjourn them to such time as he shall think proper; he shall receive ambassadors and other public ministers; he shall take care that the laws be faithfully executed, and shall commission all the officers of the United States.

Section 4

The President, Vice President and all civil officers of the United States, shall be removed from office on impeachment for, and conviction of, treason, bribery, or other high crimes and misdemeanors.

- ## ARTICLE III

Section 1

The judicial power of the United States, shall be vested in one Supreme Court, and in such inferior courts as the Congress may from time to time ordain and establish. The judges, both of the supreme and inferior courts, shall hold their offices during good behaviour, and shall, at stated times, receive for their services, a compensation, which shall not be diminished during their continuance in office.

Section 2

The judicial power shall extend to all cases, in law and equity, arising under this Constitution, the laws of the United States, and treaties made, or which shall be made, under their authority; to all cases affecting ambassadors, other public ministers and consuls; to all cases of admiralty and maritime jurisdiction; to controversies to which the United States shall be a party; to controversies between two or more states; between a state and citizens of another state; between citizens of different states; between citizens of the same state claiming lands under grants of different states, and between a state, or the citizens thereof, and foreign states, citizens or subjects.

In all cases affecting ambassadors, other public ministers and consuls, and those in which a state shall be party, the Supreme Court shall have original jurisdiction. In all the other cases before mentioned, the Supreme Court shall have appellate jurisdiction, both as to law and fact, with such exceptions, and under such regulations as the Congress shall make.

The trial of all crimes, except in cases of impeachment, shall be by jury; and such trial shall be held in the state where the said crimes shall have been committed; but when not committed within any state, the trial shall be at such place or places as the Congress may by law have directed.

Section 3

Treason against the United States, shall consist only in levying war against them, or in adhering to their enemies, giving them aid and comfort. No person shall be convicted of treason unless on the testimony of two witnesses to the same overt act, or on confession in open court.

The Congress shall have power to declare the punishment of treason, but no attainder of treason shall work corruption of blood, or forfeiture except during the life of the person attainted.

- ## ARTICLE IV

Section 1

Full faith and credit shall be given in each state to the public acts, records, and judicial proceedings of every other state. And the Congress may by general laws prescribe the manner in which such acts, records, and proceedings shall be proved, and the effect thereof.

Section 2

The citizens of each state shall be entitled to all privileges and immunities of citizens in the several states.

A person charged in any state with treason, felony, or other crime, who shall flee from justice, and be found in another state, shall on demand of the executive authority of the state from which he fled, be delivered up, to be removed to the state having jurisdiction of the crime.

No person held to service or labor in one state, under the laws thereof, escaping into another, shall, in consequence of any law or regulation therein, be discharged from such service or labor, but shall be delivered up on claim of the party to whom such service or labor may be due.

Section 3

New states may be admitted by the Congress into this union; but no new states shall be formed or erected within the jurisdiction of any other state; nor any state be formed by the junction of two or more states, or parts of states, without the consent of the legislatures of the states concerned as well as of the Congress.

The Congress shall have power to dispose of and make all needful rules and regulations respecting the territory or other property belonging to the United States; and nothing in this Constitution shall be so construed as to prejudice any claims of the United States, or of any particular state.

Section 4

The United States shall guarantee to every state in this union a republican form of government, and shall protect each of them against invasion; and on application of the legislature, or of the executive (when the legislature cannot be convened) against domestic violence.

- ## ARTICLE V

The Congress, whenever two thirds of both houses shall deem it necessary, shall propose amendments to this Constitution, or, on the application of the legislatures of two thirds of the several states, shall call a convention for proposing amendments, which, in either case, shall be valid to all intents and purposes, as part of this Constitution, when ratified by the legislatures of three fourths of the several states, or by conventions in three fourths thereof, as the one or the other mode of ratification may be proposed by the Congress; provided that no amendment which may be made prior to the year one thousand eight hundred and eight shall in any manner affect the first and fourth clauses in the ninth section of the first article; and that no state, without its consent, shall be deprived of its equal suffrage in the Senate.

- ## ARTICLE VI

All debts contracted and engagements entered into, before the adoption of this Constitution, shall be as valid against the United States under this Constitution, as under the Confederation.

This Constitution, and the laws of the United States which shall be made in pursuance thereof; and all treaties made, or which shall be made, under the authority of the United States, shall be the supreme law of the land; and the judges in every state shall be bound thereby, anything in the Constitution or laws of any State to the contrary notwithstanding.

The Senators and Representatives before mentioned, and the members of the several state legislatures, and all executive and judicial officers, both of the United States and of the several states, shall be bound by oath or affirmation, to support this Constitution; but no religious test shall ever be required as a qualification to any office or public trust under the United States.

• ARTICLE VII

The ratification of the conventions of nine states, shall be sufficient for the establishment of this Constitution between the states so ratifying the same.

Done in convention by the unanimous consent of the states present the seventeenth day of September in the year of our Lord one thousand seven hundred and eighty seven and of the independence of the United States of America the twelfth. In witness whereof We have hereunto subscribed our Names,

G. Washington	– Presidt. and deputy from Virginia
New Hampshire:	John Langdon, Nicholas Gilman
Massachusetts:	Nathaniel Gorham, Rufus King
Connecticut:	Wm. Saml. Johnson, Roger Sherman
New York:	Alexander Hamilton
New Jersey:	Wil. Livingston, David Brearly, Wm. Paterson, Jona. Dayton
Pennsylvania:	B. Franklin, Thomas Mifflin, Robt. Morris, Geo. Clymer, Thos. FitzSimons, Jared Ingersoll, James Wilson, Gouv Morris
Delaware:	Geo. Read, Gunning Bedford jr, John Dickinson, Richard Bassett, Jaco. Broom
Maryland:	James McHenry, Dan of St Thos. Jenifer, Danl Carroll
Virginia:	John Blair, James Madison Jr.
North Carolina:	Wm. Blount, Richd. Dobbs Spaight, Hu Williamson
South Carolina:	J. Rutledge, Charles Cotesworth Pinckney, Charles Pinckney, Pierce Butler
Georgia:	William Few, Abr Baldwin

Referências bibliográficas

ANDERSON, Perry, *Linhagens do Estado Absolutista* (Título Original: *Lineages of the Absolutist State*), São Paulo, 3ª ed., Brasiliense, 1998.
_____. *Passagens da Antigüidade ao Feudalismo* (Título Original: *Passages from Antiquity to Feudalism*), São Paulo, 5ª ed., Brasiliense, 1998.
ARASSE, D. e outros, *O Homem do Iluminismo* (Título Original: *L' Uomo Dell' Illuminismo*), direção de Michel Vovelle, Lisboa, Presença, 1997.
ARISTÓTELES, *Política*, São Paulo, Atenas, 1955.
AZAMBUJA, Darcy, *Teoria Geral do Estado*, São Paulo, 38ª ed., Globo, 1998.
BALANDIER, Georges, *Antropologia Política* (Título Original: *Anthropologie Politique*), São Paulo, Difusão Européia, 1969.
BLANNING, T.C.W., *A Revolução Francesa*, São Paulo, Ática, 1994.
BARTHÉLEMY, Joseph e Duez, Paul, *Traité Élémentaire de Droit Constitutionel*, Paris, Librairie Dalloz, 1926.
BASTOS, Celso Ribeiro, *Curso de Direito Constitucional*, São Paulo, 21ª ed., atual., Saraiva, 2000.
BECKER, Howard S., *Uma Teoria da Ação Coletiva*, Rio de Janeiro, Zahar, 1976.
BISPO SOBRINHO, José, *Comentários à Lei Orgânica dos Partidos Políticos*, Brasília, Brasília Jurídica, 1996.
BOGARDUS, Emory S., *A Evolução do Pensamento Social* (Título Original: *The Development of Social Thought*), Rio de Janeiro, São Paulo, Lisboa, Fundo de Cultura, 1965.
BONAVIDES, Paulo, *Ciência Política*, São Paulo, 10ª ed., rev., atual., Malheiros, 1994.
BRAIDWOOD, Robert J., *Homens Pré-Históricos* (Título Original: *Prehistoric Men*), Brasília, 2ª ed., Universidade de Brasília, 1988.
BRICKMAN, Carlos (e outros), Coletânea da Brasiliense, *A Conquista do Voto*, São Paulo, 1994.
BRODY, David Eliot e Arnold R., *As Sete Maiores Descobertas Científicas da História* (Título Original: *The science class you wish you had ... The seven greatest scientific discoveries in history and the people who made them*), São Paulo, Schwarcz, 1999.
BURCKHARDT, Jacob, *The Greeks and Greek Civilization*, Londres, Harper Collins Publishers, 1998.
CAGGIANO, Monica Herman Salem, *Oposição na Política*, São Paulo, Angelotti, 1995.
CALAZANS, Flávio, *Propaganda Subliminar Multimídia*, São Paulo, Summus, 1992.
CANTU, Cesar, *História Universal*, Rio de Janeiro, 20 volumes, Litteraria, 1946.
CARRAZA, Roque Antonio, *Curso de Direito Constitucional Tributário*, São Paulo, 14ª ed., rev., amp. e atual., Malheiros, 2000.
CARTLEDGE, Paul, *Ancient Greece*, Cambridge, The Press Syndicate of the University of Cambridge, 1998.

CASTRO JÚNIOR, Osvaldo Agripino, *A Democatização do Poder Judiciário*, Porto Alegre, Fabris, 1998.
CHILDE, V. Gordon, *A Evolução Cultural do Homem* (Título Original: *Man Makes Himself*), Rio de Janeiro, Zahar, 1971.
CLASTRES, Pierre, *Crônica dos Índios Guayaki* (Título Original: *Chronique des Indiens Guayaki*), Rio de Janeiro, Editora 34, 1995.
COULANGES, Fustel de, *A Cidade Antiga*, São Paulo, 12ª ed., 3ª reimpressão, Hemus, 1996.
CROISET, A., *As Democracias Antigas*, Rio de Janeiro, Garnier, 1923.
CROUZET, Maurice, *História Geral das Civilizações*, Rio de Janeiro, 17 vol., Bertrand, 1993.
DANTAS, Ivo, *Direito Constitucional Comparado*, Rio de Janeiro – São Paulo, Renovar, 2000.
DANTEC, Felix Le, *A Luta Universal*, Lisboa, Ailland e Bertrand, 1958.
DIAKOV, V. e Kovalev, S., *A Sociedade Primitiva*, São Paulo, 4ª ed., Global, 1989.
DUVERGER, Maurice, *Les Partis Politiques*, Paris, 2ème ed., Presses Universitaires de France, 1970.
FERREIRA, Wolgran Junqueira, *Direitos e Garantias Individuais*, São Paulo, Edipro, Profissionais, 1997.
FERREIRA FILHO, Manoel Gonçalves, *Curso de Direito Constitucional*, São Paulo, 25ª ed., rev., Saraiva, 1999.
_____. *A Democracia no Limiar do Século XXI*, São Paulo, Saraiva, 2001.
FERREIRA, Pinto, *Princípios Gerais do Direito Constitucional Moderno*, 6ª ed., atual. amp., São Paulo, Saraiva, 1983.
FIGES, Orlando, *A Tragédia de um Povo, A Revolução Russa 1891 – 1924*, São Paulo, Record, 1996.
FIGUEIREDO, Rubens, *O que é Marketing Político*, São Paulo, Brasiliense, 1995.
FINLEX, M.I., *O Legado da Grécia* (Título Original: *The Legacy of Greece*), Brasília, Universidade de Brasília, 1998.
_____. *Democracia, Antiga e Moderna*, Rio de Janeiro, Graal, 1988.
FIRTH, Raymond, *Tipos Humanos* (Título Original: *Human Types – An Introduction to Social Antropology*), São Paulo, ed. rev., Mestre Jou, 1978.
FIUZA, Ricardo Arnaldo Malheiros, *Direito Constituciona l Comparado*, Belo Horizonte, 3ª ed., ver. atual. e ampl., Del Rey, 1997.
GARCIA, Nelson Jahr, *O que é Propaganda Ideológica*, São Paulo, Brasiliense, 1994.
GELLNER, Ernest, *Antropologia e Política, Revoluções no Bosque Sagrado* (Título Original: *Anthropology and Politics – Revolutions in the Sacred Groves*), Rio de Janeiro, Zahar, 1997.
GIORDANI, Mário Curtis, *História da Grécia*, Petrópolis, 5ª ed., Vozes, 1992.
GODECHOT, Jacques, *La Révolution Francaise – Chronologie Commentée 1787–1799*, Paris, Académique, 1988.
HAURIOU, André e Jean GICQUEl, *Droit Constitutionel et Institutions Politiques*, Paris, 7ème ed., Montchrestien, 1980.
HERÔDOTOS, *História*, Brasília, Universidade de Brasília, 1985.
HILL, Christopher, *Origens Intelectuais da Revolução Inglesa* (Título Original: *Intelectual Origins of the English Revolution*), São Paulo, Martins Fontes, 1992.
IANI, Octavio, *Teorias de Estratificação Social*, São Paulo, 2ª ed., Companhia Nacional, 1973.
JONES, Peter V., *The World of Athens*, Cambridge, University Press, 1984.
KELSEN, Hans, *Teoria Geral do Direito e do Estado*, 2ª ed., São Paulo, Martins Fontes, 1992.

KRADER, Lawrance, *Formation of the State*, New Jersey, Prentice-Hall, 1967.
KUNTZ, Ronald A., *Marketing Político – Manual de Campanha Eleitoral*, São Paulo, 4ª ed., Global, 1954.
LABATUT, J.P., *Les noblesses europeénnes de la fin du XVe siècle*, Paris, PUF, 1978.
LECHERBONNIER, Bernard, *Boureaux de Père en Fils des Sanson*, Paris, Albin Michel, 1989.
LÉVY, Pierre, *A Inteligência Coletiva* (Título Original: *L'intelligence collective. Pour une anthropologie du cyberspace*, São Paulo, 2ª ed. Loyola, 1999.
LINTON, Ralph, *O Homem – Uma Introdução à Antropologia* (Título Original: *The Study of Man: An Introduction*), São Paulo, 12ª ed., Martins Fontes, 1987.
LLOYD, Dennis, *The Idea of Law, Middlesex*, Inglaterra, Penguin Books, Marmonds Worth, 1964.
LOCKE, John, *Segundo Tratado sobre o Governo*, Coletânea *Os Pensadores* (Título Original: *Concerning Civil government, second essay*), São Paulo, Abril, 1973.
LOPES, Maurício Antonio Ribeiro, *Teoria Constitucional do Direito Penal*, São Paulo, Revista dos Tribunais, 2000.
MANHANELLI, Carlos Augusto, *Eleição é Guerra*, São Paulo, Summus, 1992
_____. *Estratégias Eleitorais*, São Paulo, Summus, 1988.
MANNING, Aubrey, *Introdução ao Comportamento Animal* (Título Original: *An Introduction to Animal Behaviour*), 2ª ed., Livros Técnicos e Científicos, 1972.
MARABUTO, M. Paul, *Les Partis Politiques, Les Mouvements Sociaux Sous La IVe République*, Paris, 1948.
MATOS, Heloiza, Coletânea *Mídia, Eleições e Democracia*, São Paulo, Página Aberta, 1944.
MAYER, Arno J., *A Força da Tradição*, São Paulo, Schwarcz, 1990.
MELLO, Celso D. de Albuquerque, *Direito Constitucional Internacional*, Rio de Janeiro – São Paulo, 2ª ed., rev., Renovar, 2000.
MICHELS, Robert, Political Parties, A Sociological Study of the Oligarchical Tendency, Somerset, NJ, Transaction Pub, 1998.
MILL, John Stuart, *Sobre a Liberdade* (Título Original: *On Liberty*), São Paulo, Companhia Editora Nacional, 1942.
_____. *Governo Representativo* (Título Original: *Consideration on Representative Government*), São Paulo, 3ª ed., Difusão Cultural, 1995.
MONTESQUIEU, Charles de Secondat, *O Espírito das Leis* (Título Original: *L'Esprit des Lois*), São Paulo, 2ª ed., Martins Fontes, 1996.
MOORE JR., Barrington, *Poder Político e Teoria Social* (Título Original: *Political Power and Social Theory*), São Paulo, Cultrix, 1962.
MORISON, Samuel Eliot, *The Oxford History of the American People*, New York – New American Library, 1972.
MOURA, Francinira Macedo de, *Direito Parlamentar*, Brasília, Brasília Jurídica, 1992.
NADER, Paulo, *Filosofia do Direito*, Rio de Janeiro, 5ª ed., Forense, 1997.
NERÉ, Jacques, *História Contemporânea* (Título Original: *Précis d'Histoire Contemporaine*), São Paulo – Rio de Janeiro, Difel, 1975.
NUÑEZ, Mendieta Y, *Los Partidos Politicos*, México, 1947.
PARENTI, Michael, *A Constituição como um Documento Elitista*, da Coletânea *A Constituição Norte-Americana* (Título Original: *How Democratic and How Capitalist is the Constitution*, A. Godwin e William A. Schambra), Rio de Janeiro, Forense Universitária, 1986.
PIOVESAN, Flávia, *Direitos Humanos* e o *Direito Constitucional Internacional*, São Paulo, 2ª ed., Max Limonad, 1997.

PLATÃO, *A República*, São Paulo, 5ª ed., Atena, 1955.
POPPER, Karl R., *The Open Society and its Enemies*, Londres, Routledge e Kegan Paul, 1959.
RIBEIRO, Fávila, *Abuso de Poder no Direito Eleitoral*, Rio de Janeiro, 3ª ed., rev., atual. e amp., Forense, 1998.
ROUSSEAU, Jean Jacques, *Discurso sobre a Origem e os Fundamentos da Desigualdade entre os homens* (Título Original: *Discours sur l'Origine et les Fondements de L'inégalité Parmi les Hommes*), São Paulo, Ática, 1989.
_____. *O Contrato Social* (Título Original: *Le Contrat Social*), São Paulo, 7ª ed., Brasil Editora, 1963.
RUSSOMANO, Rosale, *Curso de Direito Constitucional*, Rio de Janeiro, 5ª ed., rev. e atual., Freitas Bastos, 1997.
SAGAN, Carl, *Os Dragões do Éden* (Título Original: *The Dragons of Éden*), São Paulo, Círculo do Livro, 1977.
SHAPIRO, Harry L., *Homem, Cultura e Sociedade* (Título Original: *Man, Culture And Society*), Rio de Janeiro – Lisboa, 2ª ed., Fundo de Cultura, 1972.
SAVELLE, Max, Coordenador, *As Primeiras Culturas Humanas* (Título Original: *A History of World Civilization*), Belo Horizonte, Vila Rica, 1990.
SHIRLEY, Robert Weaver, *Antropologia Jurídica*, São Paulo, Saraiva, 1987.
SIEYÈS, Emmanuel Joseph, *Qu'est-ce que le Tiers E'tat*, Genebra, Librairie Droz, 1970.
SILVA, Luiz Virgílio Afonso da, *Sistemas Eleitorais*, São Paulo, Malheiros, 1999.
SILVA, Paulo Napoleão Nogueira, *Curso de Direito Constitucional*, São Paulo, Revista dos Tribunais, 1996.
SOARES, Murilo C., *Televisão e Democracia*, da Coletânea *Mídia, Eleições e Democracia*, São Paulo, Página Aberta, 1994.
SOROKIN, Pitirin, *Sociedade, Cultura e Personalidade*, Porto Alegre, Globo, 1968.
THOMAS, J.M., DOMENECH, A. Padilla – Bolivar, *Atlas das Raças Humanas*, Rio de Janeiro, Jover, 1965.
TOCQUEVILLE, Alexis de, *A Democracia na América*, Belo Horizonte, Itatiaia, 1962.
TOURAINE, Alain, *Qu'est-ce que la Democratie?*, Paris, Librairie Arthème Fayard, 1994.
TURNER, Frederick, *Beyond Geography: The Western Spirit Against Wilderness*, New Jersey, Rutgers University Press, 1980.
VERNANT, Jean-Pierre, *O Homem Grego* (Título Original: *L' Uomo Greco*), Lisboa, Presença, 1994.
VILLENEUVE, Bigne de, *Traité Géneral de L'État*, Paris, Ed. Recueil Sirey, 1929.
WEBER, Alfred, *História Sociológica da Cultura* (Título Original: *Kulturgeschichte als Kultursociologie*), São Paulo, Mestre Jou, 1970.
WEBER, Max, *Parlamentarismo e Governo numa Alemanha Reconstruída* (Título Original: *Parlament und Regierung in Neugeordneten Deutschland*), São Paulo, Abril, 1974.
WELLS, H.G., *História Universal* (Título Original: *The Outline of History*, São Paulo, 7 volumes, Cia. Nacional, 1966.
WILHELM, Jacques, *Paris no Tempo do Rei Sol* (Título Original: *La vie quotidienne des parisiens au temps du Roi – Soleil (1600 – 1715)*), São Paulo, 3ª reimpr., Schwarcz, 1998.